JN120563

戦争と保育

戦中・戦後の幼稚園・保育所の実際

清原みさ子 編著
豊田和子
寺部直子
榊原菜々枝

新読書社

凡例

・漢字の旧字体は新字体に改めた。
・引用は誤字・脱字等も含めて原文のままとしたが、
　言葉の繰り返しの記号は文字に置き換えた。
・手書き資料の文字は、近いと思われる表記にした。
・年号は西暦を用いた。

はじめに

　戦後70年余りたち、当時を知る人々は少なくなっている。戦後70年ということで、この数年、戦争時代をとりあげた著書が多数出版されてきた。

　幼児教育・保育の分野でも、「あの日のオルガン」のように、幼児疎開を扱った映画が上映されたり、戦中がとりあげられたりしている。しかし、小学校以上の教育に比して、学校教育の枠外であると言われ、義務教育ではなく、幼稚園への5歳児の就園率が10%（1941年）であった幼児教育・保育が、敗戦前後にどのような状況であったのかに関しては、まだまだ研究不足である。

　戦争の保育への影響に関しては、1970年に日本保育学会が行った調査がある。この調査は、「幼稚園での保育の状況を明らかにし、どのような困難に直面していたかをできるだけ多く記録しておくことは、きわめて重要なことと思われる。このため、従来皆無にひとしい戦争なかんずく空襲を受けながら進めてきた保育がどんなものであったかを調査することとした」として、1943年4月から敗戦までと戦後は1947年末までに分けて行われている。戦前は、休園や空襲、保育の内容・方法等について、戦後は、保育開始の時期や園舎、保育内容や保育方法等についての質問が、なされている。この調査は戦中、戦後を振り返って回答したものであり、年月が経過したことが影響している面があることは否めない。

　私たちのグループでは、2015年度から3年間、科学研究費の助成を受けて、「終戦前後の幼児教育・保育に関する実証的研究」に取り組んだ。戦前に設立され当時現存する幼稚園・保育所（こども園を含む）を対象に資料収集を行った。この研究成果報告書では、第一次史・資料である同時代の記録—保育日誌や日誌、お知らせや園便り等をもとに、戦中・戦後の保育の実際はどうであったのか、当時の保姆達はどのような思いで保育にあたっていたのかを明らかにすることを試みた。これに加えて、写真や、各幼稚園の記念誌等からも、当時

の状況を拾い出した。戦中・戦後の状況を、可能な限り記録として残しておく必要を感じて取り組んだ研究である。

　本書は、この報告書を下敷きにはしているが、報告書では分析しきれなかった資料や、その後、新たに収集した園の諸資料を読み解き、まとめなおしている。皇国の途に則った幼児教育を率先して進め、戦争の熱狂に引き込まれていったところもあれば、なるべく距離をおき、日常の保育を守ろうとしたところもあったのではないか。しかし戦争の激化とともに、儀式のありようをはじめ国家主義的影響から逃れて保育をすることはできなかったのではないか。戦意高揚・団体訓練・体位向上を掲げて保育をしていたところでは、敗戦をどう受け止め、夏休み後の保育をどのように行ったのであろうか。戦争の保育への影響を、残された記録を中心に明らかにすることを通して、本書が戦争と保育について考える一つの契機となることを願っている。

　何時からを戦時というかは難しいところであるし、時代をどこで区切るかも難しい。ここでは、第1章で1938（昭和13）年4月から1943年3月まで、第2章で1943年4月から1945年8月まで扱うこととした。第3章は、防空、警報と保育ということで、1937年10月の防空法施行の前から敗戦までを対象とする。第4章は、敗戦後から戦後の第一歩を踏み出した1948年3月までとする。幼稚園・保育所を対象とした研究なので、切れ目を年度とした。

　1931年の柳条湖事件から戦時という見方もあるが、1937年の盧溝橋事件以後全面的な日中戦争へと展開したところからというとらえ方もなされている。ここでは、大量の軍隊を中国へ送り込まざるを得なくなり、国家総動員法が公布された1938年から、幼児教育・保育への影響を探ることとする。この年の暮には、教育審議会の「国民学校、師範学校及幼稚園ニ関スル件」が答申されている。なお、小川正通は、『幼稚園80年のあゆみ（初等教育資料特別号 No.78）』（文部省、1956）のなかで、「幼稚園発達史上の充実期」である「幼稚園令時代」を三期に分け、その「第二期　国家主義的教育時代」を「昭和十三・四年

ごろから敗戦まで」（6頁）としている。

　第2章を1943年からとしたのは、その前年の4月に本土への初めての空襲があり、その後、警報がしばしば出されるようになり、「学校防空指針」が出され、直接的な保育への影響が大きくなったことによる。1943年度には、アッツ島の玉砕、学徒出陣の始まりと、戦局は悪化の一途をたどり、敗戦への途を歩むことになる。都市部では、幼稚園が休園・廃園になったり、戦時託児所への転換を余儀なくされたりした。1944年には、東京都では「公私立幼稚園非常措置」が、愛知県では「愛知県戦時保育対策措置要綱」が出された。本書でとりあげた園の中でも、休園や託児所への転換がみられた。

　第3章は、第1・2章の区切りとは異なるが、防空法施行前の防空演習が始められるところから、実際に空襲が始まり、地域によっては頻繁になってしばしば保育が中断されるような状況になる、場合によっては保育が行えなくなり休園に追い込まれるわけであるが、様々な地域の警報の発令と保育の状況を明らかにする。

　戦後、混乱の中で敗戦をどう受け止めたのか、いち早く文部省から方針が出され、小学校（国民学校）では教科書の墨塗りが行われたが、教科書もなく、特段の指示もなかった幼稚園・保育所では、どのような対応をしたのであろうか。敗戦を挟んだ混乱の年度が終わり、教育基本法、学校教育法が施行され、児童福祉法が制定、戦後の第一歩が記されたのが1947年度である。そして、この年度の終わり、1948年3月には「保育要領」が出されている。こうしたことから、第4章は1948年の3月までとした。

　本書で使用させていただいた日誌は、保育日誌・園日誌・日誌・園務日誌・事蹟留等、名称も様々でその様式も様々である。市販の用紙を用いている園や園名を入れた書式を作製している園もあれば、園名の入った罫紙に記している園、ノートに記録している園もある。戦中・戦後の日誌等が残されている園で、南山・高梁・小倉・山梨師範学校女子部附属幼稚園のように、同じ用紙で

あったところもあれば、年度によって異なっている場合もある。その分量も、1日1枚のものもあれば、縦半分または横半分に2日で1枚のものもある。小倉幼稚園のように1枚の用紙の表裏で6日分記入する書式のところ、西尾幼稚園のように1枚の用紙に4日記入する書式のところもある。そのいくつかは、資料編に掲げた。

　本文中で用いている幼稚園・保育所名は、当時使用されていたものにした。但し、東京都や愛知県をはじめ幼稚園の廃止、戦時託児所・保育所への転換がなされたところでは、ここで対象とした幼稚園でも、1944年度に戦時保育所・託児所と名称変更しているが、戦後、時期は異なるものの幼稚園に戻っているので、本書では幼稚園の名称で通している。

　今回対象とした幼稚園・保育所は、資料収集に協力してくださったところのうち、該当資料が残されていたところである。日本保育学会の先の調査では、317園の回答を得たとあるが、質問項目によっては四分の一から三分の一が「わからない」「無記入」であった。私たちの調査では、幼稚園と保育所合わせて429ヵ所から何らかの資料が「ある」と返信を頂き、125ヵ所の資料を収集して、報告書にまとめた。その後、協力を得て収集した資料も合わせて、保育日誌・園日誌等の記録は37ヵ所、資料編には写真は18ヵ所、その他の資料は18ヵ所の幼稚園・保育所のものを使わせていただいた。日本保育学会の調査と重なる園もあれば、そうでない園もある。歴史があり、資料を保管していることがわかっていても、協力を辞退されたところ等は、対象とはなっていない。収集しきれなかったところも含めて、さらに諸資料が分析されることが望まれる。

　巻末に、本書で使用した諸資料を、直接提供してくださった105ヵ所の幼稚園・保育所・こども園名をあげ、感謝に代えさせていただく。

2021年5月
　　　「保育の歴史」研究会代表　清原みさ子

目　次

はじめに……………………………………………………………………… 3

第1章　近づく戦争―保育に忍び寄る戦争の影…………… 10
第1節　社会と教育・保育をめぐる概況……………………………… 12
第2節　幼稚園・保育所の状況………………………………………… 16
第3節　行われた行事…………………………………………………… 21
　　1．国家の行事に関わるもの……………………………………… 21
　　2．園の行事………………………………………………………… 29
第4節　保育内容………………………………………………………… 43
　　1．遊戯……………………………………………………………… 43
　　2．唱歌……………………………………………………………… 48
　　3．観察……………………………………………………………… 52
　　4．談話……………………………………………………………… 57
　　5．手技……………………………………………………………… 65
　　6．自由遊び………………………………………………………… 73
第5節　保育者の思い…………………………………………………… 76
第6節　子ども達の思い出……………………………………………… 87
第7節　保育者の研究・研修等………………………………………… 93
第8節　保護者会・後援会等…………………………………………… 97

第2章　敗戦への道―戦争の激化と保育への影響………… 106
第1節　社会と教育・保育をめぐる概況……………………………… 108
第2節　幼稚園・保育所の状況………………………………………… 111
第3節　行われた行事…………………………………………………… 122

　　　１．国家の行事に関わるもの ……………………………………… 122

　　　２．園の行事 ……………………………………………………… 127

　　第4節　保育内容 ………………………………………………………… 137

　　　１．遊戯 …………………………………………………………… 137

　　　２．唱歌 …………………………………………………………… 144

　　　３．観察 …………………………………………………………… 148

　　　４．談話 …………………………………………………………… 153

　　　５．手技 …………………………………………………………… 161

　　　６．自由遊び ……………………………………………………… 167

　　第5節　保育者の思い …………………………………………………… 170

　　第6節　子ども達の思い出 ……………………………………………… 180

　　第7節　保育者の研究・研修等 ………………………………………… 185

　　第8節　保護者会・後援会等 …………………………………………… 189

第3章　幼稚園・保育所の防空訓練と警報への対応 …… 196

　　第1節　空襲への対応 …………………………………………………… 196

　　第2節　初空襲以前の防空訓練 ………………………………………… 202

　　第3節　初空襲とそれ以降の警報への対応、防空訓練 ……………… 204

　　　１．初めての空襲及びその後の警報への対応と防空訓練 ………… 205

　　　２．警報への対応と強化される防空訓練 ………………………… 208

　　第4節　空襲下での警報への対応と防空訓練・空襲への備え　Ⅰ … 213

　　　１．警報への対応・空襲の影響 ………………………………… 213

　　　２．防空訓練・空襲への備え …………………………………… 223

　　第5節　空襲下での警報への対応と防空訓練・空襲への備え　Ⅱ … 226

　　　１．警報への対応・空襲の影響 ………………………………… 226

　　　２．防空訓練・空襲への備え …………………………………… 233

第4章　敗戦の受け止めと戦後保育の第一歩 237

第1節　社会と教育・保育をめぐる概況 239
第2節　保育所・幼稚園の状況　—戦後の保育再開— 243
第3節　行われた行事 251
　1．国家の行事に関わるもの 251
　2．園の行事 257
第4節　保育内容 280
　1．遊戯 280
　2．唱歌 285
　3．観察 289
　4．談話 292
　5．手技 297
　6．自由遊び 301
　7．園外保育 303
第5節　保育者の思い 304
　1．戦後の保育再開に対する思い 305
　2．行事に関する思い 309
　3．日常的な保育の中での思い 311
第6節　子ども達の思い出 315
第7節　保育者の研究・研修等 317
第8節　保護者会・後援会等 320

第5章　戦争と保育について考える—まとめに代えて 325

資料編 343

おわりに 376

第1章　近づく戦争—保育に忍び寄る戦争の影

　この章では1938年度から1942年度にかけて、社会や教育・保育の概況を第1節で、幼稚園・保育所がどのような状況であったのかを第2節でみていく。第3節以降では園日誌・保育日誌を中心に、諸資料、記念誌・史等をもとに、この時期の幼児教育・保育の実際を明らかにすることを試みる。分析の対象とした保育日誌・園日誌・会集日誌等は、次の園のものである。各年度、必ずしも1年分残されているわけではなくて、短い場合には4〜5ヵ月分である。組別の日誌には組名、日誌でないものには資料名を記した（第2章以下も同様）。

県立幼稚園
　　栃木県女子師範学校附属幼稚園（栃木県）1938〜1942年度（各年度とも海ノ
　　　　　　　　　　　　　　　　　　　　　　　組・山ノ組別に4〜3月）
公立幼稚園
　　南山幼稚園（東京都）　　　　1938〜1942年度（各年度4〜3月）
　　番町幼稚園（東京都）　　　　1938年度（4〜3月）
　　佐倉幼稚園（千葉県）　　　　1938〜1942年度（各年度4〜3月）
　　新城幼稚園（愛知県）　　　　1939〜1942年度（各年度4〜3月）
　　西尾幼稚園（愛知県）　　　　1938・1939年度（各年度4〜3月）
　　刈谷幼稚園（愛知県）　　　　1941・1942年度（各年度4〜2月）
　　犬山幼稚園（愛知県）　　　　1938〜1942年度（各年度4〜3月）
　　小川幼稚園（京都府）　　　　1938〜1942年度（各年度4〜3月）

龍野幼稚園（兵庫県）　　　1939年度（4〜2月、青組・4〜3月）1940年
　　　　　　　　　　　　　度（4〜3月）

倉敷幼稚園（岡山県）　　　1939年度（4〜7月「保育週案」）1939〜1942年
　　　　　　　　　　　　　度「双葉会記録」「挙式会合諸記録」

高梁幼稚園（岡山県）　　　1938・1940年度（各年度4〜3月）

小倉幼稚園（福岡県）　　　1938〜1942年度（各年度4〜3月）

代陽幼稚園（熊本県）　　　1938年度（4〜3月）、1939年度（4〜11月）、
　　　　　　　　　　　　　1940〜1942年度（各年度4〜3月）

私立幼稚園

　本荘幼稚園〈キ〉（秋田県）　1938・1939年度（4〜3月）1940年度（4〜10
　　　　　　　　　　　　　　月、1〜3月）1941年度（4〜1月）

　江戸川双葉幼稚園〈キ〉（東京都）1941年度（11〜3月）、1942年度（4〜3月）

　初雁幼稚園〈キ〉（埼玉県）　1938年度（4〜3月）、1939年度（4・5月）

　八幡橋幼稚園（神奈川県）　1942年度（4〜6月、9〜3月）

　進徳幼稚園（山梨県）　　　1938年度（4〜9月、11月）

　青藍幼稚園〈仏〉（山梨県）　　1939年度（4〜3月）

　堅磐信誠幼稚園〈キ〉（愛知県）　1940〜1942年度（各年度4〜3月）

　勝川幼稚園〈仏〉（愛知県）　1938・1940・1942年度（各年度4〜3月）

　常葉幼稚園〈仏〉（京都府）　　1938年度（5〜3月）、1939〜1942年度
　　　　　　　　　　　　　　（各年度4〜3月）

　月見幼稚園（広島県）　　　1939年度（4〜3月）

　庄原幼稚園（広島県）　　　1940年度（4〜3月）

保育所

　ぽっぽ園〈仏〉（宮崎県）　1938年度（8・9月、12〜3月）、1939年度（4
　　　　　　　　　　　　　〜2月）、1941年度（5〜3月）、1942年度（10〜
　　　　　　　　　　　　　2月、3月下旬）

　〈キ〉はキリスト教　〈仏〉は仏教　（第2章以下も同様）

第1節　社会と教育・保育をめぐる概況

　1938年は、前年の盧溝橋事件以後の中国での戦線拡大の中で、4月に国家総動員法が制定される。重要産業が統制され、ガソリンに切符制が実施される。1937年に「国民精神総動員実施要綱」が閣議決定されていたが、1938年になると、地方道府県の国民精神総動員の実行委員会が活発に動き出し、講演会や映画会の開催、ポスターやビラの配布、新聞、放送等による宣伝、祈願祭、寄金募集等が行われた。国体観念の明徴のため、公的会合での教育勅語奉読や皇居遥拝、神棚の整備、神社参拝等が図られる。銃後後援強化、非常時経済への協力、資源愛護等も打ち出される。戦争の拡大による戦死者や戦傷者が増大し、「内閣総理大臣ヲ召サレ賜ハリタル軍人援護ニ関スル勅語」と、これに応じた近衛首相の「内閣総理大臣謹話」が出され、恩賜財団軍人援護会の設立につながる。1939年になると、ノモンハン事件、満蒙開拓青少年義勇隊の満州への出発、第一回興亜奉公日の実施、第二次世界大戦がドイツのポーランド侵攻により始まる。この年には、軍人援護会が主催した遺児を靖国神社へ「誉の子」として参拝させることが始まる。1940年には、米やマッチ、砂糖の切符制が始まり、新体制運動が開始される。「部落会町内会等整備要綱」が内務省訓令として出される。日独伊三国同盟が締結され、国民精神総動員本部が解散し、大政翼賛会が発足する。11月には大々的に「紀元二千六百年奉祝式典」が行われる。「経済新体制案」では、「公益優先」「公共責任」が強調される。1941年には、仏教各派の合同や、プロテスタント系キリスト教各派の日本基督教団創設がなされる。9月に「帝国国策遂行要領」が御前会議で決まり、アメリカとの戦争も辞せずという方針が盛り込まれていた。真珠湾攻撃、マレー半島上陸で、この年の12月8日、太平洋戦争が始まる。1942年、衣料の切符制が始まる。大日本翼賛壮年団結成、大日本婦人会創設と続く。4月には、アメリカ軍機が東京・名古屋・神戸等に来襲、この後防空訓練が盛んになっていく。1943

年2月にかけて、ガダルカナル島から撤退するが、新聞では転進と報じられていた。

　教育の面では、1938年5月に陸軍大将荒木貞夫が文部大臣となる。6月には「集団的勤労作業運動実施ニ関スル件」が出され、勤労動員が始まる。7月には教育審議会が「青年学校教育義務制実施ニ関スル件」を答申する。12月には「国民学校、師範学校及幼稚園ニ関スル件」の答申が出され、「皇国ノ道ノ修練ヲ旨トシテ国民ヲ錬成」「国力ヲ充実シ、外ニ八紘一宇ノ肇国精神ヲ顕現スベキ次代ノ大国民ヲ育成」することがめざされていた[1]。

　1939年には、青年学校令が改定され、12〜19歳未満の男子の就学が義務となる。5月には「青少年学徒ニ賜ハリタル勅語」が出され、勅語の奉読が学校のみでなく幼稚園でも行われた。

　1940年には、「国民体力法」が公布され、体力強化が打ち出される。この年の「紀元二千六百年」の式典は、学校はもちろん、幼稚園でも行われた。41年1月には大日本青少年団が結成されている。3月には、国民学校令が公布され、41年度から発足する。

　1940年には、軍人援護教育が教育現場に導入される。2月に軍事保護院副総裁・文部次官「生徒児童ニ対スル軍人援護教育ノ徹底ニ関スル件」「軍人援護教育要綱」[2]が出される。生徒、児童に軍人援護の精神を徹底させるため、「軍人援護ニ関スル勅語」の奉読や教材への取り入れ、労力不足の遺族に対する勤労奉仕等の実施が打ち出された。9月に出された「銃後奉公強化運動ニ関スル件」では、女学校、小学校、幼稚園等において、「兵隊さん有難う」の唱和の徹底や慰問状の発送の奨励等が図られることとなった[3]。

　1942年2月に内閣に設置された大東亜建設審議会の第二部会では、文教政策が審議された。5月に「大東亜建設ニ処スル文教政策」が答申される。「国体ノ本義ニ則リ、教育ニ関スル勅語ヲ奉戴シ、大東亜建設ノ道的使命ヲ体得セシメ、大東亜ニ於ケル指導国民タルノ資質ヲ錬成スル」というのが「根本義」であった。教育は国家が運営すべき体制を整備し、大東亜建設の人材の育成が

考えられていた。1943年1月には、「中等学校令」で、修業年限4年という短縮が打ち出された。

　この時期の幼児教育・保育は、どのような状況であったのか。1938年度の幼稚園数は2,059ヵ所、園児数は174,934人であった。1942年度にかけて園数はあまり変わらないが、園児数は218,662人と増加している。5歳児の就園率は、7.1％から戦前に最も高かった10.0％（1940年）をへて9.3％になっている。

　託児所は、1938年には1,495ヵ所、託児数87,113人で、1941年には1,718ヵ所、146,683人となっている。これに加えて、季節託児所・農繁期託児所や、工場・鉱山附設の託児所も増加している。特に季節託児所・農繁期託児所は、1938年度の18,204から、1942年度には31,064と、4年で1.7倍に増えている。

　1938年12月の教育審議会の答申「国民学校、師範学校及幼稚園ニ関スル件」では、「皇国ノ発展ニ備ヘテ、就学前ニ於ケル幼児ノ心身ノ健全ナル発達ヲ図リ、純良ナル性情ヲ涵養シ、国民育成ノ素地ヲ培フハ極メテ切要ナリ」と述べられていた。そして、「幼稚園ニ関スル要綱」[4]として以下の四点が示された。

　　一、幼稚園ノ設置ニ付一層奨励ヲ加フルト共ニ特別ノ必要アル場合ハ簡易ナル幼稚園ノ施設ヲモ認ムルコト

　　二、幼児ノ保育ニ付テハ特ニ其ノ保健並ニ躾ヲ重視シテ之ガ刷新ヲ図ルコト

　　三、保姆ニ付テハ其ノ養成機関ノ整備拡充ニ力ムルト共ニ其ノ待遇改善ヲ図ルコト

　　四、幼稚園ト家庭トノ関係ヲ一層緊密ナラシムルト共ニ‥（中略）‥社会教育機能ノ発揮ニ力メシムルコト

　幼稚園関係者が集まった「全国幼稚園関係者大会」は、1915年に第1回が開催されて以降、数年に一度ずつ開かれてきた。1939年には、第7回の大会が仙台市で開催された。「遥拝」や「国歌斉唱」、「勅語奉読」が行われていた。「今次聖戦をして有終の美を済さしむる所以のもの蓋し次代国民の教養より大なるはなし」で始まり「保育報国の実を挙げ皇恩に答へ奉らむことを期す」で終わ

る宣言が緊急動議として出され、「新東亜建設」「勅語の聖旨」「皇国の幼児」というような言葉が「協議題」の中で使われている[5]。

　翌1940年は、「紀元二千六百年」ということで、各幼稚園でもそのための記念展覧会や植樹、神社参拝等、様々な計画が立てられた。『幼児の教育』の1月号には、倉橋惣三が「幼児と倶に皇紀二千六百年を迎ふ」[6]を書いている。この年の5月には、連続になる「第八回全国幼稚園関係者大会」が橿原で開催された。「国歌合唱」「宮城遥拝」「皇軍将士の武運長久祈願」「戦歿将士英霊への感謝黙祷」「教育勅語奉読」「詔書紀元二千六百年奉読」が行われ、橿原神宮へ参拝している。「光輝ある紀元二千六百年に際会し全国幼稚園関係者一同建国の聖地橿原神宮の大前に額きて皇運の弥隆昌ならんことを祈願し神域に大会を催して保育報国の赤誠を誓ふ」と始まる宣言を行っている[7]。

　京阪神連合保育会は、1928年以来関西連合保育会と名称変更して活発に活動し、毎年大会を開催していた。大会時の協議事項等を見ると、1938年には「幼児に非常時局を認識さす程度および方策如何」、1939年には「新東亜建設の時局に際し、幼児の思想上特に留意すべき要点如何」、1942年に「興亜教育をめざす皇国の幼児を如何に保育すべきか」というように、戦時色が出てきている[8]。

　この時期に活動していた保育団体はほかにもある。1936年に大阪で結成された全日本保育連盟は、機関誌『保育』を発刊していた。1938年12月に出された教育審議会の「幼稚園ニ関スル要綱」に対しては、意見具申や要望書の提出を行っている。保育講習会も開催していた。同じく1936年に発足した保育問題研究会は、月例会等で研究活動を行い、機関誌を発行していたが、1941年3月には休刊している。

　1931年に結成された基督教保育連盟は、1936年から月刊の『基督教保育』を発行していたが、一団体一刊行物との達しで1940年10月に廃刊となった。連盟の大会が三年に一回、年一回夏季に講習会が、開催されていた。その内容は、幼児の心理や衛生、音楽や遊戯、手技等であったが、1940年には「基督教と国

体」という演題も見られる[9]。1941年には、日本基督教団にまとめられ、キリスト教に対する統制、圧力がより強くなっていく。

1938年、雑誌『幼児の教育』には、「時局の保育、時局の影響を各地幼稚園に聞く」[10]が掲載されているが、『幼稚園教育百年史』では、これをまとめて紹介しながら、「以上のことは必ずしもすべての幼稚園でこれを実行していたわけではなく、幼稚園のなかには、その幼稚園の方針でことさらに戦時色を入れようとしなかったところもある。しかし、ほとんどの幼稚園が戦時色を反映した保育内容を行っており、地方に行くほど、その色彩が強かった」[11]と記されている。また、「一つ一つの幼稚園を見ても、昭和十六年ごろには保育の目的や方針に関してかなりの変化が見られた」として、岡山県女子師範学校附属幼稚園の例があげられ、主題や教材に戦時色が反映されている例として三重県の高田幼稚園があげられている[12]。

いつごろから戦時色が強くなっていったのかに関しては、次節以降で明らかにしたい。

1941年には、国民学校令の公布に伴う幼稚園令、幼稚園令施行規則の一部改正がなされたが、幼稚園の目的等の基本的事柄は従来どおりであった。この年の10月には、第3章でとりあげる「学校防空緊急対策ニ関スル件」が通達され、幼稚園は、空襲の危険の切迫とともに一定期間休止してもよいことになる。

第2節　幼稚園・保育所の状況

この時期の幼稚園や保育所はどのような状況に置かれていたのであろうか。太平洋戦争が始まる前に、中国での戦線の拡大に伴う出征家族の増加が、保育にも影響を与え始める。この時期には、託児所・保育所、季節託児所の増加が著しい。

岡山県では、1938年度に「農家の主婦—なかでも軍人遺家族の主婦—の」労働の軽減のために、県が農繁託児所の設置を奨励していたという[13]。また、先

にふれた「教育審議会」の答申にあった簡易な幼稚園の設置ということで、小学校の校舎の一部を借りた幼稚園が設置されている。

長野県では、人手不足の中での食糧増産が要請され、「農繁期の状況は、筆舌に尽くし難いほどの重い負担となって、保育施設の要望はきわめて切実」で、1938年3月に「農繁期保育所設置促進について」の通牒を出し、「農繁期保育所設置要綱」を定めた。これにもとづき4月から5月にかけて、県内6ヵ所で「農繁期保育所指導者講習会」が開かれ、受講者は800名に及んだという[14]。翌年にも「農繁期保育所開設・整備につき通牒」を出し、5月に講習会を県内5ヵ所で「県と愛国婦人会の共同主催で実施」したという。その結果、この1939年度には「施設数566といふ飛躍的発展を遂げた」「次年度は県下全町村に700ヶ所開設を第一目標として進みたい」とされていた[15]。

山梨県でも、1937年に「農繁期託児所設置奨励の件」が出され、翌年にも同様な通達が出された。1938年には87ヵ所、1941年には110ヵ所と増設されている。中には年4回開設され、「音楽、運動、衛生・食事の躾、医師による身体測定の他、国民的意識の培養、規律的訓練といった訓育面を強調した保育が行なわれたところもあった」という[16]。

もともと農繁期託児所の設置が盛んであった兵庫県では、1937年9月に「農繁期託児所設置強化を各町村長、小学校長あてに要望して」いて、1938年には前年より250ヵ所も増設され、1,102ヵ所になっていた[17]。1939年度には「児童保護事業関係者協議会」が開かれ、県知事宛の陳情書が出されている。その中の一つに「常設及農繁期託児所の増設を図られたきこと」があり、その理由の中で、農村における農繁期託児所の設置奨励と共に「市街地に於て常設託児所を設置されることは極めて緊要」と述べられている[18]。1942年2月には「常設保育所ノ運営ニ関スル件」が出される。この中では、幼稚園令の幼稚園と異なるところないものがあり、「真ニ時局ノ要請スル労働力ノ増強ト健全ナル第二国民ノ育成ヲ旨トスベキ本施設ノ使命達成上遺憾トスル所」なので、勤労者の子女を優先入所させ、保育時間は勤労時間を考慮して決めるように求めてい

る。学校入学1・2年前の幼児のみ保育し、保育時間の短いものは、保育所と認められないので、「助成等相成難キ」としている[19]。

1938年の社会事業法以降、幼稚園から保育所へ転換するところもあった。たとえば、長野市の栗田幼稚園は「大部分が中小商工業者及び工場勤務者、日雇業、農業等従事する者にして其の何れも短時間の保育を好まず其の子弟を長時間に亘り保育及保護せられたき希望者多数ある為」保育園に転換するとしていた。その一日をみると、9時から自由あそびで3時半お帰りであったので、それほど長時間ではなかった[20]。

高知県では、1938年4月に「季節託児所設置奨励ニ関スル件」が出されている。この中で、幼児の生活保護のため、「人情的教育的社会施設」[21]であるとされた。出征兵士、軍人遺家族の幼児を対象にした保育所も創設される。1938年11月創設の愛国婦人会高知県支部高知市旭分会の「旭戦時保育園」をはじめ、翌年には「高知街戦時保育園」「江ノ口戦時保育園」「中村戦時保育園」が開設された[22]。

1941年4月に国民学校が発足し、皇国民の錬成がより強く打ち出され、12月の太平洋戦争が始まると、その影響が出てくる。

新潟市のみどり幼稚園は、設置認可申請書に「添付した園則に『基督教主義による保育』とあるのを、県は削除せよ」といい、難航する。日曜学校の生徒の保護者（弁護士）を通して「県の事務処理は推進された」が、園規則に「皇国の道に則りて」を入れない限り「許可せずとの方針は崩さず、開園を断念するか、それでも基督教保育を目指して開園するかの選択を迫られ」、「苦渋の決断の中で、この一項を入れ、その後に『基督教主義に基づき、満三歳以上学齢未満の幼児を保育し、其心身を健全に発達せしめ、且つ善良なる習慣を養い、以て家庭教育を裨益するを目的とす』と定め」認可される。1941年5月に開園するが、「保護者に配布した園則には、この項はついに印刷しなかった」という[23]。この年度の1月29日から2月11日までは、燃料不足で休園になった[24]。山梨県の峡南幼稚園も「皇国ノ道ニ則リ」を加えるよう改定させられたとい

う[25]。倉敷市の若竹の園でも、1942年に「保育方針・目的」が「皇国民の基礎を作るべき国民保育をなす」等に「変えられた」という[26]。

長野県では、1942年4月以降に、松本市や飯山市、上田市で、既設の園が国民保育園と名称変更している。上高井郡の上高井幼稚園は6月に「戦時体制下の社会事業としての要請に、さらに積極的に応えるため」、上高井国民保育園となっている[27]。

キリスト教の幼稚園では、外国人園長が帰国を余儀なくされた園が多い。また、創設者の宣教師名を冠した園では、園名を変更している。たとえば熊本市のクロンク幼稚園は、地名を取って神水幼稚園に変え、富山市のアームストロング青葉幼稚園は、青葉幼稚園としている。英和を栄和としたところもある。

兵庫県保育会は1942年に「皇国民練成保育の実際」を発行して、「従来の保育内容の上に大国民錬成の萌芽の陶冶を求めながらも、幼児本来の性をのびのびと育てることを忘れなかった」という[28]。

こうした中で、どのような日々を送っていたのであろうか。1941年12月に太平洋戦争が始まり、1942年4月に東京・名古屋・神戸等が空襲を受けるまでは、まだ、のんびりした日常も残されている。当時の保姆の回想を中心にその状況を探ってみる。

1938年8月から豊浦幼稚園に在職した人は、園舎はできたが花壇がないので、遊園地の花壇あとのコンクリートをもらって幼児達も一緒にリヤカーで何回も運んで、作ったという。「園の正門前に小高い丘の奉賀台あり、頂上から色紙の飛行機を飛ばしたり。鬼ごっこで駆け登ったり。スベッたり。転がったり。ハダシです。横の小川で笹舟の競争をさせたり恵まれた環境」であったこと、音楽教育に力を入れ、「大太鼓・小太鼓・笛・タンバリン・カスタ・鈴など次々買って戴き、幼稚園研究会でも大評判になり、他県からも視察団が来て色々質問し、感心して帰られたり、運動会で器楽行進して皆を喜ばしたり」したことを綴っている[29]。

1940年からめぐみ保育園で保姆をしていた人は、「一日の終わりには『お帰

りの歌』があって、月曜から金曜は同じ歌詞なんですけども、土曜日だけは違うんです。その中で『あしたは嬉しい日曜日』と歌うところで、子どもたちはそこだけ声を張り上げましてね。あしたは一日おうちに居られるというのが、その頃の子どもたちにとってもどんなに嬉しかったか。それが今一番に思い出され」ると、綴っている[30]。

　1939年から保育に携わった白道保育園の元園長は、「保育室には足踏み式のオルガンが1台、黒板が1台ありました。イス20脚、机は10台ありました。全員出席の日は、とてもたりなくて、小さい子たちは先生のそばに立っていたように思います」「木造本堂の縁側に、園長手作りの木の滑り台が置かれていて、こども達に人気がありました。縁側にあったため、高さが非常に高く、しまいには、危険だということで、庭におろされて、本堂前庭の砂場の横に移動されました」と記している。戦時中の子ども達は「大きくなったら何になりたい」と聞くと、すぐに返ってくる答えは、「兵隊さん！看護婦さん！というもの」で「大声で予科練の歌、戦友の歌とか白百合の歌（看護婦さんの歌）なんかを歌ってあこがれて」いた。1942年「7月7日の七夕祭りに際しての園長代理としての挨拶に、大東亜戦争開戦後初めての事変記念日であるから、皇軍の兵士の無事を思い、兵隊さんに負けないような丈夫な子供になるよう、お星様に約束しましょう・・・等々の話をしたことを覚えて」いるという。「戦時中だからこそ、朝のお参り、帰宅時の仏様への挨拶、今と同じ恩徳讃等の仏教讃歌を歌い続けました。子供達も喜んで、なじんで歌いました。先生のいうことを聞かないやんちゃは仏間に入れて御本尊と対面、このことは、卒園して60年の今も、当時の暴れん坊達が折に触れて、懐かしがって」いると綴っている[31]。

　1942年ごろに仁王幼稚園に在職した人は、「門から入り右側の園庭に礼拝堂の地下室の穴をほった土が庭につみあげられた高い山があり，かけあがったりとびおりたり，結構たのしい遊び場になっていました。玄関はガラス戸で，すのこが両側にしかれがたがたと音をたてながら元気いっぱいのこども達が登園し」、聖歌を歌ったり話を聞いたりしていた[32]。

　戦線の拡大とともに帰還する傷病兵も増え、園児が慰問することも増えていく。1938年には京都陸軍病院慰問の様子が『社会時報』に紹介されている。そのプログラムは「(1) 進軍の歌、(2) 日の丸万歳、(3) 銃後の子供、(4) 仲よし雀、(5) みんなで護らう、(6) ペンギン鳥の赤ちゃん、(7) 兄さん出征、(8) お山のお猿、(9) 銃後の花、(10) 東郷さん、(11) とべとべ飛行機、(12) ピヨンピヨコリン、(13) 新兵さんのお星、(14) 京人形、(15) 人形のお顔、(16) 幼児バンド」で、「悉く軍国風景であることは申す迄もありません」と書かれている[33]。慰問なので、この頃既に戦争関連の歌や遊戯が中心になっている。その後も慰問は各地で行われていて、めぐみ保育園では1942年度から傷痍軍人の慰問に若槻療養所まで遠路をおして訪問するようになり、「"白衣の兵隊さんありがとう"の歌をうたって遊戯したところ兵隊さんに泣かれ、ついこちらもみんなが貰い泣き」したと、当時引率した保姆の述懐が紹介されている[34]。

第3節　行われた行事

　この時期に幼稚園ではどのような行事が行われていたのであろうか。ここでは、天長節や明治節のような国家的行事と、入園式や遠足のような園の行事、端午の節句や雛祭りのような年中行事とを分けてみていくこととする。

1. 国家の行事に関わるもの

　複数年の日誌等が残されている園で、年度によっては記入されていない場合があるが、多くの園でどの年度にも行われていたのは、天長節、明治節、紀元節である。これらの行事は、三大行事といってもよいものである。少ないが、休みにしていたところもある。江戸川双葉幼稚園は、1941年11月に開園しているが、翌年の紀元節、1942年度の明治節は休みである。八幡橋幼稚園は1942年度の紀元節が休みであった。ぽっぽ園は、該当する期間の日誌があるにもかかわらず、1939年度には天長節、明治節、1942年度には明治節、紀元節当日の記

録がなく、休みだったと思われる。

　それぞれの行事では式が行われ、小学校と隣接した園では学校の式に参列し
ているところが多い。同じ園でも年度によっては、式次第の記録があったりな
かったりする。行事ごとに、年度順にあげてみる。

　まず**天長節**であるが、1938年度に初雁幼稚園では、 9時から式典、10時から
「園旗を先頭に園児の楽隊バンドにて」行進している。勝川幼稚園では、「一.
一同敬礼　二.国歌君が代　三.お扉開き　四.職員園児一同敬礼　五.勅語
奉読　六.園長謹話　七.お扉閉　八.天長節の歌」であった。1940年度も、
ほぼ同様であった。1940年度の南山幼稚園では「一.敬礼　二.君が代　三.
最敬礼　四.園長先生訓話　五.天長節の歌　六.閉扉　七.敬礼」であっ
た。1941・42年度もほぼ同様であった。1941年度の小倉幼稚園では、「一.敬
礼　二.宮城遥拝　三.黙祷　四.御真影奉拝　五.君が代　六.お話　七.
天長節唱歌　八.御真影閉扉　九.敬礼」となっていた。1942年度に、栃木県
女子師範学校附属幼稚園（以下、栃木附属幼稚園とする。組により記述の仕方
に違いはあるが、行事は共通なので組は記入していない）では「一.敬礼
二.開扉　三.最敬礼　四.君が代　五.訓話　六.閉扉　七.敬礼」であっ
た。勝川幼稚園では、「一.国民儀礼　二.園長勅語奉読　三.園長のお話
四.再敬礼　五.天長節の歌」で、「初めての式」「一時半程立っているのは、
一寸苦痛らしかつた」とあり、式の間立っていたことがわかる。

　明治節は、1938年度の勝川幼稚園では、「一.敬礼　二.唱歌君が代　三.
勅語奉読　四.園長訓話　五.明治節の歌」であった。1938・39年度の常葉幼
稚園では、「礼拝　君が代　最敬礼　お話　明治節の曲」であった。1939年度
には、青藍幼稚園で「一.敬礼　一.開扉　一.君ガ代　一.勅語奉読　一.
拝賀　一.訓話　一.明治節唱歌　一.閉扉　一.敬礼」、倉敷幼稚園で
「一.着席　敬礼　二.国歌合唱　三.東方遥拝　四.御真影拝顔　五.式日
訓話　大高園長先生　六.明治節唱歌合唱　七.敬礼　退場」となっていた。
1940年度に、庄原幼稚園では「礼拝　君ガ代　勅語奉読　園長話　明治節の

歌」、常葉幼稚園では「礼拝　君が代　宮城遥拝　最敬礼　お話　明治節の曲」、翌年度は「宮城遥拝」と「お話」が記されていない。南山幼稚園では、1941年度に「一．敬礼　一．君ヶ代　一．開扉　一．最敬礼　一．園長先生おはなし　一．敬礼」であった。1942年度に、勝川幼稚園では「一．入場　二．最敬礼　三．君ガ代　四．兵隊サンに感謝の黙祷　五．勅語奉読　六．訓話　七．明治節の歌　八．終了」となっていた。

　紀元節は、1938年度に勝川幼稚園では、「一、一同入室　一、敬礼　一、君が代　一、勅語奉読　一、園長先生のお話　一、紀元節の歌」で、翌年度も「御真影開扉」が加わるが、ほぼ同様であった。小倉幼稚園では、「遥拝　国旗園旗敬礼　御真影開扉　最敬礼　君が代　訓話　紀元節ノ歌　園歌　進軍歌」となっていた。1939年度に、青藍幼稚園では「一．開扉　二．一同敬礼　三．宮城遥拝　四．君ヶ代　五．勅語奉読　六．奉祝の詞　七．お話　八．紀元節唱歌　九．紀元二千六百年唱歌　十．万歳三唱　十一．閉扉」であった。倉敷幼稚園では、「一．着席　敬礼　二．君が代合唱　三．神武天皇御真影拝顔　四．式日訓話　五．紀元節唱歌　六．二千六百年奉祝歌　七．敬礼　退場」、南山幼稚園では、「一、敬礼　二、君が代（開扉　三、最敬礼　四、園長訓話　五、紀元節祝歌　六、敬礼」であった。1940年度に庄原幼稚園では、「礼拝　遥拝　宮城橿原神宮に向ひ遥拝　君ガ代　勅語奉読　園長訓辞」であった。1941年度に小倉幼稚園では、「一．国民儀礼　御真影　一．国歌奉唱　一．紀元節のうた　一．訓話　一．閉扉」となっていた。1942年度に、南山幼稚園では「敬礼　君ケ代二回　開扉　最敬礼　園長先生おはなし　祝歌　閉扉　敬礼」であった。勝川幼稚園では、「一．入場　二．最敬礼　三．君ガ代　四．御真影開キ　五．教育勅語奉読　六．訓話　七．紀元節の歌」であった。時代が前後するが、キリスト教の堅磐信誠幼稚園では、1940年度に「遥拝．君が代　祈り．聖書　お空で光る．勅語奉読．紀元節歌．式辞．日の丸の歌．万才三唱」と、「会集」の欄に記されていた。

　「海軍記念日」や「事変二周年記念日」は、多くの園で行われていた。「皇太

子殿下御降誕祝」や「陸軍記念日」は三分の二ほど、「地久節」は半数ほどの園で記されていた。その記念日についての話や関連する手技、唱歌等のほか、神社参拝が行われることもあった。いくつかの園の状況を、具体的にみていく。

　海軍記念日では、1938年度に高梁幼稚園で「模型軍艦ヲ全園児ニ分ツ」と記されている。代陽幼稚園では「お話してお土産に軍艦を作製さす」とある。佐倉幼稚園では、「何ノオ祝ヒカ判ル方ガイナカツタ」が、「軍艦ノオ画カキ」をしている。1939年度には、「記念日ノオ話及東郷元帥ノオ唱歌ヲレコードニヨツテオキカセスル　オ帰リニハ勲章ヲ作ッテオ胸ニ下ゲテ大得意デアッタ」と記されている。龍野幼稚園の「青組」では「海軍記念日のお話し」をするが、佐倉幼稚園同様に「どんな日か知つてゐる子はなかつた」という。倉敷幼稚園では、「日本海々戦東郷大将其ノ他忠勇ナリシ将兵ノ談話ヲナシ帝国海軍ノ威力ニ感謝シ銃後ノ生活ヲ自重セシム続イテ日本海々戦ニ関係アル絵葉書ヲ幻燈映写」とある。南山幼稚園では「九時より集会」「御話をなしＺ号旗を持って屋上に上り、行進す」と記されている。1940年度には「御話をなし強い日本の子供になるために、と園訓に結びつけ話し、園訓を暗唱す」とある。1941年度には「輝く海軍記念日」「子供達と共にＺ号旗を作るおみやげに持って帰る」とある。1942年度には、園長も一緒に「屋上にてＺ旗を掲げ、日本海々戦のお話」をしている。江戸川双葉幼稚園では、神社参拝をしている。ぽっぽ園では、1941年度に「講話」の後「神柱神社旗行列英霊参拝」をして「皇軍勇士の武運長久と共に園児も立派な兵隊さんになりますとおちかひして礼拝の仕方等教へる」とある。

　事変記念日では、1938年度に常葉幼稚園で「園児一同東本願寺に参内」している。高梁幼稚園では、「支那事変一週年記念式ヲ忠魂碑前デ挙行セラレ各団体及ビ町民参列セラル」とある。佐倉幼稚園では、「事変記念日ノオ話ノ後靖国神社　陸軍基地ヲ遥拝」している。翌年度は話と神社参拝であった。1939年度には、龍野幼稚園で「聖戦二周年記念日につき、武運長久を龍野神社に祈願」と記されている。犬山幼稚園では「南小学校ノ式ヘ職員ノミ参列、幼児一

同ハ九時半ヨリ神社参拝ス」とある。倉敷幼稚園では、「盧溝橋ニ端ヲ発シタ支那事変勃発ノ興亜ノ記念日ヲ祝シ国旗掲揚皇居遥拝陛下ノ御陵威ヲ感謝続イテ阿知神社忠魂碑ニ参拝皇軍勇士ノ忠勇義烈ナ働キヲ感謝武運長久ヲ祈リ、護国ノ英霊ニ衷心ヨリ感謝及銃後国民トシテコノ偉大ナ聖業ニ力ヲ致スベク誓フ。今日一日ノ生活ヲ自重シ間食副食物ヲ倹約ナスベク約束ス」と記されている。栃木附属幼稚園では、この日に陸軍病院を慰問している。1941年度には、記念日と七夕祭りを同日に行い「一．宮城遥拝　一．黙祷　一．支那事変のお話」に続き「一．開会の辞」の後に遊戯と唱歌、七夕の話等が行われていた。翌年度も同様であった。1941年度に、佐倉幼稚園では「新聞記者ニ頼マレテ黙祷ノ写真ヲ撮ラセテアゲ」「麻賀多神社ニ参拝」し「出征将士ノ武運ヲオ祈リ」をして、園へ戻り事変の話を「ワカラナイヤウダガ一通リキカセタ」とある。1942年度に、刈谷幼稚園では「支那事変五周年記念鍛練行軍　市原神社」とある。

　皇后の誕生日である**地久節**に関しては、1938年度に勝川幼稚園で「君が代を唱ひ皇后陛下に対してお目出たうの気持で最敬礼」「地久節について紹介」「母への感謝についても訓話」が行われていた。代陽幼稚園で「遥拝式挙行後園児の唱歌遊戯をしてお祝ひ」、1941年度には「地久節の良き日子供達にしるこを食べさせてお祝ひ」と記されていた。江戸川双葉幼稚園では「地久節で母のことについて語る」とある。1942年度に、栃木附属幼稚園では、「国民儀礼を行ひ、保姆より、地久節についてお話」「式後、お帰り」となっていた。

　陸軍記念日では、1938年度に高梁幼稚園で「全園児桜堤ニ於テ行ハレタ演習ヲ見学ニ行ク」と記されている。勝川幼稚園では、園長から「日露戦役のお話をき、（奉天占領）」「兵隊さんのお遊戯」「年長勲章の折紙と戦闘帽」「年少、兵隊さんの貼紙」で、午後から「戦死者のお墓へおまいり」とある。1941年度には、代陽幼稚園で「奉天陥落が一段と此の大東亜の偉業に一億皇民の胸を深く貫き、本園にても児童と供に良き陸軍記念日を過した」と記されている。ぽっぽ園では「今日は目出度い陸軍記念日」で「御寺参拝に行き戦没勇士に感謝

の念を捧げる打続き神柱神社に参拝」「広い野原に一時間位鬼ごっこ等」とある。1942年度には、江戸川双葉幼稚園で、「戦器について園長語る」とある。勝川幼稚園では「記念日の意義及び乃木大将の出生及び父母のしつけそれになくなられる前の事等」話している。

　皇太子の誕生日を祝っていた園の様子として、1938年度には、栃木附属幼稚園では「教育会館に於て催された奉祝場に行く」とある。1939年度には、月見幼稚園で「皇太子様御誕生日ヲ祝フ」、倉敷幼稚園では「皇太子殿下御降誕奉祝遊戯会並玩具祭」を行っていた。1940年度には、佐倉幼稚園では「御誕辰ヲ祝シ奉ル」としてレコードをかけて、代陽幼稚園では「会食をして」、祝っている。小倉幼稚園では、「皇太子様第七回目誕祝会」で「開会の辞　敬礼　国歌奉唱　遥拝　黙祷　皇太子様のおうた（君が代は千代に八千代に）　皇太子様のお話　皇太子のお唱歌（千代田のお城に春がきて）　愛国婦人会のおば様のおはなし　おば様のお言葉　隣組のお遊戯　万歳三唱」等が行われていた。1941年度には、栃木附属幼稚園では「愛国婦人会主催にて　奉祝の式挙行（公開堂に於て）」で「お話　ニュウース等あり　お菓子をいたゞいて元気よくお帰りする」と記され、翌年度には「一．国民儀礼　一．お話（保姆より）」に続いて、12月生まれの園児の「お誕生会」をしている。ぽっぽ園では1941年度に「旗行列」で「神柱神社」に「皇太子殿下御健康並びに皇室の武運を祈り」、「お寺にて皇太子殿下バンザイを園長先生と一緒に三唱」している。

　このほか、元旦に拝賀式（新年拝賀式、四方拝賀式等）が四分の三ほどの園で、記されていた。皇居・宮城遥拝や君が代、話等があり、菓子等の土産をもらって帰ることが多かった。1938年からは、靖国神社臨時大祭が行われているが、この日は休みの園もあれば、神社参拝をした園もある。

　ところで、1940年は「紀元二千六百年」ということで、大々的に祝賀が行われた。また、教育勅語渙発50年ということで、その行事も行われた園が多い。

　小倉幼稚園では11月10日（日）に記念式を行い、11日に「子供と共にお祝ひす　天にひゞけとの万歳の声、よろこばしきかぎり」と記されている。南山幼

稚園では、10日に「父兄御案内により来園せしもの、二十一名」とあり、「宮城遥拝」「橿原神宮遥拝」「君ヶ代」等で式典を行ない、翌日には「一．敬礼　一．日本の旗　一．御はなし　一．紀元二千六百年の歌　一．敬礼」で、「祝典」を行っていた。東京市奉祝式の時は、簡単に「御はなしをなしてお帰り」していた。高梁幼稚園では「小学校庭ニ於テ挙行　直チニ神社参拝」と記されている。堅磐信誠幼稚園では、10日に「園児一同にて式をなす」とあり、翌日は「園児一同にて連区を旗行列す」と記されている。これに先立ち8日には記念樹を植えていた。勝川幼稚園では、11日に「奉祝の第二日目」として、「最敬礼、君が代、皇宮の方に向つて最敬礼、紀元二千六百年の歌、と順に終り最後に園長先生のお話」の後、万歳三唱をし「自分で作つた日の丸又は軍旗の旗を手に手に元気良く八幡神社へ参拝」し、「帰園後お祝ひの赤飯のおむすび」を食べている。常葉幼稚園では、10時に「奉祝式」で「礼拝　君が代　宮城遥拝　お話　紀元二千六百年奉祝歌　万歳三唱」をしている。栃木附属幼稚園では、「奉祝日につき午前十一時にてお帰り」と、早帰りしていた。

　「勅語御下賜五十周年記念式」は、小倉幼稚園では「一．敬礼　二．奉斎殿礼拝　三．勅語奉読　四．勅語ノ御話　五．君が代　六．日本ノ旗　七．敬礼退場」となっていた。南山幼稚園では小学校と共に式を挙行し、「一．敬礼　一．君ヶ代　一．勅語奉読　一．園長（平山先生代理）訓話　一．敬礼」であった。栃木附属幼稚園も、学校と共に挙式していた。勝川幼稚園は、「1．敬礼　2．君が代　3．教育勅語奉読　4．式日のお話」であった。高梁幼稚園では、式後に誕生日会をしていた。常葉幼稚園では、「紀念式を行ふ」とある。

　1939〜1941年度に「興亜奉公日」と1回でも記述されていたのは、半数ほどの園であった。1942年度には、「大詔奉戴日」がどの園でも記入されていた。その日であることのみ記されていて、具体的な内容がわかる園は多くはないが、例をあげてみる。

　「興亜奉公日」に関して1939年度には、佐倉幼稚園で「オ話ヲシテ麻賀多神社参拝」（12月）とある。他の月や年度でも、神社参拝をしていた。1940年度

の7月には、陸軍墓地にも参拝している。青藍幼稚園では、「君ケ代　宮城遥拝　興亜奉公日につきお話、今日は一の日の唱歌」（2月）と記されている。倉敷幼稚園では、「国旗掲揚　阿知神社参拝」が記されていた。1940年度には、勝川幼稚園で「はるか支那の方に向つて黙祷をする。今日一日はお金をつかわぬ事をお約束」（6月）している。他の月にも、黙祷は行われていた。南山幼稚園では、「宮城遥拝。目祷をなし　興亜奉公日の御話をなす」（5月）「君が代、宮城遥拝、及御話」（6月）という記述がなされていた。宮城遥拝や黙祷は、他の年度でも行われていた。高梁幼稚園では、「八幡神社参拝　松連寺デ園外保育ヲナス」（10月）とある。1941年度には、代陽幼稚園で「松崎神社参拝遠足　興亜奉公日」（5月）という記述がみられる。小倉幼稚園では、「奉仕作業」（7月）と記されていたが、作業の内容はわからない。

　「大詔奉戴日」は1942年1月に、毎月1日の興亜奉公日に替えて、8日に行われることが決まった。各園では、何らかの形で「大詔奉戴日」について記述されていたが、毎月記入されているわけではない。他の行事と重なった時には、書かれていないことが多い。多くの園では、近くの神社に参拝している。1942年度には、小川幼稚園では「一．入室　二．宮城遥拝　三．皇大神宮拝礼武運長久祈念　四．園長先生訓話　五．誓詞宣言　六．白峯神宮参拝」（2月）であった。常葉幼稚園では「本年度より大詔奉戴日に於て宮城遥拝、ラヂオ体操をなすことに決定せり」（6月）とある。勝川幼稚園では、「黙祷兵隊さんに感謝」「兵隊さん達の日常及戦地での苦戦等お話」（9月）「又もや覚悟をあらたにする　黙祷一分間お祈りの後大詔奉戴日のお唱歌」（3月）と記述されている。南山幼稚園では、「大詔奉戴日挙式　大東亜戦争のおはなし、兵隊さんへ感謝、特別攻撃隊九軍神葬儀あり、そのお話　がまんする事」等が話され（4月）、「戦果のおはなしをなし、屋上にて国旗掲揚　宮城遥拝　黙祷」（6月）となっていた。

　1942年12月8日は「大東亜戦争記念日」で、式を行なっていた園が多い。たとえば、小倉幼稚園では「大詔第二周年記念日　全園児天神様詣デ」、南山幼

稚園では「大東亜戦争一周年記念」で「国旗掲揚、国民儀礼をなし（屋上にて）氏神氷川神社へ皇軍の武運長久祈願の為参拝戦捷報告」をしていた。

　このほかに戦争関連の行事として、1938年10月には「漢口陥落旗行列」、1942年2月の「シンガポール陥落祝賀」や「昭南島陥落旗行列」に参加した園も多い。特にシンガポール陥落の祝賀は多くの園で記されていた。希望幼稚園では、1942年3月12日に「父兄も幼稚園に集会」し、「大東亜戦争第二次戦捷祝賀式」を挙行している。式次第は、「1．一同敬礼　2．開式の辞　3．御真影奉拝　4．国歌君が代　5．大東亜戦争宣戦詔書奉読　6．園長諭告　7．大詔奉戴日の歌　8．閉式の辞」であった[35]。

　この期間、特に後半は、戦争の拡大とともに、幼児教育・保育にもその影響が表れてきた時期であったと言えよう。

2．園の行事

　入園式、卒園式（卒業式、終了式、修了式等を含む）は、どの園でも行われていた。式次第がわかる園も少なくない。**入園式**から、年度順にみていく。

　1938年度には、南山幼稚園では9〜11時で、「一．敬礼　二．園長先生御話　三．担任先生紹介　四．旧園児遊戯　五．敬礼　六．プリント説明　七．御名前呼　御土産渡　八．保育室紹介　九．御帰り」であった。栃木附属幼稚園では、「一．敬礼　二．校長訓辞　三．主事挨拶　四．新入児氏名点呼　五．新旧幼児挨拶　六．保姆紹介　七．新入児父兄挨拶　八．敬礼」で、1941年度まで、ほぼ同様である。小川幼稚園では、「一．着席　二．お早う　三．園長先生お話　一．保護者へ　二．幼児へ　四．担任の紹介　五．保護者会幹事紹介　六．京都市保育会について　七．主任の話　1．保育方針　2．保育時間」等で、土産を渡していた。小倉幼稚園では、「敬礼　君が代　父兄へ注意　先生紹介　新入園児へ注意　唱歌　敬礼　閉式」となっていた。倉敷幼稚園では、「一．着席　唱歌国家君カ代　一．オ話　園長先生　一．紹介　組名ト保姆」で、番町幼稚園では、園長の話の後、各組で担任より話があり、「絵本、お面

のお土産をいたゞいて帰る」となっていた。勝川幼稚園では、「一. 一同敬礼
二. 唱歌君が代　三. 勅語奉読　四. 園長先生の御訓話　五. 挨拶　六. 敬
礼」で、勅語の奉読も行われていた。

　1939年度には、小川幼稚園では、「一. 着席　二. 敬礼　三. 君が代　四.
園長先生御話　幼児へ　保護者へ　五. 担任紹介　六. 保護者会幹事紹介
七. 主任の話　幼児へ御約束　保護者へ　八. 御土産分配　九. 敬礼　一〇.
退席」で、前年度にはなかった「敬礼」や「君が代」が入っていた。龍野幼稚
園では、「一. お並びして、お遊戯室へ入場　一. 君が代　一. 園長先生の訓
示」（青組）があった。月見幼稚園では、「一同礼拝　点呼（園章ヲツケル）
唱歌君が代　園賓入室礼　園長挨拶　職員紹介　来賓之祝辞　お祝のお話（遊
戯)」であった。常葉幼稚園では「園長お話　園歌　遊戯　董僕の兄さん兵隊
さん　お手々つないで　僕は軍人」と記されている。青藍幼稚園では、「一. 一
同敬礼　二. 式辞　三. 宣誓書朗読　四. 朝礼　五. 礼拝（のゝさま）　六.
園歌　七. お話　八. 職員児童紹介　[園児氏名略]君ご挨拶なす　九. 氏名点
呼」で、式後誕生日の幼児を「お祝し在園生のおゆうぎをお見せす」とあっ
た。本荘幼稚園では、「一. 遥拝　二. 君が代　三. 開会の辞　四. 遊戯
五. 出席調　六. 保姆ノ挨拶　七. 閉会」で、遊戯は「ツバメ」「人形」「相
撲」「ドングリ」「兵隊サン」「夕日」「牛若丸」であった。翌年度は式の順序と
遊戯の題目は異なるが、同様であった。

　1940年度には、庄原幼稚園で「一同着席、君カ代、勅語奉読、園長挨拶　岸
先生挨拶、保姆挨拶、お土産配布」をしていた。常葉幼稚園では、「君が代
礼拝　お話」となっている。

　1941年度には、小倉幼稚園では「一. 遥拝　二. 黙祷　三. 君が代　四. お
話　五. 先生紹介　六. 唱歌」であった。11月に開園した江戸川双葉幼稚園で
は、「一. 国歌　宮城遥拝　一. 聖書朗読　マタイ五ノ三・一二　六ノ二五
・三四　一. 祈祷　一. 讃美歌　二〇四　一. 祝辞　一. 園長挨拶　一. 讃
美歌　三〇六　一. 祈祷　解散」で、「第二部茶話会」を行っていた。

　1942年度には、南山幼稚園では「一．敬礼　一．宮城遥拝　一．黙祷　一．園長先生お話　一．園医先生紹介　一．担任先生紹介　一．敬礼」で、その後、旧園児の遊戯と模倣動作、プリント説明、名前呼、園旗渡し、記念撮影が行われていた。小倉幼稚園では、「国民儀礼　の後園長先生の御話の間先生の紹介　保育室に集会」で、「父兄にのみ園長先生のおはなし」があった。新城幼稚園では、「一．敬礼　一．国民儀礼　一．園長訓話　一．紙芝居　一．オ土産　一．解散」であった。

　卒業式・卒園式は、どのような内容であったのか。

　1938年度には、倉敷幼稚園では、「一．着席敬礼　一．君が代　一．東方遥拝　一．報告　一．証書賞品授与　一．お話　園長先生　一．来賓祝辞　一．送辞　在園児総代　一．答辞　卒園児総代　一．お別れの歌　一．敬礼　退場」で、卒業式後に遊戯会を行っていた。翌年度も同様であった。小川幼稚園では、「一．着席　一同　二．唱歌　君か代　三．証書授与　四．精勤賞授与　五．記念品授与　六．在園児祝詞　七．修了児答詞　八．修了児保護者挨拶　九．唱歌　修了の歌　一〇．敬礼　一一．退席」であった。常葉幼稚園では「退園式」で、「入場　礼拝　焼香　国歌　保育証授与　賞品授与　式辞　祝辞（本山教学課）　送別辞　在園児代表　答辞　修了児代表　父兄代表　送ル歌　感謝ノ歌　礼拝　閉式」であった。翌年度もほぼ同じであった。勝川幼稚園では、「ホールに入室．一同礼拝．唱歌君が代　お勅語奉読　卒業証書賞品授与す．園長訓話．一同礼」と記されていた。

　1939年度には、新城幼稚園の「修了式ノ次第」は、「一．君ヶ代斉唱　一．修了証書授与　一．精勤賞授与　一．園長訓話　一．来賓祝辞　一．修了式の歌」となっていた。青藍幼稚園の「修了証書授与式」は、「一．敬礼　二．君ガ代　三．勅語奉読　四．賞書授与　精勤賞授与　五．告辞　六．来賓祝辞　答辞　七．修了生唱歌　在園生唱歌　八．園歌　敬礼」で、式後、「お別れの演芸会」を行っている。月見幼稚園は「保育終了式」で「オ礼　唱歌　君が代　オ話　保育証書授与　祝辞　礼」の後「お別れ会」をしていた。

本荘幼稚園では「保育証書授与式」で、「一．着席　二．皇居遥拝　三．国家合唱　四．お祈り　五．聖書朗読　六．お話　七．お歌　八．お遊戯　九．証書授与　一〇．お別れのあいさつ　十一．卒業児のあいさつ　十二．賞品授与　十三．お別れのうた」であった。翌1940年度には、「お祈り」「賞品授与」はなくなり、歌や遊戯の題目も異なっている。

1940年度には、新城幼稚園では「一．敬礼　二．国旗ヲ通シテ　皇大神宮並ニ宮城遥拝　三．皇軍将士並ニ戦歿将士ノ英霊ニ対シ感謝黙祷　四．君ガ代　五．修了証書授与　六．精勤書授与　七．園長訓話　八．来賓祝訓　九．唱歌　修了式ノ歌　一〇．敬礼」で、「敬礼」や「宮城遥拝」、「感謝黙祷」が入っていた。翌年・翌々年度もほぼ同じであった。1941年度に常葉幼稚園では「保育修了式」で、「入場　礼拝　宮城遥拝　国歌　保育証授与　賞品授与　式辞　祝辞　送別ノ辞　答辞　父兄代表あいさつ　送ル歌　感謝ノ歌　閉式」となっていて、111名が卒業していた。翌年度も同様で132名が修了していた。

1942年度には、勝川幼稚園の「園児の巣立式」は「一.一同入場　二.最敬礼　三.皇軍将士に黙祷　四.君ガ代　五.勅語奉読　六.証書授与　七.賞品授与　八.精勤賞授与　九.年少組賞品授与　十.園長先生の訓辞　十一.卒業生総代答辞　十二.送別の歌　十三.お別れの歌（未名児の歌）」であった。八幡橋幼稚園では、「一.国民儀礼　一.君ヶ代斉唱　一.証書授与賞品授与　一.児童総代答辞　一.母総代謝辞　一.卒業式ノ歌」となっていた。栃木附属幼稚園の「修了式次第」には、「一.敬礼　一.君が代　一.修了証書授与　一.主事告諭　一.校長告諭　一.来賓挨拶　一.保護者挨拶　一.敬礼」とあった。興望館保育園に残されていた卒業式のお知らせをみると、一部が式で、第二部が遊戯会であった。「一．国民儀礼　一．君か代　一．祈　一．讃美歌　うるはしき朝　一．保育証書受与　一．記念帳　受与　一．お祝のお言葉　園長先生　母の会代表　一．お別れのお言葉　一．お答のお言葉　一．卒業の歌」、その後、「一．歌　春風さん　一．遊戯　春の足音　一．歌　君が来たなら　一．歌　春風さん　一．遊戯　春は何処から　一．劇　鳩のお家

一．オーケストラ　一．さよなら　一．記念撮影」で、64名が卒業していた。

　これらの式では、君が代を歌うことが多く、園によっては教育勅語奉読も行われていた。遙拝を行なう園は増えてきている。

　始業式（始園式）や終業式（終園式、終了式）は、学期によっては記されていないこともあるが、多くの園で行われていた。それぞれの式と記されているのみの園や、話をしたことがわかるだけの園が多く、式次第の記入は少ない。また、同じ園でも、式次第が記入されている場合といない場合がある。

　まず、**始業式**であるが、1938年度には、小川幼稚園で「お話　。大きくなった喜　。強くいゝ子になるやうに　。小さい子供をかあいがる　。規律正しく」（4月）と記されている。常葉幼稚園では「園歌　礼拝　讃仏歌　お話唱歌」（1月）で、1942年度まで同様であった。1939年度には、青藍幼稚園で「一．敬礼　二．君ヶ代　三．皇居遙拝　四．園歌　五．礼拝　六．園長先生お話」（9月）で、1月の「第三期」には、「皇居遙拝」がなく、最後に「敬礼」が入っている。南山幼稚園では、9月に「一．君が代　一．宮城遙拝一．皇軍将士武運長久を祈る目祷　一．園長先生御話」「ボートのお土産」と記されている。1月には「園長先生の御話」の中で、「紀元二千六百年でお年が一つふえた事」「紙外消耗品を大切に使用する様」「石灰の話　手摩擦」「含嗽する事」等についてとりあげられていた。龍野幼稚園では「第三学期始業式」で、「遙拝」「君が代」に続いて休まず元気に幼稚園へ来るよう約束した後、「指太郎」の話をしている。

　1940年度には、南山幼稚園で9月に「一．敬礼　二．君ヶ代　三．宮城遙拝四．皇軍武運長久を祈ル黙祷　五．園長先生訓話　六．敬礼」と記されて、「敬礼」が入っている。翌年度もほぼ同じであった。庄原幼稚園では、1月に「礼拝　遙拝　園長お話」とある。

　1941年度には、小倉幼稚園で1月8日の「始園式」に「1．国民儀礼　2．園長ノ話　3．諸注意」があり、「初の大詔奉戴日」と記されていた。

　終業式であるが、1938年度には、常葉幼稚園の「夏期休業式」は「礼拝　園

歌　讃仏歌　お話」で、「冬期休業式」は「報恩講」を兼ねて「礼拝　勤行
お話」で1941年度まで同様であった。1939年度に、青藍幼稚園では「第一期保
育終了式」で「一. 着席　敬礼、礼拝　二. 園歌」で夏休み中の注意を話し、
「第二期終業式」では、「1. 君ヶ代　2. 園長先生のお話　お休ミ中の御注意
3. 出席カード貼紙　4. お土産いたゞき一月一日唱歌を練習」していた。

　1941年度には、南山幼稚園で12月に「一. 敬礼　一. 園長先生のおはなし
一. 園訓　唱歌お正月　一. 敬礼」で、元気に遊び、早起きし「宮城遥拝」
「兵隊さんにありがたうと御礼を言ふ様」に話がなされた。

　始業式では、休み中のことを発表している園もあった。新学期に向けての心
構えを話すこともあった。終業式では、休み中の注意事項がよく話されてい
た。これらの式でも、園によっては「君が代」や「宮城遥拝」が行われていた。

　遠足・園外保育は、どの園でも行われていたが、その内容は様々であった。
遠足と園外保育両方が記されている園が多いが、倉敷幼稚園、月見幼稚園のよ
うに、遠足という記入がないところもある。遠足は、春と秋に1回ずつの園が
半分ほど、少数ではあったが年3回の園もあった。通知を渡して保護者も一緒
に出掛けるのは遠足、近くに観察を兼ねていくような時は園外保育と分けてい
る園もあるし、同じ場所に行くのに、「園外保育」「遠足」「散歩」と書き方が
異なっている園もある。

　1938年度には、本荘幼稚園では「ブドウの房」「御好意から取らせて頂くや
らごちそうになるやらして、みんなもう大へんな喜び」で、豚やウサギを見て
から「タンバリン、ミハルス、トライアングルで拍子を取るやらして愛国行進
曲」「お遊戯して、お弁当」、梨畠で「落ちてゐる梨を」「拾はせていたゞいた」
り、芋掘りもさせてもらって芋を「分けてお家へのお土産」にするという、盛
りだくさんな遠足であった（10月4日）。

　1940年度には、堅磐信誠幼稚園では「楽しんで居た遠足の朝、九時二十分集
合、十時頃熱田駅前より一台の電車に全員乗り東山公園に行く。動物園に入り
楽しい時を過す。二時頃、動物園内で散会する。電車賃　大人五銭、子供二

銭」（5月6日）とある。動物園には、無料で入場できるように提出した申請書が残されている。秋には「晴天に恵まれ園児百三名と御母様方も御一緒に十時幼稚園を出発し、名古屋城へ行き楽しく遊び、午後二時、外苑内にて解散」（10月7日）していた。

南山幼稚園では、10月に「園外保育」「お芋も好く取れて大よろこび」とあり、翌日には「遠足翌日に付　午前中にてお帰り」とあるので、園外保育と遠足を同じ意味で用いていたことがわかる。南山幼稚園以外にも、秋に芋掘り出かける園があった（番町・小川・常葉ほか）。番町幼稚園では、春には「苺取り」の遠足をしている（1938年5月26日）。

1942年度には、江戸川双葉幼稚園で「九時十五分幼稚園出発上野公園に十時四十分頃到着　象さんの前で昼食」（5月30日）とある。栃木附属幼稚園では、10月14日に「西川田競馬場」へ電車に乗って出かけ、「山ノ組」に「山深く入り栗とり、女子は花つみ」をして「戦時下の将来を背負ふ子供として充分な鍛練」と記されている。「海ノ組」に「電車に乗つた時の子供達の歓声、輝く頬、眼、自分が嬉しくなつてしまふ　嬉しい中にも初めて団体として乗る心得、又乗物に対する注意、を怠つてはならぬ大切な場であると思ふと一時もぢつとしておられない夢中になつて注意を与へた」とある。

運動会も、幼稚園で行う場合、小学校等の運動会に参加する場合、その両方がある場合と、様々である。プログラムが残されている園は少ない。

1938年度には、番町幼稚園では小学校、幼稚園、麹町高等実践女学校合同の運動会で、「豆戦車」「遊戯（モミヂ、カワイイ子、グットバイ）」「宝拾ひ」に出場していた。1939年度には、佐倉幼稚園で「九回目ニ競技ガアルノデ全部ノ集マルノヲ待ツテ」「到着スルト直ニ順」「大忙ガシ」「桜組ノ旗送り次ガ菫ノ紅白玉入レ第三ガ全部ノオ遊戯ニツニツト進メ軍艦旗」「上々ノ出来ゴ褒美雑記帳一冊」と記されていた。栃木附属幼稚園では、「個人競技　七〇米　団体競技（みんなでころがさう）　赤白の大球を三人でころがす」「午後　遊戯　オフネ　モミヂ　ユリカゴ」であった。

　1940年度には、小川幼稚園は小学校と合同の「奉祝記念運動会」で、「徒競走」「二千六百年奉祝歌　夕日」「幼稚園体操」に出場していた。堅磐信誠幼稚園は近隣の小学校の運動会に行き、「お月様遊ぼ」「松ぽっくり」をしていた。

　1941年度には、栃木附属幼稚園では「国民学校と合同」の「教育勅語御下賜記念日　傷病兵慰安秋季大運動会」が8時からで、「五十米競争」と「大政翼賛の歌　牛若丸　ないしよ話」を「唱歌遊戯」として行っていた。

　学校の運動会に参加する場合は、他の園でも、2～3種類の遊戯や競技に参加することが一般的であった。園独自の運動会の場合は、当然のことながら、多くの種目が行われていた。

　たとえば青藍幼稚園では、1939年度に「一、開会之辞　二、国歌合唱　三、礼拝唱歌　四、園歌　五、競技遊戯　六、万歳三唱　七、閉会之辞」で、午後1時開始で4時終了予定であった。競技遊戯の内容は、初めと終わりに全員でする「合同遊戯」が「物言はぬ戦士、慰問袋」「愛馬進軍歌」、組、男女別の「遊戯・ゆうぎ」は「南京鼠、お指の運動」「ドンドコシヨ、太平洋行進曲」「ほまれの戦車、兵隊ごつこ」「舌切雀、かごめかごめ」「またあした、お池の亀の子」「よいよいよい子、鉄カブト」「支那言葉、かもめの水兵さん」「出征ごつこ、軍用犬フジ号」「お手々つないで日満支」、「競技」として「バスケットボール」「輪くゞり」「お手伝ひ」「リレーレース」「置替へ競争」「風車」、「青男女」の「遊戯競技」で「進め軍艦旗、傷兵護れ」であった。

　1942年度に、江戸川双葉幼稚園では「認可記念運動会」で、「国歌合唱」「宮城遙拝」「ラヂオ体操」「開会の辞」に続き、「遊戯」や「旗取」「障碍物競走」「魚釣競争」「ダルマ送り」「デットボール」「綱引」を行なっていた。遊戯では、全員で「御百姓さん」、組別で「兎さん、大将さん」「トンボ、荒鷲」「月夜の田圃」がとりあげられている。母の会、卒業生、来賓の出演があり、「旗体操」をして閉会となっている。9時開始で正午散会であった（10月12日）。

　遊戯会は、半数ほどの園で記されている。「学芸会」という記述もみられる。どのような内容であったのか、プログラムが残されている園の様子をみて

いく。

　倉敷幼稚園では、「挙式会合諸記録」と保護者会である「双葉会記録」から、遊戯会で行われていたことがわかる。1938・39年度は、卒園式後に引き続き遊戯会を行っている。「開会の辞」「閉会の辞」は毎回あるので、それ以外の演目を見ていく。組別が記されているが、それは省略する。1938年度は「兵隊サン四題」「銃後ノ小国民」「オ指ノ唄二題」「ニコニコ兎」「オ伽踊リ」「桃太郎」「紅茸踊」「春五題」、1939年度は「君が代」「紀元二千六百年奉祝国民歌」「兵隊さん三題」「をぢさん有難う」「お伽踊六題」「談話　東郷元帥」「兄弟雀」「日の丸の旗」「内緒話」「春三題」「仕合ごつこ」であった。1940年度は2月26日に行われていて、「海ノ雲」「兵隊さん二題」「東郷さん」「お菓子の汽車」「おかたづけ」「仕合ごつこ」「赤い鳥小鳥」「雲雀」「白いお花」「お話」「雨降り」「あるかふね」「流線型の汽車」「日の丸人形」「お雛様」がとりあげられていた。1942年度は3月9日で、「愛国行進曲」「兄弟雀」「靴ガ鳴ル」「オ話」「桃太郎サンノオ供」「雛祭リ」「太平洋行進曲」「一寸法師」「可愛イ仔馬」「進軍落下傘部隊」「オ歓ビ行進曲」「雨降リ」「海ノ雲」「紅傘日傘」「軍艦行進曲」「兵隊サン二題」「オシャレ羽根」「御国ノ子供」「三ツノオ国」「仕合ゴッコ」と多くの演目があげられ、戦争関連のものが増えていることがわかる。

　小川幼稚園には、1940年度の雛祭り遊戯会のプログラムが残されている。全体で行うものや組・男女別に行うものがあったが、全部で15番まで20演目があげられていた。「今日ハウレシイ」「僕ノ飛行機　自動車」「春」「飛行機　チユーリップ」「春ヨ来イ　オ人形」「進軍」「春」「兵隊　僕ノ歌」「マツボックリ」「数へ歌」「春」「春ノヨロコビ　堤ノオ花」「相撲」「牧場ノ羊」「上ノ段ニハ」である。1942年度には「遊戯会番組」が記入されていて、順に「ひなまつりの歌」「春よ来い・人形」「相撲」「ひなまつり」「春が来た．小鳥のお話」「楽隊」「一年生・堤のお花」「桃太郎」「錬兵・さるかに」「水兵・春」「あ、うれしいな・戦勝のよろこび」「兵隊さん万歳」「ひなまつりの歌」が、あげられていた。学校の学芸会にも出演していた。1938年度には「一．赤い花白い花（遊

戯）　二．兵隊さんばんざい（劇）　三．ひな祭り（ひなだん）　四．楽隊」
で、1939年度には「楽隊遊び」「遊戯　一年生　さようなら　舌切雀　春が来
た」「ひな祭り（対話）」「桃太郎（劇）」で出演していた。1942年度には「学習
発表会」で、「遊戯　おひなさま　小鳥のお話」「遊戯　春・戦勝のよろこび」
「劇　兵隊さん萬歳」「劇　桃太郎」で、雛祭り遊戯会でしていたことの中か
ら、選んで出演していたと思われる。

　キリスト教の堅磐信誠幼稚園の1942年度の「お遊戯とお歌の会」（3月18日）
の順序が残されている。卒業生も参加していていた。「国民儀礼」「開会の辞」
「うるはしき朝」「お祈」「お空で光る」「雀と子供」「朝の挨拶」「お母様」まで
は全員で、そのあとの遊戯「チューリップ　鯉のぼり」から組が記されてい
る。題目だけをあげると、「水鉄砲　可愛い兵隊」「蝶々の町　さくらのトンネ
ル」「松ぼつくり　南京玉」である。在園児一同で「春よ来い　ぽかぽか春が」
もある。歌として「フンパツ子供」「水車」「梅の花」「きつ、き」「おひな様」
と、組が無記入の「春が来た」「米」「軍艦」が、あげられていた。このほかに
劇や個人のお話、紙芝居もとりあげられていた。

　常葉幼稚園には「母の会」の記録の中に、5月の花祭り、7月、12月の成道
会、3月の雛祭りに、「母の会」と兼ねて行った「遊戯会」のプログラムが残
されている。1938年度は4組、1939年度以降は5組で、組別の演目が記されて
いる。各行事により若干異なるが、各組3〜7の演目で、年長組の出演は多く
なっている。遊戯が主で、唱歌やお話、劇が入っていることもある。とりあげ
られていた遊戯の題目は多数にのぼるので、次節でみることとする。

　小学校の学芸会に参加していた園では、各組1〜2の演目を行っていたよう
である。番町幼稚園では、1938年度に「創立記念祝賀学芸会」で「オハナシア
ソビ　三匹の小豚」「リズム遊び　イ、ハト　ロ、ミナト」「遊戯　イ、南京玉
ロ、首ふり人形」（12月3日）に出演していた。栃木附属幼稚園では、3月に
学芸会があり、1938年度は「男の児全部（兵隊ゴツコ）　女の児全部（ピカピ
カ星　春よ来い）」、1939年度は「唱遊　ヒヨコ　テフテフノマチ　唱遊　サル

カニ合戦　楽隊　皇紀二千六百年祝歌　愛国行進曲」を行っていた。次に演目が記されていたのは1942年度で、「一寸法師…山の男　赤い木の実で…山の女　雀の学校…海の男女」であった。

　勝川幼稚園では、12月に行われていた遊戯会当日の幼児や保護者の様子が記されていた。1940年度には、「雨が降り出して来ましたけれど子供達は大はり切りで早くから登園致しました。女の子達はうつすらと薄化粧をさへなして来る子供もあり」「十時前開会」「男の子の開会の辞も上手に早くから出席下さつたお母様達の前に日頃のお稽古ぶりを発揮致しました」「見物席の子供も割合に皆おとなしく」「お母様達は自分の子供の出る時は自分も一所に出てゐる様な気持ちで一生懸命」「一時前無事」終わったとある。南山幼稚園では、1942年度に「殆どのお家の方がお見え」「午前中ずっと御覧下さる」「各室には年末の製作品羽子板、凧の陳列」とあり、遊戯会の時に作品の展示も行っていたことがわかる。

　伝統的な行事である5月の「節句」や「七夕」、「節分」は7割ほどの園で記入されていた。少し割合は下がるが「雛祭り」も多くの園で行われていた。

　端午の節句では、1938年度の佐倉幼稚園で、「オ人形ノ前デオ唱歌ヤオ話ニ、ホンノ少時間ナガラタノシクスゴシテ、柏餅ト鯉幟リヲオミヤゲニオ帰リ」と記されている。1939年度の龍野幼稚園の「青組」では、朝に「お節句の話　金太郎、桃太郎、加藤清正の話等」をして、園庭に集合し「一．遊戯　端午の節句、鯉幟り、金太郎　一．男児綱引　女児バスケット」とあり、「この半日は子供達にとつて入園以来数々の思い出の中でも最も深く印象に残ることだらう」と記入されていた。西尾幼稚園では、「園長先生よりお話あり　写真を撮る（会場、帰るところ　土産　鯉幟り、かしわ餅」とある。1941年度には新城幼稚園で、「園庭に鯉幟を立て遊戯｛僕は軍人　牛若丸　鯉のぼり｝をなす」とある。各園、似た様子であった。

　栃木附属幼稚園では、1941年度には「幼児の会」が「十時半より　八幡山公園広場」であり、「式次第」は「一．開会の辞　二．君が代　三．宮城遥拝

四．宇都宮市長挨拶　五．万才三唱」で、式後「公園の芝草上にて楽しくオベンタウをいたゞき、午後一時半帰園」と記されていて、5月5日に市内の園も集まる行事として行われたことがわかる。翌年には園で「武者祭」を行ない、「開会の辞」で始まり、「こひのぼり」は全員で、唱歌遊戯や唱歌を組別、男女別に行っている。とりあげられていた題目は「チューリップ」「大きなお日さま」「お玉じやくし」「ないしよ話」「足柄山」「牛若丸」であった。「も、太郎」を全員で歌い、「閉会の辞」になっている。「お祝のお菓子を戴き、みんな大喜び」で、新聞紙で作った兜をかぶって帰っていた。

　七夕の7月7日は、1938年以降「事変記念日」としての行事が行われることになり、午前に記念日で午後に七夕祭りという園や、七夕祭りを前後の日に行う園等がみられた。

　1939年度には、新城幼稚園で「桜ヶ淵忠魂碑参拝」をし、「園庭ニ七夕様ヲ立テ其ノ周囲ニテ遊戯ヲナス」と記されている。

　1941年度には、栃木附属幼稚園では、「支那事変四周年記念日」の後、「開会の辞」「斉唱」で「七夕祭」、「遊戯と唱歌」で「お星様」ほか10種、「お話」で「織姫サマとケンギウサマ」、「斉唱」で「日の丸萬才」、「閉会の辞」となっていた。1942年度には、1時から「七夕まつり」「一．開会の辞　一．僕は良い子　一．雀の学校　一．ほたる来い　一．あめ　一．遠足　一．チューリップ　一．夕焼小焼　一．戦さのけいこ　一．七夕まつり（唱）お話…（七夕さま）」（山ノ組）で、2時からの「母の会」の前に、見てもらうようになっていた。

　節分には、鬼や福の面を作ったり、折紙で三方を折ったりして、豆まきをしていた園が多い。だが、だんだんと豆の入手が難しくなり、1941・42年度になると、記入がない園も出てくる。1941年度に南山幼稚園では「お豆がない為、声だけで鬼を追ひ出す」と記されていた。ただし翌年には「鬼を各組より出し、お豆をまく」とある。1942年度に佐倉幼稚園では、「時局柄オ豆ハ町デハ買ヘナイノダガ幸宮野先生ガ持ツテ来テ下サツテ豆まきヲ行フコトカ出来タ」と記されている。江戸川双葉幼稚園では、「鬼の面をこしらへ、豆撒きをす

る。面白く、意義ある催だつた」と記されていた。勝川幼稚園では、「作りし
鬼お多福をかけ」まず先生が鬼は外、福は内を唱えてから「子供にうつる。各
自の数だけとらし」と、豆まきが行われていた。小川幼稚園では、「新聞紙に
て鬼の面製作. それをかむり大喜び. 昼食後三宝に豆をのせ神様にお供へ」
し、園児の中から年男を決め、ドングリを「鬼は外」「福は内」とまいてい
る。豆を「年より一つづつ多く頂き、一緒に楽しく頂いた」とあり、まくのは
ドングリであった。

　雛祭りは、会食をしたり、遊戯をしたりしていた。先述のように遊戯会を行
なっていた園もある。

　1938年度には、常葉幼稚園では「午前おひなまつり」で「昼飯は育萌会より
御飯を園児一同に分与」し、午後は母の会であった。「本年は新入園児を招待
せり」とあり、翌年度入園する幼児達を招待していた。本荘幼稚園でも、４月
入園の「子供さん大勢お招きして、園児のお遊戯をお見せする」とある。勝川
幼稚園では、「ホールには美しくお雛様が飾られて」「お供も並び」「お雛様に
付いて紹介」「雛祭りの童話　お猿さんとお月様の童話」「お母様方も大部分来
て頂け」「一. 年少の僕は軍人から始め、二十五ほどなし全園児お雛様の歌」
で終わり、「食事後お雛様をかこんで草餅二個」「お供へのお菓子製作のお雛様
を分配」し、写真を撮影していた。番町幼稚園では、「お母様方をお招きして
のお雛祭り」で、「渡し場の船頭さん」「床屋さん　ひよこ」「大工さん」「春よ
来い」「水兵　兵隊ごつこ」「動物の分列式」「クラツプ・ダンス　縄とび」の
遊戯のほか、唱歌や遊び、紙芝居も行われていた。栃木附属幼稚園では、「一
時より附小裁縫室にてヒナマツリ女児全部」と女児のみで、1940年度も同様で
あった。

　1940年度には、常葉幼稚園では「午後一時よりひなまつり遊戯会」で、「昼
飯は園児より白米一合づ、持寄りて丸物ニて例年通りのかやく御飯を分与」
し、「園児一同に壁掛を与ふ」とある。新城幼稚園では、「二年保育児雛壇の前
にて記念撮影　雛祭りのお話の後お寿司を頂いて帰る」と記されている。

1941・42年度も同様であった。

　1941年度には、佐倉幼稚園で「桃ノ節句オ雛様ヲナス」「男ノ方ヲオ客様ニシテオ唱歌オ遊戯ヤレコードヲ聴イテオ祝ヒノオ菓子ノ代リトシテおせんヲ二枚ヅヽアゲテ正午迄楽シク過ス」と記されている。翌年の雛祭りでは「オ祝ヒノオ菓子ヲ注文シタ所幸ヒニ出来テ皆大喜ビデアツタ」と、入手できて幼児達が喜んだことがわかる。南山幼稚園では、「女児をおひな様と御一緒にお写真」「おひな様の前で、お祝ひをなし、おいしいおいしいあられや人形焼をいたゞいて大よろび」が、翌年度には「園長先生におひな様のお話」「おみかんを一つゞ、おひな様の前でいたゞく」「女児のみ雛壇の前で記念撮影」とあり、ミカン一つになっていた。栃木附属幼稚園では、雛祭りは1時半から保育室で行い、午前中は「学芸会」で「本校講堂」で「附属国民学校児童と共に楽しく会を過」していた。

　1942年度には、勝川幼稚園では「着物をきてきれいに飾つた雛だんの前に揃ひ」男児を招待して、「おひなさまのお話」、歌や遊戯をして、「一所に美味なる御飯を」食べて、記念写真を撮っている。

　七五三は、各家庭で行うため欠席が多かった園、早く帰るようにしている園もあれば、近くの神社へ参拝した園もあった。

　キリスト教の園では、感謝祭やクリスマスが、仏教の園では花まつりや成道会、報恩講があげられていた。その日に保護者会を行っていた園もある。

　感謝祭に関しては、1939年度の本荘幼稚園でプログラムが記されていた。「一. 一同起立　二. 皇居遥拝　三. 君ヶ代　四. 点呼　五. ラジオ体操　六. 牧師先生のお話　七. 余興　イ. もみぢ　ロ. うさぎ　ハ. 私の幼稚園　ニ. ボート　ホ. 農夫　ヘ. 感謝祭」で、「子供等、父兄の皆様とお祝ひのお菓子頂く」とある。クリスマスも、本荘幼稚園の1940年度のプログラムが残されている。日曜学校と合同であったようで、演目の下に「日」「幼」と記されている。幼稚園の演目は「今日はうれしいクリスマス」「雪よふれふれ（唱）」「にてるでせう（遊）」「興亜の子供（遊）」「小鳥のお話（遊）」「雪よふれふれ

（遊）」「てんてんてまり（遊）」「可愛い子（遊）」「かはいゝエスさま（唱）」「南京よいとこ（遊）」「御降誕（戯）」「おみかんころころ（遊）」「暗誦」「サンタクロース（戯）」であった。「もろびとこぞりて」「しづかに夜更くる」「うたへともよ」は全員で歌っていた。1941年度になると「皇太子殿下の御誕生をおよろこびする意味で幼稚園ではクリスマスを九時半より始める　今年はお母様方だけに見にきていたゞく」とあり、皇太子の誕生祝と重ねる形で、クリスマスを祝っていた。

　このほか、誕生日会（誕生祝会等）は、毎月の園、学期ごとの園と、行い方は様々であるが、どの園でも催されていたようである。

第4節　保育内容

　本節では、まず、記述の多い複数年度の日誌等がある園をとりあげ、年度を追って内容をみたうえで、残されていた日誌等が単年度の園、記述の少ない園を年度順にみていくことを基本とする。複数回あげられていた題目の書き方が異なる場合は、多い表記を用いるようにした。（第2章も同様）

1．遊戯

　遊戯は、団体遊戯もあれば自由遊戯もあるが、ここでは皆が一緒に保育者の指導の下に行ったと思われるものを対象とする。自由遊戯は、「6．自由遊び」でとりあげる。

　堅磐信誠幼稚園では、日誌の様式が保育5項目に準じた内容を記入するようになっている。「遊戯　運動」の欄から、遊戯と思われるものをみていく。1940〜1942年度のどの年度でも最も多かったのは「スキップ」である。「スキップダンス」も多かった。このほかに、10回以上記入されていたのは、1940年度に「松ほつくり」「スキップおにごつこ」「金魚」「もみぢ」「五つとび」である。1941年度には、「スキップ鬼ごつこ」「一二三」「おどらない」「じやんけん

遊び」「お友達」「スキツプしませう」「みくにの子供」「大将さん」「鳩の体操」「春よ来い」「五つとび」等である。1942年度には、「お友達」「夕やけ」「金魚」「進め御国の子供」「庭に出て遊はん」「五つ飛び」「おどらない」「鯉のほり」「雀のお宿」「水兵」「水遊び」「可愛い兵隊」「手をた、き」「ま、ごと」「チューリップ」「もみぢ」「太平洋行進曲」等、多くあげられていた。

　栃木附属幼稚園では、年度により記入状況は異なるが、組別に順にみていく。1938年度には、「山ノ組」（年長、以下同じ段落内では「山」とする）では「兵隊あそび」、「海ノ組」（年少、以下同様に「海」とする）では「もみぢ」が10回を超えていた。5回以上あげられていたのは、「山」は「お花のトンネル」「チューリップ兵隊」「凧」「印度の兵隊さん」で、「海」は「汽車」「ヒヨコ」「おたまじやくし」「桃太郎さん」「海」「お正月」「雀の子」「進軍」「お舟」「雨」等である。1939年度には、「山」は題目の記入が少なくて、「スキツプ」が5回を超えるほかは、それ以下である。「海」では、10回以上が「スキツプ」「砂のトンネル」、5回以上が「お舟」「靴屋さん」「兵隊さん」「水兵さん」「ゆりかご」「もみぢ」である。1940年度は記入が多く、どちらの組でも「スキツプ」が40回前後あげられていた。「山」では、「兵隊ごつこ」「印度の兵隊さん」「兵隊あそび」がそれぞれ20回ほど記入されていた。10回以上記入されていたのは、「砂のトンネル」「角力」「お玉じやくし」「だるまさん」「雨」である。「海」では「ハト」「お玉じやくし」は20回を超え、10回以上記入されていたのは「ママゴト」「くつやさん」「貝拾ひ」「コマドリ」「お友達」「砂のトンネル」「セミ」「ホタル」「桃太郎さん」「ボートレース」等で、「山」と比べて、戦争関連のものが少ない。1941年度は、1939年度同様記入が少なくて、「山」では5回を超えるのは「足柄山」だけである。「海」では、10回以上が「ツバメの兵隊」「赤い花さいた」、5回以上が「牛若丸」「行進練習」「足柄山」「結んで開いて」「まね雀」「大きなお日様」である。ただしこの年度には、「唱歌と遊戯」として、「牛若丸」「ないしよ話」「まね雀」の3つは、「山」で20回を超え、「海」で20回前後あげられていた。1942年度は、遊戯としては記入が少な

いため、両組とも「唱歌と遊戯」として記入されている題目をみていくと、「牛若丸」が最も多い。「山」では「足柄山」「進軍」「雀の学校」「お玉じやくし」「戦さのけいこ」「ほたる来い」「水兵さんがいたよ」「遠足」が10回以上である。「海」では「チユーリップ」「足柄山」「お玉じやくし」「戦さのけいこ」「進軍」「遠足」が10回以上である。「山」でも「チユーリップ」は8回、「海」でも「雀の学校」「ほたる来い」「水兵さんがいたよ」は7回以上なので、この年度は、共通する題目があげられていた。

　勝川幼稚園では、多かった1938年度には80ほど、少なかった1942年度にも50を超える種類の遊戯が記されているが、同じ遊戯が繰り返し記されていることは少ない。1938年度に最も多かったのは「スキップ」で、3回以上記されていたのは「日の丸の旗」「山の小鳥」「兎のジヤンプ」「猫とねづみ」「ヒヨコ」「白熊さん」「チユーリップ」「お月様のけらい」「スキー」「僕が大きくなつたら」「椅子取り」「ボート競争」である。1940年度に最も多かったのも「スキップ」で、3回以上あげられていたのは「ハトポッポ」「さくら」「チユーリップ」「ボート」である。海軍記念日に因んで「軍艦」、月見に因んで「月夜の兎」、11月に「落葉の兵隊」が複数回あげられているというように、行事や季節に合わせた遊戯が行われていた。1942年度には、3回以上あげられていたのは「海行く日本」「勇犬軍人号」「スキップ」「十億の進軍」「おひなまつり」「お宮の石だんトントントン」である。

　常葉幼稚園では、遊戯会のプログラムが「母の会記録」の中に、多数残されている。各プログラムには、演目と組名が記され、唱歌や紙芝居の場合はそれが書かれているので、ないものを遊戯としてみていく。組数は年度により異なるので組名を抜きにして、1938〜1942年度の5年間にあげられている年数をみていく。まず5月には、5年間通して行われていたのは「飛行機」「鳩」「金魚」「桃太郎さん」「お花がゆれる」「僕は軍人」で、4年間であげられていたのは「動物園のおさる」「キユーピーさん」「赤い花」「チユーリップ」「結んで開いて」「三日月さん」である。7月には、「ゆりかご」「蛍の学校」「蛍こいこ

い」は毎年、4年間であげられていたのは「夕立」「兎さん」「雨降り」「水鉄砲」「小さい長靴」「兵隊さんのお馬」「蛙」「夕日」「でんでん虫」である。12月には、「俵はごろごろ」「御国の子供」「風に葉々」は毎年、4年間であげられていたのは「赤い紅葉」「お正月を待つ」である。3月には年度により異なる遊戯がとりあげられていて、「ひなまつり」が3年間であげられているほかは2回以下で、1回のみのものが多い。季節に合わせた題目が多く、戦争に関わるものは年度の初めに近い5月では少なく、12月には多くなっていて3割を超える年度もあるが、年間を通してみるとそれほど多くはない。

月見幼稚園には、1938〜1942年度にかけて、11月3日に開かれた「お遊大会」のプログラムが残されている。この5年間のうち4年間であげられていたのは、「兵隊ゴツコ」「戦争ゴツコ」「日本バンザイ」「オトギバンザイ」で、3年間は「幼稚園」「ジヤンケンポン」である。1939年度の「第三回お別れ会プログラム」も残されていて、全体の半分が遊戯で、その半分ほどは「お遊大会」には出てこない「足柄山」「クツガナル」「テルテルボウズ」等であった。1939年度の日誌では、「スキップ」と「オ山ノ小狸」が複数回記されていた。

本荘幼稚園では記入は少ないが、1938〜1941年度にかけて複数年度であげられていたのは、「笹舟」「僕は軍人」「兵隊さん」「兵隊さんが通る」「兵隊ゴツコ」「ボート」「汽車」「花リボン」等である。1940年度には、「太平洋行進曲」「国旗フレフレ」「銃後の子供」「愛馬進軍歌」も記されていた。1941年度には、男児が遊戯に興味を持たないので、「何か男らしいものと国民進軍歌おしへる」と「たいてい知つてるのですぐ歌ふ」（9月6日）こともあった。

青藍幼稚園では、1939年度の日誌の「予定」の欄に多くの題目が記されている。組別、男女別が書かれていることもある。「予定」の欄になくて「日誌」のところに書かれている場合もある。10回以上あげられていたのは、「軍用犬フジ号」「慰問袋」「物云はぬ戦士」「ドンドコシヨ」「支那ことば」「お指の運動」「紀元二千六百年」「鉄カブト」「進め軍艦旗」等である。「青組」の女子は「舌切雀」、男子は「兵隊ごっこ」も10回を超えている。

　龍野幼稚園では、1939年度には「会集日誌」に多くの記入がなされている。10回以上あげられていたのは「東郷さん」「太平洋行進曲」「日本の兵隊」で、5回以上あげられていたのは「金太郎」「なんでせうね」「をぢさんありがたう」「ヒコーキ」「僕は軍人」「端午の節句」である。「青組」では、5回以上は「東郷さん」で、4回が「金太郎」「何でせうね」「月夜の兎」で、1回だけのものも多い。1940年度の「受付会集日誌」では、10回以上が「桃太郎」「輝く二千六百年」で、5回以上が「金太郎」「お百姓さん」「日本の兵隊さん」「進軍」である。

　庄原幼稚園の1940年度には、「唱歌遊戯」となっているが、別に「唱歌」と書かれていることがあるので、基本的には遊戯と思われる。10回以上あげられているのは、「チューリップ」「鳩ポッポ」「僕は軍人」「鯉幟り」「端午」「スキップ」「兵隊さん」「おねんね」、5回以上は「ま、ごと」「おたまじやくし」「桜」「指の家」「三ヶ月様」「笹舟」「出して引込めて」「金太郎」「僕の歌」「ツバメの兵隊」等がある。5回以下ではあるが、「紀元二千六百年」や「コッキフレフレ」もとりあげられている。

　江戸川双葉幼稚園では、1941年11月の開園後に「お星ぴかぴか」「手荷物なあに」「くるくる手球が廻る」「小さいお庭」「梅のお節句」「スキップ」「仲よし行進曲」「五羽の家鳩」等があげられていた。1942年度には「つよい足」「スキップ」が複数回であるほか、「ブランコ」「みのむしさん」「柿や」「お百姓さん」「鈴虫」「高いお山」「大寒小寒」「手荷物」「小国民進軍歌」等が記入されていた。

　小川幼稚園では、1938年に「兵隊さん萬歳」を慰問のため練習していた。運動会や学芸会、その他の会での演目が残されている。1939〜1942年度の間に複数年度であげられていたのは「雀おどり」「もみぢ」「一年生」「春が来た」「春よ来い」「春」「東郷大将」「夕日」「小鳥の御話」「猿蟹」等である。行事のところでとりあげた以外に「お山の兎」「伸びて行く」「二千六百年奉祝歌」「動物園」「私の幼稚園」「兵隊さん」「すゞめ」「七五三」等も記入されていた。

1942年度には、遊戯会のところでもあげた「錬兵」「水兵」「戦勝のよろこび」といった戦争関連のものも多い。

南山幼稚園では、1938〜1942年度の間に「スキップ」が4年間であげられ、1942年度には「鯉のぼり」「ま、ごと」「赤ちゃん」「蛍こいこい」「ボート」「落下傘部隊」「お花づくし」等が、1回ずつ記されていた。

小倉幼稚園では、この期間に「スキップ」「草っぱ原っぱ」が複数年度であげられ、「春」「あらうれしいな」のほか、「大陸子供の歌」「二千六百年奉祝歌」「行進」「お月様」が記入されていた。

1942年度の八幡橋幼稚園では、遊戯の内容の記入は少ない。「スキップ」「幼児体操」が、しばしば行われていたようである。「ゴムノ風船」「雀」「テルテル坊ズ」等が記されていた。

ぽっぽ園では、具体的な記入はないことが多い。1939年度に「兵隊さんよ有難う」「青空行進曲」「青空高いな」「チチパッパ」「ハトポッポのおうち」「かたつむり」等、1941年度に「鉄カブト」「オ日様キラキラ」「アシガラ山ノ金太郎」等があげられていた。

複数年度の日誌等が残されている園をみると、「遊戯」で多くとりあげられている題目で、1942年度に戦争関連のものが多くなって3割前後を占めている園があることがわかる。ただ、1939・40年度でも、戦争関連のものが多い園もあるので、園による違いは大きい。同じ園でも組によって異なり、栃木附属幼稚園では、1939年度は「海ノ組」、1940年度は「山ノ組」で戦争関連が3割ほどを占めている。

2．唱歌

ここでは、「君が代」「天長節」「明治節」「紀元節」や「卒園の歌・送別の歌」のような、式で歌われていた曲は除いて、あげられていた曲目をみていく。

堅磐信誠幼稚園では、唱歌の曲目も多数記されている。1940〜1942年度を通して多かったのは「先生お早う」と「うるはしき朝」である。10回以上あげら

れていたのは、1940年度に「たゞ一人」「東の山に」「お早う先生」「神様は」
「私達は」「空の鳥は」「ポッポのお家」「兵隊さん有難う」である。1941年度に
は、「遊んでゐても」「小さい時から」「私達は」「ポッポのお家」「東の山に」
「パラパラ落ちる」「雀早く」「ねがひ」「秋」「みくにの子供」「雨の降る日も」
「神様は軒の」「たゞ一人」「星」「防空演習」「雨々降れ降れ」「嬉しいクリスマ
ス」「お星が光る」等である。1942年度に20回以上あげられていたのは、「ねが
ひ」「小さい時から」「神様は軒の」「遊んでゐても」「東の山に」「ぽつぽのお
家」「パラパラ落ちる」「雀早く」「たゞ一人」「お早う先生」「空の鳥は」「一年
中」である。10回以上は、「お米の歌」「フンパツ子供」「小さいお庭」「お母
様」「つばめ」「秋」「青空高く」「クリスマスお目出度う」「進めみくにの子供」
「軍艦」「羊飼と博士」「夏休み」「雨の降る日も」「うれしいクリスマス」「り
す」「皇太子様」「兵隊さん有難う」等である。

　栃木附属幼稚園では、1939年度以降、「音感」がしばしば記入されていた
が、ここではそれ以外の曲目を見ていく。1938年度には記入が少なくて、５回
以上あげられていたのは、「海ノ組」の「兵隊ごつこ」「郵便屋さん」「春よ来
い」である。1939年度には、「山ノ組」では「メダカ」「てふてふの町」が５回
以上あげられている。「海」では、「蝶々の町」が10回、「お星さま」「お月さ
ん」「めだか」が５回以上あげられていた。1940年度には、「山」で10回を超え
るのは「コツキフレフレ」で、５回以上が「木の葉」「仲良く行かうよ君と僕」
「七五三」「子供の雀」「蝶々の町」等である。「海」で10回以上は「木の葉」
「仲良く行かうよ君と僕」で、５回以上が「鳩ぽっぽ」「コツキフレフレ」
「七五三」「子供の雀」「お玉じやくし」「お正月」「お母様」「兵隊すゝめ」等で
ある。1941年度には、両組とも「日の丸万歳」が10回前後と多い。４回以上
は、「海」で「たのしい遠足」「日本の飛行機」「お百姓さん有難う」である。
1942年度には、「山」「海」で５回以上記入されていたのは、「愛国行進曲」で
ある。

　勝川幼稚園では、1938年度は30、他の年度は50を超える曲目が記されている

が、同じ曲の記入は少ない。1938年度に複数回あげられていたのは「チユーリ
ツプ」「幼稚園」「仔熊のお角力」等である。1940年度には、「端午の節句」「七
夕さま」「落葉の兵隊」「お正月」「節分の歌」等、季節や行事に関する曲が複
数回あげられていた。1942年度には「七夕さま」「おひなまつり」である。

　常葉幼稚園は、遊戯と同様、遊戯会のプログラムに記された唱歌をみてい
く。唱歌には、組で歌った場合と個人（1～2名）で歌った場合とがあるが、
記入された曲目が少ないので両方合わせてみていく。この5年度の間に複数回
記されていたのは、5月の「鯉のぼり」、7月の「兵隊さんよ有難う」、12月の
「木の葉」、3月の「三月三日」くらいである。「お釈迦様」「赤い鳥小鳥」「兵
隊さん」「カモメの水兵さん」「兵隊さんは強いよ」「お客様」「お手々をつい
て」「紀元二千六百年」「すみれ」「居眠り人形」「お母さん有難う」「可愛いお
ひな様」等が、あげられていた。

　月見幼稚園では、1939年度の「お別れ会」をみると、「僕ノ兄サン」「水デツ
ポウ」があげられている。

　青藍幼稚園では、遊戯と同様で、「予定」の欄に多くの記入がなされてい
る。10回以上あげられているのは、「太平洋行進曲」「愛馬進軍歌」「舌切雀」
「南京ねずみ」「こばと」「愛国行進曲」「日の丸行進曲」等である。

　龍野幼稚園では、唱歌の記入は少ない。1939年度には「皇太子様」が複数回
あげられている。「青組」では「いろはの躾歌」も複数回記されていた。1940
年度には、「イロハの躾歌」「お正月の歌」が複数回あげられていた。

　江戸川双葉幼稚園では、1941・42年度に「バンザイアラワシ」があげられて
いた。1941年度には「飛行機」「うぐいす」、1942年度には「オシクラマンヂユ
ウ」「高いお山」「カゼノオハナシ」「コンコン小雪」「東亜のクリスマス」「つ
よい足」「何でせうね」等が記入されている。

　南山幼稚園では、1938～1942年度の間に、「お正月」が複数年度であげられ
ているほか、1940年度には「日本の旗」「紀元二千六百年の歌」があげられて
いる。1941年度には、「小国民進軍歌」「日の丸の旗」「さうだその意気」「桃太

郎」、「楽隊」で「軍艦マーチ」「南へ進む」「日の丸バンザイ」「三ツのお国」、1942年度には「蛍こいこい」「ボート」「シヤボン玉ユラユラ」「カバさん」が記入されていた。

　小倉幼稚園では、この期間に「愛馬進軍歌」「兵隊さんよ有難う」「草っぱ原っぱ」「大政翼賛の歌」が複数年度で記されていた。1939年度には「御出マシ」「日本ノ旗日ノ丸ノ旗」「鯉ノボリ」「おべんとうの歌」「今日は一の日」、1940年度には「紀元二六〇〇年歌」「白地に赤く」「僕は軍人」が記入されていた。

　代陽幼稚園では、1939年度に「愛国婦人会総会」で「愛馬進軍歌」「ポッポのお家」を、1940年度には「傷痍軍人遺家族慰安会」で「兵隊さん有難ふ」を歌っていた。この年度には「満州国皇帝陛下奉迎唱歌」の楽譜が「教育会より」送られてきて、翌日の横浜到着に合わせて話をしてこの歌を教えていた。

　八幡橋幼稚園では、1942年度の後半に「音感」が何度かとりあげられていた。「ヒバリ」「オ肩ヲタントン」「鯉のぼり」「雀」「モミヂ」等のほか、「僕の兄さん水兵さん」「観艦式」もあげられていた。

　ぽっぽ園では、「唱歌ばかりの一日」（1939年4月14日）という記述からよく行われていたことがわかるが、曲目の記入は少ない。1938年度に「金太郎」「ぼくらの兵隊さん」、1939年度に「遊戯」にないものとして「雨々ふれふれ」「愛国行進曲」「僕は軍人大好き」「国民奉祝歌」、1941年度に「ムスンデヒライテ」「紀元二千六百年」、1942年度に「飛行機」のほか「大梵鐘出陣、並び仏具出陣の歌」という記入がなされていた。

　多数の曲目が記されていた堅磐信誠幼稚園は、キリスト教であったので、「うるはしき朝」「ただ一人」「神様は軒の」をはじめ、讃美歌（子どもの讃美歌を含む）が多かった。栃木附属幼稚園は、組により違いはあるが、1940年度以降、戦争関連の曲が占める割合が高くなっている。記入の少ない園の中には、戦時の曲目が半分を占めているところもある。

3．観察

　観察に関する記述は、他の項目と比べると少ないが、園外保育での観察、栽培や飼育に関わって記されている園が多い。

　観察に関わる記述が多かったのは、栃木附属幼稚園である。どの年度にも「野外観察」（1942年度には「園外保育」という記述が多い）がしばしば行われていた。行先は「八幡山」「八幡山裏山」「御国神社」「戸祭たんぼ」方面等であった。「山ノ組」の方が「海ノ組」より多くの記入がなされている。1939年度以降、植物栽培が行なわれている。1939・40年度には兎を飼っていて、その餌を取りに行き観察することが行われていた。『キンダーブック』や『コドモノクニ』等の絵本による観察が、1938・39年度の「山ノ組」で記入されていた。年度順に具体的な活動をみていく。

　1938年度の記入は少なくて、「山ノ組」で「あやめ」「くもの巣」「蟻と蟻の巣」「むらさきつゆ草」「落葉」等、「海ノ組」で「キンギヨ」「チユーリツプ」「鯉のぼり」「けしの花」「蛙」「蟻の巣」「みの虫」「もみぢ」「みゝづく」があげられている。1939年度には、「山」で「チューリップ」「かに」「大葉子　秋の七草・栗」「兎」「観察話　兎の飼方」「種子」、「野菜の芽」で「油菜、京菜」、「そば・とうがらし」「イチゴの移植」「野菜のふた葉」やその後の「成長」、「栗・きのこ　りんだう　どんぐり」「紅葉　銀杏」「こかぶ」「小鳥（ヒワ）」「小鳥の餌を食べる様子」等、多くのことがあげられている。「海」では、「チュウリップ」「鯉のぼり」「地図」「大葉子・クローバ」「茸」「栗・かに」「モミヂ・イチヨウ・ニレノ木」「コカブ」等が記されていた。観察して写生ということもあった。

　1940年度には、両組とも多くのことがあげられている。野外観察や種まき、コスモスやカスミソウの移植、イチゴの実、兎の子、兎の餌取り、秋の大根、二十日大根、春菊の種まき等、両方の組で共通することも多い。これ以外に「山ノ組」では、「木の芽　ふじの花　若芽」、「野外観察」で「小麦　大麦」

「おたまぢやくし　蛇　スイトピー」、「うめ・やぎ・其の他動物・若い芽」等、「海ノ組」では「桜」「チユーリップ」「金魚　メダカ」等があげられていた。秋の野外観察では、「山羊、小鳥、稲こき、山茶花其の他」を観察することもあった。1941年度には、「若い芽　はこべ」「コスモスの芽」「かに及陸稲たうもろこし　コスモス」「種蒔　大根」「いもほりをし後畑の土を軟らかにして麦まきの準備」等、共通であった。同じ日に野外観察や遠足に行っても、組によって異なることがあげられていることもあった。たとえば10月の遠足では、「山」は「せんぶり、りんどう、くり、石材採掘場、いねかり、いね、其の他」、「海」は「かしの実の芽　どんぐり　せんぶり」であった。「海」では「園外保育」で「其の場で写生」をしていた。1942年度には、「農園作業」という言葉が使われ、「茄子苗」「畑の手入」「豆類」の「とりいれ」、「落花生　おさつま掘り」等は、共通である。「園外保育」で「蛙の子　たにし　稲の苗田植」や「栗取り」（この日には、「心身の鍛練と自然観察」と記入されている）「いなご取り　紅葉したもみぢ　欅の葉」等も共通である。「もんしろ蝶」や「菜の花」、「金魚　おたまじやくし」「むぎこぎ」等も、両方の組にみられる。「山」では、「精米屋さんのお店」もあげられていた。

　勝川幼稚園には、比較的多くの記述がみられる。1938年度には、「動物絵画」「朝顔鉢」「蠅の実物」「小麦よりパンになるまでを実物にて」「七草に付いて実物」「秋の草花　実物」「虫」「お月様の大きさに付いて昨夜の観察」「年賀郵便について実物」「冬のお花」の「実物」「座雛　立雛　実物紹介」とあり、実物の観察を重視していた様子がうかがわれる。1940年度には、花瓶の花（さくら、木蓮、コスモス等）や栽培していたと思われる朝顔、菊、梅、椿等の花があげられている。「つばめ」「おたまじやくし」「蚕」「蛍」「蝉」「こほろぎ」「鈴虫松虫等」「がん（渡鳥）」「鶏」等、鳥や昆虫がとりあげられている。5月に「園外」で「麦だのまいまいだの蛙等」、11月に「稲刈り稲こき等の実際の所を見学」、1月に「野原の風景又は田畑の農作物等」というように、観察に出かけることもあった。『キンダーブック』を用いた「軍艦」「四季に咲く色々

な花」をはじめ、絵本による観察や「兵器等の絵本」もあげられていた。このほか、「お月様の空間的観察」「果物」「新聞」「栗」「実物にて松茸」「モミヂ」「炭、石炭」「郵便」「雪」等が記されていた。1942年度には、「桜の木」、「スミレ」等を観察のために取りにいくこと、「藤、つゝじ」等の花があげられている。「夏みかん」では「内外の色及び状況」「味覚」とあり、「苺」「ビワ」もとりあげられている。前年同様「ホタル」「蝉」「こほろぎ」「落葉の観察（もみじ）」も記入されていた。「扇子　ウチハ」「時計」等のほか、「絵本観察」もあった。「軍犬の絵本」という記述もみられた。

　堅磐信誠幼稚園にも、比較的多くの記述がみられる。1940年度には、「おたまじゃくし」が、６月に「可愛い、蛙になりぴょんぴょん飛ぶ様になつた」（18日）とあり、飼っていたと思われる。５月には「グリンボールドに貼つてある鯉のぼりと吹流し」、「各動物の有する敵に対しての武器」で「象の鼻、牙、蜂の槍、兎の耳、蟹の鋏、牛の角」、「つばめ」があげられている。「朝顔の種子」をまき、その後芽が出て、花が咲くのを観察している。６月に「魚類」が記入されている。９月に「貝類」、10月に「部屋の絵の変つた事」、11月に「兎」「木ノ芽」、12月に「木炭と石炭の違ひ」、１月に「小鳥」「おきやがりこぼし」等があげられている。1941年度は少なめで、５月に「庭で手をつなぎ兎をはなし、観察」「池の鯉　亀」「綿の種」があげられ、種を植えている。11月に「稲を見に」行っている。1942年度は、５月に「つばめの巣」「朝顔及び綿の種子」で、前年同様植えている。６月に「ほたる　トンボ　かみきり虫」、７月に「お米の苗」「暑い国の水上の家」があげられている。９月は多くて、「風」「三宝柑」「秋の草花　すゝき　われもこう　はぎ　おみなへしき、やう」「秋の草花　露草」「庭内の雑草」「種子のいろいろ」「月」「秋の種子の芽生」「自然観察　雑草　山羊」等が記されている。10月には「秋の果実」「里芋の芽」、２月に「梅　桃（実物にて）」、３月に「犬」が、とりあげられていた。

　南山幼稚園では、1938年度には「桜、ヒヤシンス」「鯉のぼり」「朝顔の種子

まき」「梅の実、水蓮、メダカ、鴨等」「身長体重計、座高計」が、あげられていた。1939年度には「桜花を見物」「朝顔の種子まき」、1940年度も同様で、1941年度はこれらに加えて９月に「飛行機を見物」があった。1942年度には、５月に「ひばりの巣」、11月に「屋上にてチユリップ、小松菜、赤カブをまく」、１月に「氷」が記されていた。

　代陽幼稚園では、1938年度には「園外保育」で「中学校及代陽校の蔬菜園を観る」（５月28日）とある。1939年度には、７月に「蝉　フクロー」、10月に「郊外保育　野辺歩き」で「カキ、草、稲等観察」、11月に「八代宮参拝」の後「稲刈見学」や「田畠の観察」をしている。1940年度には６月と12月に「麦」の観察、６月には「畑の馬鈴薯ほり」をして「会食」、７月に「田植を見に行く」ことをしていた。1941年度には、４～６月に「藤花つゝじたんぽゝの観察」「学校甘藷栽培農場見学遠足」「軍艦模型観覧」を、10月に「稲切郊外観察」、１月に「干大根を見に」、３月に「梅見」に行っている。

　小川幼稚園では、1938年度の４月に「観察　御玉じやくし始まる」（19日）とある。前日に保姆が取りに行っていた。園外保育に時々出かけていて、ドングリを拾ってきてコマやヤジロベエを作っていた。1939年度には、「朝顔の鉢植」「花園の手入」「朝顔の摘心及肥料」、「芋虫二匹捕つて観察」「郵便局参観」等が記されていた。1940年度には、４月に「本日より金魚と目高　お玉じやくしの観察を始める」とあり、５月に「胡瓜を植え」７月に「試食」している。６月に遠足でもらった苗を「本日子供に田植をなさしむ」とあるほか、「でんでん虫」「パイナツプル」等が、あげられていた。この年度にも、ドングリ拾いに行っている。1941年度にも、花の苗やへちまを植えたりしている。1942年度にも時々園外保育に行き、虫取り、秋の果物の観察をしていた。

　1938年度に、進徳幼稚園では、４月に「チューリップ」「蟻　玉虫」「ポプラの花」「藤の花」等、５月には「園外保育」で「桑　牛　銅像　犬からし　鈴草　鶏　汽車」、「ばらの花」「毛虫」を観察している。６月には「けしの花」「孔雀草」、７月には「蝉」「草」、８月には「ばつた」、９月には「青虫」「日本

の旗」が、あげられている。

　1939年度には、龍野幼稚園の「青組」で「お玉杓子」、「蚕」の桑の「食べ方」、「朝顔の植付」「目高」「朝顔の鉢」「かたつむり」「雨」「つばめ」「蛙」があげられている。7月には「田を見に」行き、11月には「米」の観察が予定されていた。倉敷幼稚園では、「花壇作り」や「動物飼育」で「食餌給与ヲナシ其ノ生活状態ヲ観察」（6月24日）が記入されていた。取りに行った「オ玉杓子」、「金魚」や「雑魚」の飼育、「朝顔　ダリアノ施水、施肥」「田植ノ観察」もあげられていた。観察したものを手技で表現したり、『キンダーブック』を用いて「観察談話」するようになっている。「キンダーブック果物ノ巻観察ニツヅキ季節的果物夏蜜柑、リンゴ、サクランボー、ビワ等ヲ観察」（6月20日）とある。

　刈谷幼稚園では、1941年度には4月に「オ人形」「学校内」、11月に「園庭ノ紅葉」を観察している。2月には「観察キンダーブック　子供ノ光」という記入もなされていた。1942年度には、5月に「朝顔ノ芽」、6月に「田植」、11月に「黄金田」を観察していた。10月には「保育観察ノタメ園外へ」という記述もみられた。

　新城幼稚園では、1941年度には11月に、「園庭の畑」に「ちゃぼえんどう」等の種まきや、神社への散歩で「取入　秋の山　木の実」の観察をしている。1942年度にも、「取入レノ観察」や、3月の「郊外保育」で「土筆　すぎな桃の花　木の若芽等」を観察していた。なお、1940年度の4月に散歩に出かけて「兎の餌を取る」という記述があったことから、兎を飼っていたことがうかがわれる。

　小倉幼稚園では、1941年度に「お田植式」を行なっているが、観察として位置づけられていたかどうかはわからない。1942年度に、八幡橋幼稚園では「チューリップ」「朝顔」「秋ノ果物」「落葉」等、江戸川双葉幼稚園では「二十日大根と蓬蓮草」「コホロギ、キリギリス」があげられていた。

　「観察」では、田植えや稲刈り、朝顔は多くの園でとりあげられていた。種

まき・鉢植え、水やりをして観察している。オタマジャクシの飼育も、多くの園であげられていた。季節の花をはじめとする植物、昆虫、小動物が、観察の主対象であった。兎を飼っていた園も、複数あった。年賀郵便、郵便局、石炭採掘場のような社会につながる観察も、複数の園でとりあげられていた。戦争に関わっては、主に『キンダーブック』をはじめ絵本を通して、1940年度以降入ってきていることがうかがわれる。

4．談話

　談話には「紙芝居」や「人形芝居」、「童話・お話」、躾や園生活の約束事の話や訓話、行事や戦争に関わること等、多様な内容が含まれる。談話に関する記述が多かったのは、栃木附属幼稚園、堅磐信誠幼稚園、勝川幼稚園等である。ここでは、まず「紙芝居・人形芝居」からみていくこととする。

　勝川幼稚園では、**紙芝居**として「金の魚」「長靴をはいた猫」「トンマナトン熊」「かぐや姫」のように、どの年度でもとりあげられていたものもある。1938年度には「おむすびころりん」「ぶんぶく茶釜」等の昔話や「お猿と眼鏡」「虫のおきやく様」等も、あげられている。1940・42年度には「ハンスの宝」が何度か読まれていた。仏教の園なので、年度により違いはあるが、「お釈迦様と鳩」「お花まつり」「魂祭り」も、あげられていた。1940年度には、「爆撃荒鷲隊」「航空兵」のような、戦争関連の紙芝居も行われていた。

　1939年度には、青藍幼稚園では、「保育予定案」の欄に多く記入されていた。「ピーター兎」「長靴をはいた猫」「愛馬の出征」「カラスカンベエ」「七匹の小山羊」等、3回以上とりあげられていたものもある。「赤頭巾ちゃん」「トンマのトンクマ」「おむすびころりん」「金の魚」「かへると牛」等のほか、仏教の園であるので「花祭り」「お釈迦様と鳩」「たままつり」「お盆のおまつり」もあげられている。頻度は高くないものの、「ゲンコツ軍曹」「軍用犬の手柄」「子供召集令」「誉の小父さん」「爆撃荒鷲隊」のような戦争に関わったものもみられた。人形芝居では「赤頭巾ちゃん」「一寸法師」「雀のお宿」「金の斧」

等があげられていた。月見幼稚園では、紙芝居で「指太郎ト義男サン」「一寸法師」「サルカニ合戦」「神明サン」等があげられている。

龍野幼稚園では少なくて、「舌切雀」「をぢさんありがたう」「有難う兵隊さん」「一寸法師」等である。人形芝居で「花咲爺」「猿の裁判」「天狗征伐」「七匹の子山羊」「お菓子のお家」「猿蟹合戦」「一寸法師」「三匹の小豚」等があげられている。1940年度の「受付会集日誌」では、前年度になかったものとして、紙芝居で「仲よし子兎さん」「コロリンヂイサン」「ハンスノタカラ」、人形芝居で「浦島太郎」「舌切雀」がある。本荘幼稚園では、1939・40年度に紙芝居で「雀のお宿」があげられている。

堅磐信誠幼稚園では、1941年度に「がまん強い兵隊さん」「三チヤン」「ニコニコケンちやん」「神武天皇」「拳骨軍曹」が、1942年度には「七匹の子羊」「ナアマン将軍」「良寛和尚」「もう一人の博士」と「クリスマス物語」が3回記入されていた。

1942年度には、江戸川双葉幼稚園では、「善きサマリヤ人」「ダビデ」「ザアカイ」「イエス伝」等のキリスト教関連のものや、「お山のトナリグミ」「コザルのキヨクゲイ」「新ちやんと赤トンボ」「桃太郎さん」「金太郎さん」「きれいな虹の下」「雨の降る日」「オトギ列車」「お山の向ふはお祭りだ」等のほか、「園長創作」の「タヌキのテンバツ」も記入されていた。八幡橋幼稚園では、「ピーター兎」「三ちやん」「お猿のラッパ」「チビ公物語」「バナ、列車」「神様ト白兎」「こがね丸」「アシノクキ」「キノコノキノスケ」「三匹ノ子豚」「オサルノ恩返シ」「トンクマ」「太郎クマト次郎クマ」等があげられていた。

栃木附属幼稚園では、人形芝居がどの年度にもあり、1940年度には「七匹の子山羊」「天狗征伐」「浦島太郎」「三匹の子豚」「一寸法師」「舌切雀」「さるかに合戦」と最も多くの演目が記されている。他の年度は、この中の2～5種類をとりあげていた。同じものを、期間をあけて行うこともあった。紙芝居の記入はわずかで、ない年度もあった。

小川幼稚園では、人形芝居や紙芝居が行われていたが、具体的に記されてい

たのは1938年度に「ムシ歯についての紙芝居」、1939年度に「オムスビコロリン」である。刈谷幼稚園では、「土曜日談話　人形芝居　雀」と記されていた。西尾幼稚園でも、人形芝居が行われていた。

　ぽっぽ園は仏教の園であるので、紙芝居で1941年度に「親鸞様」があげられていた。「肉弾三勇士」という戦争関連のものも記されていた。

　「紙芝居」では、各園様々なものをとりあげていて、多くの園であげられていたものはない。複数の園で記されていたのは、「トンマナトン熊」「おむすびころりん」「三チヤン」「ハンスの宝」「金の魚」「長靴をはいた猫」「ピーター兎」等で、戦争関連のものとして「爆撃荒鷲隊」「拳骨軍曹」である。「人形芝居」では、「一寸法師」「七匹の子山羊」「天狗征伐」「浦島太郎」「三匹の子豚」「舌切雀」「雀のお宿」「さるかに合戦」等が、複数の園で記入されていた。

　童話・お話では、栃木附属幼稚園と堅磐信誠幼稚園に記入が多かった。栃木附属幼稚園では、「お話」が多数記入されている。「お話」の内容には年度により違いがみられるが、「富子さんの風船」「大きな大きな球のお話」「猫の御見舞」「猿の人真似」「鯉のぼりと雀」「お地蔵様」「月の井戸」「月の兎」「三匹の熊」「桃太郎」「森の中の出来事」「浦島太郎」「コロリン爺さん」「あひるの王様」「お山の柿の木」等が、あげられている。

　堅磐信誠幼稚園は組別が記されている場合もある。キリスト教なので、「聖話」としてあげられているものが多く、1940年度と1941年度には、ほぼ半数が「聖話」であったが、1942年度には30％弱と減っている。「サムエル」はどの年度でもあげられ、「ノア」に関する話もどの年度にもみられる。1940・41年度には「天地創造」「ダビデとゴリアテ」「十二歳のイエス」「ダビデ」「ヨセフ」「モーセ」「ヤイロの娘」「ベテスダの池」「イエスの降誕」「ダニエル」等があげられていた。1940・42年度には「アブラハムとイサク」、1941・42年度には「アブラハムとロト」というように同じ話がとりあげられていたが、その年度のみの話もあった。「童話」の題目も記入されていて、1940年度には「三チヤンと山羊」「犬と鶏」「猫の病気」「弓子の幸福」「人形の行方」「兎とあひる」

「かまきり」「粉屋とジミー」「どんぐりコロコロ」「凧と雀」「三匹の熊」「舌切雀」等があげられている。1941年度には、「つばめ」「涙のつぼ」「おぢいさんとおむすび」「兎の井戸」「星の子供」「兎のおだんご」「王様の感謝祭」「こりす」「お正月の贈物」「春のおてつだひ」等、1942年度には「三匹の熊」「つばめとこひのぼり」「子豚と帽子」「蟻とビスケット」「正直なきこり」「お月様とお星様」「りす」「金の鈴」「桃太郎」等が、とりあげられていた。

1938年度には、進徳幼稚園で、「桃太郎」「富子さんの風船」「七疋の小山羊」「りすの子供」「鯉のぼりと雀」「兎のぴょん太郎」「西瓜とねづみ」「月の井戸」等が記入されている。南山幼稚園では、「花咲爺」「猿蟹」「猿の人真似」、1939年度には「舌切雀」「桃太郎」、1940年度には「森の小兎」「桃太郎」等が記されている。

1939年度には、月見幼稚園で「オ話」として多くの題目が記入されていて、一日に2回のこともあった。「桃太郎サン」「カチカチ山」「ブンブクチヤガマ」「花咲爺」「加藤清正」「浦島太郎」「サルカニ合戦」「イナバノ白兎」「シタキリ雀」等の昔話は、複数回あげられている。青藍幼稚園では、童話と思われる「お話」としては「蟻とキリギリス」「猿の人真似」「文子さんとお人形」等があげられていた。倉敷幼稚園では、「平三サン権蔵サン」「鴨取権兵衛」「百合子サンノ夢」「富子サンノ風船」等があげられ、「絵本兵隊サン」では「絵本兵隊サンノ巻ヲ観察オ国ノタメ暑イ支那デ働イテ下サル御苦労ヲ思ヒ暑サニ負ケナイガンバレル子供ノ生活ヲ約束ス」（7月18日）と記されている。西尾幼稚園では、「県学務課長より『ホマレノヲヂサン』絵本二冊」（10月10日）と記されていたので、読んで聞かせたと思われる。

龍野幼稚園では、「会集日誌」に記入されている60を超える題目のうち「お話」が三分の二ほどで多く、「大きな球のはなし」「鬼の御殿」「指太郎」「雀の幼稚園」「三羽のひよこ」「三匹の小犬」「おぢいさんと鼠」「さるかに合戦」「天狗の鼻」「栗鼠の御恩返し」「アリスの冒険」「石になつた王子様」等が、とりあげられていた。1940年度の「受付会集日誌」では、前年度になかったもの

としては、「雀と鯉幟」「金の斧」「五色の帽子」「狐とかはうそ」「小人と靴」等がみられる。

1940年度の庄原幼稚園では、「三匹の子豚」「大きな玉」「コロリン爺さん」「桃太郎」「富子さんの風船」「金出口銀出口」「茸と兎」「七匹の子山羊」「三匹の熊」「猿の人マネ」等があげられていた。小川幼稚園では、1940年度に「お話　月の井戸」、刈谷幼稚園では、1941年度に「談話　兎ノオ井戸」が記入されていた。

勝川幼稚園では、1940年度に記入が多く、「桃太郎」「舌切雀」のような昔話があげられていた。毎週水曜日は、ほかに用事がなければ園長が来園して「お話」をしていたようで、どの年度にも「悟空さん」の続き話があって、何度も出てくる。

1942年度には、江戸川双葉幼稚園で「お話」の題目としては、「正直なくつやさん」「孝行な子ねずみ」「流れてきたお人形さん」「蛙と王子」「トンボとおぢいさん」「カチカチ山」「三太郎」「クルミのパン」「手白猿」「無人島漂流記」「三匹の子豚」等が、あげられていた。「新しい童話の本、三冊購入」（12月15日）と記されていた。八幡橋幼稚園では、「童話」と記されていたのは「鯉のぼり」と「クハウリ太郎」であるが、「赤頭布サン」「赤ん坊爺サン」「月夜ノ太鼓」「俵藤太」「ヂンギスカン」「金ノ鹿」「蟻ト鳩」「おむすびころりん」「浦島太郎」等、様々な題目が記されていた。

ぽっぽ園では、1938年度には「花咲ぢい」「桃太郎」、1939年度には「桃太郎」「きつねのたましい」、1941年度には「童話」として「マリノユクエ」「天人のハゴロモ」「浦島太郎　一寸法師」「コブ取リヂイサン」「カグヤ姫」等、「御話」として「桃太郎」「ボタ餅とおぢいさん」等のほか「二宮金次郎などの偉人の幼少時代」もあげていた。「絵本の御話（乃木大将）」「イソップ絵本」や「乗物ヅクシノ絵本」のほか、園児が持ってきた絵本を読むこともあった。「軍馬軍用犬の絵本ノ話し」や、「敵中横断三百里と云ふ軍事物語、読んで聞かせる」（9月16日）こともあった。1942年度には絵本で「お嬢さんとお坊

61

ちやん」「ミナミノコドモ」が、あげられていた。

「童話・お話」で最も多くの園であげられていたのは「桃太郎」である。次いで多かったのは、「舌切雀」「花咲爺」「猿蟹」「浦島太郎」のような昔話や、「富子さんの風船」「大きな（大きな）球の（お）話」「三匹の熊」「月の井戸」「猿の人真似」等である。

その他の話として、1938年度に進徳幼稚園では、「話し方練習」「大震災の思出話し」があげられている。勝川幼稚園では、1938・40・42年度のどの年度でも、「日曜日の生活発表・所見談」が最も多い。行事についての思い出を話すことも行われている。園での生活の決まりや諸注意、季節や行事に関わる話が多く、1942年度は記述そのものが少なめである。「順番を待つ」「お天気の良い日にはお外で遊ぶ」「ストーブについての注意」「けんかをしない」というような注意事項、「遠足」「天長節」「時の記念日」「紀元節」のような行事に関する話がなされている。「桜」「夏服」「ホタル」「落葉」等、季節に関することもあげられていた。「防空演習」や「兵隊さんの感謝」のような話、1942年度には「天皇の尊さ」「教育勅語をお下しになつた日」の話もあった。

栃木附属幼稚園では、「海軍記念日」「十五夜のお話」、「遠足」「明治節」のような行事に関した話もあった。「お休み中のこと（昨日の事）」や「夏休み中のこと」を発表することも行われていた。「防空演習」「支那事変」が記入されている年度もあった。

1939年度には、月見幼稚園で「東郷大将」「時ノ記念日」「水泳」「トンボトバッタ」「運動会」「柿ノ木ノ葉」「ドングリ」「炬燵」「遠足」等、季節や行事に関することがあげられている。「オカヘリノ時ヨリミチヲシナイコト」（7月13日）、「シブガキヲタベナイ様ニスルオ話」（10月7日）、「ボウシヲ幼稚園ヘモツテ来ヌコト」（11月6日）、「麦飯ヲ喜ンデ食ベル」（11月15日）、「コタツガ出来テモアマリ入ラヌ」（11月27日）、「小サイ子供ヲヨク可愛ガル」（1月13日）というような注意事項も話されている。「花子サンガヨイ子供ニナツテオ父サンニ金魚ヲ買ツテモラツタ」（6月6日）、「ナイテモハヤクヤメテエラク

ナツタオ話」（10月3日）、「花子サンガ顔ヲキレイニ洗ナカツタノデコブガ出来タ」（12月12日）、「義太郎サンガ先生ニウソヲ云ツテ病気ニナツタ話」（2月28日）というように、例え話にして導こうとすることがしばしば行われている。「支那事変」、「防空演習」（10月21日）のほか、「義男サンノ兄サンガ出征スル」（12月1日）、「太郎サント次郎サンノオ父サンガ出征サレタ」（1月12日）のような、戦争に関わる話もあった。また、「今治ノ園長先生ニオ話ヲ聞ク」で「戦地ノ兵隊」（11月22日）もあった。

　倉敷幼稚園では、「家庭生活」と記され、日曜日の様子を話すことや、端午の節句や遊戯会の前日には「明日ノ楽シミ」を話し合うことをするようになっている。「観察談話」という記入もあり、「海軍記念日　東郷元帥」「時ノ記念日　入梅ニツイテ」「孝女白菊」等があげられていた。青藍幼稚園では、「母の愛」「海軍記念日」「つばめ」「日支事変記念日　七夕まつり」等や、「風邪を引かぬ様」「登園の道でいたづらしない様御注意」という記述もみられた。龍野幼稚園では、「海軍記念日」や「乃木大将」、「義士のお話し」があった。「学徒に賜りたる勅語奉読」（5月30日）も記されている。「青組」では、「国旗の尊厳と取扱ひ」「お節句の話」「お玉杓子の変化問答」「蟹」「梅雨」「蛍取りの注意」「防空演習」「昨夕のお月見について」というように、注意事項や話し合いがあげられている。「昨日の発表」も記入されていた。

　1940年度には、庄原幼稚園で「種豆の話」「蚕の話」「マユ」等があげられていた。堅磐信誠幼稚園では、「挨拶を覚える」ことや「自分の事は自分で」すること、「力の強い心のやさしい人になる」ことや、「お正月に行つた所の話」があげられていた。「日本の為に働いて下さる兵隊さんの事」「防空演習」「日本の国に就て」「西園寺公」の話もあった。翌1941年度には、「つばめ」「雨」「かたつむり」「郵便」のような身のまわりのものについての話や、「日本海海戦」「お勅語の御教」「大東亜戦争について」の話がなされていた。1942年度には、「日本神話」や「国史談」が何度もとりあげられ、「傷痍軍人の話」「国民の覚悟について」「早く出しませう銅鉄を」というような戦時の話もなされて

いた。身近なものの話がなくなったわけではなくて、「つばめ」や「ひよこ」「夏の虫」「雪」等があげられていた。

1941年度には、刈谷幼稚園で「幼稚園ノオ話」「遠足ノ注意」「明日ノオ話海軍記念日ニツイテ」「門ヨリ外ニ出ナイコトノ躾方」「談話 助ケ合ヒ」等が、話されていた。

南山幼稚園では、「会集」に様々な話が記されている。「登園時の注意」や「梅雨期」の「注意」、「遠足の注意」のような注意事項、「お月見」「運動会」「海軍記念日」「航空記念日」のような行事に関することが話されている。1942年度には、「アリユーシヤン群島、アツツ島（熱中島）キスカ島（鳴神島）を占領し、日本の名を付した事をお話」（6月26日）、「満州国建国十周年記念日のため、お話」（9月15日）、「爆弾の落ちた場合、お目々をふさぎ耳をふさぐ様お話」（9月28日）のような、戦争に関わる話がなされていた。

1942年度には、江戸川双葉幼稚園で「震災記念について語る。地震の起る原因」「満州事変十一周年記念」「ゼームスワットの汽車の発明」等のほか、「お休み中の語り合ひ」ということもあった。八幡橋幼稚園では、「訓話」で、好き嫌いや道草をしないこと、仲よくすること等が話されていた。このほか、「時ノ記念日」「航空記念日」「七五三」のような行事に関わる話や、「時局談話」「戦地ノ話」「シドニー特別攻撃隊 四軍神」「南太平洋戦果」というような戦争に関する話もとりあげられていた。「オ休スミ中ノ生活発表」「自由談話発表」等、幼児が話をする時間もあった。

ぽっぽ園では、1939年度に「御仏様の御生れ遊ばした日なるを話して聞かせる」、1941年度に「興亜奉公日に付て訓話」と記され、1942年度には「昨夜の火事の話し」「マッチ一本の大事を云聞かせる」（2月8日）こともあった。

多くの園で、園での生活や躾に関する諸注意、季節や行事に関わることが話されていた。経験したことや思い出を発表することも、半数近くの園でなされていた。戦争に関わっては、1939・40年度に「防空演習」や「兵隊さんへの感謝」に関して記述されるようになる。1942年度には、直接的な戦争の話が複数

の園でなされていて、戦争が幼児達にも身近になってきた様子がうかがわれる。

5．手技

　手技に関する記述が多かったのは、堅磐信誠幼稚園、勝川幼稚園、栃木附属幼稚園である。ただし、栃木附属幼稚園は、「自由画　自在」の回数が最も多く、次いで多い「ヌリエ」以外の記述はそれほど多くはない。

　堅磐信誠幼稚園は、伝統のあるキリスト教の幼稚園ということで、「恩物」や「美麗式」があげられていた。このほかに1940〜1942年度でとりあげられていたのは、「自由画」「ヌリエ（塗絵等、記述の仕方は様々である）」「た丶み紙」「切り紙」「貼り紙」「織紙」「粘土」「麦わら通し」「クレオン（ス）」等である。組別に記入されていて異なる内容があげられていることもあるが、種類別にみていくこととする。具体的な記述は、それほど多くはない。まず「た丶み紙」では、「おひなさま」はどの年度にもある。1940年度には「花籠」「ボート」「魚　舟　テント」「兎」、1941年度には「てふ」「鯉　風車」「時計」「防毒面」「勲章」のほか、組別の「お舟、ピアノ　さいふ、状差　お家、つばめ」があげられている。1942年度には「蝶々」「つばめ」「金魚」「時計」「ヨット」「蝉」「種入」「手提」「こま」「マント」等があげられている。「切紙」では、1940年度に「家」「タホル」「雪」「グライダー」等があげられていたが、1941年度には題目は見当たらない。1942年度には「軍艦（自由切り紙）」と記されていた。「貼り紙」では、1940年度に「つばめ」「ブドー」「汽車」「梅の花」「水泉」「ヨット」等のほか、「おみやげ用立雛」もあった。1941年度には「鯉」「兎亀」「雨合羽と長靴」「北斗七星」等、1942年度には「鯉のぼり」「蜜蜂の家」「尚武祭の印象」「ほたる」「ぶどう」「つゆくさ」「旗」等比較的多くの題目があげられ、「水を画いてヨツトを貼る」こともなされていた。「自由画」では、他の園でみられるような「題が決まっていて自由」という記述はなされていない。1940年度に「慰問袋への自由画」「白衣ノ勇士感謝ノ会ノオミヤゲノ為」と、何のための自由画かが書かれていた。「写生」が1940年度に行われて

いて、果物や「だるま」「こけし」を描いていた。行事の後に「印象画」を描くこともあった。「ヌリエ」は、記入が多かった1941年度には「鯉幟」「軍艦旗」「秋のたんぼ」「馬」「おめん」「桃」等のほか、シンガポール陥落に合わせて「シンガホール島」もあった。1942年度には、「秋のみのり」「雪だるま」があげられている。古ハガキの利用、自然物利用の手技も行われていた。どの年度でも「手さげ」を作っていた。「お節句のお土産」や「お父様への贈り物」「お母様への贈物」を作っている年度もあった。

　勝川幼稚園では、1938年度と1940年度は組別に記入されている場合が多いが、ここではとりあげられた題目としてみていく。記入が多かったのは、「貼り紙」「塗絵」「折紙」である。まず「貼り紙」であるが、1938年度には「お山に桜」「鯉」「あやめ」「つばめ」「軍艦」「洋傘」「水鳥」「雨降り」「西瓜」「蝉」「虫籠」「お月様とたぬき」「兎」「案山子」「松茸」「大輪菊」「銀杏のダンス人形」「鹿さん」「電気」「玩具の熊さん」「お福の面」「お雛様」「桃」「舌切雀」等、40近くあげられていた。1940年度には、「チユリーップ」「ツバメ」「鯉登り」「傘」「防水マントに長靴」「蛍」「枇杷」「金魚」「ヘチマ」「葡萄」「年の市」「うめに鶯」「タンク」「お人形」「花見見物」「つくし」等、1942年度には「夏みかんかご」「時計」「お月見」「四角応用」「モミヂ」等が、記述されている。「塗絵」では、1938年度には「鯉」「金魚」「ケシの花」「ヒヨコ」「ハリコの虎」「お雛様」「鉄かぶと」（男）「ブランコして居るお嬢さん」（女）が、あげられている。1940年度は記入が多くて、「風せん」「テツカブト」「扇子」「イヌのオモチヤ」「ビハといちご」「トンボと蝶」「軍艦旗」「カブト」「キユリナス」「スイカ」「浮袋」「オモチヤのボート」「ヤツコ」「お月見」「飛行機」「鳩」「リンゴ」「兵隊帽とタンク部隊長」「お人形」「サンタクロース」「けしき」「勲章」「うめの花」等である。1942年度には、「鯉のぼり」「兵隊さん」「七夕さま」「年の市」「うさぎ」「めん鬼」「おひなさま」等である。「折紙」では、1938年度に「鯉」「いちご」「雨傘日傘」「入物」「財布」「ビレーシキ」「せみ」「提灯」「菊」「鬼とお三宝」「お福」「支那のジヤンク」「勲章」「兵隊さんのお

顔」等、1940年度に「お座布団」「オルガン」「カラス」「アヤメ」「ツバメ」「軍艦」「せみ」「朝顔」「ボート」、「新聞紙」で「戦闘帽」「看護婦帽」、「ヒコーキ」「三方」「鬼と御多福」「金のとび」等、1942年度に「大小の三角形」「サイフ」「鯉」「ニソウ舟」「時計」「織姫様」「朝顔」等があげられていた。このほかには、どの年度でも立体的に作ること（金魚、富士山の日出、車庫、自動車等）や、「籠」「バック」「手提」があげられていた。「切紙」や、年度によっては「縫取」「織紙」も回数は少ないが記入されていた。「自由画」がとりあげられていて、「運動会」や「遠足」、「月見の思出の自由画」「自由画　雪景色」というように、題が決まっていることもあった。1938年度には「兵隊さんに送る自由画」もあった。

　栃木附属幼稚園では、どの年度でも「ヌリエ」で記入が多かった。1938年度には、「山ノ組」で「タンポヽの花」「鯉幟り」「あやめ」「お相撲さん」「汽車」「すいれん」「ぐんかん」「テントムシ」「ネッタイギョ」「ひまはり」「リンゴ」「風船とお手玉」「水仙」「たひ車」等、花が多いが多様なものがとりあげられていた。「海ノ組」では、「ひのまる」「風船」「チヨーチン」「果物」「兵隊さん」「金魚」「お花」「お嬢さん」「ひまわり草」「アヲイ目ノお人形」「図案」等、多様なものがあげられている。1939年度には、「山」で「軍艦旗」「鉄カブト」「パラシウト」「ブタ　チヨウ」「のし」「のりまき」「か、し」「サンタクロース」「ノウカウジドウシャ」等、前年度とはずいぶん異なっている。「海」では、出てくる順序は異なるが「金魚」までは前年度と同じで、これに加えて「ハトトカラス」「学校がえり」「馬」「海と子供」等が、とりあげられていた。1940年度は両組とも記入が多く、前になかったものとして「山」では「家の人」「部隊長」「戦車」や「ドイツ国旗」が、「海」では「ラッパ」「オカホ」「コウチャ」等が出てくる。1941年度には、「山」で「ボウシ」「グライダー」「シーソー」等、「海」で「満州の国旗」「モクバ」等が出てくる。1942年度には、「山」で「草履袋」「椿」等、「海」で「スリッパ」「手袋」「水兵さん」等が出てくる。「自由画」の題としては、1938年度に「山」で「お父様とお母様

のお顔」「チューリップ」「戦争をしてゐる所」「帽子写生」「お店の写生」「運動会の絵」「（写生）ほうつき」等、「海」で「キンギヨ」「山と人」「やさしい図案」「けしの花」「果物」「防空演習」「お父さんとお母さん」等、多様なものがあげられている。1939年度には、花や果物、人物以外に「山」で「お話の絵」「粘土細工の写生」等、「海」で「グンカン（絵本観察）」「模様・自在」等と、両方の組で「十五夜」があげられている。1940年度以降は、題の記入が少なくなりそれ以前に出てきた題と重なる場合が多い。「海」の1941年度に「お正月の遊びの中で一番楽しかつたもの」のように思い出を描いていた。1942年度に「誕生会の贈物」にする絵を描くことや、「兵隊さんへの慰問画」がとりあげられていた。「粘土」「切り紙」「ハリエ」「折紙」も、この期間にとりあげられることが多かったが、年間の回数はわずかである。「バック」や「箱」を作っている年度もある。1940年度には「山」で「キビガラ細工」「手工　動物園製作」、「海」で「力士製作」の後「愉快に遊ぶ」、「共同製作　スゴロク作り」という記述もみられた。

　南山幼稚園では、どのような種類の手技であるのかは記入されていないことが多い。この期間の全年度で取り組まれていたのは「凧　羽子板」である。複数年度であげられていたのは、五月の節句や七五三に関するもの、「時計」「うちわ」「提灯」「東京市の旗」「おすもう人形」等である。年度によっては、「満州旗」「Ｚ号旗」があげられていた。

　小川幼稚園では、毎年度お正月に向けて「カルタ」を製作していた。1938年度には「時計貯金箱」「うちは　お土産」「ぬりゑ」「コマ　ヤジロベエ」「菊花」のほか、「慰問の手技」で「旗　提灯」の「た、み紙」が記されていた。1939年度には「自由画」「鯉幟」「戦闘帽看護婦帽」のほか、「慰問手技」が複数回記されている。その後も同様であるが、1940年度には「満州国の国旗を製作す」という記述がみられた。1942年度には「おひな様の壁掛製作」もあった。

　佐倉幼稚園では、「折紙」や「ヌリエ」が行われていた。「ヌリエ」では、「金魚」「ヤサイ」「果物」「チューリップ　すみれ」等、「折紙」では「朝顔」

「兎」「箱」「三宝」等が、あげられていた。年度によっては「チヨーク画」「粘土」「古葉書利用」が記されている。「オ土産ノオ提灯」(1941年7月31日)というように、持って帰るための製作が行われていた。

小倉幼稚園では、1938～1942年度の間に、どの年度でも土曜日に「お土産」として「立体手技製作」が行われていた。3年間であげられていたのは「ヌリエ」「ハリエ帖」「自由画」である。2年間で「平面手技」である。1940年度には「手技帳」、1942年度には「折紙」が記入されていた。具体的な題目の記入は少ない。3年間であげられているのは「貯金箱」、2年間であげられているのは「吹き流し」と「時計」である。比較的記入が多かった1942年度には、「立体手技」で「チュウリップ袋」「チユーリップの花」「菊花」「凧」「相撲」「白熊」「箱」等が、そのほかに「日の丸」「風車」「鯉のぼり」「あやめ」「テントウ虫」「お船」「雛段」等が、記されていた。

本荘幼稚園はキリスト教の園で、恩物が使われていた。1938～1941年度に「ぬり絵」と「自由画」、「折紙」「粘土」が行われていて、「ぬり絵」では「蝶々」「国旗」「グンカン」「モミヂ」「支那の子」「チューリップ」等がとりあげられていた。「はり紙」や「切紙」、「豆細工」があげられている年度もあり、「七夕」に関する手技もあげられている年度が多い。1940年度には「古葉書」で「果物カゴ」「タンクとお家」を作っていた。1941年度には、「重爆撃機折る」「慰問画」という記入もなされていた。

1938年度には、進徳幼稚園で多かったのは「自由画」と「摺紙」である。「自由画」では「防空演習」と題が記入されている時もある。「摺紙」では、「お舟」「奴さん」「オルガン」「かぶと」「二叟船」「紙鉄砲」「時計」「ねづみ」「提灯」「せみ」「虫かご」「香箱」「お宮」等が、あげられていた。「塗り絵」や「粘土」も比較的多く、前者では「チユーリップ」「てふてふ」「軍艦」「果物」「日の丸の旗」「鶏」「桐の木」「飛行機」等、後者では「野菜」「動物」「果物籠」「軍艦」「飛行機」「馬」等のほか、「自由」ということもあった。このほか、「貼紙」「紙細工」があげられていた。回数は5回以下と少ないが、「切紙」

「紐置」「箸ならべ」「板ならべ」「織紙」等も、とりあげられていた。

1939年度には、月見幼稚園で最も多かったのは「ヌリ絵」で、「日ノ丸」「チューリップ」「金魚」「ニハトリ」「鯉ノボリ」「朝顔」「オ月サン」「柿ノ葉」「オ人形」「餅ツキ」「犬」「軍艦」等が、あげられていた。次いで多いのは「自由画」を含む「図画」で、「オ母サン」「書キタイ者ダケ」等のほか、「戦地ノ兵隊サンニ送ル図画」（11月6日）や「手技帳へ家ヲカキアーチニツタヲハル」（2月20日）ことも記入されていた。「折紙」では、「カブト」「家」「兵隊」「朝顔」「兎」等、切って貼ることでは「雪ダルマ」「三角四角」等が、記入されていた。「手技」として、「ウデ時計」「パッチン」「朝顔」「人形」「草履」「オ重餅」「風車」「角力取リノ立テル人形」「鬼メン　福メン」等が作られていた。

龍野幼稚園の「青組」でも最も多かったのは「ぬりゑ」で、「日の丸の旗」「タンポ、」「鯉」「籠」「軍艦旗」「軍艦」「ヒヨコ」「けし」「びわ」「スイカ」「野菜」「コスモス」「菊花」「松茸と柿」「汽車」「玩具の犬」「サンタクロース」等、多数の題目が記されている。次いで多いのは「自由画」で、「お節句」「運動会」等の題が決まっている場合もある。「慰問用」のこともあった。「た、み紙」では、「鯉幟り」「かぶと」「風車」「二双舟」「金魚」「蝉」「戦闘帽」「風船」等が、あげられている。このほかに、「粘土」や「切り紙」、「はり紙」も行われていた。

1939年度の青藍幼稚園では、組別の記入の方が多かったが、ここではあげられていたこととしてみていく。最も多かったのは「ぬりゑ」で、「紙風船　ツル」「軍艦」「飛行機」「茄子と胡瓜」「タンク」「お人形」「兵隊さんと子供　リンゴとバナ、」「揚げよ日の丸」等のほか、「日満支の国旗」もあげられている。次に多かったのは「自由画」で、「丸三角四角」「風船」「菊」「お母さんの顔」等、題が決まっている時もある。「折り紙」で「オルガン」「あや兎」「七夕人形」、「はり紙」で「汽車」等も記入されている。「時の記念日　土産　置時計」「おもちゃ屋の玩具」「盆提灯」等の製作が記されている。ここでも「慰問品」や「慰問画」があげられていて、多い月には5回を超える。

　倉敷幼稚園では、「自由画」が最も多かった。「オ花見ノ印象」「オ玉杓子取リノ印象ヲ中心ニ」「生活事項ヲ中心ニ」というように題が示されることもあった。観察の後で写生という記述もあった。「雛祭リ製作」、粘土の「自由製作」や「果物屋サン」、廃材を使用した「貯金箱」、「独楽製作」「オ笹製作」等が記されている。

　1940年度の庄原幼稚園では、最も多いのは「摺紙」で、「オザブトン」「コップ」のような簡単なものから始まり、「チューリップ」「兵隊さんの顔」「飛行機」「金魚」「シヤウブ」「提灯」「蛙　金魚」「兎」「勲章」「鬼」等、多様な題目が記されている。次いで多いのは「塗絵」で、「胡瓜　茄子」「金魚」「提灯」「月見」「菊の花」「モミヂ」「キリン」「サンタクロース」「タコ　ハゴイタ」「鬼と福の神」「オヒナ様」等が、あげられている。このほかには、「オダンゴ」「桜」「筍」「蛍」等の「貼紙」や、「軍艦」「柱時計」「粘土細工」「雪ダルマ」「豆撒き」「弓とヤリ」「梅に鶯」等の製作が、なされていた。

　江戸川双葉幼稚園もキリスト教の園であり、恩物が使われていた。1941・42年度に最も多く記入されていたのは「自由画」である。1941年度には「望んで喜こんでやってゐる」（２月21日）、1942年度には「次第に上達して来るので喜ばしい」（５月22日）、「すばらしい上達ぶりだ」（12月３日）等の記述がみられ、重視していたことがうかがわれる。「ぬりゑ」と「折紙」も比較的多く記されている。「ぬりゑ」の題目の記入は少なくて「帽子」「チューリップ、ヒヤシンス」「飛行機」くらいである。「折紙」では、「羽子板」「時計」「鬼」が両方の年度に出てくる。ほかに1941年度には「箱」「高射砲、タンク」、1942年度には「レンゲ草」「カブト」「ツバメ」「新聞紙で飛行機」「お魚」等が、あげられている。「貼紙」や「切紙」も行われていて、季節の花や事象が題目としてとりあげられている。写生も行なわれていた。

　1942年度には、八幡橋幼稚園で最も多かったのは「自由画」で、次いで「貼り紙」「折り紙」「ヌリエ」である。「自由画」では題が記入されている場合が４割ほどあり、「鯉のぼり」「園外保育」「雨降り」「飛行機」「秋ノ果物」等

が、記されていた。「貼り紙」では、「チューリップ」「ヒヨコ」「アヂサイ」「朝顔」「栗」「菊」等のほか、「オ祝日ノ風景」というのもあった。「折り紙」では、「オルガン」「あやめ」「置時計」「雨傘」「オ神輿」「ヒコーキ」「菊皿」「キツネ」等が、あげられていた。「ヌリエ」では、「草履袋」「日の丸」「鏡台」「ヒヨコ」「ヒヤシンス」「ヒヨウタン」「信号」「パラソル」「シーソー」「シヤゲキ」「自動車」「人形」「リンゴ」「ツバキノ花」「手袋」等、多様なものがあげられていた。「鯉ノボリ」「軍艦」「オ祭ノ花笠」等、行事に因んだ製作や、「古ハガキ」を使った製作も、数回行われていた。1回ではあるが、「落葉」を用いた製作や、「クミ紙」も記入されていた。

　刈谷幼稚園では、「自由画帖」「オ細工帖」が使われていて、「塗絵、貼り紙ノ印刷ヲナス」（1943年1月16日）という記述から、園で作成したものが使われていたことがわかる。1941年度には「慰問ニ作製ヲ始ム」（9月3日）という記述もみられる。代陽幼稚園では、この期間に「軍艦」の「お土産」が3回出てくる。他にも「時の記念日」「白鳥」「バッタ」等が「お土産」として記され、持ち帰っていたことがわかる。このほか、1941年度には「満州事変記念日」に「日満国旗」、「航空記念日」に「画用紙で飛行機」が記述されていた。

　ぽっぽ園では、しばしば「手工」「手技」と書かれていたが、内容の記入は少ない。1938年度に「はめこみ」「御三方」「戦闘帽子クレオンでぬりはりつけ」、1939年度に「おひな様とお舟」「金魚」「旗」「馬」「人形」「一そう舟と折鶴」「ハトポッポ大喜び」等の記入がなされていた。「兵隊さん」や「水仙の花」等の「ぬり絵」を喜んでいた。1941年度には「ハト」「カラス」「ヤツコサン」「ボート」「カブト」「宝舟」「二双舟」「ツル」「キツネ」「鉄カブト」等、折紙と思われる題目が多数記されていた。「ハトポッポ」「紙鉄砲」「飛行機」「フクスケ」「ダマシ舟」等は複数回あげられていた。1942年度に「折紙の飛行機」（1月23日）とあり、「折紙」や「貼り紙」、「製作」が行われていたことがうかがわれる。

　「手技」では、「自由画」「塗絵」「摺紙・折紙」「貼り紙」が、よく行われて

いたことがわかる。古葉書や自然物の利用も、取り入れていた園が多い。「慰問画」「慰問手技」は行っていた園が多い。とりあげられている題目は園により様々で、戦争に関わるものが出てくる割合も異なっている。複数年度の日誌が残されている園では、1940年度に戦争に関わる題目が多かった（栃木附属・勝川）。

6．自由遊び

　自由遊びの内容は、記されていない園も多い。最も多く記入されていたのは、栃木附属幼稚園である。年度と組により記入状況が異なるが、多い場合には遊びの種類が100を超え、回数は300回を超える。ここでは、年度と組ごとに多くあげられていた遊びをみていく。1938年度の「山ノ組」で最も多かったのは「まゝごと」で、記入は50回を超える。次いで様々な種類を含めた「おにごつこ」、「お砂場」である。「かけつこ」「かくれんぼ」は20回を超える。「お角力」「汽車ごつこ」「積木」「かくればんざい」「飛行機とばし」「飛行機ゴツコ」「なはとび」は10回を超える。「戦争ごつこ」や「兵隊ゴツコ」も行われているが、10回前後である。「海ノ組」で多かったのは、「まゝごと」「砂場」「おにごつこ」で、記入は30回を超えている。「ブランコ」「積木」「汽車ごつこ」「かくれんぼ」「かけつこ」「ボールなげ」「お角力」は、10回を超える。「海」では「戦争ごつこ」が10回を超えて記入されていた。1939年度には、「山」では「縄とび」「砂場」「鬼ごつこ」「まゝごと」「かけつこ」の順で多い。男子のみ「兵隊ゴツコ」が10回を超えていたが、多くはない。「海」では「なはとび」「鬼ごつこ」「砂場」「まゝごと」「ブランコ」の順で多く、30回以上記されていた。特に「縄とび」は120回を超えていた。

　1940年度には、「山ノ組」では「なはとび」「砂場」「兵隊ごつこ」「鬼ごつこ」の順で多く、記入は50回を超える。「ブランコ」「かけつこ」「積木」「王様ごつこ」「まゝごと」「角力」が20回を超えている。「海ノ組」では、「なはとび」が最も多くて100回を超えている。「おにごと」「砂場」「ママゴト」「ブラ

ンコ」の順に多く、50回を超える。「絵本よみ」「兵隊ごつこ」「かけつこ」「積
木」「王様ごつこ」「スベリ台」が20回を超えていた。1941年度には、「山」で
は「ままごと」と様々な種類の鬼ごっこを合わせた「鬼事」が多く、90回を超
えていた。「砂場」「かけつこ」「絵本よみ」は40回を超え、「ブランコ」も多か
った。この年度は「兵隊ごつこ」が、30回を超える。「海」でも、「ま、ごと」
「鬼ごつこ」が同様に多く、次いで「かけつこ」「砂場」「絵本よみ」「中線ふ
み」「かくればんざい」「ブランコ」「兵隊ごつこ」の順で、20回以上であっ
た。1942年度は、記入が減っている。「山」で多かったのは「中線ふみ」「鬼ご
つこ」で、40回を超えている。次いで「ま、ごと」で、30回以上である。「ブ
ランコ」が20回を超えるほかは十数回以下である。「兵隊ごつこ」は10回に満
たないので、多くはない。「海」では「鬼ごつこ」「中線ふみ」「ま、ごと」の
順で多く、30回を超えている。「ブランコ」「すべり台」「ジャングルジム」と
続き、20回前後であった。遊具がこれだけあがっていたのは、この年度のみで
ある。夏には水遊び、秋には虫取り、冬には羽根つきというようなその季節の
遊びも、行われていた年度が多いが、季節限定のため年間を通してみた回数は
多くはない。

　龍野幼稚園では、1939年度に「大に運動具を使つて遊ぶ外、男児は十人ばか
り鉄砲肩に兵隊ごつこ、又サクランボ拾ひ、おばこの花の角力取等、時季の遊
びも見られる」（5月9日）、「お庭で丸くなり魚釣りをする。皆大喜び」（5月
18日）、「笹がだんだん大きく軟くなつてきたので　あちらでもこちらでも笹舟
つくり　自然物をつかつたい、お遊である」（5月25日）と記述されている。
シーソーや砂場で遊んでいる様子も記されている。「水鉄砲を出してもらつて
大よろこび」（7月10日）、「運動場では、兵隊遊びやおにごつこ　室内では女
児のま、ごと遊びなど、にぎやかに、仲よくお遊び」（10月24日）、「しばらく
止つてゐた戦争ごとを勲章をつけた為めか」「面白そうにしてゐた」（11月14
日）、「飯事遊びが三ヶ所で展開」（11月17日）、「雪がちらついてゐたが縄とび
や戦争ごつこにお外で遊ぶ子も多かつた」（1月9日）、「雪だるまや兎をこし

らへたり雪投をしてゐた子も」「皆大はしやぎ午後は鬼ごつこ等」（1月10日）、「紙鳶や羽子板に風船　鬼ごつこ、花一もんめ、汽車等暖かつた故もあり外あそびが賑つてゐた」（1月12日）、「絵本を持って来てよんでくれとせがむこの頃絵本が大変よろこばれ興味を引いてゐる」（1月30日）等、自由な遊びの時の様子が記されていた。1940年度には前年度より記述が少ないが、同様にままごとやシーソー、砂場で遊んでいた。「かたつむりの走りくら、砂遊び等に熱中」（6月29日）、「井戸端」「お船をうかべ如何にも愉快さうに遊んでゐた」（7月11日）、「汽車　ブランコ、兎の餌やり等」（7月17日）等の記述がなされていた。

　多少様子がわかる園は複数ある。

　南山幼稚園では、1938年度に「ブランコお砂場遊びもだんだんなれて」（4月6日）のほか、「お滑」「長ブランコ」「鉄砲を刀に戦ゴッコ」等の記述があった。1941年度には「お砂場、かごめかごめ　鬼ごっこが盛ん」で、「お砂場、おすべり、ブランコ、遊動円木のお遊びの仕方を指導」とあるので、こうした遊具を使って遊んでいたことがうかがわれる。鉄棒、綱引き、かけっこ等をしていた。1942年度には、相撲、かるた、羽子板でも遊んでいたと思われる。

　佐倉幼稚園では、1938年度に「オ砂場」「オ飯事」「ブランコ」「泥ンコ」「兵隊ゴッコ」「鬼ゴッコ」「花一モンメ」等があげられていて、「防空演習ゴッコ」もあった。最も多かったのは「砂場」である。その後も「砂場」は多かった。男児は「兵隊ゴッコ」も多かった。1939年度には「木銃」を使って「兵隊ゴッコ」をしたことがわかる。「シヤボン玉」や「動物園ゴッコ」で遊んでいた。1940年度には「積木」「オ魚釣遊ビ」「オ人形遊ビ」「幼稚園ゴッコ」等も、記されていた。1941年度には、「電車ゴッコ」「汽車ゴッコ」もあげられている。1942年度には、「オ鉄砲」「木銃」に関する記述がしばしば出てくる。「兵隊ゴッコ」の部隊長がよくないので、他の遊びになってしまったことも記入されていた。

　ぽっぽ園では、「自由遊び」で遊んだのか、全員で一斉に保育者と共に遊ん

だのかわからない場合が多い。「自由遊び」であることがわかるのは、1938年度には「砂遊び」「鬼ごつこ」で、この二つは他の年度でもあげられていた。「かくれんぼ」「ま、ごと」「ブランコ」は1939年度以降には記されていた。1939年度に「すべり台」「戦ごつこ」もあげられていた。1941・42年度に「兵隊遊び」（男）、「カルタ」「ハンカチ落し」「おはじき」「相撲」「まり投げ」等、1941年度に「積木」「ボール遊び」「鉄棒」「兎と亀」「かけつこ」「戦争ゴツコ」（男）等、1942年度に「先生方とばつちりこ」「旗作」「折紙」「コマ廻し」「玉投げ」等が、あげられていた。

　「自由遊び」では、どの園でも、砂遊びや鬼ごつこ、ままごとのようないわば定番の遊びや、遊具を使った遊びは時代に関わりなく遊ばれていたことがわかる。兵隊ごつこや戦争ごつこのような戦時の遊びは、園により遊ばれる頻度が違うことがうかがわれる。

第5節　保育者の思い

　保育者はどのような思いで保育にあたっていたのであろうか。嬉しかったことや困ったこと、行事や日々の保育についての思い、社会状況の中で感じたこと等記述は多くはないが、まず**行事に関わって**その練習も含めてみて行く。

　勝川幼稚園では、1938年度の卒業式の日に園児達が帰った後、「何だか火が消えた様に淋しい感じが致した」（3月23日）とある。1940年度には、「興亜奉公日で猶一層元気を出して保育をなす」（5月1日）、遊戯会の前には、「大分上手にやれる様になったが」「不充分」「あまり強くやれないので大人の如く立派に出来ないのは無理もない事だが仕方がない」（12月9日）と記されている。1942年度には、遊戯会の遊戯練習で、「年少は思ふよういごいて下さらず困る」（12月3日）という記述がみられる。「大詔奉戴日」に、「本日のよき日に充分なる精神を養ひ育てん事を祈る」（12月8日）、元旦には「戦々二年」「私共は意義深き新玉に際して覚悟を多くく持ち幼児教育に邁進せ」ねばなら

ぬと、覚悟が記されていた。

　本荘幼稚園では、1938年度の運動会の練習で「歩くのが未だよく出来ないからもつともつと練習させなければならない」（5月14日）と記されている。1939年度に七夕の「天の川星等をハリ紙」「割合に易いから、一人でやられる様で、うれしかつた」（7月7日）、「音楽会の練習」を始めた日に「まだまだ皆下手で、困つて仕舞ふ。だが子供達は、熱心にやるので、うれしい」（7月24日）とある。1940年度の遠足の翌日に、「休む子供はいないかと心配」したが「元気に出席して、うれしかつた」（10月11日）と記されている。1941年度に「本荘だけの防空演習」の日に、園児が「防空演習の遊びに夢中」な様子に「時局にともなつて子供の遊びも変つてくるもんだとつくづく思ふ」（12月1日）とある。

　小川幼稚園では、1938年度に園外保育で動物園へ行った時に、「マルの食事、カバの食事も見られて本当にいゝ保育だつた」（5月24日）、「相変わらすの元気をもて実に嬉しい」（10月5日）、「道遠く芋少なく此の芋掘りは失敗に終る」（10月24日）とある。1942年度の「修了記念遠足」では「天気晴朗暖かく本当によい遠足であった」（3月18日）、修了式の日には「無事修了式を了へて只感謝で一杯である　安らかに国のよい子に成人するやう祈つてゐる」（3月24日）と記されていた。

　番町幼稚園では、遠足で豊島園へバスで行った時に、帰路に酔った幼児がいて「相当時間が長いのでバスはやはり考へものであると思つた」、それ以外は「天気はよし、人は出て居ず、実によい遠足であつた」（10月27日）とある。

　栃木附属幼稚園では、1938年度の3学期の始業の日に「年が一つ多くなつてそれそれ自覚したかの様に見受られ」、大きくなったから「ズックがきつくてはけない」とみせている幼児もいて「何と頼もしい事だらう。天迄も伸びやうと云ふ溌剌とした子供らしい心の表れ」「本当に嬉しかつた。思ふ存分子供と共に伸びやかに第三学期を送らふと思ふ」（海・1月9日）、1939年度に明治節の式の練習で「正しい姿勢を長い間続けて居られる子が多くなつた様に思ふ」

（山・11月2日）と述べられている。

　龍野幼稚園では、1939年度の端午の節句で「いつまでも今日の日の思い出の様に、楽しいよろこびが子供の上に、そ、ぎます様に祈る」とある。庄原幼稚園では、1940年度に、「勅語奉答式　満五十周年記念」で「行儀よく式を済まして嬉しい」、クリスマスの日に「普段きかん坊さんも今日はとてもおとなしくレコードのメロデーにつれて眠って居るとても可愛い　貰った時のうれしそうな顔」（12月23日）、節分の日に「指折り数えて待つていた子供」「大喜びである　毎年乍らお面をかぶつた様はとても可愛い」と記述されている。

　日常の保育に関しては、栃木附属幼稚園や佐倉幼稚園で記述が多い。

　栃木附属幼稚園では、1938年度の「山ノ組」に「誘導保育」で「先生が教へないうちにどんどん仕事を進めて自分達丈でするので感心した」（6月9日）ことが、1939年度には9月に主事が「何カ反省及研究等ノ事項ナキヤ　之ヲ記録シ置クコトハヨキ研究資料トナルベシ」と書き込んでから、園児達の様子が記され、時には保育者の思いも書かれている。小学校に出かけた時に「校庭に芝」「子供のためにどんなにい、か分らない」「あまりかけまはつて芝を悪くしないかと心配」（9月11日）、はじめは午前中にしていた午睡を「午後の方が非常に効果的で約一時間で全部」「眠つてしまつた」（9月14日）、部屋にゴザを敷いた時に「さはがしくなくしやがんで積木をしてゐても心配がない」「子供の気持も落着くし第一暖かさうな気分が起きます」（9月20日）、「皆大喜びで元気一ぱい」「ぐづぐづしてゐたり、云ふことを聞かないと云ふ子は一人も居らず嬉しい」（9月25日）、展覧会で「二十日大根の種子をまいて育てた経過を絵」にしたものをみて「丁度今、色々の種子をまいた子供たちに大変い、参考になつたと思ひました」（9月30日）、「行進の練習は去年よりずつとよく出来る様な気がした」（10月19日）、兎を飼っていて「兎のおかげで皆の気持を早く一つのことにまとめることが出来てうれしい」（10月24日）、日曜日の話を一人ずつみんなの前でさせると、「段々詳しくお話をすることが出来る様になつて嬉しい」（11月6日）、自由遊びで縄飛びの練習をした時に「何時も遊べない子

供が非常におもしろがつてするし、非常にい、運動なので全部出来ない子のない様に指導したい」（11月18日）、「人の前で自分の意志をはつきり発表出来る様に訓練したい」（12月18日）、「げんきな皆の様子をみて本当にうれしい」「日数もないから一生けんめい、遊んだり一緒にお仕事をしやうとおもふ」（1月9日）、「元気すぎる程元気でよく遊ぶので本当に嬉しい」（1月16日）等、多様なことが記されている。校庭に出て遊戯をした時に「皆がばらばらで唱歌を歌ふ声が小さすぎて困つた」（10月9日）、一人の子が「非常に落着きがなく、悪い遊びをして小さい子供たちをひきまはして困る」（10月10日）、「下品な言葉を使つたり、ふざける子があつて困る」（10月14日）、一人の子を「のけものにしたがつて困る」（12月7日）等、多くはないが困つたことも記されていた。

　1940年度以降は記述がほとんど見られない年度もあるが、1942年度の「山ノ組」に比較的多く記されていた。「山組になつた故か」「しつかりとして、体も大きくなつて本当に嬉しくなつてしまふ」（4月4日）、よく遊んで「お弁当の用意にお部屋に行くのが惜しまれる気持」（4月7日）、「農園作業」で「根まで抜くことが、なかなかむずかしさうであつたが、熱心」で「大変嬉しく思ひました」（6月27日）とある。この日は「海ノ組」でも「一生懸命にやつた。嬉しかつた」と記されている。「幼い時から自己の生命に対して、又その根元に対しての喜悦と感謝の念を培つてゆくことこそ良い日本人として伸び行く幼児達に最も大切な教育であると信ずる」（9月29日）と、考えが述べられている。豆の取入れをした時に「最後のかたづけのくづの中まで探して一粒の豆も拾ひ上げる姿、共に育ち、汗して過して来たからこその感謝の自らなる姿であると思ふ」（10月9日）、遠足の翌日に午前中だけで「物足りなささうに帰る子供、この意気、健康さでどこまでも伸びて呉れよと祈る」（10月15日）、1時間半幼稚園の庭まで砂運びをした時に、重くてふらふらしながらも「一生懸命頑張りながら運んでゐる子供達の後姿を見ると、目頭が熱くなる様」（3月4日）と、働く姿への思いが記されている。「お話会」に関わって、「発表する事を練習させねば、ならぬ」（11月14日）「発表心をもつと高めたい」（12月12日）と

あり、「海」でも「もつとはつきり話をさせたい」（11月6日）と記されていた。

　佐倉幼稚園では、1938年度には保育者の思いが多く記されていた。「ソロソ
ロオ友達同志デ遊ベル様ニナレテウレシイ」（4月12日）、園外保育に出かけた
時に「電車ノレール、シグナル、小サイナガラニ質問ガ出テ　トテモウレシカ
ッタ」（5月10日）、「珍ラシク会集ガキレイニ出来タ　ヤッパリ気分ニヨルコ
トガ多イト考ヘサセラレル」（5月24日）、「泥ンコヤガ始マリ閉口スル」（6月
11日）、登園時に釘を拾った幼児が「オ父チヤンノ自動車パンクシナイヤウニ
ネ」というので「何テ可愛イ言葉ナノダラウ」「道々ミンナト拾ツテモチキレ
ナイ程ニナル『コレ献金スレバ軍艦ニナルネ』『大砲モデキルヨ』小サイナガ
ラモ、非常時ノ子供ウレシクナル」（7月28日）、「三匹ノ小豚」の話をした後
に豚の家を描いた時に、「トテモウレシソウニ画イテルノヲミルト、下手ナオ
話デモト、ウレシクナル」（10月1日）等、記述されていた。年度初めに「後
ニオ残リシテ静ニナッタラオ帰リニシヤウト思ツテキタトコロ」「玩具ヲ出シ
テアソビ初メテシマフ　ホントウニ可愛イイタヅラサン達」（4月21日）とほ
ほえましくみていたのが、年度の終わり近くには「ホントニヤンチャンサンノ
当リ年ダ　コレデ一年生ニナッテ落付ケルカト心配ニナル」（3月4日）と、
気遣っている。保護者との関わりについては、何かを覚えなければ幼稚園に通
わせてもという母親に対して、「一体ドウイフ風ニ考ヘテオ出デニナルノダラ
ウ　物ヲ覚エサセルノガ目的デハナイノダガ」「考ヘ違ヒガアツテ困ル」（7月
27日）、「昨朝ノイヤナ中傷モ、今朝」「オ会ヒシテスベテガワカッテウレシカ
ッタ」（10月26日）という記述もみられる。

　1939年度には記入が少なくて、「気ノ向カナイコトハイヤト云ツテシナイ」
「モ少シソレヲ直サウト思ツテ注意スレバ却ツテ大人ヲヤリ込メル様ナコトバ
カリ云フノデ困ル」（9月8日）ことと、修了式の前日に「明日一日デオ別レ
ト思フト　ホントウニ惜シイ気ガスル　出来ルコトナラ　イツ迄モ学校ヘオ渡
シシタクナイ」（3月25日）ことくらいである。1940年度には、雨の日に騒い
で困ったことや行儀が乱れて困ること等、困ったという記述が多い。遊戯がま

とまったり歌がそろったりして嬉しいという記述もある。月曜日に「悪イクセ
ガツイテ中々ニ我慢ガ出来ナクテ骨ガ折レル」（10月28日）とある。修了式の
練習では「思フ様ニユカナイガ次第ニヨクナルト思フ」（3月20日）、当日は
「今年ノ方ハアマリ良ク出来ナイト思ツタガ」「緊張スルト見エテ」「皆上出来
デアツタ」と記されていた。1941年度は、上手になって嬉しいことや泣く子が
多く困ったこと等、1942年度は、注意を聞かなかったり、唱歌や遊戯がなかな
か上手にならなかったりで、困ったという記述の方が嬉しかった記述より多い。

　勝川幼稚園では、1938年度の「第二保育期」の終わりに「今年こそはといろ
いろプランを立てながら仲々思ひ通りにならず悔みながらも一年を送ってしま
ふ」「来年こそは、いゝみんなの先生にならう」と記されている。1940年度
に、草花を友に遊んでいる様子から「田舎の子供は自然にめぐまれた幸福を感
じずにはいられない」（5月9日）、初めて遊戯させた時と比べると「とても上
達した様に思われるやはり訓練のお蔭」（6月25日）、「模倣画を上手に画」く
園児がいて「見ないであれを画く事が出来たらと思われる」（6月27日）と、
記述されている。自由表現より模倣画を描こうとする傾向に「良き模範画の必
要を感じさせられる」（1月23日）と、指導にかかわる思いが述べられてい
る。1942年度には、いたずらな幼児がいることに関して「其の子供ばかりに
かゝつてゐられづ困却する」「落付きますやう神に祈る」（4月13日）とある。
「兵隊さんよ有難たうの歌も遊戯も覚えて呉れて嬉しい」（5月16日）、麦わら
通しをした時に「赤黄みどりと順々通してゆく可憐な手許をながめて居ると無
上に嬉しくなって来る」（6月4日）、「いたづらして叱られる子供はきまつて
ゐる　何んとかしてなほしてやりたく一生懸命にて注意する」（12月15日）、各
自の名前を書き、アイウエオを教えた時に、「自分の名前すら書けぬ子がある」
学校に行くまでに「仕上なければ」（1月21日）と、記されている。

　龍野幼稚園では、1939年度の「会集日誌」には、できて嬉しかったことや幼
児の行動に対して注意したいこと等が数回記されていた。その他に、「シヤボ
ン玉」「飽かずに遊んでゐる様をみて一つのあそびがこれ程興味をもって持続

されたことをうれしく眺めた」（6月21日）、「うれしそうに先生お早うととび
込んでくる子にとつて神様にお礼は？と注意されることは　はづんできた気持
ちをくぢいてしまふやうで心苦しいことに思ふ」（7月18日）、「神様の礼もな
かなか徹底しない。大人でも忘れるのだから無理もないとも考へられるが」
（9月18日）、ある幼児が女児の新聞紙を取った時に別な幼児が「コラッ」とい
って取り返したことに対して、「些細な事ではあるが不正なる事に対する強い
反駁を頼もしく眺めた」（11月4日）、「下駄を取ってやって段の所を手を引い
てやってゐた」「男児に似合はないやさしい心だと思ってほめる」（12月13
日）、「どの子供の顔にも一つ大きくなったといふ緊張が見えて頼もしい」（1
月8日）と記述されていた。同じ年度の「青組」の日誌には、鯉のぼりを作っ
た時に一人でできなかった幼児がいて、「もつと徹底して説明する必要があつ
たと感じた」（5月4日）ことや、「ぬりゑ」をした時に「すいかの白い部分を
残さずに赤くぬった子が多かった。もつとよく強調すればよかつた」（7月12
日）、鳶を作った時に切り込みが難しく逆に切る幼児も多く「画のかき方が悪
かった為めもあると後から反省して思った」（2月9日）という記述がみられ
れ、指導方法の反省をしている。「お話は大変よろこんで、終りまで静かにき
いてゐた。度々子供の要求した時は話してきかせる事は必要な事だと思った」
（9月29日）、自動車、汽車を描いてやった時に「センセイジョウズヤナー」と
言われて「何だかこちらが恥づかしくなる様」（5月22日）という記述もあっ
た。1940年度の「受付会集日誌」には、よいことをしたのでほめたことや無事
でよかったこと等記されている。日曜日の間に伸びた朝顔をみて「こちらから
云ひ出す前に『先生お水かてけやろ』とさつさつとかけてくれるのはほんとに
うれしい光景だつた」（6月10日）、園児が「紐を輪にして女の子の首を引かけ
てゐたので取り上げる」「油断の出来ない子、悪事に智慧の働く子だとおそろ
しい」（6月14日）という記述や、神様への礼に関わって、丁寧にし直す幼児
がいて「ほめてもらふ為めだったと思ふが」「観念がはっきり出来た事は確か
な様で、うれしく思った」（2月10日）とある。

　できて嬉しかったことや、困ったことは、庄原幼稚園の1940年度の日誌にも記されていた。「会集はとてもよく出来て嬉しい」（7月11日）という記述もあれば、反対に「摺紙をちつともしないのに困つた　一人づゝ呼んでよく話して折らせた」（7月17日）、「桃組の子話し中飛び出して困まる　表を作り良い子に○印出来ない子には△印をつけることにした」（9月3日）、「外での遊戯は余り感心出来なかつた」（9月14日）という記述もある。南山幼稚園では、慣れてきたり上手にできたりして嬉しいという記述や、雨のため外で遊べなくてかわいそうという記述がみられた。1940年度には、「園訓も相当に揃って言へる様に内容も頭にしみ込んで来てゐて嬉しい」（6月24日）、1941年度には、遊戯はできても「観る方が出来ない子供が多く」（12月13日）困るとある。そのほかの内容として、1939年度に、「小学校の睡蓮の花を幼稚園の子供がとった」と言われた時のことが書かれている。「見た方」「御花の色」とだんだん範囲を狭めて花を摘んだ園児がわかる。「とつた事は悪いけど本当の事話した事はほめてやる」「其の動起、又、其様子をよくしれたらと思ふ。学校の先生もそれを見つけた時どんな態度をおとりになつたか、をしり度い」「とつた驚きで子供に対する処置等御考へになつて下さらなかつたのかしら」（7月17日）とある。保護者に関わっては、1940年度に「朝の御挨拶の事について或幼児付添より投書あり　投書人は判明す。故意にそんな事する様な職員はないのだけれど何らかしてうつかりしてゐた時にぶつかつたのだらう」「昨年度はあんなに感謝してゐたのに」（6月29日）と、記述している。

　小川幼稚園では、1938年度に、新しい園舎の「水洗便所の寸法の間違ひ」で30cm 高く「運動場の真中に高く突出て見苦し　困つたものだ」（11月19日）、縄飛びをさせ「皆んな上手になつた　よい運動であると思ふ」（2月9日）等の記述がなされていた。1939年度には記述が少なくて、弁当の初日に「中々骨が折れた」（5月1日）、「木蔭少く困る事多し」（6月19日）くらいである。1940年度には、雨の日に保育が困難だったことや、泣く幼児がなくてよかったこと、カルタができあがって嬉しかったことが記されていた。七夕祭りの用意

では「嬉しい忙がしさ」（7月3日）と記している。カルタに関しては、1942
年度にも、「各自のカルタをとりました。皆大よろびで、上手にとるのに吃驚
しました」（12月18日）と書かれていた。小倉幼稚園ではラジオ放送に出演し
ていて、その放送の日に「途中警報にて二度中断され残念だった」（1939年10
月28日）、「ラヂヲノコショウで折角の録音放送一寸もきこゑず　残念至極也」
（1942年9月12日）と、記述されている。

　園長が日誌を書いていた江戸川双葉幼稚園では、1941年11月の開園後、「フ
レーベル式に理想的にやって行きたい」（12月10日）と、抱負が記されてい
た。この年度には「ラヂオが遊戯室に入りうれしい」（1月20日）、「黒板が寄
付されてうれしい」（2月23日）というように、設備が整っていく喜びが記さ
れていた。1942年度には、幼児達の様子は時々記されているが、「思い」はほ
とんど記入されていない。「科学的に二学期は導いて行きたい」（8月29日）、
「実習生の責任のないのに、あきれるし、腹が立つ」（1月29日）くらいである。

　刈谷幼稚園では、1942年度に「厳寒ヲモノトセズ登園スル強イ子　心身共健
全ハ国民ニナレ、ト祈ル」（2月2日）という記述がなされている。

　ぽっぽ園では、様々な思いが記されていた。1938年度には「小さな事もほめ
てやると大曽よろこぶ。叱るよりもほめてやる事を多くしてやり度く思ふ」
（12月6日）、「あまりつめたくて」「ぢれて泣く子が多い　叱らずにと思ひなが
らも大きな声になつて　申し訳なく一日を過す」（12月12日）、「午後より神柱
神社へ」「旗を持たして参拝に行く　知っている子供達がついて来て四十人以
上に」「明日も何卒沢山で皇太子様の御生れ遊ばした佳き日を御祝ひ申上げ度
く心から子供達が元気である様と祈る」（12月22日）と記述されていた。「棚の
中に思ひ掛けもなく手工紙が入つていてこちらが嬉しくなつて」（1月19日）
と、材料を工面してもらえたことの喜びが書かれていた。「議員選挙に付き心
得を紙芝居でよくわかる様に本堂でお話下さる。でも園児にはむずかしいと思
ふ」（3月27日）、方面委員「御案内で視察」の時「ピックニック帰りで子供達
大そうつかれて、節角の事にと心残りに思ふ」（3月31日）と、記述は多岐に

わたる。1939年度には、「三市の方面委員の方が見え」「ラヂオ体操をさした
皆良くしたので」「嬉しかつた」（6月10日）、「新遊戯教授割合によく覚えした
めうれし」（10月23日）、「寸時も静止してゐない子等のあそびの一つに気をつ
ける悪いことをしない限り健全な子供をよろこんでやりたい」（10月24日）、
「皆が自発的にやる何となくうれしい」「新しい遊戯をどんどん仕込みたい」
「精神的にも肉体的にも正しい健全な人間に育て上げたい。それには又大した
忍耐も勇気も必要であろう愛児の成長のため手を組んで努力したい」（10月25
日）、「他の子供を泣かせる」ことに対して「何の為にカンカン怒つてゐるのか
分らぬやうな叱り方」をしてしまい「今少し落ついてやるべきであった」「恥
かしくなってし了つた」（10月31日）、「神柱神社へあそび」に行った時「子供
は神様へも手を合せてなむあみだ仏といつたとか」「自然と頭をたれる其心
よ。可愛ゆくてならぬ」（11月16日）と、嬉しかったことや反省等が記述され
ている。

　1941年度には、紙芝居を読んだ時に「こんな下手な先生でも子供は、行儀よ
く聞いてくれる事はうれしい」（6月5日）、仲良く夢中で遊んでいて「手技を
始めるのが惜しい位」（9月12日）、「御飯こぼす子供も少なく気持良くなった」
（11月11日）、学校の学芸会を観に連れて行った時に「思つたより行儀良かつて
ほつとした」（3月6日）こと等が記されていた。出席人数が少なくて張り合
いがないこと、遊戯をしなくて困ったことや、駄々をこねて困ったという記述
もみられた。「子供の一人一人を大切に併し又一人の保育児の為に全体を忘れ
ぬ様、保育予定案の作成を急ぎませう」（6月17日）、「フレーベル精神を以て
大いに、元気でやりませう」（6月25日）、「鉄棒が高過」「もう少し下げられた
ら子供は喜ぶだらうと思ふ」（7月21日）という記述もなされていた。1942年
度は少なくて、「遊戯唱歌独唱、返事の練習皆な熱心で日増しに幾分か上手に
なる様で嬉しい」（2月20日）くらいである。

　戦争に関わっての記述は、この時期にはまだ多くない。ぽっぽ園では、1938
年度に神社に参拝し「百有柱の御国の為に、さ、げま志し御たましい帰り給

ふ。この方達の御かげ様で我々は平和な生活が出来ると思ふと本当に一生懸命子供達を守つてやらなくちやとひしひしと考へられる」（2月28日）と、記されていた。1939年度に「銃後後援強化週間」で「おさなながらも銃後の大切な務として十ぶんこの趣旨に添はしめたく指導す」（10月4日）とある。1941年度には、第1回の「大詔奉戴日」に「身心トモニ張切ツテ大東亜建設ノ一助ヲ負ヒテ頂ク事至幸ニ存シマス」（1月8日）と記されていた。

龍野幼稚園では、1940年度に「男の子は元気にお庭で刀や鉄砲」「如何にも戦時下の子供らしい気分が出てゐた様に思った」（3月17日）という記述がなされていた。保育に関してではないが、1941年度に、本荘幼稚園では12月8日に「一億国民一致団結してこの国難をのりきる事を誓ふ」、10日には「何処へ行つても我軍に勝利あり。日本帝国の意気を見よ、海国日本の名は高い」と、小倉幼稚園では、「難攻不落をほこつてゐた英国の牙城シンガポールは陸海の精鋭によりわずか七日間の総攻撃により」「陥落す　唯涙を以って感謝す」（2月16日）と記されていた。

各園の記念誌にも、当時保育者であった人の思いが語られている。

1938年8月から豊浦幼稚園に在職した人は、園舎はできたが花壇がないので、作ったという。「芋の茎を指して大きい芋が出来た時の幼児達の驚き、オヤツの時間に皆で食べた芋の美味しさ。良い保育が出来た喜び一杯」で、それは校長が朝の散歩で落ちている馬糞・牛糞を拾い花壇畑に入れてくれたおかげであったという[36]。1942年ごろに仁王幼稚園に在職した人は、「戦時色がこくなって来た当時の保育内容の一つで思い出したくないのはリズム遊戯の中に『敵のひこうきがきたからからだを地面に低くふせて』の姿勢があった事です。こども達は嬉々として動作をしていましたが，時代でいたしかたがなかった事でしたけれども，これからの時代は決してこのようなことのないほんとうの世界の平和を祈りたい気持ち」と述べている[37]。

第6節　子ども達の思い出

　1938年度の卒業生・卒園生（以下、卒業生とする）は、どのような思い出を
記しているのであろうか。うじな保育園（当時、宇品学園、広島県）の卒業生
は、末っ子で「我儘一杯であった私の社会に踏み出した第一歩は大変であっ
た。往復約20分の通園の大半は母の背中」で、「馴れてからは図にのりすぎた
感」があり、女子のボールを奪って返さず叱られたことや、教室でしゃべり過
ぎて友人と共に学園を追い出され途方にくれたこと、「学芸会の練習でハシャ
イで居り、顔をステージにぶつけて怪我をし」たこと等、「随分とお世話になっ
た事をはっきりと思い出す」という[38]。栴檀保育園（当時、幼稚園、愛知
県）の卒業生は、「当時の教室といえば本堂の中にあったと思う。雨の日など
は本堂の仏様の台の上に乗ったり、倒したりして、先生に叱られた事」「隣り
の小さな丘の上にある社と、南側にある社にわかれて鬼ごっこなどした」「両
方の社の中間が、笹のしげみになっており、その中をはって行ったり、ころが
っていったりしたので、服が破れたり、くつ下が破れたりして、家に帰ると母
親によく叱られた」という[39]。

　南博幼稚園（福岡県）の卒業生は、「世の中は第二次大戦の始まる前、すで
に中国では始まっておりましたのにあの園の中で静かに神様のお話を聞きなが
ら幼少の頃を過ごせた事」を感謝しているという。「弁当のあとの昼寝は大の
にがて。聖書の暗誦は一番短い『神は愛なり』を憶えている」という卒業生も
いる[40]。

　愛真幼稚園（鳥取県）の卒業生は、「木々に囲まれた園庭木蔭で、ブランコ
を漕いだり、砂場で友達と遊んだ楽しい思い出」「特に『キンダーブック』は
武井武雄の絵がきれいで面白く、本を手にするだけでうれしかった」「遊戯室
の壁に幼子に囲まれたイエス様の聖画が掛かっていたこと、一般家庭にはない
ような大きな積み木で遊んだこと、優雅なひな祭りや、バザーの折のロバが珍

しかったこと」を記している[41]。

　ランバス記念幼稚園（兵庫県）の卒業生は、園へ行くのが楽しく「通園時の柳行李で出来たバスケットを、窓下の作り棚にボールのように放り込んだりして、毎日わいわい騒いで」いて、「教室の前の広い部屋で遊戯や、取っ組み合いをし」たことや、「クリスマスにはキリスト様の降誕祭の劇に出してもらって、博士の役で贈物を捧げた」ことを記している。先生に引率され神戸孤児院を訪問したことがあり、「部屋では、机や椅子があって子供たちが待っているものと思っていましたが、部屋の中には数台の子供用ベットが並んでおり、自分たちと同じ年頃の子供たちが弱々しい面持ちでベットの上に座っているのを見て、子供心にも胸が締め付けられて、その時はとても悲しかったです。それでも、私たちからの贈り物を貰った子供たちは、皆とても嬉しそうな顔になりました。それを見て私たちも嬉しく思いました」「この世の中には不幸せな人々がたくさんいることをこの時初めて知りました。そして、人には優しくしなければならないことを幼心にも知ることが出来ました」と述べている[42]。

　1939年度には、梅壇保育園の卒業生は「裏山には笹が繁っていて、その廻りは駆けっこをするのに、ちょうどよい程度のトラックになっていた。ここを一生懸命走り遊んだものだ。ドングリだって沢山あった」という[43]。また、花祭りで甘茶を掛けてお祈りしたことや遊戯もしたことを，思い出として記している。久慈保育園（岩手県）の卒業生は、先生が笑顔で「一人一人の名を呼んで迎えてくれた」こと、ガキ大将で、先生に「木魚みたいにポカポカやられていた」こと、「お昼寝は又楽しい一時で、大きなフトンであったろうか、皆んな足を入れて大きな輪になって、ワイワイさわぎながら寝たもので、おきてからは又又ウレシイおやつの時間でラクガン、饅頭の四半分、特別うまかった」ことを「遠い思い出」として記している[44]。進徳幼稚園（長崎県）の卒業生は、「本堂前の境内で運動会をしたことが鮮明に記憶に残っています」と記している[45]。

　愛真幼稚園の卒業生は、「ベネット先生」について「神様のお話をなさるお

顔をじっと見つめて聞き入り」「感謝祭で『人参、大根、かぶら、々々々』と、歌い乍らお遊戯をして、ステージを下りた時、そっと、頭をなでて下さったこと」や、「あの荘厳な礼拝堂で園児も共に礼拝をまもった時の篤い祈りと、ベネット先生の崇高なお姿が、幼かった私の心に鮮明にやきついて」いるという[46]。

1940年度には、ランバス記念幼稚園の卒業生は「ストーブの上に積み重ねられたみんなのお弁当箱からはご飯のおいしいにおいがして」きたことや、「クリスマスの聖誕劇で私は三人の博士の役」をしたことを記している[47]。進徳幼稚園の卒業生は、「共に遊び名前を呼び合った園児たちすべてが同級生とばかり思い込んでいた」が、写真を「よくみると確かに私達（年長）組と一年下（年中）組の混合での生活だった」と振り返っている[48]。東二番丁幼稚園（宮城県）では、遊戯室で「お部屋から椅子を持って来て、お遊戯」したこと、「おやつはアルミのカップで牛乳をいただいたり、ビスケットは動物の形のものをいただいたような記憶」があること、「お昼はお弁当を持って行」ったこと、「ままごとは朝顔の花を絞ったり、どろんこでおまんじゅうを作ったりして」いて、「草花で色水を作ったりして遊」んだことが語られている[49]。

南博幼稚園の卒業生は、「時々子供達皆で机を外に運び出して、栄養料理（西洋料理）をいただきました。お庭の花壇には白い綿の実がみのっていました」「おそろいの帽子とマントを着たオーケストラの演奏、お昼寝の時間にゆったり流れるトロイメライのメロディ、淡い色で彩色された復活祭のイースターエッグ、青いギンガムの夏服」「お野菜を持ち寄って祝った感謝祭等々」思い出はつきないという[50]。希望幼稚園（愛知県）の卒業生は、節分に鬼の衣装を着けた先生の「ユーモラスの演技は、今でもはっきりと目に浮かんできます」「おたまじゃくしやげんごろうをすくったり、つみ草をしながら30分以上もかけて幼稚園に通った」という[51]。

瀬戸桜保育園（当時、幼稚園、岡山県）に1940年前後に通園した人は、「毎朝朝礼があり、通園の様子を誉めてもらってとても嬉しかった」こと、発表会

で2年以上通園した園児は和服を着られたが、1年だけだったため着られなくて悲しかったが「先生が特別に着物を着せてくれて嬉しかった」こと、3〜4年通園した園児は、踊りが「とても上手だったのを覚えてい」ると記している[52]。この頃の卒業生によると、「当時、幼稚園には行くものと思っていた」「ブランコや滑り台、砂場などの遊び場があった」「保護者による送迎はやはりなく、地元の農家の子どもたちが集団で登下園していた」という[53]。

1940年度に愛光幼稚園（兵庫県）のナースリー・スクールに通っていた人は、「ちょっと薄暗い玄関を入って左側に畳敷きの部屋があり、木製の滑り台が置かれていました。これが私達の保育室でした。滑り台が大好きだった私は毎日喜んで通っていましたが、ある時、段々を登りきった所で、後ろから来た男の子に背中を押され、頭から滑り落ちてしまいました。大泣きしながら先生に付き添われ家に帰ったことがあり、その時の事は今でも覚えて」いるという[54]。

1941・42年度になると、思い出に戦争の影響が出てくるようになるが、まだ少ない。

1941年度には、つぼみ保育園（東京都）の卒業生は、「『大きくなったらあの軍人さんのような立派な人になりなさい』それは卒園式の日、園長先生の隣に座っていた立派なヒゲをたくわえた大将の姿を見て母が言ったことばでした。僕も大きくなったらあのようなヒゲを伸ばした軍人になろうと小さい胸に淡い希望を持った時を想い出します」と綴っている[55]。川内隣保館保育園（当時、幼稚園、鹿児島県）の卒業生は、「太平座でのお遊戯発表会」の記憶を記しているが、衣装を着けての劇や踊りであったようで、会場を借りての行事がまだ行えたことがわかる[56]。栴檀保育園の卒業生は、「可愛い赤ちゃんの泣き声がするというので、赤ちゃんを見に行っては園長先生に叱られ、逃げて帰ったこと」「遊具は、すべり台、ブランコ、遊動円木くらい」であったが「園の西に白山社があり」その前の笹山で「竹の子を取ったり、笹の中を走り廻ったりし、楽しく遊んだこと」をはじめ、楽しかった思い出が数多くあるという[57]。

相愛幼稚園（京都府）の卒業生は、「たまたま母が私を幼稚園に連れていく

と、私が木の玉の穴に糸を通す遊びに熱中したことから、私も何とか幼稚園で
やっていけそうだということで、すぐに入園」して、年の順の下から赤・黄・
青組の赤組で、「青組の姉に手を引かれて通園」したという。「讃美歌は勿論で
すが、昼寝の時間には、シューベルトの子守歌を先生方に歌っていただきまし
たし、お遊びの時にピアノで弾いていただいたのは、ハイドンの交響曲94番
"驚愕" でした」「和音の訓練もありました」と思い出を記している[58]。南博幼
稚園の卒業生は、「チャイコフスキーのアンダンテカンタービレの旋律を耳に
した途端に何ともいえない穏やかな空気に包まれ眠りに誘われ」るのはこの曲
で昼寝をしたからで、「折りたたみ式のハンモックの中で眠り過ぎて一人ポツ
ンと残っていることも度々」であったという[59]。愛真幼稚園の卒業生は、「昭
和16年といえば、太平洋戦争が勃発した年です。でも、その頃は、戦時色がそ
れほど濃くもなく、平穏な日常が続いて」いたという[60]。

　若葉保育園（埼玉県）の園長は、1940年から1943年3月まで通園している。
園舎は中二階建てで、中二階は天井が低く保育室として使用できず、一階のオ
ープンフロアに数十人の縦割り合同保育であったという。土足を脱いで上がる
と、「廊下状の床になっていて、3、40センチほどの段差の上の床面で、遊戯
をしたり、歌を歌ったりして」いて、「先生方のしつけは厳しく怒られるので
はなく、よく叱られ」たという。「わーたしは良い子」と始まる歌や、帰りに
は「これでおしまーい」で始まる歌も歌っていた。手作り弁当を持って、「遠
くから徒歩で、自転車の荷掛けに乗って、また、リヤカーに近所の通園児が乗
り合わせて」通園していた[61]。

　1942年度には、栴壇保育園の卒業生は、「16人という少人数」で、「広い教室
で先生やみんなと輪になって、うたったり、踊ったりしたことが、なつかしく
思い出され」るという[62]。相愛幼稚園の卒業生は、3年保育で母から離れられ
ず、「母子通園が続くうちに、私よりも付添いの母の方が熱心な園児ならぬ園
母となり、結局幼稚園のお手伝いをさせて頂きながらとうとう三年間一緒に通
い、揃って卒業するという珍しいことになってしまった」ことや、「音感教

育に力を入れていて、よく和音の聴音や、器楽演奏の時間があった。私はこの器楽演奏の小太鼓が好きで、なかでも『海ゆかば』の連打は十八番、この時ばかりは母の袂から離れ、ひとりで堂々と（？）叩いたのを憶えている。確かあれは卒園をま近にしての演奏会だったと思う」ことを記している。そして、「リズムの区切りやアクセントによって歌詞の意味など関係なく、わけも判らず歌っていることが多」く、「海ゆかば」を「河馬」の歌だと思っていたという[63]。

城陽幼稚園（兵庫県）の卒業生は、「学校まで遠かった事、みんな色々な服装をしていた事で、洋服の者、和服の者、毛糸類を含め手製のもの、大きな白い前掛け等、履物にしても革靴をはいていた者、草履、下駄をはいていた者等、まちまちであった」ことを覚えているという。幼稚園での思い出は少ないが、「確か学芸会で『母さんお肩をたたきましょう。』をして肩をたたいた事。担任が金原先生であった事、上級生とばかり遊んだ事、よく道草をした事の外はあまり記憶がない」という[64]。愛真幼稚園の卒業生は、「腕白坊主だった僕は幼稚園でも毎日元気よくあばれまわっていたが，或る日勢いあまって転んで部屋の隅っこのスチームに頭をぶつけた。血がにじんでいつになく泣きべそをかく僕の回りをぐるりと園友共がとり囲」み、傷は大したことはなかったが先生に抱かれてはやびきしたこと、「そのスチームも戦時中の事で使われていなかったような気がする」と記している。「冬になるとホールに大きなストーブがもえて，昼にはお弁当を代る代るその上に並べて暖めて貰った。自分の席へ持って帰る途中落してひっくり返す子もいて大騒ぎだった」という[65]。

南博幼稚園の卒業生は、「六角型の園舎、大きな積木、家を作るとその中に入ったり出たりして遊べるのがめずらしい積木、おひる寝の前に肝油を口に入れてもらえる。これらが鮮明に記憶に残っている幼稚園！」と記している[66]。本町幼稚園（東京都）の卒業生は、「折紙をした記憶はあります。やはり時代でしょうか、飛行機ばかり折っていました」「クリスマスの時にサンタクロースをやりましたが、おみやげを持って来るのではなくて、からの袋を持って来

て、生徒達が作った慰問袋を逆にもらって帰った記憶があります」と述べている[67]。

　思い出は様々であるが、早緑幼稚園（福岡県）の1941年度の卒業生が「友達と楽しく遊んだことだけ思いだします」[68]というように楽しく遊んだことや、遊戯会・学芸会等の行事に関すること、先生に関することが多いようである。

第7節　保育者の研究・研修等

　保育者の研究・研修に関しての記録が残されていた園は半数以上あったものの、詳細な内容までわかるものはわずかだった。

　1938〜1942年度の**講習会**で最も多かったのは遊戯講習会で、常葉幼稚園では毎年遊戯講習会に出席していたとの記録がある。遊戯講習会の記録の主なものをあげる。1938年度には、常葉幼稚園では「春日校に桧健次氏遊戯講習」（1月23日）、番町幼稚園では、東京市保育会主催の遊戯の講習会に出席し、南山幼稚園では、「今川幼稚園にて石井小浪氏の遊戯講習をうく」（6月15日）との記録がある。1939年度には、小川幼稚園では「大阪戸倉先生遊戯講習会へ出席」（7月20日）している。1940年度には、本荘幼稚園では「例年の通り附ぞくで幼稚園お遊ぎの講習」（9月28日）、堅磐信誠幼稚園は、月見幼稚園、旭幼稚園、白川小学校での遊戯講習会に出席している。1941年度には、刈谷幼稚園、常葉幼稚園、代陽幼稚園、南山幼稚園に遊戯講習会に関するものがあり、1942年度には、代陽幼稚園の「熊本市女子附属師範学校講堂に於て、音楽遊戯講習会に出席」（8月6日）、南山幼稚園の「運動会用遊戯を習得のため出る」（9月11日）、常葉幼稚園の「翔鸞校に於て久保氏の遊戯講習」（9月8日）「桧梅子氏の遊戯の講習」（1月30日）の記録があった。

　当時、学校で熱心に取り組まれていた音感教育が幼稚園でも行われており、音感教育講習に関する記録も多くみられた。1938年度には常葉幼稚園では「明倫幼稚園に於て和音感教育講習会あり　保姆出席」（12月3日）とあり、1940

年度には、堅磐信誠幼稚園では「白川小学校へ音楽講習会」「音感教育及び遊
戯講習会に旭幼稚園へ」（２月22日）に合わせて５名出席、「旭幼稚園に於て、
音感教育、遊戯の講習」（３月８日）とあった。1941年度には、犬山幼稚園で
は「女子師範へ音感教育講習に出張　休園」（12月19日）、新城幼稚園では、２
名が「音感教育講習会出席ノタメ名古屋市女子師範学校へ」（12月19日）、刈谷
幼稚園でも「音感教育講習会」（12月19日）に２名が参加しており、同じ講習
に参加していたことがわかる。小倉幼稚園では、「於市立幼稚園　講師　北山
先生　小倉支部会主催　音感保育実際指導講習会　前日三日間の理論により又
今日の実際により北九州一円に多大の反響を呼び多数の受講者あり」（８月４
日）という記録があり、この講習会の後６日まで講習があった。1942年度に
は、南山幼稚園では「五区　音感講習会の為　午前中にて　お帰りする」（４
月21日）、「四谷にて、中野視学の音感についての講習」（10月27日）に３名が
出席し、小倉幼稚園では、「本夕の汽車にて園長、松田保姆音感保育講習会出
席」（11月20日）、25日に「帰らる」とあり、大阪へ出張していたことがわかる。

　音感教育以外にも、講習内容に戦争の影響が表れているものに、1938・39年
度には、常葉幼稚園では「銃後婦人講習会」、「銃後講習会」、1942年度には、
犬山幼稚園では「慰問袋講習会出席の為女学校へ」（７月３日）、新城幼稚園で
は、幼児退園後に「新城町婦人会主催ニナル『足袋ノ作リ方講習会』ニ全保姆
出席ス」（１月19日）、小倉幼稚園では「日婦主催の百道に於ける練成講習会に
園長先生出席の為め出福なさる」「三日間」（１月19日）との記録がある。

　遊戯、音感教育以外の保育の内容に関する講習は、他には、唱歌、音楽、手
技、紙芝居、絵画、体操、水泳、舞踊、言葉、植物、採集、幼児文化等があっ
た。1941年度には、小倉幼稚園では「於戸畑浅生国民学校　北九州保育会講習
会」（７月26・27日）の後、29日に「講習会手技を復習する」と「保姆」が講
習内容の復習を行っていたことがわかる。

　その他にも、1938年度には、小川幼稚園では「ラヂオ体操講習会」（５月28
日）、代陽幼稚園では「熊本家庭指導講習会出張」（11月29日）の記録があり、

1939年度には、常葉幼稚園では「古事記講習」（2月9日）、新城幼稚園では「学校衛生講習会」（2月22日）、1940年度には、堅磐信誠幼稚園では「女子師範へ漫画の講習に行く」（11月30日）、1941年度には、新城幼稚園では「早蕨幼稚園長久留島武彦先生の幼児の取扱と話方の講習会に出席の為保姆全員」「豊橋幼稚園へ」（1941年6月7日）といった講習の記録もある。

　いくつかの園では農繁期託児所の講習会についての記録もみられる。1938年度には、勝川幼稚園では「託児所講習会」「講習者は八〇人ばかり」「歌の練習」「手技一時間。お遊戯一時間半」（6月4日）と記録されていた。新城幼稚園では、1939年度には、「農繁期保育所保姆講習会」「出席」（5月20日）、1940年度には、千郷小学校へ「季節保育所施設講習会」（5月15日）で2名の保姆が出張し、翌日は別な2名が「講習会ニ出張」した。1941年度には、「保姆東郷西国民学校ニ於ケル農繁期託児所講習会ニ出席」（6月10日）、1942年度には、2名が「農繁期託児所保姆養成講習会講師として作手村農林学校へ」（5月16日）とあり、翌日も講師を務めた。佐倉幼稚園では、1940年度に、「県社会事業主事補」が「託児所講習会打合セノタメ来園」（5月16日）している。「託児所関係者講習会」（5月27・28日）では、講習の講師を務めたということだと思われる。翌年も同様であった。1942年には、「県主催農繁期季節保育所従事者指導講習会」（5月5日）、「講習会第二日目」「本日モ早帰シ」（5月6日）と記されている。

　次に、**研究会**についての記録をみていく。

　1938年度には、番町幼稚園では7月に「東京市保育会研究発表会」に出席、12月には「共同参観」で、保育をした後に批評会が行なわれている。小川幼稚園では、10月に「第一回遊戯研究会」、12月には「幼稚園の正しき遊戯と其の指導の研究会　講師　矢島学校女史」（12月3日）の記録がある。遊戯研究会は翌年にも開かれている。1939年度には、月見幼稚園では、12月3日に「三原保育研究会」に参加して「オ話（猿蟹）」「手技（柿ノ切張り）」「遊戯（主トシテ嘘萬才）」「中食」「パン外菓子果物」「批評会」があった。西尾幼稚園では、

「職員精神作興会」がほぼ毎月開催され、10月2日には、この会の終了後に「研究発表会」が行われている。倉敷幼稚園では、「低学年幼稚園連絡研究会」（7月8日）の記録がある。小倉幼稚園は、北九州保育会の幹事会出席や、北九州保育会小倉支部会の発会（1939年度）の記録があり、1940年度には、「小倉支部　第一回総合保育講習会」（8月19・20日）が行われている。常葉幼稚園は、仏教の園ということもあり、1938年度以降年間数回の「仏教保育協会例会」や、宗派別の「派内幼稚園協会例会」へ出席という記録がみられた。

　1940年度には、堅磐信誠幼稚園では「市保育会の養護研究会」（6月13日）に出席していて、幼稚園でも養護が課題としてがとりあげられていたことがわかる。1941年度には、代陽幼稚園では「熊本女子師範附属幼稚園鳥居先生を迎え第一回保育研究会開かる」（2月20日）との記録があり、翌年度にも保育研究会が開かれている。南山幼稚園では、「五区談話研究会を開催」（11月26日）、「本郷第一にて研究委員会あり研究会開催につき御協議をなす」（1月23日）、「永田町幼稚園に第二回保育研究会発表会ありたる為全員出席す。午後六時までかゝる。映画『或る保姆の記』あり」（3月14日）とある。

　公立の小倉幼稚園、小川幼稚園、代陽幼稚園には、**教育会**出席の記録が残されていた。小倉幼稚園の1938年度には、「教育会総会　堺町小学校ニ於テ一時半ヨリ開催大変盛会デアッタ」（5月14日）、1939年度には「午後二時教育会春季総会に全員出席、会場堺町校講堂」（6月2日）、「教育会へ全員出席、会場中島校　講師　西田天香氏」（11月4日）、「一時から開催の小倉市教育会に五人揃って出席する」（12月9日）、1940年度には「教育会総会　米町校に於『困学』東京帝大平泉澄先生」（9月4日）、「米町校にて教育会　生長の家の矢野先生」「『本当の教育』の講演」（11月1日）、1941年度には「午后二時より於堺町校で教育春季総会に全員出席」（5月23日）、「堺町校に於ける教育会の秋季総会」（11月17日）、1942年度には「園長　教育会委員会出席　午后二時」（7月6日）、「午后教育会出席（堺町国民学校）」（12月9日）とある。小川幼稚園の1938年度には、「京都市教育会総会出席」（5月7日）、1939年度には、

「市教育会（堀川高女）あり　出席」（11月4日）とある。代陽幼稚園の1939年度には、「八代郡教育総会」（6月17日）と記されている。

　講演会の講師名やタイトルがわかったものをあげる。1938年度には、高梁幼稚園では「母性愛及女子の覚悟　講演会　順正高等女学校　一同出席」（6月25日）、小川幼稚園では、「小原国芳氏の講演を聞く」（10月26日）、西尾幼稚園では、横須賀小学校の校長による「小学校に於て　満州より帰りての講演」（12月16日）とある。1941年度には、堅磐信誠幼稚園では「午後一時より私立幼稚園連盟の講演会あり　講師　杉美先生　出席者　約三十五名」（4月26日）、「后より四名で旭幼稚園へ高崎先生の講演会に出席」（3月11日）とある。1942年度には、新城幼稚園では「『九軍神ヲ訪ネテ』世田ヶ谷幼稚園長小池先生」（9月9日）、「奥村少将ノ米英撃滅大講演会ヲ聴ク」（12月18日）、「豊橋区裁判所検事ノ『不良少年ト母ノ責任』ノ講演ヲキク」（1月21日）とあった。

第8節　保護者会・後援会等

　名称は、「母の会」や「保護者会」、「父兄の会」等園によって異なり、保護者が様々な手伝いをしたり、講習会や講演会を開催したりしていた。

　高梁幼稚園では、保護者会として「ふたば会」があったことがわかるのみであった。江戸川双葉幼稚園でも、母の会があったことがわかるのみである。

　本荘幼稚園では「母会」と呼ばれ、1938〜1941年度にその記録が残されていた。新年会や、保育者の送別や新任の歓迎をかねて行ったり、「子供達について」の話をしていた。

　西尾幼稚園では、1938年度に「母姉会」の記録があり、保育参観、懇談と「小池先生の講演」（6月20日）が開かれた。

　初雁幼稚園にも「母ノ会」があり、1938年度には「皇軍慰問として手編の靴下を陸軍省に送り」、その感謝状を受けに「主任母ノ会代表」が川越市役所に行っている（7月20日）。「七月選挙以来、初めての役員会」（10月20日）では

「自由に懇談」し、「芋掘り遠足」や「休息時間に毛布の上にかける掛けふとんを造る」ことを相談している。「秋季大遠足会」は「幼稚園及母ノ会」共同で、バス2台に分乗して「新宿競馬場」へ行き「前の芋畑に入り」芋掘りをしている。食後の休息後、「前の芝地」で運動会をしていた（10月25日）。2月の役員会では「母ノ会主催公開的の講演会を開催すること」「卒業生の記念寄附につき母ノ会が発起となって為す」ことを相談していた（6日）。

　小川幼稚園では1938年度に保護者会とみられる書道研究会が1月から5回開催されたり、「園外保育下調べ　保護者会幹事と」1名の保姆が出かけ（2月14日）、園外保育の当日にも保護者会幹事が付き添っている。1939年度には「小川婦人会総会」が1月に開かれ保育者も全員出席している。

　青藍幼稚園では「保護者会」が1939年度の5月、7月、12月に開催され、「午後一時より成道会並に保護者会開催す」（12月8日）とあり、盛会であった様子である。

　1939年度には、倉敷幼稚園では「双葉会」という母の会で遊戯会が開かれており、「双葉会総会　遊戯会　講演講習会　懇談会」（6月7日）、前日には「明日母の会遊戯会の楽しみを話した」という記録があった。月見幼稚園では「誕生会」の日に「母親講座」で「子供ノ心理学ニツイテ」講演、座談会があった（5月26日）。

　代陽幼稚園では、1941年度に後援会が発足し、「八時より第二委員会武徳殿にて開催　この時後援会成立」（7月14日）、「後援会結成式行わる」（10月3日）、「保護者の参観を願ひ『音感保育』の一部を行った」（3月14日）とある。後援会長が度々来園していた記録が残っている。1942年度にも、後援会委員会や総会が開かれている。婦人会幹部会の記録もある。

　以下では、詳しい記録があった5園について述べる。

　堅磐信誠幼稚園では、1940年度以降「母の会」と「後援会」に関する記録が毎月のように残されている。それぞれの役員会や、母の会の例会、総会、講習会、新会員歓迎会、慰問袋製作等が行われていた。例会は毎月行われており、

1941年度の主な記述は、「午後一時半より母会　草間、藤川両先生の御講話、二部、お母様方と共に楽しい一時を持ちました。（色々の遊戯により）出席者約五十名、フルーツポンチ、カルピスの御馳走を頂きました」（4月23日）、「六月母の会　午后一時半より幼稚園に於て開く　国民儀礼、礼拝をなし子供さんの下着の洋裁研究会をなす　出席者、三十名、講師　友の会青年部の方四名」（6月24日）、「昨日に引続き母ノ会をなす　子供の遊び着　出席者　十一名」（6月25日）、「母ノ会（町内の方達も御招きして）講師木村先生、演題・防空について　場所　教会堂　出席者　母の会員十一名、保姆五名、町内の人三十五名、計五十二名」（9月25日）、「午一時より母ノ会（教会婦人会合同）を開く　洗濯講習会、講師　吉田渉先生、約二十名」（12月4日）、「クリスマス祝祭」「園児一同、母の会の方々と　決戦下、恵まれたクリスマスを御祝ひする。御母様方の出席者　約　六十名」（12月20日）、「母の会新年会　午后一時半より藤川先生の御話　余興をなし、幹事の方々の御苦心の御ぜんざいを大喜びで頂く　出席者　十三名　保姆五名　計十八名」（1月16日）とある。1942年度には「母の会総会」を1時より開き「新役員を定める」、続けて「第一部において母の会改則などを会長よりお話しあり書記、会計より報告をなした。第二部にて役員の方々の御馳走を頂きゲームを楽しく嬉しくなす。旧役員方と藤川先生より美味なる御馳走にあずかる。十六時に会を閉ず　出席者数三十二名　先生　六名」（10月7日）や、「十一月の母の会を十時より開く（藤川先生二十五ヶ年勤続により関西連合保育会より表彰遊ばされましたのにつき母の会に於いて藤川先生謝恩の会を母の会によつて開く。第一部　藤川先生謝恩会（教会に於いて）第二部　幼稚園において食事をなす。出席者　四十九名　午后三時に終る」（11月10日）といったようにその様子がわかる。また、慰問袋製作準備を母の会の役員が行い、「閉園後、母の会役員」（3名）と共に「慰問袋を作成」（12月1日）している。1月の母の会では、「高橋先生のお話し"日本婦人の香"後高橋、近藤先生の歓送迎会を持ち」（1月26日）とある。

　常葉幼稚園では、「育萠会」と母の会は呼ばれ、東福寺へのハイキングや親

子の体育会を主催したり、料理講習会、出征軍人遺族慰安会等を開いている。また、これ以外に、「花まつり」や「成道会」を兼ねて母の会を行っていた。1938年度には「育萠会主催のもとに出征将士武運長久祈願祭を平安神宮に於て行ふ」（9月21日）、「育萠会・普茶料理講習会」（12月18日）とあり、1939年度には「栄養料理講習会」（6月26日）、「黒豆葡萄酒の作り方」（9月18日）、「ハイキング東福寺」（10月27日）、「出征軍人遺家族慰安会」（3月9日）、1940年度には「洗濯の講習」（6月18日）もあった。1942年度には「育萠会の事業として」「肝油1顆ずつ補給することとせり」（2月2日）と記録されていた。行事を兼ねて行われた母の会のうち、1940年12月7日の成道会を兼ねた母の会の一例をあげる。「本日午后一時より成道会を兼ねて母の会を行ふ　礼拝　仏の

始めの言葉	
赤い紅葉	赤組
達磨さん	赤組
兵隊さんありがたう	赤組
南京玉	赤組
仲良しこよし	緑組
みんなとネンネ	緑組
葉々の勲章	緑組
偉いわね軍用犬	緑組
唱歌　お客様　木の葉	緑組
電車と汽車	緑組
赤い帽子白い帽子	緑組
唱歌　お手々をついて	緑組
風に葉々	黄組
御仕度愉快	黄組
仔熊のお角力	黄組
動物園のお昼過ぎ	黄組
電気がついたら	黄組
早起雀	黄組
お話	黄組

俵はごろごろ	白組
猿蟹	白組
唱歌　紀元二千六百年	白組
御国の子供	白組
かなりや	白組
乗物遊び	白組
林檎のひとりごと	白組
お母ちゃん見てよ	青組
白衣の兵隊さん	青組
ないしよ話	青組
興亜行進曲	青組
恩徳讃	青組
のぞき眼鏡	青組
皇太子様	青組
園児一同にグリコ及び武田長兵衛寄贈のおみやげ袋を与ふ	青組
保護者出席	九十九名

子 お話 成道会の歌園長あいさつ」の後、前項のようなプログラムで園児が遊戯等を披露した。（園児名は省略し、組名は全部記入した。）

小倉幼稚園は、1938〜1942年度の毎年、「後援会」の例会、総会、講演会、幹事会の記録があり、1939年度の後援会総会は、「一、開会ノ辞（園長） 二、東方遥拝 三、君が代 四、新会長挨拶、役員改選、五、常任幹事後援会規約 六、講演（末岡先生） 閉会ノ辞 本年度会長岡本清香氏 到津遊園地に手技品を出品する 会期五月一日より七日迄 最終日午後一時より講演会ノ後総会。又この日会員全部見学のこと」（4月20日）とある。幹事会は、「午后一時幹事集会、アヅマヤにて撮影、直ちに幼稚園出発 北方園芸学校参観に趣く。街を離れて花園の美くしさ温室の熱帯植物の珍らしさに見とれつ、一巡、生徒さんの手製のカルミン、ヘチマコロン、椿油をお土産に買つて散会。有意義な見学で皆さんも大へん悦こんで下すった」（6月8日）の記録がある。講演の内容のわかったものをあげると、1938年度には「修養講話」（5月18日）、「敬神講話」（12月7日）、「奉斎殿に関して御講和下さる」（3月4日）とあり、1939年度には「後援会主催第二回修養講演会」（5月12日）、「御親閲の御はなしと子供の躾方について」（6月15日）、1940年度には「日本家族制度の特色」（6月28日）、「東京奉祝式典」（12月10日）、師範学校の先生による「国民学校に対する（後援会の）講演」（2月5日）、1942年度には、「講師 小倉師範附属国民学校訓導」の「国民学校内容と、父兄の心得」（1月22日）とある。様々な講習会も開かれており、1938・39年度には、「支那料理」や日本料理の料理講習会が計6回、1938年度に人形講習会が計8回開催された。1942年度には、「モンペイ講習」（10月7日）が開かれた。「父兄打合会」や「奉仕日」についての記録では、1940年度の「奉仕日」に「展覧会準備の花其の他を作って頂く」（10月8日）とあり、各組の保護者が手伝いをしていた。

南山幼稚園では、「母の会」総会、委員会、遠足、講習、見学、保育者の歓送迎会等が行われていた。総会は毎年5月に開催されている。1941年度には「午後一時半母の会総会開催 出席者五十三名。十五年度決算報告」「事業報

告、十六年度予算に就いて」「事業に就いて」「講演『幼児の疫病と予防及手当
に就いて』」（５月３日）とある。同年の委員会は、「午後一時より母の会委員
会開催（新旧委員親睦会）一、自己紹介　二、理事互選　三、園外保育予定地
四、母の会旅行予定地　五、鈴木先生への記念品の件」（５月10日）と記さ
れ、退職する保姆のお別れ会をしている。遠足の主な記録は、1938年度には、
母の会の「明日の遠足打合せ」（６月11日）に３名の母親が来園し、１人は弁
当係、後の２人は切符係だった。翌日には、「本日母の会旅行にて　自由学園
幼児生徒展覧会を見学し豊島園へいく予定なりしも雨天のため中止。展覧会に
行き度い希望者個人的に見学す。大人子供合計三十二名」とある。1940年度
は、「九時高田馬場集合　母の会遠足を村山貯水池へ行ふ。同勢大人三十二名
小人三十三名」（６月９日）、1941年度は、「母の会遠足、豊島園へ」（６月８
日）とある。講習に関しては、1941年度には、「足袋、運動靴の講習をなす為
講師の方がご来園下さりお打合せをなす」（10月13日）、「母の会講習会開催申
込者三十八名の所二十七名」「午後三時過ぎまでかゝり足袋を講習す」（11月22
日）、1942年度には、「母の会講習の筈なるも防空訓練のためお母様方お出にな
られず中止する」（12月11日）という記録がある。見学は、1939年度には、「午
後一時より母之会見学　放送会館に行く」「二時頃解散」（11月20日）、「午後一
時より放送会館の母の会見学（第二回目）を行」（12月１日）うや、1941年度
には、「午前十時より議事堂へ母の会より五十名参観をなす」「お母様方非常に
およろこびであった」（11月11日）、1942年度には「母の会見学講習　中央卸売
市場へ」（３月８日）とあり、放送会館や議事堂、市場へ行っている。そのほ
かに、1942年度には、「お砂糖付落花生の配給あり　子供達に一袋づゝ分ける」
「母の会予備費より」（９月19日）とあり、母の会の予備費を使い配給を購入し
たことがわかる。

　興望館保育園には、「父母の会記録」が残されていた。それによると、1940
年度には講演会が開かれており、「林歌子女史を迎ひ矯風会向島支部合同にて
講演を開く　純潔・平和・禁酒について」（４月20日）とあった。また、父母

の会役員会や洋裁講習、足袋作り、代用・混合食試食会、新年会が行われた。1941年度には「衛生講話」、役員会、洋裁講習会、廃品の更生法、モンペの講習会、乳幼児母の会が開かれたが、1月24日の新年会は、「時局柄新年会をやめ」という記述があった。1942年度にも役員会や例会での講演（5・11・1月）が行われていた。2月の例会は「講習　玄米の炊方」であった。1940年度にはプログラム等詳細があり、7月の例会の記録には、讃美歌や聖書、「講演『夏の衛生』」が行われている。「時局柄、薬品が不足なのでその代用品を教へていたゞく」として、「湿布は冷温ともにしてみて気持のよいものがよろしい。ホーサンの代用は塩」といったように要点がまとめられていた（7月17日）。10月には、3部制で、1部は礼拝、讃美歌、聖書、お祈り、お話等が行われ、2部は足袋作りで、「有り布を利用して、丈夫な暖かいお手製の足袋作りは時代の要求に合致して、皆一生懸命。講師は初芝さん。仲々熱心。持てるものを分ちあつて、多くの人が進歩する事は本当に有意義の事である　時間の都合で完成しないので次回の日取りを、決めて完成さす事にする」とあった。3部は、代用・混合食試食会が行われ、「卯の花と御飯のまざったお寿司」（卯の花、御飯、人参、いわし）　代用パン（メリケン粉、人参、さつま芋、大根の葉をまぜて蒸したもの）」、出席者は21名であった（10月28日）。

1　教育に関する答申等については、主として文部省『学制百年史（記述編、資料編）』（帝国地方行政学会、1972）及び『幼稚園教育百年史』（ひかりのくに、1979）を参照した。
2　前田一男編『資料　軍人援護教育』、財団法人野間教育研究所、1999、15-16頁。
3　同上書、18頁。
4　文部省『幼稚園教育百年史』、ひかりのくに、1979、964頁。
5　『幼児の教育』第39巻第12号、日本幼稚園協会、1939、61-63頁。
6　『幼児の教育』第40巻第1号、日本幼稚園協会、1940、2-3頁。
7　『幼児の教育』第40巻第7号、日本幼稚園協会、1940、58-59頁。
8　日本保育学会『日本幼児保育史　第四巻』、フレーベル館、1971、224頁。
9　『基督教保育』第46号、基督教保育連盟、1940、13頁（キリスト教保育連盟編『復刻基督教保育　第三巻』、日本らいぶらり、1985）。

10 『幼児の教育』第38巻第1号、日本幼稚園協会、1938，45-69頁。

11 文部省、前掲書4、254頁。

12 同上書、256-258頁。

13 岡山県保育史編集委員会編『岡山県保育史』、フレーベル館、1964、77頁。

14 長野県保育のあゆみ編集委員会編『長野県保育のあゆみ』、長野県保育連盟、1991、199-200頁。

15 同上書、200-202頁。

16 山梨県立女子短期大学幼児教育科山梨県保育研究会『見る山梨県保育史』、山梨ふるさと文庫、1998、50頁。

17 兵庫県保育所連盟編・発行『兵庫県保育所の歩み』、1979、63頁。

18 同上書、79-80頁。

19 同上書、85頁。

20 長野県保育のあゆみ編集委員会、前掲書14、235-236頁。

21 森岡和子『高知県幼児保育史—明治・大正・昭和戦前編—』、高知市民図書館、1986、119頁。

22 同上書、131、139、141頁。

23 『みどり幼稚園創立75年史　みどり』、認定こども園日本基督教団東中通教会附属みどり幼稚園、2016、60頁。

24 同上書、61頁。

25 増穂町誌編集委員会編『増穂町誌　下巻』、増穂町役場、1976、157頁。

26 若竹の園記念誌編集委員会編『若竹の園　75年の保育のあゆみ』、財団法人若竹の園、2000、62頁。

27 長野県保育のあゆみ編集委員会、前掲書14、257頁。

28 兵庫県幼稚園連盟編・発行『兵庫県幼稚園史』、1959、64頁。

29 豊浦幼稚園百年のあゆみ編集委員会編『豊浦幼稚園百年のあゆみ』、豊浦幼稚園百周年記念事業実行委員会、20頁。

30 『八十年のあゆみ』、社会福祉法人めぐみ隣保会めぐみ保育園、2008、39頁。

31 土山雅之・土山麗子編『道程—白道保育園60年のあゆみ—』、社会福祉法人護汝会白道保育園、1999、17〜18頁。

32 『盛岡聖公会付属仁王幼稚園80周年記念誌「銀杏」』、盛岡聖公会付属仁王幼稚園、1988、13頁。

33 京都府社会事業協会『社会時報』第8巻第1号、1938、52頁。

34 めぐみ保育園、前掲書30、56頁、319頁。

35 『きぼう　五十年の歩み　創立50周年記念誌』、学校法人希望学園希望幼稚園、1980、5頁。

36 豊浦幼稚園、前掲書29、20頁。

37 仁王幼稚園、前掲書32。

38 『創立50周年記念誌』、社会福祉法人　喜清会宇品学園、1979、15頁。

39 『60年のあゆみ』、社会福祉法人栴檀福祉会栴檀保育園、1984、19頁。

40 「南博幼稚園84年のあゆみ」を作る会編・発行『南博幼稚園84年のあゆみ』、2002、73頁。

41 学校法人愛真幼稚園　理事長　大前幸正編『愛真幼稚園百年史』、学校法人愛真幼稚

園、2007、180頁。

42 『ランバス記念幼稚園の100年』、日本基督教団神戸平安教会附属ランバス記念幼稚園、2003、40-41頁。

43 栴檀保育園、前掲書39、20頁。

44 記念誌編集委員会編『慈愛〔園舎改築落成・創立50周年記念誌〕』、社会福祉法人久慈保育園、1989、27頁。

45 創立100周年記念実行委員会『創立100周年記念誌』、学校法人教法寺学園進徳幼稚園、2006、22頁。

46 学校法人愛真幼稚園理事長　三上晃編『愛真90年』、学校法人愛真幼稚園、1996、50頁。

47 ランバス記念幼稚園、前掲書42、42頁。

48 進徳幼稚園、前掲書45、23頁。

49 創立130周年記念誌編集委員会編『創立130周年記念誌　あゆみ』、仙台市立東二番丁幼稚園　創立130周年記念事業実行委員会、2009、79頁。

50 南博幼稚園、前掲書40、75頁。

51 希望幼稚園、前掲書35、45頁。

52 創立90周年記念誌編さん委員会編　『小さな笑顔を見つめ続けて　瀬戸桜保育園創立90年』、社会福祉法人桜会瀬戸桜保育園、2013、52頁。

53 同上書、27頁。

54 芦屋聖マルコ教会　百年誌編集委員会編『芦屋聖マルコ教会100年史—群羊百年　ハレルヤ　主とともに行きましょう—』、日本聖公会芦屋聖マルコ教会、2012、287頁。

55 つぼみ保育園創立70周年記念会実行委員会編『すずかけの樹の下で　つぼみ保育園創立70周年記念誌』、社会福祉法人つぼみ会、2002、9頁。

56 『まこと　ひかり　いのち』、川内隣保館保育園五十周年・創立七十周年記念事業、5頁。

57 栴檀保育園、前掲書39、22頁。

58 『九十年のあゆみ—相愛幼稚園創立九十周年記念誌—』、相愛幼稚園園長　平澤義、1984、28-29頁。

59 南博幼稚園、前掲書40、76頁。

60 愛真幼稚園、前掲書41、181頁。

61 若葉保育園70周年記念事業実行委員会　同記念誌編集委員会編『若葉保育園70周年記念誌』、保泉欣嗣、2006、30-31頁。

62 栴檀保育園、前掲書39、23頁。

63 相愛幼稚園、前掲書58、30頁。

64 『創立50周年記念誌』、姫路市立城陽幼稚園、1986、24頁。

65 宗教法人愛真幼稚園内　永田善治編『創立60周年記念誌』、宗教法人愛真幼稚園、1966、40頁。

66 南博幼稚園、前掲書40、77頁。

67 「西田神父様を送る会」編集委員会編『「めぐりあい」本町幼稚園四十五周年史』、本町幼稚園「西田神父様を送る会」、1976、43頁。

68 西南学院舞鶴幼稚園篇・発行『まいづる創立80年誌　季刊まいづる No.195』、1993、9頁。

第2章　敗戦への道
─戦争の激化と保育への影響

　この章では、1943年度から1945年の敗戦まで、第1章と同じ節に分けて、戦争の激化に伴い幼児教育・保育の実際はどうなっていたのかを、日誌を中心に「母の会」等、他の記録も加えながら、みていくこととする。分析の対象とした保育日誌・園日誌は以下の園のものである。第1章同様、各年度必ずしも1年分の日誌が残されているわけではない。また、日にちが飛んでいるところや、内容の記入がない日がある。

国立幼稚園
　　栃木師範学校附属幼稚園（栃木県）　　1943・1944年度（4〜3月）
　　山梨師範学校女子部附属幼稚園（山梨）1944年度（4〜3月）、1945年度
　　　　　　　　　　　　　　　　　　　　　　　　　　　　（4〜8月）
公立幼稚園
　　南山幼稚園（東京都）　　　1943年度（4〜3月）、1944年度（4月）
　　佐倉幼稚園（千葉県）　　　1944年度（4〜3月）
　　新城幼稚園（愛知県）　　　1943・1944年度（4〜3月）、1945年度（4〜8月）
　　西尾幼稚園（愛知県）　　　1944年度（4〜3月）
　　犬山幼稚園（愛知県）　　　1943・1944年度（4〜3月）、1945年度（4〜8月）
　　小川幼稚園（京都府）　　　1943・1944年度（4〜3月）、1945年度（5月）
　　龍野幼稚園（兵庫県）　　　1943年度（4〜3月）、1944年度（4〜3月、緑
　　　　　　　　　　　　　　　組・5〜7月、10〜3月）、1945年度（4〜8月）

　　高梁幼稚園（岡山県）　　1943・1944年度（4〜3月）、1945年度（4〜8月）

　　片上幼稚園（岡山県）　　1943年度（4〜3月）

　　小倉幼稚園（福岡県）　　1944年度（4〜3月）、1945年度（4〜8月）

　　代陽幼稚園（熊本県）　　1943・1944年度（4〜3月）、1945年度（4〜8月）

私立幼稚園

　　江戸川双葉幼稚園〈キ〉（東京都）1943・1944年度（4〜3月）、1945年度
　　　　　　　　　　　　　　　　　　　（4〜8月）

　　初雁幼稚園〈キ〉（埼玉県）　1944年度（11〜3月）、1945年度（4〜7月）

　　八幡橋幼稚園（神奈川県）　　1944年度（4〜10月、1月）

　　進徳幼稚園（山梨県）　　　　1944年度（4〜2月）

　　桜花幼稚園（静岡県）　　　　1944年度（1〜3月）、1945年度（4〜6月）

　　堅磐信誠幼稚園〈キ〉（愛知県）　1943・1944年度（4〜3月）

　　勝川幼稚園〈仏〉（愛知県）　1943・1944年度（4〜3月）、1945年度（4〜7月）

　　常葉幼稚園〈仏〉（京都府）　1943年度（4〜3月）、1944年度（4〜11月）

　　仁川幼稚園〈キ〉（兵庫県）　1943年度（赤組、緑・黄組とも1〜3月）、
　　　　　　　　　　　　　　　　1944年度（赤組・4〜3月、緑・黄組・4〜12
　　　　　　　　　　　　　　　　月）、1945年度（赤組、緑・黄組とも4〜7月）

　　竹中幼稚園〈キ〉（岡山県）　1945年度（4〜7月）

保育所

　　興望館保育園〈キ〉（東京都）　1944年度（10〜11月）、1945年度（8月）

　　つぼみ保育園〈キ〉（東京都）　1943年度（1〜3月）、1944年度（4〜3月）

　　天理滝野愛児園南分園（兵庫県）　1944年度（9〜3月）

　　木屋瀬保育園〈仏〉（福岡県）　1943年度（5〜3月）、1944年度（4〜12月）
　　　　　　　　　　　　　　　　　　1945年度（本園・分園とも4〜7月）

　　ぽっぽ園〈仏〉（宮崎県）　　1943年度（4〜8月）

第1節　社会と教育・保育をめぐる概況

　1943年度には、山本五十六の戦死、アッツ島の玉砕と続き、学生の勤労奉仕
が法制化され、学徒出陣も始まる。都市疎開実施要項が発表され、翌年の1月
には新防空法による疎開命令が東京・名古屋等に出される。3月には疎開促進
の要綱も決定される。9月にはイタリアが降伏し、早々に降伏したイタリアは
敵だという見方も出される。

　1944年度になると「決戦非常措置要綱」が決定され、学徒動員体制や防空体
制強化が打ち出される。学校別学徒動員基準が発表され、学徒勤労令、女子挺
身勤労令も公布・施行される。戦局は悪化の一途をたどり、マリアナ諸島がア
メリカ軍に占領され、サイパン、テニアンなどに基地が作られ、B29による諸
都市への爆撃が始まる。1945年に入ると、「決戦非常措置要綱」で航空機、船
舶などの軍需生産の増強が図られるが、輸送船の沈没、原材料の不足等で、増
強どころではなかった。大都市や軍需工場等への空襲が激しくなる中で、閣議
決定により国民義勇隊が作られた。1944年には、1939年以降毎年行われていた
靖国神社での遺児参拝事業は中止される。東京に多人数を集めるのは難しいの
で、各地方の護国神社で同様の行事を行うようにしたという[1]。

　1945年度には、非軍事的な地方都市への爆撃も行われるようになり、4月に
はアメリカ軍が沖縄に上陸し、多くの住民が戦闘に巻き込まれ犠牲となる。戦
時緊急措置法・国民義勇兵役法が制定された。

　この時期の教育は、戦争遂行のために機能しなくなっていく。1943年6月に
は「学徒戦時動員体制確立要綱」が閣議決定され、軍事教練と勤労動員の徹底
が図られる[2]。「教育ニ関スル戦時非常措置方策」では、「当面ノ戦争遂行力ノ
増強ヲ図ルノ一事ニ集中スルモノトス」という方針の下、国民学校に関しては
義務教育8年制が延期され、戦前の日本の義務教育は6年のままで終わること
になる。「国民学校令等戦時特例」、「決戦非常措置要綱ニ基ク学徒動員実施要

綱」（閣議決定）も出される。

1944年度には「一般疎開ノ促進ヲ図ルノ外特ニ国民学校初等科児童ノ疎開ヲ強度ニ促進スル」閣議決定がなされ、東京、大阪、名古屋等の大都市で、縁故疎開のできない国民学校初等科の3～6年生の児童を集団疎開させることになる。翌年3月には「決戦教育措置要綱」が閣議決定される。「学徒ヲシテ国民防衛ノ一翼タラシムルト共ニ真摯生産ノ中核タラシムル為」に、「全学徒ヲ」「緊要ナル業務ニ総動員」することや国民学校初等科を除き授業を1年間停止すること等の措置が講じられることになった。学校で学ぶことさえ、難しくなっていく。

1945年度には、5月に「戦時教育令」が出される。「学徒ハ尽忠以テ国運ヲ双肩ニ担ヒ戦時ニ緊切ナル要務ニ挺身シ平素鍛錬セル教育ノ成果ヲ遺憾ナク発揮スルト共ニ智能ノ練磨ニ力ムルヲ以テ本分トスベシ」（第1条）とあり、「緊切ナル要務」というのは「食糧増産、軍需生産、防空防衛、重要研究等」（第3条）であった。学徒隊を組織することや、徴集、召集等で軍人となり死亡したり傷痍を受けたりした場合等には、正規の期間在学していなくても、正規の試験を受けていなくても卒業させることができるとされた。同時に出された「戦時教育令施行規則」には、学徒隊の編成の仕方等について記されていた。中等学校以上の生徒・学生は工場や農村に動員され、国民学校初等科の児童は学童疎開で、疎開先で食料の調達や薪炭の調達に追われて勉強どころではない状況が一般的であった。教育は機能不全に陥っていた。

この時期の幼児教育・保育は、どのような状況であったのか。1941年度に10％になっていた幼稚園の5歳児の就園率は、1943年度は7.9％、44年度は6.8％、45年度は6.4％と低下する。園数も戦前に最も多かった1942年度の2,085から、45年度には1,789と減少する。保育所は1941年には1,718ヵ所、保育児数は146,683人であったのが、1944年3月には2,184ヵ所、178,385人と増えていく。季節託児所も1941年度には28,357、1943年度に37,629、44年度に50,320ヵ所と増加している。これに加えて、工場や鉱山附設の託児所もあった。

　先にあげた1943年の「学徒戦時動員体制確立要綱」の中では、「中等学校以上ノ学校ニ付工場地域、農村等ニ簡易又ハ季節的幼稚園保育所及共同炊事場ヲ設置セシメ又ハ他ノ経営スル斯種施設ニ於テ保育等ニ従事セシムルコト」が女子に期待されていた。勤労動員強化の一環として、幼稚園、保育所を設置して女子生徒に保育にあたらせることが考えられていた。既存の園が女学校の附属になることもあった。これを受けて開設された一つに鐘ヶ淵紡績の防府工場の一部を園舎にした防府高等女学校保育園がある。専攻科と本科４年の生徒８名が３日間ずつ輪番で保育にあたった。その目的は「戦時下の重要産業に従事する女子労働者や、応召、戦没軍人遺族の幼い子供を預り、これらの人々の労力の一助となるとともに自分達も保育実習を行ないながら、社会事業に対する認識を深めることであった」[3]。９月には「学校防空指針」が通達され、これをもとに東京都は幼稚園に対して「防空ニ関スル通達」を出している。この内容に関しては、第３章でとりあげる。10月の「教育ニ関スル戦時非常措置ニ関スル件」では、幼稚園に関しては、特に変更はみられなかった。

　1944年度に入ると、東京都では「公私立幼稚園非常措置」で幼稚園は休止、戦時託児所のみ開設が認められた。東京都では戦時託児所の規定も出されている。東京都私立幼稚園協会は「決戦即応保育体制ノ件」を定め、保育時間を３時までにし、両親が働いている場合は５時まで保育すること、土曜日も一日保育し、地域の状況に応じて日曜日も保育すること等を申し合わせた。ところで、都の非常措置の説明は、幼稚園長を招集して、泰明国民学校でなされた。この時の説明に召集された一人であった江戸川双葉幼稚園の園長は、「戦時非常処置として、空襲の危険あるに付東京都下の幼稚園の保育を一時休止せしむと申渡さる」「但し必要之を認むる場合戦時託児所として更生差支なしとの事なり」と記し、ことの意外に出席者一同驚き、形式に囚われ実質を知らない官吏のやり方に呆れ、「馬鹿気た処置」と「保育日誌」に記していた。

　愛知県では「愛知県戦時保育対策措置要綱」が、長崎県では「長崎県幼稚園戦時措置要領」が出された。後者では保育日数は240日以上、一日10時間以上

で、受託条件は重要産業従事者の子弟や応召戦歿者の子弟等で保育に欠ける者、通園距離は徒歩で片道おおむね5分以内とされた[4]。

1945年度になると、空襲の激化に伴い被災する園も増え、休園せざるを得ない状況が広がる。東京都では「疎開保育所設置要綱」を定め、6月以降疎開保育所を開設するが、間もなく敗戦を迎える。なお、恩賜財団母子愛育会経営の戸越保育所と愛育隣保館の疎開保育はその前年度に行われていた。

第2節　幼稚園・保育所の状況

『日本幼児保育史　第五巻』には、1943年4月から1945年8月15日までの間に「幼稚園として非常に困ったことはどんなことでしたか。できるだけ詳しく記して下さい」という質問への答えが紹介されている[5]。子どもが疎開して少なくなったこと、相次ぐ警報・空襲で欠席が多かったことや落ち着いて保育ができなかったこと、衛生面の問題や食糧難、父親の出征や保育者の戦争による緊張があり、子どもの気持ちが殺伐としたり情緒不安定になったりしていたこと等が、あげられている。園舎が焼失、破損しても修理できなかったり、軍関係をはじめ他の施設に転用されたりしたこと、園舎が狭かったこと、設備も不十分であったこと等、不十分な保育環境に困っていたこともうかがえる。

今回収集した資料から、早いところでは1943年9月に「旧聖使女学院建物」を久保田鉄工所に貸すこととし、12月には「愛光幼児の園」の建物を久保田鉄工所の工具宿舎として提供し、「会堂へ幼児の園移転準備完了次第引渡す」ことをしている[6]。

佐倉幼稚園では、1944年8月に園舎が部隊の宿舎に使用されることになり、転々としながら保育を継続した。「オ道具全部ヲ片付ケタガ四五日ノ猶予ガアルト思フテキタノニ急ニナッテ大マゴツキ」「行先ガ決定シナイ」（8月25日）状況で、翌日は神社に集合して解散している。寺で保育することになるが、「オ庭ガ少シヒロイ斗リデ室内ニ入レナイノデ私共モ疲レルカラ幼児達ハ猶更

ニソウト思エテ」（8月28日）「土ノ上二居通シデハ大人デモ大分疲レル小供モ
ヤハリ同様ト考ヘル。何トカ良イ方法ハナイモノカ」（10月3日）と苦労して
いる。雨が降ると全部お休みのこともあった。10月10日に「オ集リノ後早々二
園児達ヲカヘシテ女学生二オ荷物ヲ運ンテ」もらって、図書館に引っ越してい
る。そこも、「オ二階デ兵隊サンガ勉強中故静カニスル様二」（10月21日）、「今
日モ兵隊サンガオ出デニナッタノデオ弁当ヲ持ツテ」「向フノオ山迄遠足」（10
月24日）、明治節は「階下ハ俄カニ青年学校デオ使ヒニナッタノデオ二階デ行
ツタ」（11月3日）、「オ二階フサガリテ下ノ高イオ机デオ食事」（11月13日）と
いうように、苦労があった。「雨天ニテ青年学校ノ召集日故」「オ集リノ上直二
オ帰リ」（11月16日）で、保育にならない日もあった。12月14日に「仮住居カ
ラ帰ツテウレシイト見エテ皆緊張シテ居ル」と記されていて、4ヵ月近くにわ
たる不便な状況からやっと解放されたことがわかる。

　1944年度の6月に閉園した宇都宮市の愛隣幼稚園は、園舎を「中島飛行機Ｋ
Ｋ設計部に徴用」[7]され、足利市の友愛幼稚園も休園して中島飛行機事務所に
園舎を貸している[8]。鳥取市の愛真幼稚園は、園舎に使用していた「南窓館」
が、市の臨時震災復興局庁舎に使われ、1945年4月からは「憲兵分隊舎屋に使
用」され、教会堂で保育をしていたが、7月に「県教学課の命により、一時休
園」した[9]。

　1945年度には、新潟市の沼垂幼稚園は、5月に沼垂国民学校の一部に部隊が
宿営、「園舎一部は倉庫、職員室は救護所となり、一時閉鎖」したという[10]。
小樽藤幼稚園のように軍当局に接収され「マリア院応接室にて保育」した
園[11]、仁川幼稚園のように建物が「施設部ノ設営隊及ビ病院ニナル」予定で休
園のところもあった。熊本市のキリスト教の神水幼稚園は、陸軍から「特攻隊
の者が防空壕生活で健康を害しているので」園舎の使用を依頼され、当時の主
任保姆が幼稚園は続けたいと思い一応断るが、熱心に言われ、「特攻隊の方々
が体を悪くするようなら大変気の毒だと思いまして、それでは半分でいいでし
ょうか。一部屋でも幼稚園のために残したい。そして一晩考えさせて下さい」

と言って、その夜はどうすればよいか祈った。園長とも話し合ったが結論は出ず、「あくる日返事を聞きに来ます」と言っていたのが、聞きに来なかったという[12]。しかし7月1日の熊本大空襲で被災し、休園となっている。同じ熊本市のキリスト教の王栄幼稚園は、「幼稚園に幼児を登園させることは危険であるとの声が起り、また女性のみで園舎を守ることは困難であるから」「白川小学校の分散教育の教室に提供するようにと、園の閉鎖を迫られたが、園長は、幼児教育の重要性を力説し、午前中は幼稚園の保育を続けるので、小学校は午後使用するようにと申入れ、契約を結んだ」という[13]。結果的には学校に使用されないまま7月1日の大空襲となる。

　長崎幼稚園では、1944年7月に、県の指令により「保育期間を1日10時間以上として1年の保育日数を340日以上とする」に従って保育時間の延長をするが、1945年4月に、園舎が「市衛生課使用の為一時閉園に決定し閉園式を挙行」[14]した。

　このほかにも、軍や軍需産業関連の施設等にするため、休園を余儀なくされる園があった。

　1945年に「市役所が疎開のため」に園舎を使用され休園となった播陽幼稚園は、園長が保育継続できる場所を探して、2ヵ所の寺を借り園舎とするが、そのうちの1ヵ所は空襲の犠牲者の収容所となってしまう。何日待っても後片付けができないので、園長自ら後始末をして、消毒もし、やっと準備を整えるが、7月7日の空襲で、2ヵ所の寺と元の園舎とが焼失してしまう[15]。

　地域によっては「学童疎開校の宿舎となり一時閉園」[16]（1945年3月、必佐幼稚園、滋賀県）というところもあった。また、江戸川双葉幼稚園のように疎開できなかった国民学校低学年の児童を受け入れ、簡単な勉強を教えていたところや、横浜市の幸ヶ谷幼稚園のように1945年4月に「学童疎開のできない児童のため、園の教室借用の申し出」を引き受けたところもある[17]。しかし5月の横浜大空襲で焼失を余儀なくされる。徳島県の石井幼稚園は、大阪市の学校の「集団疎開をひきうけたため、校舎が狭くなり」「隣の西方寺を借用し移転

した」が、36畳の本堂に「百人前後の園児を集めて、保育するため、きゅう屈であった」という。1945年6月からは空襲の危険を避けるため4ヵ所で「分散保育」を行なっている[18]。

　地方都市でも、1945年度以降、空襲が激しくなり、保育を続けられなくなる。新潟市のみどり幼稚園は、1945年6月まで保育を続けるが、休園している。大阪市の福音幼稚園や鹿児島市の敬愛幼稚園は6月に、兵庫県の城陽幼稚園や大分師範学校附属幼稚園は7月に焼失している。鹿児島県の川内隣保館保育園（当時、幼稚園）は8月に、やはり空襲で焼失している。山形市では1945年になると空襲による被災者たちが続々と縁故疎開をしてくるが、師範学校女子部附属幼稚園では5月に学校と合同の防空避難訓練を行ったのをはじめ「時局の急迫に伴う諸種の手を次々と打ちながらも保育を続行」する。しかし、市の防空対策の強化を機会に7月17日から当分の間休園を決定したという[19]。

　1945年3月の「決戦教育措置要綱」により、休園したと思われるところもあった（ランバス記念幼稚園）[20]。幼稚園には集まらずに「各地域」の「家庭を提供していただいて」保育を続けたのは、京都の相愛幼稚園である[21]。東京女子高等師範学校附属幼稚園は、この通達の直前の3月16日に「登園していた幼児に対し、明日より休園の旨が伝えられ」、22日に「休園中の卒業生に対し、保育証書を発送」している[22]。1945年8月1日になって、「府学務課の命令より休園」したのは京都の自然幼稚園[23]、市の指示により登園停止の措置がなされ、一時休園となったのは八代市の代陽幼稚園である。

　岩手県の久慈保育園のように、1944年4月の地域の大火で、罹災者を焼けなかった新園舎に収容して保育事業を休止したところもある[24]。

　「住み込み職員が中心となって」「1日も休まずに保育を続け」[25]た信愛保育園、庫裡の3部屋を園舎に続けた三島市の白道保育園[26]、1944年12月の東南海地震で園舎が使用不能になり10日間休園した後、教会で保育を再開した伊勢市の常盤幼稚園[27]のように、保育を続ける努力がなされていた。1944年に園舎を「川崎航空会社及尾上教育隊」に貸し小学校の講堂を衝立で区切って保育して

いた明石市の二見幼稚園は、「二見海岸に停泊中の練習船に、毎日の如くに敵
機の襲来を受けた為、無惨にも保育室に無数の銃穴を受け」たが、一日も休園
せず保育を続けたという[28]。倉敷市の竹中幼稚園のように、岡山空襲で休園と
したが、少人数の登園して来た幼児を保育していたところもある。

　ところで、「愛知県戦時保育対策要綱」の後、「幼稚園ノ戦時保育対策ニ関ス
ル件」が出された愛知県内の幼稚園は、どのような状況であったのか。1944年
8月29日付の内政部長名で出されたこの書類が、勝川幼稚園に残されていた。
幼稚園を保育事業に転換することを打ち合わせ会で指示していたが「緊迫セル
現勢ニ対処シ急速ニ実現ノ要有」として、公私立とも戦時保育所とすること、
転換にあたり幼稚園の廃止が困難な時は「休園届出相成度」となっていた。

　公立である犬山幼稚園は、1944年9月に幼稚園の終了式を行い、犬山戦時保
育所となり、日曜日にも保育をしていたが、全員欠席のこともあった。新城幼
稚園は、1945年度は「入所式挙行」「所外保育」「保育所もこれに出演」という
ように、保育所という名称を用いていて、日記には日曜日の登所数（2〜3名
のことが多い）も記されていた。なお、9月28日には「県知事あて幼稚園復活
経営に関する件を報告す」とあり、いち早く幼稚園に戻している。

　勝川幼稚園には、上記のほかにも愛知県への書類が残されている。1944年8
月31日に「戦時保育所ニ転換スベク努力中ノ処書類其他ノ都合ニテ届出尚数日
遅レ候ニ付数日間御届猶予下サレ度」という願いを出している。その後、9月
29日付で「戦時保育所設置認可申請」を提出し、「保育所々則」には保育時間
を8時から4時（7〜9月は7時から）としているが、残されている1945年度
の日誌は「勝川幼稚園」となっていて、「入園式」「園児」という言葉が使われ
ている。帰りの時間も3時頃のことが多かった。県から創設費補助の300円を
受けていた。なお、1945年6月26日付の県内政部長から春日井市長宛の「保育
施設ニ関スル件」という書類もあり、「戦局ノ急迫化」に伴い「地方疎開等非
常措置実施ノ次第」もあり、名古屋市では休園、施設疎開等の措置がなされ、
空襲状況によっては今後中小都市でも危険であるので、適当な処置をするよう

にというものであった。

　堅磐信誠幼稚園にも、県とのやり取りの文書が残されていた。1944年9月20日付で県知事に「社会事業開始ニ関スル件」「幼稚園休止ニ関スル件認可申請」を提出している。「今般時局ノ要請ニ依リ」幼稚園を「昭和十九年八月三十一日」に「戦時保育所設置ニ依ル」という理由で休止するとしている。これに対して、10月25日付の県内政部長名で、「本件ハ当方ノ指示ニ基ク臨時措置ニシテ認可ヲ要セザルニ付届出トシテ処理致置」という返事が来ていた。堅磐戦時保育所として規定を作り、3歳以上の幼児を受託し、保育時間は4〜6月は午前8時から午後6時、7〜9月は7時から6時、10〜3月は8時から5時としていた。実際には、始まりは9時からとし、「その前にお子様をお出しになっても差支へ御座いません」としたうえで、帰宅時間の希望を聞いている。午後2時、3時、4時、4時以後の場合は時間を書くようになっていて、幼稚園の時とあまり変わらない様子がうかがえる。その後名古屋市に提出した「保育事業成績表」によると、10月分では、保育料の減・免者なしで、保育日数は25日であった。12月15日から1月15日にかけては16日と少なく、休みが多かったことがわかる。出席率も10月は75％を超えていたのが、この1月の報告では35％と少なくなっていた。1945年1月には、「戦時保育所創設費補助ニ関スル件」が内政部長名で出され、「昭和十八年度事業成績」「昭和十八年度決算」「昭和十九年度予算」をつけて申請書を提出するようになっていた。2月7日に申請書を出し、3月16日に勝川幼稚園と同様300円の補助の通知が来ていた。その後、5月11日付の内政部長名の「保育施設ニ関スル件通牒」があり、「今後更ニ空襲ノ頻度被害拡大化ノ予想セラレ、名古屋市ニ於テ保育所ヲ継続開設スルハ相当危険ヲ伴ヒ第二国民タル乳幼児保育上憂慮スベキモノ有」ので、「真ニ必要ナル保育園」以外は休園するようにという方針が出されていた。5月20日付で「保育施設休園ノ件」を県知事宛に提出し、それには、「戦局ノ急迫化セル今日在園児ノ多数ハ既ニ疎開シ残存園児モ僅少トナリシ而已ナラズ今後更ニ空襲ノ頻度・被害拡大化モ預想セラレ此ノ上保育ノ継続ハ相当危険ヲ伴ヒ国家

将来ニ対シ憂慮スベキモノ有」とある。また、「園舎ハ有事ニ於ケル仮病院ニ使用」と追記されている。これに対する返信は残されていないが、焼失した外科医院に使用された。

名古屋市内の幼稚園は戦時託児所・保育所に転換するが、「家庭の状況や園児の心理状態等を考慮して当分の間、土曜は午前中、日曜日は休園」のところもあった[29]。その後、名古屋大空襲の後、1944年度の終わりから45年度にかけて、多くの園が休園している。空襲にあいながらも、一部焼け残った園舎を利用して一日も休まずに保育した保育園[30]もあった。

静岡市の桜花幼稚園は、1944年11月に戦時保育所を併設するため「幼稚園々舎附属施設一部使用承認ノ件」を、県知事に提出していた。

1945年4月に戦時保育所を設置した岡山県では、県内各地でその取扱い方が少しずつ違っていたという。高梁や津山市では幼稚園を全部戦時保育所に切り替え、倉敷市では幼稚園に戦時保育所を併設し、「就学前2年児を戦時保育所の対象児」「就学前1年児は幼稚園の対象児」としたと記されている[31]。今回収集した日誌から、高梁幼稚園は戦時保育所となり、日曜日にも登所児数が記されていて保育をしていたが、日誌の記述には「園外保育」「園長」「園児」という言葉がそれ以前と同様使用されている。倉敷幼稚園の「挙式会合諸記録」には、1945年4月に「第五十回入園式並新設置保育所入所式」（10日）で、新入園児幼稚園一年保育、二年保育、保育所一年保育、二年保育と分けて、それぞれ男女別の人数が記されている。幼稚園、保育所とも1年保育と2年保育の幼児がいたことがわかる。備中の足守幼稚園は、1945年4月に「足守国民学校付設幼稚園を廃園」「戦時措置により付設保育所を設置」となっていた[32]。

山口県でも、1944年1月に聖母園（当時、幼稚園）が「幼稚園廃止令が出され時代に即して戦時保育所と改称」したという[33]。同年4月には豊浦幼稚園が「戦時保育園に切替えられ、豊浦保育園となる」[34]。1945年6月には、松崎幼稚園が「県の指令により、幼稚園を休園し、戦時保育所と改称」[35]したという。

このほか、鳥取市の愛真幼稚園は、1944年3月に「命令により『戦時保育

園』と改称」[36]している。飯田市の慈光幼稚園は、1942年の終わり頃「幼稚園
は戦時下には不要」「職員は何時工場に徴用されるかも知れないから承知する
ように」と言われ、熟慮のうえ1944年に「保育所に転換」し、保育時間を延長
して午睡を行ったという[37]。

北九州の小倉幼稚園では、1945年2月の託児部併設の書類が残されていた
が、日誌にあたる「事績留」等からは、開設された様子はみられない。

東京では、閉鎖になった幼稚園の中には、保護者から「公立は閉鎖になって
も私立でやろう。自宅を開放するから保育をしてほしい、という声が出て、有
志が文部省、厚生省、都庁、と毎日駆けめぐりましたが実現しませんでし
た」[38]（番町幼稚園）というところもあった。八王子にある本町幼稚園は、空
襲が激しくなり1945年3月までで休園しているが、幼稚園であった。

幼稚園で農繁期に託児所を開設したり（代陽）、農繁期託児所へ保姆が交代
で手伝いに行ったり（佐倉）することもあった。また、鹿児島県の利永保育所
のように、尋常高等小学校（国民学校）が経営主体となっていた農繁期託児所
が、1944年6月に常設保育所となったところもある。

農繁期に託児所へ出かけていた佐倉幼稚園では、1944年度には、6月12日か
ら19日までと、20日からの2回、別な保姆が異なる保育所へ行っている。20日
には「本日ヨリ十日間大佐倉季節保育所勤務」と記されている。この年度には
「時局下戦時保育所ノ使命ヲ幾分デモ達成スベク休暇中ノ二十日間ヲ父兄ノ希
望スル者ノミヲ特別保育ヲ行フコトニナリソノ通知ヲオ帰リニ持タセテ上ゲタ
ガドノ位ノ希望者ガアルカ　ソノタメ一日延期シテ明日ニテ終了」（7月20日）
し、特別保育を開始すると「参加申込人員ヨリ少シ少ナイ五十人以下故四人デ
ハ楽々ダ」という状況であった。「第二学期終業」も「決戦下保育ノ立前カラ
例年ヨリ」遅くして、27日にしていた。農繁期託児所に交替で出かけて保育す
ることは、徳島県の石井幼稚園でも行われていた[39]。

このように、戦時保育所・託児所への転換や併設といっても、実態は様々で
あり、従来の幼稚園と大きく変わらなかったところもあったと言えよう。

　焼夷弾による火災を防ぐために、天井板を取り外したり、ガラスの飛散を防ぐための方策を施すことが多くの園で行われていた。園庭に防空壕が掘られた園、畑を作り遊ぶ場所が狭くなってしまった園も多い。

　では、その日常はどうであったのか。

　先の『日本幼児保育史』に出てくる燃料を拾う話や、兵隊の食糧の豆むきを手伝う話[40]は、今回収集した資料にも記されていた。松ぼっくりを拾った天理滝野愛児園南分園（以下、滝野愛児園とする）、園庭の木の枝を拾った佐倉幼稚園等である。華頂幼稚園では「燃料用の枯木を集めながら園外保育を行なうことも多かった」という[41]。豆むきに関しては、木屋瀬保育園の「分園」で、初めは幼児達が喜んでしていたが、「今日も亦陣地より豆むきを依頼される。豆むきも間接には御奉公になるだらふがこう毎日持つて来られてはいさ、かお稽古のさまたげになりはせぬかと案じられる。子供達ももう毎日の事とてあいた様、初めは良くむくが十分もたてばもうだらだらでとてもだらしがなくなる」という状況になる（6月11日）。

　幼児達が様々な作業を行なっている園は多かった。

　たとえば、1943年度に、片上幼稚園では「全園児園庭清掃、除草ヲナス」（6月11日）「園庭石拾ヒ」（2月2日）「幼稚園砂場、砂入レ作業」（3月9日）等、様々な作業をしていた。代陽幼稚園では、「園庭の石拾ひ清掃　子供達も大変働いて思つたよりも仕事が早く出来た」（2月18日）とある。龍野幼稚園でも、「調練場の開墾地にて、石拾ひの作業を行ふ」（2月8日）とある。1944年度に仁川幼稚園では、「年長組は　川辺りより。年少組は幼稚園より、道まで、各々、石、草の手入を」約40分行い、「初の勤労奉仕で少し疲れた子供もあったが皆元気で良かった」（赤組、9月29日）と記されていた。山梨師範学校女子部附属幼稚園（以下、山梨附属幼稚園とする）では、桑の皮むきやヒマを育てて収穫することが行われていた。

　園児を自動車で送迎していた常葉幼稚園では、1943年度には木炭の配給不足でしばしば中止され、9月末には使用禁止になり、「応徴される」。

　1943年4月に新潟県新発田市のあやめ幼稚園へ赴任した人が1944年頃の「食糧難は日ごとに増して、園児たちの弁当箱の中身は大豆の炒ったものが一〇粒だったり、指の太さのさつま芋が四、五本だったりで園児も保母も空腹のため幼稚園でゴロンゴロンしていたことを思い出します」[42]と述べているように、戦争末期には、食糧も十分ではなかった。

　保育所では保育時間が長かったこともあり、木屋瀬保育園、滝野愛児園ではおやつを食べていた。おやつは、芋や豆が多かった。滝野愛児園では、団子やまんじゅうのこともあった。木屋瀬保育園では、園児の家から貰ったグミや団子をおやつにすることがあった。両園とも弁当持参であったが、木屋瀬保育園では、「味噌汁」を作って食べさせていたこともあった。「分園」では、おかずの少ない園児がいるので「あまり可哀想と思ひ今日胡麻と塩イリコを摺りつぶしびんにつめて子供に備へる」（6月26日）ことをしている。滝野愛児園では、「今日よりお弁当暖めてやる　暖いお弁当を眺めてうれしさう」（1月8日）とあり、その後、弁当が暖かくておいしいと喜んでいて、そのためか出席もよいと記述されている。

　滝野愛児園では、冬場には、特に朝は寒いので、拾ってきた松ぼっくりをたいたり、保護者が持って来てくれた薪をたいたりして、暖めていた。薪が欠乏して心細かった時に「心細いと思つて居たのに方々から沢山戴いたので度々炊いてやる事が出来る」（1月27日）とあり、その後「火鉢が来て皆大喜び」（2月20日）と記述されている。

　キリスト教の園では、外国人園長の交代を余儀なくされたり、宗教的な保育ができなかったりという困難な状況があったと言われているが、様々な状況があった。

　「シスターの先生方は平服を着用し、またドイツ人の管理は好ましくないとの判断から」、1943年4月に日本人の園長が着任した園（北海道・藤幼稚園）[43]もあれば、「西洋的なものを一切取り除くよう通達が出されたが、園長は一度も礼拝を止めず、聖画その他を取り外さなかった」[44]という園（熊本・王栄幼

稚園）もある。この園では、1945年7月の熊本大空襲の際、必死の消火作業で焼失をまぬがれ、近くの軍の偉い人の子どもも来ていて、戦時下の困難な時でもクリスマスは祝ってきたという。

1943年創立の徳田保育園は、「時局の要請にもとづくものであり、働く母親たちのための戦時託児所として造られたものであった」[45]という。設立母体のベタニア事業協会は、一切の外来語を排斥する思想統制の中で、慈生会と名称を変え、フロジャク神父のもとで、活動を継続している。岡山博愛会保育園では、1943年12月から主任保姆が「軍事援護訪問婦として、軍事援護事業に専任し、旭東地区担当の出征軍人遺家族の家庭を巡回訪問して奉仕する新任務」についている。1944年の非常時下でも、保育日数290日、在籍平均数64名、1945年に入り、「警戒警報、空襲警報の下にも保育園は休まなかった」が、6月29日の岡山空襲で焼失している[46]。

信愛保育園では、財団法人設立に当たって「戦時下において『キリスト教主義』を掲げることについては、様々な困難がありましたが、本園にとって曲げることの出来ない基本理念である旨の厚生大臣宛嘆願書を提出して、ようやく認可を得ることができ」たのは1944年であったという[47]。

聖母園では、「昭和20年戦争たけなわの頃には、近所の心ない一部の方々から外国の宗教、十字架が爆撃の目印になるとかいわれ、石を投げられ、いたずらをされた」り、関門地方もアメリカ軍の空襲が再三あり、B29の来襲が頻繁になり、毎日の保育も「防空ごうへの待避又解除のくりかえしで、落着いた保育も十分でき」なかったりしたという[48]。

人吉幼稚園では、1944年度の卒園写真に、外国人である園長がシスターの服装で写真に納まっている。当時保姆をしていた人の話では、地域の警防団から修道服は目立つから外へ出ないで下さいと言われたが、監視は感じなかったという。地域の人の理解があり、子どもを守るためにお昼だけはお腹いっぱい食べさせてやりたいと給食を始めた時も、園児の家庭、卒園者の家庭等から、材料を寄付してもらった。手に入りにくい油やしょうゆも父兄（店）が寄附して

くださったという。人吉修道院は1906年に復生院の名で施療院を開設し、貧しい人々を無料で診療し、その二階は産院になっていた[49]。幼稚園のほか、養護施設や授産職場の刺繡のアトリエ、老人のための施設も開設されていたので、地域に果たしていた役割が大きかったと思われる。

同様に卒業写真に外国人の園長が一緒に写っているのは、久留米市の聖母幼稚園（聖母託児所として設立され、1945年3月の写真には聖母愛児園と記されている）である。写真には修道会のシスターもその服装で写っている。

この時期にも、出征兵士の歓送や遺骨の奉迎が行われていた。傷痍軍人を行事に招待する慰問や病院への慰問、出征家庭への慰問を行っているところもあった。戦争末期になると、保育室として使用していた本堂の屋根に飛行機が激突して対応に追われたが、日本の飛行機だったこともあった（福岡県・松翠保育園）。運営に様々な困難を抱える幼稚園・保育所が多くなる。町婦女会員の奉仕で副食給食、乳児部設置を行ってきた伏木保育園（富山県）では、「2万の部隊が駐留し、港湾の全ては軍の指揮下におかれ、婦女会員は勤労奉仕に出かけて託児所を省みる暇は」なく、企業からの援助金も途絶え、「子供に与える食糧も思うように手に入らな」い中で、所長は閉鎖を考えたという。しかし、朝になると次々と乳幼児を連れてくる母親をみると「心を奮い起こして、明日の保育を思」い、「苦しい経営は所長の私財を投じて続けられた」という[50]。

戦争の影響が多大に現われる状況下で、どのような内容で保育がなされていたのか、次節以降でみていく。

第3節　行われた行事

1．国家の行事に関わるもの

第1章でみてきた国家の三大行事ともいえる「天長節、明治節、紀元節」

は、1943年度以降も記録が残されている園では、ほぼすべてと言ってもよいくらい行われていた。儀式として挙行している園が多く、その式次第が残されている園もある。ただし、江戸川双葉幼稚園のように1943年度の「明治節」は休みになっていることもあった。

　まず天長節であるが、1943年度には、常葉幼稚園は「礼拝　宮城遥拝　君が代　お話　天長節の曲」で、「拝賀式」を行っていた。勝川幼稚園は「一．一同入場　一．最敬礼　一．御真影開き　一．御祝詞言上　一．教育勅語朗読　一．君ガ代　一．園長先生の訓話　一．天長節の歌」で、翌1944年度は入場し「一．最敬礼　一．黙祷　一．君ガ代　一．天皇陛下に御祝拝（東の方宮城に迎つて）　一．勅語奉読　一．園長先生訓話　一．天長節のお歌　一．最敬礼」であった。1945年度は挙式しているが、詳細は記入されていない。山梨附属幼稚園は、1944年度に、本校講堂において10時から「一．敬礼　一．開扉　一．一同最敬礼　一．君ヶ代奉唱　一．勅語奉読　一．園長祷告　一．天長節の歌　一．閉扉　一．敬礼」を行っていた。1945年度に仁川幼稚園では、9時より「国民儀礼　君ヶ代　奏楽　うるはしきあさ　天長節に就いて　園長先生より　天長節の歌　国旗を持つて帰る」（緑・黄組）と記されていた。

　明治節では、1943年度の常葉幼稚園では天長節と同様で、「明治節の曲　礼拝」となっていた。翌1944年度は、曲の後の「礼拝」がない。1944年度には、山梨附属幼稚園でも天長節と同じ順序で式が行われ、天長節の歌が明治節の歌になっている。勝川幼稚園では「一．一同入場　二．最敬礼　三．兵隊さん、及英霊に対しての黙祷　四．お写真開キ　五．君ガ代　六．勅語奉読　七．園長先生の訓話　八．明治節の歌　九．最敬礼　十．お写真閉ズ　十一．閉会」で、11時に土砂降りの雨の中をお祝いのまんじゅうをもらって帰っていた。仁川幼稚園では、「1．国民儀礼　2．君が代　3．奏楽　オ祈リ　ウルハシキ　4．お話し　園長先生　ゴリアテ　5．明治節の歌　6．小さい時から」（赤組）と記入され、キリスト教関連の歌や話も行っていた。この日は雨降りで「赤組」4名、全園児で15名の出席であった。

　紀元節では、常葉幼稚園の1943年度は、他の儀式と同様で、「紀元節の曲」となっている。翌年度は11月までしか記録が残されていない。勝川幼稚園の1944年度には、明治節の一、二に続き「三. 君ガ代　四. 勅語奉読　五. 御写真奉拝　六. 園長先生訓話　八. 紀元節の歌　九. 最敬礼　十. 退場」となっている。山梨附属幼稚園では、「一人一人ノ胸ニ桜ノ花ヲツケル」「九時　本校へ」行き、本校講堂で「一. 一同着席　一. 一同礼　一. 開扉　一. 君ヶ代奉唱　一. 勅語奉読　一. 式辞　一. 閉扉　一. 一同礼」という式次第であった。

　公立幼稚園で学校と隣接している場合は、国民学校と一緒に挙式している。それぞれの式に合わせた歌を練習して式に臨んでいたが、式次第には、大きな違いはみられない。

　保育所でもこれらの行事が行われていた。木屋瀬保育園では1945年度の「天長節」で、勅語奉読と講話をしていた。興望館保育園の1944年度の「明治節」では、「赤ちゃんの方はお休み」で、雨で出席者が少ない中、9時半から始めて話し、10時にはさようならをしている。中にはぽっぽ園のようにその日の記録がなくて、お休みとしていたところもあった。

　「敬礼」や「君が代」、「勅語奉読」が幼児教育・保育の場でも、当然のこととして広がっていたことがうかがえる。

　儀式の時には、土産を渡したという記述は多い。たとえば、片上幼稚園では1943年度に、「記念品　色紙配布」（紀元節）とある。代陽幼稚園では1944年度に、「お土産に籠をお渡し」（天長節）「お土産に勲章、菊籠をお渡し」（明治節）「お土産に色紙一枚づゝ渡」（紀元節）していた。小川幼稚園でも「お土産に手提を頂いて大喜び」（明治節）であった。常葉幼稚園でも1943年度に「風船一個づゝ」（天長節）「菊の花の壁掛」（明治節）、1944年度はそれぞれ「日の丸国旗一本づゝ、」「菊の篭」を渡していた。勝川幼稚園では、1944年度の天長節で「色紙」を渡していた。

　式後に菓子を配布した園もあった。たとえば1943年度の「天長節」で、龍野幼稚園は「御祝のキャラメル三個」を、1944年度の仁川幼稚園は「国旗　夏み

かん一個持ってかへる」と幼児が作った国旗と夏みかんを、持って帰ってい
た。木屋瀬保育園は「天長節にはバナナを給す　園児の喜び一入なり」とあ
る。勝川幼稚園では、1945年度に「土産の御菓子」を渡していた。

　これらの行事のほか、比較的多くの園で記入されていたのは、「海軍記念日」
「支那事変記念日」「皇太子御降誕日」「元旦拝賀式」「地久節」「陸軍記念日」
である。これに加えて、月ごとの「大詔奉戴日」もよく記入されていた。どの
ように行われていたかは、園により異なる。その日であることを話すだけの園
もあれば、関連する歌を歌ったり、手技で関連する製作をしたりする園もあっ
た。神社参拝を行う園もあった。春と秋の靖国神社臨時大祭もよく記入されて
いたが、休園のところもあれば、話をして黙祷や遥拝をしたところもある。

　では、それぞれの行事はどのような様子であったのか、詳しい記述がなされ
ている園は多くないが、少し具体的にみていきたい。

　海軍記念日には、1943年度に、代陽幼稚園で「左の行事をなす」として
「1．日本海々戦のお話　2．信号旗の塗絵　3．軍艦のお土産　4．お汁粉
の会食」があげられ、園長（学校と兼任）が来ていた。片上幼稚園では、「神
社、国華会全園児参拝」と記されていた。龍野幼稚園では「海軍記念日　龍野
神社角力場へ園外保育」とあり、1944年度には「会集にて談話」「軍艦旗、ゼ
ット旗製作」と記されている。栃木師範学校附属幼稚園（以下、栃木附属幼稚
園とする）では、1944年度に「誘導保育　海軍記念日」に取り組み、「海軍記
念日をひかへて　日本海軍の強さを、海軍に対する信頼の念を誘導してゆく」
という「期待効果」の下、5日間で、塗り絵や絵、観察で軍艦をとりあげてい
たり、紙芝居で「ソロモン海戦」をとりあげたりしている。1945年度に桜花幼
稚園では、「国旗掲揚、国民儀礼ノ後」「日本海々戦ノ勇戦奮闘ノ有様ヤ、東郷
サンノ人トナリニ付テ訓話シ現下ノ戦局ニ及ビテ特攻隊ノ精神ニ感謝」「東郷
サン万歳・日本海軍万歳ヲ各三唱」し、ラジオ体操や「燕ノ兵隊」、「待避壕」
「兵隊サンアリガトウ」等の遊戯を行っている。東郷元帥の話や軍艦を描いた
り、ゼット旗を作ったりする園が多かったが、記念日であることのみ記してい

た園もある。また、常葉幼稚園のように1943年度のこの日に遠足に出かけているところもあった。

　支那事変記念日には、記念日であることのみ記した園、その話をした園があるが、第1章の時期よりも、むしろ減っている。盧溝橋事件から年数がたち、太平洋戦争が始まった後なので、12月8日に大東亜戦二周年記念日・三周年記念日と記している園もある。

　皇太子の誕生日は、とりあげていない園も半分近くあったが、奉祝の話や歌、遊戯のところもあれば、「お団子汁の会食をしてお祝ひ」（1943年度・代陽）「お祝会万々才」「キャラメル大箱のお祝菓」（1944年度・小倉）というところもあった。キリスト教の堅磐信誠幼稚園では、「皇太子殿下御誕辰　イエス様御降誕」について話し、お祝いの式をしている（1943年度）。この時期、クリスマスを祝うことが難しくなる中で、23日に一緒にするよう工夫していることがうかがえる。しかし、翌年度になると、「皇太子殿下の御降誕をお祝ひし、兼ねて終園式」と変化している。

　地久節では、遥拝式の園もあれば、話だけのところ、雛祭りと兼ねているところもあった。「地久節」と記されているだけの園もある。

　陸軍記念日では、式を行っているところもあれば、話だけの園もあった。1943年度には「鍛錬遠足　片山大師」（龍野）、「お話をなしお宮詣り」（代陽）、「忠魂碑参拝」（新城）等の記述がみられたが、1944年度になると「国旗掲揚、国民儀礼ノ後」園長の「訓話」（桜花）くらいで、戦争の激化とともに、行われなくなっていた様子がうかがわれる。

　大詔奉戴日には、半分ほどの園で神社参拝が記されていた。話や大詔奉戴日の歌や遊戯もよく行われていた。1943年度に、木屋瀬保育園では「お宮拝り」をして「本堂のお稽古も兵隊もの　ばかりで男子に特に力を注いで、奉戴日の意儀を強調した」（1月）とある。1944年度に、小川幼稚園では、挙式の後参拝していて、11月には「白峯神宮へ戦勝祈願参拝」とある。栃木附属幼稚園では、「敬礼・宮城遥拝・兵隊さんへのいのり・幼児の祈り・誓ひのことば」

で、「カミサマ・ニツポンノクニヲオマモリクダサイ（後略）」「ニツポンノク
ニハツヨイ・コノイクサニキツトカツ・ワタクシタチモキツトヨイコニナリマ
ス」と言っていた（6月）。山梨附属幼稚園でも栃木附属幼稚園の後半と同様
の幼児の「誓ノ言葉」があり、たとえば1944年度の12月に「日本ハ強イ、コノ
戦ニキツト勝ツ　私達モミンナ良イ子ニナリマス」と言っていた。

　このほかに**元旦拝賀式**が、半数ほどの園で記されていた。1943年度に、「新
年祝賀式」として「礼拝　宮城遙拝　君が代　お話　新年の曲」（常葉）、「拝
賀式挙行」「園児ニ蜜柑分配ス」（片上）、「四方拝　遙拝式　式後神社参拝」
（龍野）、「低学年と共に九時半より拝賀式挙行す　おみかんを二つづ、いたゞ
いて　よろこんでお帰りす」（南山）、1944年度に「四方拝の式挙行　講堂にて
国民学校と共に行ふ」（栃木附属）というように、様々であった。木屋瀬保育
園では、1943年度に「一、東方遥拝　二、黙祷　三、国歌奉唱　四、拝賀
五、お話し　六、来賓挨拶　七、礼拝」という「式次」であった。

　1945年度になると、警報がしばしば発令されるようになり、「天長節拝賀式
挙行（職員）　空襲警報発令に付き子供達はお休みにする」（代陽幼稚園）こと
や、儀式の途中で警報のため、急いで帰ることもあった。

2．園の行事

　この時期にも入園式、修了式・卒園式は、当然のことながらどの園でも行わ
れていた。始業式や終業式は、どちらかしか記されていない園や、学期によっ
ては記入されていないこともあるが、行われていたと思われる。どのような状
況であったのか、式次第をみていきたい。

　入園式であるが、1943年度の勝川幼稚園では、「一同入場、皇居礼、最敬
礼、教育勅語、園長先生訓話、保姆挨拶」等が行われた後、結んで開いてやハ
トポッポ等を行なって、土産の袋をもらって帰っていた。南山幼稚園では、午
後1時から「敬礼　宮城遙拝　黙祷　園長先生のお話　担任保姆紹介　敬礼」
で、式後旧園児が遊戯をし、模倣することや、印刷物の説明、名前呼、園章渡

しをした後で、記念撮影をしていた。式後に神社参拝をしていた園も複数ある（龍野、片上）。

1944年度には、勝川幼稚園では一同入場し「一．最敬礼　二．国民儀礼　三．君ガ代　四．教育勅語奉読　五．園長先生訓話　六．保姆挨拶　七．出席呼　八．保育」であった。栃木附属幼稚園では「一．敬礼　一．君ヶ代　一．勅語奉読　一．主事訓話　一．敬礼」の式後「職員紹介」と「保護者代表挨拶」があった。小川幼稚園では10時から「一．国民儀礼　二．園長先生のお話　三．担任保姆紹介　四．保護者会幹事紹介　五．主任保姆より話　六．閉式」となっていた。4月15日に開園した山梨附属幼稚園では、「一．一同礼　一．宮城遙拝　一．勅語奉読　一．君ヶ代奉唱　一．祈念　一．訓話（学校長）　一．職員紹介　一．一同礼」であった。翌年度は4月2日の月曜日に、「礼」が「敬礼」になり、開式・閉式の辞と入園許可が加えられ、「勅語奉読」がなくなったほかは、同様であった。

木屋瀬保育園では、4月10日の「入園式」は「一．開式のコトバ　二．一同敬礼　三．東方遙拝　四．祈念　五．君が代奉唱　六．勅語奉読　七．町長挨拶　八．園長のコトバ　九．国民学校長挨拶　十．先生の紹介　十一．保護者挨拶　十二．園児呼名（名札　お菓子）　十三．園児登園注意　十四．一同敬礼　十五．閉式のコトバ」の順で行われた。翌年度には「来賓町長代理」「婦人班長諸氏の列席」で、「国民儀礼に始り一同敬礼まで滞りなく意儀あり感激豊に終了」し、「在園児の遊ぎ二三余興に出し母子共々喜びて退園す」と記されていた。

1945年度になると、警報が出て入園式が延期になることもあった。仁川幼稚園では、4月7日の予定が警報で中止になり、9日に10時から「国民儀礼　礼拝　在園児ノウタ　園長先生ノオ話シ　外遊　父兄ノ方々ヘノオ話シ。報告サヨナラ」（赤組）と記されていた。

入園式に、旧園児が参加したかどうか、教育勅語の奉読がある園とない園、保姆紹介を式に入れている園と入れてない園等、違いがみられる。

修了式はどのように行われていたのであろうか。

1943年度の新城幼稚園の「保育修了式」は10時からで、「一．敬礼　二．国民儀礼　三．君ヶ代　四．修了証書授与　五．精勤賞授与　六．園長訓話　七．修了式ノ歌　八．敬礼」という順で挙式された。

1944年度の栃木附属幼稚園の修了式は、「一．敬礼　一．君が代　一．修了証書授与　一．賞状授与　一．主事告辞　一．敬礼　一．保護者代表挨拶」であった。勝川幼稚園では「退園式」となっていて、「一．最敬礼　一．国民儀礼　一．黙祷　一．君ガ代　一．教育勅語奉読　一．園長先生の訓話　一．退園者園児証書授与、賞品授与　在籍園児、賞品授与、精勤者表彰。退園者答辞代表［園児氏名略］君　一．卒業の歌　一．送別の歌　一．最敬礼　一．閉会」であった。初雁幼稚園では、警報発令で一時中止し、解除後「子供体操　着席　国民儀礼　国歌君ガ代　お話　園長先生訓話　証書授与　卒業の歌」という順であった。休憩をはさんで第二部があり、「お早様スキップ　進め御国の子供　子供の隣組　律動　体操（ボート）　炭焼小屋　吹きとばせ　をはりの歌」を行っていた。山梨附属幼稚園では、式の練習をして、「来賓、父兄多数御参列」で2時から修了式を行い、3時頃からは遊戯会をしていた。

この年度の終わり頃には、地域によっては警報がしばしば出されていて、堅磐信誠幼稚園では「卒業証書授与式」に「案じて居た警報も発令されず無事終了する事が出来て嬉しかつた」という記述がなされていた。佐倉幼稚園の「保育証授与式」の案内には、「警報発令の場合は式を取り止めまして翌日お子様にお渡し致します」と書き添えられていた。

始業式は、学期により記入されたり、されなかったりしている場合が多い。年度初めの始業式は、入園式より前のところと、同日のところとあった。4月1日に行っている園も複数あり、その一つである常葉幼稚園では、1943・44年度とも「進級式」で、千代紙を与えたことが記されていた。1944年度には「礼拝　園歌　お話　讃仏歌」であった。1944年度の仁川幼稚園の第2学期始業式は、「国民儀礼　礼拝　夏休中の話を少しづ、」「歌　園長先生のお話」（緑・

黄組）であった。1945年度になると、警報が出て、延期ということもあった。
江戸川双葉幼稚園では、7日の始業式を空襲で中止し、9日に「式中警報もな
く」行えたが、出席したのは幼児7名と国民学校1・2年生6名（東京で学校
閉鎖のため、疎開できなかった低学年児が通ってきていた）だけであった。

　終業式は、始業式より記入されている園が少ない。1学期の終わりには夏休
み中の心得や約束の話をしていたようである。たとえば、1944年度に小川幼稚
園では「国民儀礼」「園長先生よりお休み中心得をきく」「休み中元気で強い子
になるお約束」の後、出席カードと夏休み記録表をもらって帰っていた。1945
年度の1学期終業の日に、初雁幼稚園では「国民儀礼」「君ヶ代」「暗誦」「着
席」「歌　花よ花よ」「園長先生の御挨拶」「夏休中の注意」「休憩」「出席調べ」
の後、遊戯を行い、「お土産」「終の歌」となっていた。

　これらの行事では、「国民儀礼」という記述がキリスト教以外の園でもなさ
れている。これも合わせると、国家の行事と同様、「敬礼」「君が代」「勅語奉
読」を行う園が多かったことがうかがわれる。

　園の行事で記入が多かったのは**遠足**である。園外保育と記しているところも
ある。遠足と園外保育の両方を記入しているところもある。この場合は、保護
者も付き添って遠方に行く場合には遠足で、天気が良いので近場に出かける時
には園外保育と分けていることが多い。春と秋の2回のところと、1回だけの
ところとあった。出発と帰着の時刻と行先のみの場合もあるが、若干の様子が
記入されている場合が多い。

　1943年度には、常葉幼稚園では9時に七条大橋集合で「宇治に遠足す　天気
あやしかりしも出発し宇治橋を渡り中ノ島に昼飯」するが、正午頃より雨で繰
り上げて帰っている（5月27日）。秋には「練成の遠足を嵯峨に行ふ」とあ
り、9時に四条大宮に集合して嵐電に乗り、「天龍寺に参拝　昼飯をすまして
虚空蔵に参拝」、帰りは舟に乗り幼児達は大喜びしていた（10月21日）。犬山幼
稚園では「瑞泉寺附近マデ遠足　母姉方多数同行」と記されている（5月3
日）。龍野幼稚園では、「五月台に遠足、快晴に恵る　一旦入室出席調、整容後

園庭に列び十時前出発、十一時到着、直にキャラメル二個宛与へ昼食、零時出発、一時前帰着」（4月26日）とある。翌年も「五月台 山下の田圃の中の道を通り春の遠足」（5月13日）とあるので、園から徒歩で出かけていたようである。新城幼稚園では「大洞山へ遠足（大弘法様前にてお菓子配布）」とあり、菓子を配っていた（5月1日）。栃木附属幼稚園の秋の遠足では、「待ちに待つた楽しい遠足」「目的地」「八幡山」で「九時半出発、午後二時半頃帰宅」であった。「緑の芝草」と「真紅の"どうだんつゝじ"」「紅葉、深い底知れぬ大自然の営みを本当に感じることが出来た」「観察 晩秋の頃の自然」「親しみ多い動物達」という記述がみられる（11月13日）。

1944年度には、常葉幼稚園では5月24日9時に駅前に集合して、市電に乗って「舟岡公園」に、10月20日は往復徒歩で東福寺に行っている。「秋空晴れたれども時雨降りて急ぎぬ」「防空袋モンペ姿も時代色の現れなり」と記述されている。堅磐信誠幼稚園では、5月6日8時半に集合して電車で「十時半新舞子へ到着、父兄四十名 一時過海岸にて解散」している。10月31日には東山動物園へ行っている。10時集合で解散は2時半、「園児数約四十名 父兄数約三十五名、朝曇りたるも次第に晴れ稀れなる秋空なり」と記されている。進徳幼稚園では、8時半に校庭に集合し、「若尾公園にて一休みして山八幡さまゝで行く」「初めての遠足なのでどうかと思つたがよく並んで歩き」「今まで休んでゐた子も皆来てお休みは三人」（5月17日）とあり、徒歩遠足であったことがわかる。同様に徒歩であったのは栃木附属幼稚園である。「あらゆるものに生々しとした、伸びゆくたくましさを感じさせられる」「自然界のめざましい活躍ぶりを心ゆくばかり楽しむ目的」で「八幡山」へ出かけている。列から離れないことを注意し、9時出発、天候に恵まれ「何事もなく楽しい遠足を終ることが出来た。珍しい動物をみることも出来」2時に帰っている（6月5日）。仁川幼稚園では、春は「仁川上流へ遠足」で、9時半出発で弁当を食べて帰ってきている（5月15日）。秋は「宝塚厚生園に遠足」で、園児39名と「職員」5名で、出かけている（10月20日）。「緑・黄組」の日誌には、昼食後「動物園

見学」とあり、「父兄九名」が参加していた。

　この時期には、警報が出て中止のこともあった。1943年度に勝川幼稚園では、時折パラパラと雨が降り、「昨夜警戒警報」が出たこともあって中止にするが、せっかく支度し晴れたので予定を変更して「十時頃龍泉寺の麓まで往復徒歩」で出かけた（5月13日）。1945年度には9時半に「朝の集りの国民儀礼後庭にて遠足の歌の紹介」をしてから出かけ、「途中園長先生と共に白山神社」に行き、「お弁当」「一息してゐる時警報」ですぐに帰っている（5月24日）。

　保育所でも遠足があり、1943年度に、ぽっぽ園では、「楽しみにしていた早水神社遠足」「お寺に参拝」し出発、11時前に着いて弁当を食べ、菓子をもらって、「お寺にて園長先生のコマ遊びを見せてもらう」と記されている（5月15日）。木屋瀬保育園では、「快晴無風絶好の遠足日和」に「愉快愉快で心も軽く出発し」て1時間20分歩き、目的地で昼食を食べ、帰りも徒歩で「疲れをみせ列乱る」とあった（11月25日）。1944年度には、滝野愛児園では3月17日に遠足に出かけている。「朝礼後すぐ出発　社町の佐保神社へお参りする　父兄の一人が子供に附添って居て下さつたので助かる　帰りは道を代へ渡しを舟に載って一同元気で四時二〇分帰へる」とあり、地域によってはこの時期でも遠足に行くことができた。つぼみ保育園の「園のたより」から、1943年5月に現地集合・解散で「春の遠足　潮干狩」があったことがわかる。

　運動会もよく行われていた。この時期には、国民学校にならって体練会・錬成会としている園もある。園独自の場合と、隣接の国民学校の体練会等に参加している場合とある。

　1943年度には、代陽幼稚園では学校の「体練会」に予行演習から参加し、当日は8時半集合で、「午前中ニ幼稚園種目全部終了、成績良好、正午解散」（10月17日）と記述されている。栃木附属幼稚園も、運動会の練習をし、学校校庭で予行練習もしたうえで、国民学校と共に10月31日に運動会を行っている。演目は「幼児体操、爆弾小勇士、七十米競争、太平洋行進曲」であった。犬山幼稚園は、卒業生が入学する北国民学校と南国民学校の運動会に予行演習から参

加していた（10月14・15・20・22日）。常葉幼稚園では、10月27日の10時から「本園に於て体練会」で、「国民儀礼　園歌　徒歩競争　綱引　男女三回づゝ」の後、組別に4組が2つづゝ遊戯を行い、「球拾ひ　幼児体操　お土産拾ひ　貯金画　終りのことば」の順で進められた。「一日を楽しく送りぬ幼児達もさ、やかながら張り切って過した」と記されている。江戸川双葉幼稚園には、「秋期体練会プログラム」が残されている。「国歌合唱」「宮城遥拝」「お祈り」「子供体操」「開会の辞」「遊戯　お百姓さん」「旗取」「遊戯　胸を張って歩きませう、強い子供、トンボの荒鷲」「お買物競争」「デットボール」「遊戯　兎さん、大将さん、かけて行く」「魚釣」「遊戯　床屋さん、十五夜さん、蛙の御使ひ」「ダルマ送り」「卒業者（魚釣）」「母の会及職員（魚釣）」「綱引」「旗体操」「閉会の辞」となっていて、出演の組が記されていた。

　高梁幼稚園では「国民学校校庭ニ於テ午前八時ヨリ運動会挙行」（10月5日）とある。翌年度には10月9日に「八時半ヨリ」となっている。新城幼稚園は、9月20日から運動会の練習をはじめ、10月6日に「秋季大運動会」を8時半から3時半まで行っていた。翌44年度には運動会の記述はみられない。龍野幼稚園も、「決戦下体練会開催、盛会にて終る」（10月22日）とあるが、1944年度は記述されていない。

　1944年度には、常葉幼稚園では園庭で「体練会」を行い、「秋日和に恵れて園児は嬉々として競走遊戯に綱引輪取り等一日を送りぬ」（10月31日）と記されている。小川幼稚園では「国民学校体錬大会に参加皆大よろこび　午前中、徒歩『ハタトリ』遊ぎ『金太郎　待避壕　練兵　サヨナラ』二回出場よく出来たと皆にほめていたゞく。十一時過貯金箱のお土産をいたゞきお帰りす」（10月1日）と記されている。山梨附属幼稚園も「体育錬成大会」に出場していて、「幼児体操」「国旗フレフレ」「徒競走」を行っていた（10月22日）。

　滝野愛児園では10月3日に「秋季運動会」で、「一時頃より時雨がして午後の分をはずし一番最後の銃後小国民のお遊戯をして今日の運動会は終了　折角お稽古をし園児も張切つてゐるのに本当に惜しかつた」と記されている。そし

て9日に「天候に恵まれ予定通り進行二時半終了三時閉会　最後迄元気に出来た」とあり、再度運動会を行っていた。

　遊戯会は、この時期には記入されていない園の方が多い。皇太子の誕生日や節句と重ねているところがある。1943年度には記入されていて、翌年度には記入がない園もある。そのプログラムがわかるのは、初雁幼稚園と常葉幼稚園である。常葉幼稚園は記入が多いので、第1章同様「遊戯」のところでとりあげる。初雁幼稚園では、終業の日の遊戯会で「人参大根かぶら　スキップ」「お返事　女児」「つばめの兵隊　男児」「つくしんぼう　一同」「かいぐり　律動」「汽車ポッポ　男児」「キレイデスカ　女児」「時計　男児」がとりあげられていた。このほかには、倉敷幼稚園の「双葉会記録」に1944年度のプログラムが残されている。3月14日の9時半から2時間で、「愛国行進曲」「戦争ゴッコ」「可愛イオ雛様」「海ノ雲」「猿蟹合戦」「春」「空襲」「紅傘日傘」「大工サン」「兎」「ツクシ」「兵隊サン有難ウ」「相撲取人形」「兄弟雀」「可愛イ仔馬」「海ノオヂサン有難ウ」「雨降リオ月サン」「手旗信号」「一寸法師」「楽隊」「雛祭リ」「仕合ゴッコ」がとりあげられていた。

　学校の学芸会に参加している園もあるが、新城幼稚園では1943年度には記されていたが、翌44年度には記入がない。

　端午の節句、七夕、節分、雛祭りという年中行事も記述されていることが多い。これらの節句では、その話、因んだ歌や遊戯、製作が行われている。節句に誕生日会を重ねている園もある。

　端午の節句は、5月5日が多いが、旧暦で行う園もあった。鯉のぼりを立てた廻りで遊戯をする園や武者人形の前で遊戯をする園があった。保護者に見せている園もあった。終了後に菓子を渡したり、会食したりする園もあった。

　1943年度に、龍野幼稚園では「会集室にて、お話・お遊戯の後、ビスケット三ケ、キヤラメル一ケを与へ、その中、一ケを食べ、三ケをおみやげとする。お庭でならび、鯉幟りを与へ」ている。翌年度も「遊戯室にて観察、遊戯、後、園庭に列び祝菓子鯉のぼりあたふ」とほぼ同様であった。1945年度になる

と「武者人形陳列のため男子ら室内遊の児が多数」とあるが、空襲警報発令で10時前に帰っている。1944年度に、仁川幼稚園では「カブト作り」「女子と先生でオダンゴ作り　男子会場の準備」をし、「国民儀礼　礼拝」「金太郎の紙芝居　歌」の後、楽しくオダンゴを食べている。この日は5月の誕生日会の祝も合わせていた（緑・黄組）。翌年度も同様で、12日に草餅を作って食べている。

　七夕祭りは、「事変記念日」と同じ日であったので、事変の話をして遥拝や神社参拝をした後で、七夕祭りの園も複数あった。七夕でも笹飾りの周囲で歌ったり遊戯をしたりして、土産を持ち帰るところが多かった。土産は、菓子、提灯、笹竹等であった。新城幼稚園では、七夕の翌日に「七夕流シ（笹ノ小枝ヲ一本ヅ、持ッテ大喜ビテ行ッタ）」（1943年度）、「新河岸へ（各組ニテ笹ヲ持ッテ）ユク」（1944年度）と、七夕の笹流しをしていた。

　雛祭りは、遊戯会をしていた園や誕生日会と重ねたり、地久節と重ねたりしている園がある。「父兄会」「母の会」を重ねた園もある。たとえば常葉幼稚園では、遊戯会を行ない、「昼飯はかやく御飯」で、「先日保安課の御好意にて販売して戴きたる飴菓子を九個づ、園児一同に今日の御馳走として分与」「一同非常に喜びたり」とある。手技のお雛様を土産として持って帰っていた（1944年3月4日）。

　1945年3月の雛祭りになると、空襲が激しくなり、佐倉幼稚園ではお雛様を出さずに紙雛を飾って「寄贈ノ紙芝居及レコード等ニテ軍国雛祭リヲシタ」と記述されていた。江戸川双葉幼稚園では「好天気で晴々する、これで空襲さへなければと祈る。お人形をならべておひなまつりをする。アラレと紅茶で皆とたのしく半日すごす」とある。初雁幼稚園では、「母の会よりの小豆御飯のお握りを一同にていたゞき心ばかりのお祝いを」している。仁川幼稚園では、「地久節」「お誕生日会」「お雛様」「三つのお祝ひをする」として「お食事　オハギ　アズキ御飯　吸物」で、「とても好いオヒナマツリだつた」（3月6日、赤組）と記されていた。

　代陽幼稚園では、1943年度には、端午の節句、七夕、雛祭りで、「会食」と

記されていたが、1944年度にはなくなっている。

　節分は、以上の３つに比べて記入されている園が少なくなり、「豆まき」をしたことがわかるのはそのうちの半数ほどである。「豆まき」というものの、豆ではなくてドングリ（龍野）や樫の実（小川）、新聞紙粘土の豆（栃木）ということもあった。いずれも1943年度で、翌年度は話や遊戯のみで、豆まきをした記述はない。1944年度には、江戸川双葉幼稚園で「豆を煎つて鬼にぶつけさして」、滝野愛児園で「豆まきをする　豆のおやつ」と記述されていたが、少数派であったと言えよう。佐倉幼稚園では、1942年度には先生の一人が工面してきた豆を用いていたが、1944年度には節分の記述がない。

　七五三は、園でお祝いをしたところもあれば、保育を半日にして、各家庭でお祝いをするようにしていた園もある。「七五三祓式」（小倉・この記述のみ）というところもあったが、お祝いの「飴袋」「たたみ紙」、お祝いの言葉というように、大掛かりなものではなかったようである。キリスト教の初雁幼稚園では、「今週の主題は感謝祭」で「七、五、三、の祝を共に神と父母に社会の皆様に感謝する」としていた。

　誕生日会は行っている園が多い。毎月行っているところもあれば、学期ごとにまとめているところもある。身体検査や予防接種は、この時期にも記入されている園が多い。

　仏教の園では花祭りや報恩講が大きな行事として取り組まれていた。常葉幼稚園では、これらの行事の時には遊戯会を行っていた。

　キリスト教の園ではクリスマスや感謝祭が重要な行事であったが、この時期には行うことが難しかった。クリスマスに関する記述がみられたのは初雁幼稚園で、1944年度の12月の「週の主題」にとりあげられ、準備に関する記述がなされていた。ただ、12月23日（土）が終業式であったので、クリスマスは日曜学校で行われたと思われる。興望館保育園では、母の会の記録の中に、クリスマスが予定として記されている（1943・44年度）。みどり幼稚園には、1943年度の写真が残されていて、クリスマスを祝っていた。

　1944年度の感謝祭に、仁川幼稚園では「感謝礼拝」を行っていた。「野菜を
クラスルームにかざり、各自の作つたカゴ　合作のカゴを装飾にかざり、礼拝
をする　"人参、大根のおうた　百姓さんありがたう　お米"の歌を歌ふ」（11
月24日、赤組）と記されている。興望館保育園では、「感謝祭で、お米やお芋
やお野菜をかざつて子供達は大喜び、おみやげのバスケット皆ニコニコお顔で
もつてかへる」（11月23日）とあり、園内で祝っていた。

　ところで、初雁幼稚園と片上幼稚園では、週の主題が記されていた。主題は
行事や季節に関わることが多い。初雁幼稚園では、11月「菊の花」「感謝祭」
「食物」「冬の支度（落葉）」、12月「クリスマス」「二学期の復習」、1月「鳩」
「凧」「節分」、2月「紀元節」「廃品回収」「時事問題」、1945年4月「幼稚園の
お友達」「天長節」、5月「麦」「ひよこ」「つばめ」、6月「時計」「健康」
「蛍」、7月「蝉」である。片上幼稚園では12月に「楽シイオ正月」、1～2月
に「雪」「節分」「紀元節」「動物」「公徳」等があげられている。1月4週には
「1主題＝雪　2訓練要項＝寒サニ勝ツ　3歩行練習＝（正常歩）」と記されて
いる。この園では園外保育がしばしば行われ、夏には「耐暑行軍」、10～12月
に「鍛錬行軍」、12・1月には「耐寒訓練」という記述がなされている。

第4節　保育内容

1．遊戯

　ここでは第1章と同様、皆が一緒に行ったと思われるものを対象とする。

　栃木附属幼稚園では、1943年度に最も多く記入されていたのは「行進」であ
る。次いで「ヒヨコ」「タンポポ」「ギッコンバッタン」「一拍とび」「鯉のぼ
り」が多かった。「太平洋行進曲」「スキップ」「金太郎」「道ぶしん」「基本歩
行」「時計屋の時計」「雨」「遠足」「飛行機」「お百姓さん」「幼児体操」「時計」
等、多数記入されていた。11月には「もみじ」1月には「お正月」が行われて

いた。戦争に関するものとしては「兵隊ごつこ」「ススメススメ」「爆弾小勇士」が、大詔奉戴日には「大詔奉戴日」がとりあげられていた。冬には「豆まき」や「たき火」もあった。「正常歩」が遊戯として記されていた。1944年度にも「行進」が最も多く、次いで「一拍とび」「日の丸」「金太郎」「鯉のぼり」「大工さん」「今日は大詔奉戴日」「飛行機」「遠足」が多かった。「太平洋行進曲」「雨」「海の子われ等」「兎」「落葉の兵隊さん」「たき火」も10回以上記述されていた。

　小川幼稚園では、「既習」「既知」とのみ記されていて、具体的な内容が記入されていない日もある。特に3学期は、1943年度には「雛祭遊戯練習」「お遊戯会の練習」を合わせると10回以上あり、1944年度には「既知練習」等の記述が10回以上なされている。1943年度には、遊戯と記されている時は少ないが「行進の練習」「歩行練習」が多く、「スキップ」「七夕祭」「遠足」「東郷さん」「ホップ」「兵隊さん」「幼稚園体操」「がんばりませう勝つまでは」等が複数回あげられていた。5月に「金太郎」や「金魚」、9月に「お月様」、1～2月に「節分」「豆撒」のような季節に合わせた題目も記されていた。「大詔奉戴日」もとりあげられていた。「唱歌遊戯」として記されていることもあり、遊戯に出てこないものでは「お百姓さん有難う」「秋の歌」「進め進め」「もみぢ」「タキビ」「コツキフレフレ」「お正月」等がある。1944年度にも「歩行練習」が多く、「行進練習」「紅葉」が5回以上、「チュウチュウねずみ」「鳩時計」「さよなら」「どんぐり」「木の葉」「落葉」「豆まき」「ひなまつり」等が複数回記入されていた。「蝶々ヒラヒラ」「蛍こいこい」「貝拾ひ」「水遊び」「大雪小雪」のような季節に合わせたもののほか、「猿蟹合戦」「相撲」等が遊戯としてあげられていた。「東郷さん」「練兵」のような戦時のものもみられる。前年度同様に「唱歌遊戯」として「つばめ」「七夕」「秋の歌」等がある。「集団遊戯」「団体遊戯」という記述もある。ここでは、戦争に直接かかわる題目は少ない。

　勝川幼稚園では、1943年度に最も多く記入されていたのは「スキップ」である。「ソロモン夜襲戦」「端午の節句」「椅子取り」「うずまき」「かちかちだん

ご」「日本刀」等、3回以上あげられていた。4月に「チユウリツプ」「サクラ」、6月に「蛍」「ほたるこいこい」、1月に「大寒小寒」というように、季節に合わせた題目が記されている。「僕は軍人」「軍艦」もあげられていた。1944年度には「スキツプ」のほか、「チユリーツプ」「鳩ポツポ」「鯉のぼり」「つばめ」「つばめの兵隊」「お椅子取り」「軍艦」「水兵さん」「ボート」「大詔奉戴日」「時計」「戦争ごつこ」「日本の子供」「ホタル」「蝉」「指切りかまきり」「タイヒゴウ」「病院船」「欲しがりません勝つ迄わ」「そうだ僕等は決戦だ」「ままごとしませう」「紅葉」「秋のお庭」「お月さまいくつ」「お人形」「御地蔵様」等があげられていて、戦時のものが三分の一ほどを占めていた。

　堅磐信誠幼稚園の日誌は第1章でとりあげたものと同じ様式で、「遊戯　運動」の欄に記入されている。1943年度に最も多かったのは「スキツプ」で、10回以上記されていたのは「皆さん皆さん踊らない」「お友達」「南の国」「大将さん」「飛行機」「旗ダンス」「防空演習」「紅葉」「まり拾い」「金魚」「お玉じやくし」「松ぼっくり」「タキビ」等である。「朝顔」「お手てつないで」「ピヨン太郎」「可愛ゆき子供」「てまり」「五ッ飛」「スッキプダンス」「雨が雨が」等は、7～9回記されていた。「水兵」「僕等の兵隊」「太平洋行進曲」「進めみくにの子供」のような戦争に関わる曲も7～9回記されていた。1944年度に最も多かったのも「スキツプ」である。10回以上記入されていたのが「まりひろい」「皆さん皆さん踊らない」「お友達」「スキツプ鬼ごつこ」で、「大将さん」「飛行機」「真中で」「お月様遊ぼう」「ジヤンケン遊び」「お百姓」「松ぼつくり」「紅葉」等が7～8回記入されていた。1943年度より記入が少ないが、戦争関連の「僕等の兵隊さん」「僕は軍人」「防空演習」「進めみくにの子ども」等が3～4回記されていた。4・5月に「鯉のぼり」、6月に「蛍」「蛍こいこい」、10・11月に「紅葉」、12月に「たきび」「お正月」、1月に「スケート」というように、季節に合わせたものが行われている。そのほか、「大詔奉戴日」は、8日にとりあげられていた。

　江戸川双葉幼稚園では、1943年度には「運動　遊戯」として記入されてい

る。最も多いのは「スキップ」である。次いで「大将さん」で、10回を超える。「つくしんぼ」「音感遊び」「御百姓サン」「当テッコ」「椅子取」「お早う」「御犬サン」「五羽の家鳩」「私の幼稚園」「オチバ」等が、複数回記入されていた。「チユリツプ」「かいぐり」「くるくる手球」「蝶々」「かえるのお使ひ」「高いお山」「汽車遊び」「マリ送り」「どんぐり」等のほか、「小国民進軍歌」というような戦争にかかわる題目もみられたが、多くはない。1944年度に最も多かったのも、「スキップ」である。「手荷物何」「大将さん」「御舟艘ぎ」「ドングリさん」「芋虫さん」等が複数回記入されている。「川」「村の祭」「兎さん」「ロンドン橋」「栗の子供」等がみられる。

　進徳幼稚園では、1944年度に最も多く記入されていたのは「ハトポッポ体操」で、次いで「コドモ体操」も多い。10回以上記されていたのは、「もみじ」「大工さん」「ひよこ」「おやすみ」「まゝごと」「おはよう」「せみとり」「お洗濯」「雪よふれふれ」や、「あひるの艦隊」「たいひごう」である。５回以上のものとしては、「舟」「水鉄砲」「ゆりかご」「今日は楽しい日曜日」「ほたる」「ボート」「月夜の兎」「兎のいもほり」「とんぼ」「雨」等である。戦争関連のものとしては「僕は軍人」「兵隊さん」「子供の兵隊」「がんばりませう勝までは」「太平洋行進曲」等が記されていた。それぞれの季節に「鯉のぼり」「七夕」「たきび」等も、とりあげられていた。

　仁川幼稚園では、題目の記入が多い「赤組」をみると、1944年度には「リズム」として「お歩き」「スキップ」「けんけん」が30回以上記入され、よく行われていた。「飛行機」は20回、「ギヤロップ」は10回を超え、５回以上記されていたのは「お馬」「蛙」「熊」「ポッポ体操」等である。「リズム」のほかに「とうさんとうさん（指のお遊び）」「むすんで」「マリ取り」「豆袋」「ボート」「お百姓さん」「種まき」「小さいお庭」等や、「ゲーム」として「まりかくし」「ロンドン橋」も記入されていた。「お早ようスキップ」も行われていた。1945年度にも「スキップ」「ケンケン」はよく行われていた。「お歩き」「つまさき歩き」「小鳥さんのリズム」「時計のリズム」「飛行機」もあげられている。

　山梨附属幼稚園では、1944年度に最も多かったのは「国旗フレフレ」で、次いで「スキップ」であった。5回以上記入されていたのは「鯉ノボリ」「チューリップ」で、3〜4回あげられていたのは「結んで開いて」「カイグリ」「貝拾ヒ」「水兵」「海ノ子我等」「モミヂ」「落葉ノ兵隊サン」「印度ノ兵隊サン」等である。季節に合わせた遊戯が行われていて、「時計屋ノ時計」「蛍」「オ窓ノ雨」「水鉄砲」は6月に、「オ正月」「焚キ火」は1月に出てくる。1945年度には、最も多かったのは「一拍跳ビ」であった。戦争に直接かかわるものは、1944年度は上記以外にみられないが、1945年度には「僕等ノ隣組」が複数回記入されている。

　龍野幼稚園の1944年度の「緑組」には、「日本男児」「揺籠」「鯉のぼり」「ポッポの時計」「軍艦」「ヒヨコ」「蛍」「僕は軍人大好きよ」「紅葉」「みのりの秋」「焚火」等が、5回以上記されていた。「金太郎」「お節句」「菊」等はその季節に出てくるほか、戦争に関連する「タイヒガウ」「防空頭巾」も、3〜4回とりあげられていた。

　常葉幼稚園では、「母の会」を兼ねた5月の花祭り、7月、12月の成道会・報恩講、3月の雛祭りの時のプログラムから、遊戯で行われていたことがうかがえる。第1章と同様、唱歌と記されていないものをみていく。出演の組名が記されているが、年度によっては別な組でとりあげていることもあるので、ここでは組別はみないこととする。雛祭り以外は、1943・44年度ともあるので、共通している曲目をあげてみる。5月には、「汽車」「飛行機」「僕は軍人」「ま、ごと」「桃太郎」「金魚の昼寝」「結んで開いて」「チユーリップ」「鯉のぼり」「朝の歌」等である。7月には「蛍こいこい」「電気がついたら」「雨ふり」「三羽の雀」「金太郎」「でんでん虫」「七夕祭／まつり」「夕日」「小さな長靴」「七夕さま」等である。12月には、「お砂のトンネル」「俵はごろごろ」「小鳥のおはなし」「お肩をたんとん」である。1943年度の3月にあげられていた「とんがり帽子」「りんごのひとりごと」は、1944年度の12月にとりあげられている。両年度に共通している曲には、戦時色は薄い。記されている題目は、1943

年度の方が一組多かったこともあって、多数である。1943年度には、5月に「指の歌」「三ヶ月さん」「お花のトンネル」「キユーピーさん」「お寺の鳩」「さくら」「子供の花まつり」「甘茶」「誰にあげよ」「仔犬」「赤い花咲いた」「お地蔵様」等のほか、「日の丸」「つくしの兵隊」「八の日東亜の花まつり」のような題目も記されていた。7月には「兎の電報」「おたまじやくし」「朝顔」「蛙」「お花が咲いた」「笹の舟」「お花のホテル」「牛若丸」「ブランコ」「てるてる坊主」「観音様」「渡し場の船頭さん」「お星様とんだ」等があげられ、「僕は水兵」「小国民進軍歌」「兵隊さん」が記されていた。12月には、「お星」「仲よし小道」「おもちやの汽車」「人まね雀」「指きりかまきり」「お日様」「お山の子兎」「恩徳讃」「いまなんじ」「雁とつばめ」等が記され、「兵隊さんよありがとう」「白衣の兵隊さん」「お山の隣組」「蛙の兵隊」「今日は大詔奉戴日」「あ、九勇士」「仰ぐ忠魂塔」のような戦争関連の題目が比較的多く記されている。3月は1943年度のみであるが、「冷たいあんよ」「七つの子」「あしたも天気」「ペタコ」「春が来た」「おやすみなさい」「お雛まつり」「雪のおみやげ」「仲よし小よし」「猿蟹合戦」「かげぼうし」「花やさん」「花咲爺さん」等があげられていた。これに加えて、「み国の子供」「傷兵さんありがたう」「仲よし戦友」「若鷲の歌」もあげられていた。1944年度には、5月に「蝶々」「鬼ごっこ」「象の赤ちゃん」「ないしよ話」のほか、「日支親善花まつり」「進む日の丸」があげられていた。7月には「水鉄砲」「ゆりかご」「指切りげんまん」「いまなんじ」「トマト」「お砂場遊び」「誰にあげよ」「つばめのお客様」のほか、「兵隊さんのお馬」「水兵さんが居たよ」もあげられている。12月には「たきび」「お正月を待つ」「おやすみなさい」「落葉」等のほか、「勇士のお墓」「進軍」「水兵」「電波探知機」「空の父空の兄」「海ゆかば」のような戦争関連のものがみられる。時代の反映ともいえる「モンペさん」もあげられていた。

　犬山幼稚園では、1944年度の12月以降に、「誘導保育ノ実際」として、遊戯も記入されていた。「遊戯」が「自由遊戯」「指導遊戯」「律動競争」に分けられているので、「指導遊戯」と「律動競争」を合わせてみていく。時節柄多か

ったのは「たきび」「お正月」で、次いで「あめふり」と「汽車」であった。複数回記入されていたのは「金太郎」「スキップ」である。「お百姓」「猫ねづみ」「お月様」「行進練習」もあげられていた。

　以上の11園は、遊戯の題目が比較的多く記入されていたところであるが、他の園はどうであったのか。1943年度には、南山幼稚園で「スキップ」「ボート」「汽車ごっこ」が、代陽幼稚園では運動会用遊戯として「子供日本」がとりあげられていた。新城幼稚園では「傷兵さん有りがたう」「頑張りませう勝つまでは」（運動会用と思われる）が記されていた。

　1944年度には、佐倉幼稚園で「日本男児」「奉戴日」「雀ノ子」「開イタ開イタ」「皇太子様」等が、小倉幼稚園で「行進遊戯」や「ボクラノ青空」（ただしこれは、遊戯の講師の園児実際指導）が、あげられていた。八幡橋幼稚園では、「ヒバリ」「コヒノボリ」「ヒヨコ」「サヨナラ」「ツバメ」「ホタルコイ」「オ花ヅクシ」「ドングリ」「ヨイコノボークー」等の記述が見られた。

　保育所でも行われていた遊戯が多少記入されている。木屋瀬保育園では、1943年度に「金時サン」「僕等の兵隊さん」「送りませうよ兵隊さん」「造りませう愛国機」「モンペサン」「荒鷲行進曲」「幼稚園行進曲」等、1944年度に「雁と燕」「お寝みなさい」「オコリン坊」等、1945年度には「本園」で「僕は軍人大好きだ」「僕等の兵隊さん」「空襲警報」「時計」「仲良し戦友」「送りませう兵隊さん」「ニコニコ保育園」「兎」「朝の路」等が、とりあげられていた。戦時のものが半数余りを占めている。ぽっぽ園では「お星様」「飛行機」、滝野愛児園では「幼稚園」「銃後小国民」の記述がみられた。つぼみ保育園では、1944年度に「日の丸行進曲」が記されていた。

　以上みてくると、「スキップ」がよくとりあげられていた。ただし栃木附属幼稚園では、それ以前に多かったスキップに代わって「行進」が最も多くあげられていて、「正常歩」も遊戯として記されていた。また、4・5月に「金太郎」「鯉のぼり」、6月に「蛍」「蛍こいこい」、秋に「紅葉」「お百姓さん（有難う）」、冬に「お正月」「たきび」というように、季節や行事に関わる遊戯が

戦争末期でもよく行われていたことがわかる。戦時のものとしては、「大詔奉戴日」「僕は軍人」「水兵さん」が比較的よくとりあげられていた。「飛行機」もよくあげられていた。園によりあげられている題目に違いがみられ、複数の園で登場したものとして、「兵隊さん」「たいひごう」「大将さん」「太平洋行進曲」「日の丸」「がんばりませう勝つまでは」「傷兵さんありがとう」「小国民進軍歌」等があり、「落葉の兵隊さん」は師範附属幼稚園２ヵ所であげられていた。

『日本幼児保育史』に紹介されている「幼稚園で保姆が幼児によくさせた遊戯の内容」[51]をみると、男子は「僕は軍人」「飛行機」「兵隊さん」「金太郎」「桃太郎」「兵隊ごっこ」「兵隊さんよありがとう」「戦争ごっこ」で、女子は「ままごと」「靴がなる」「飛行機」「むすんでひらいて」「愛国行進曲」「お百姓さん」「夕やけこやけ」「チューリップ」の順であった。ここでは、最もよくさせた三つの遊戯の一つとしてあげた園の数で示されているが、戦争に関するものが多く、日誌等に記されていた実際とはかなり異なっている。

２．唱歌

唱歌は、遊戯と同じ曲がしばしばあげられている。まず、新しい唱歌を教え、その後振りをつけて遊戯を教えるという園もある。「天長節」「明治節」「紀元節」「君が代」のような国家の行事に関わる歌や、卒園式での卒業の歌や送別の歌は当然歌われていたと思われるので、これらの曲は除いて、多くの曲目が記されていた園からみていく。

栃木附属幼稚園では、唱歌の記入は遊戯より少ない。1943年度に最も多かったのは「音感」である。10回以上あげられていたのは「ヒヨコ」と「タンポポ」である。５回以上あげられていたのは、「ギッコンバッタン」「コッキフレフレ」「金太郎」「鯉のぼり」「大詔奉戴日」「雨」である。「時計屋の時計」「七夕様の歌」「もみじ」「お正月」「たき火」「豆まき」等は複数回記入されていた。1944年度に最も多かったのも「音感あそび」である。５回以上記されてい

たのは「たき火」と「遠足」で、「金太郎」「鯉のぼり」「大工さん」「大詔奉戴日」「落葉の兵隊さん」「お正月」「大雪小雪」等は複数回あげられていた。

堅磐信誠幼稚園では、毎月多くの曲目が記されている。1943年度に最も多かったのは、毎朝のように歌われていた「先生お早う」である。次いで多かったのは「ねがひ」で、「ポッポのお家」「神様」「美はしき」「東の山に」「フンパツ子供」「パラパラ落ちる」「遊んでゐても」「小さいお庭」は20回以上記されていた。「軍用犬」「軍艦」「僕等の兵隊さん」「兵隊さん有難う」「進めみくにの子供」のような曲も、15回以上登場する。1944年度には、3月以外は20曲を超え、最も多かった11月には50曲ほどになっている。「先生お早う」は、前年度同様毎日のように歌われている。「朝」「ポッポのお家」「東の山に」は、繰り返し歌われている。10回以上記されていたのは「雨の降る日も」「雀と子供」「よき朝が来た」「パラパラ落ちる」「僕の歌」「小さいお庭」「じゃがいも」「お米」「秋」「鯉のぼり」等である。春には「金太郎」「つばめの赤ちゃん」、秋に「お月さま」「もみじ」、冬に「氷すべり」「雪」「スキー」、2・3月に「おひな様」というように、季節や行事に因んだ曲も歌われていた。戦争関連では、「潜水艦」「航空日本」「僕は軍人」「僕等の兵隊さん」「軍艦」「防空演習」「進めみくにの子供」「兵隊さん有難う」等が、10回以上記入されていた。「大将さん」「鉄砲かついだ」「日の丸」「航空母艦」等が、複数回とりあげられていた。

勝川幼稚園では、1943年度に「おはよう」「七夕祭り」「オコリン坊」「お雛祭り」「国の宝」が3回以上記されていた。「さよなら」「雪だるま」「節分の歌」や、「奉戴日の唱歌」「頑張ませう勝つまでは」「隣り組」「ソロモン夜襲戦」等が、複数回あげられていた。「結んで開いて」「さくら」「蛍」「蝉」「お月様」「お米」「秋のお庭」「氷すべり」「春よ来い」のような季節に合わせた歌や、「ツバメの兵隊」「軍艦」「水兵さんがいたよ」というような曲目もとりあげられていた。1944年度には、「僕は軍人」「ハトポッポ」「予科練習生」「結んで開いて」「おはよう」「天子様」「指のお家」「草ぱはらつぱ」「天皇陛下」「鯉

のぼり」「端午の節句」「金太郎」「つばめ」「日曜日」「遠足」「日本一行進曲」
「東郷元帥」「水兵さん」「ボート」「軍艦」「大詔奉戴日」「進めみくにの子供」
「日本の子供」「ホタル」「七夕まつり」「蝉」「夏休み」「指切りかまきり」「タ
イヒゴウ」「鈴虫」「そうだ僕等も決戦だ」「秋の庭」「おしゃれうさぎ」「モミ
ヂ」「ジヤンケンポン」「戦争ごつこ」「赤十字」「兎」「春よ来い」「マメマキ」
「雛節句」等が、記されている。1945年度（敗戦前）には、1943・44年度にな
かった「つばめの赤ちゃん」「僕のうた」「僕は大層丈夫です」「日の丸」「大将
さん」「種まき」「赤い金魚」「お舟」等も記入されていた。

　山梨附属幼稚園では、1944年度に記入された回数が最も多かったのは、「今
日ハ大詔奉戴日」である。４月には、まず「チューリップ」や「結んで開い
て」がとりあげられている。「軍艦行進曲」「音感」「国旗フレフレ」「海ノ子我
等」も３～５回あげられている。９月以降「トンボ」「飛行機」「落葉ノ兵隊サ
ン」が４～７回あげられている。このほかに、複数回記入されていた曲目は、
「鯉ノボリ」「ママゴト」「蛍」「フシン場」「紅葉」「焚キ火」「オ正月」「豆マ
キ」「夢」「春」等である。1945年度の敗戦まででは、前年度になかった曲とし
て、「今日カラオ友達」「オ手々アソビ」「ツバメ」「タンジャウビ」「水兵サン」
「僕等ノ隣組」「時計ノオ国」「ヒヨコ」「田植」「強イアシ」等がある。

　小川幼稚園では、1943年度に最も多くあげられていたのは「音感訓練」であ
った。次いで「がんばりませう勝つまでは」が多かった。「航空日本」「和音聴
音」「秋の歌」「豆撒」等が複数回あげられていた。「撃ちてし止まむ」「若鷲の
歌」も複数回記されていた。1944年度にも、「音感訓練」と「和音聴音」は多
かった。「時計の歌」と「待避壕」「がんばりませう」は複数回、「指の歌」「大
詔奉戴日」「七匹の子羊」「日の出の子供」「潜水艦」「お正月の歌」「土俵が出
来た」「日本の兵隊」「豆撒きの歌」「うぐひす」等が、あげられていた。

　江戸川双葉幼稚園では、1943年度には「御指ノ歌」「私の幼稚園」「こひのぼ
り」「まけないぞ」「海軍記念日」「おにごっこ」「夏が来た」「ホタル」が３回
以上記されていた。「小さいお庭」「つくしんぼ」「かえるのお使ひ」「秋が来

た」「ヤシノミ」等が、複数回あげられていた。「チユリツプ兵隊」「くるくる
手まり」「雨ふり」「お顔の歌」等も記されていた。1944年度には、「雨だれ」
「栗の子供」「麗しき朝」「大寒小寒」「豆まき」等が記されていた。1945年度に
は、「音がする」「時計」「ホタルと天と虫」があげられていた。

　南山幼稚園では、1943年度に「遠足」「蛍」「ほたるこいこい」「どんぐり」
「お正月」「よいよいよい子」「お早う」「小さい子」「豆まき」「汽車ごっこ」
「ひなまつり」が歌われていた。

　進徳幼稚園では、1944年度に10回以上あげられていたのは「赤とんぼ」「ゆ
りかご」「兎のいもほり」や、「たいひごう」である。5回以上記されていたの
は、「もみじ」「お洗濯」「たきび」「菊の花」「トンボ」「七夕さま」「幼稚園の
お庭」「アヒルの御洗濯」「せみ」「子供の火の用心」等である。戦争に関連し
ては、「僕も大きくなつたなら」「あひるの艦隊」「がんばりませう勝までは」
等があげられている。国の行事に関わる歌として、「大詔奉戴日」「皇太子様の
歌」がそれぞれの行事の前や当日に歌われていた。遊戯同様、それぞれの季節
に関わる歌もとりあげられていた。

　仁川幼稚園の「赤組」では、1944年度に多かったのは「兵隊さんの返事」
で、次いで「航空日本」である。5回以上記入されていたのは「東郷さん」
「軍艦」「アシナミソロヘテ」「海の子供」「かぼちや」「蟻」「カニさんの歌」
「オ百姓サンアリガタウ」「小さいお庭」「うるはしき朝も」等である。「遠足の
歌」「パラパラ落ちる」「お米の歌」「落葉」「飛行機」「タキビ」「好い子の防
空」等が複数回記入されていた。12月には「羊かひの歌」「博士の歌」もあげ
られていた。1945年度には、5回以上記入されていたのは「胸ヲハツテアルキ
マセウ」で、3〜4回とりあげられていたのは「軍艦」「海だ海だ」「朝の道」
等である。5月の節句、七夕の歌も歌われていた。

　佐倉幼稚園では、1944年度に「僕ハ軍人」「朝ノ歌」「サヨウナラ」「赤イ花
白イ花咲イタ」「たきび」「皇太子様」「オ正月」「大詔奉戴日」があげられてい
た。龍野幼稚園の「緑組」では、「桜々」「日の丸の旗」「菊」「お正月」「凧」

等のほか、「音感」が複数回記入されていた。

　保育所では、滝野愛児園では「お手々をたゝけ」だけであるが、木屋瀬保育園には、1943年度に「金太郎さん」「手の鳴方へ」「先生と一緒に」「荒鷲行進曲」「幼稚園行進曲」「支那言葉」等、1944年度に「雁と燕」「赤チャン」「お寝みなさい」「オコリン坊」等、1945年度に「サルカニ合戦」「僕は軍人大好だ」「ふたァつ」「春の小川」「まんまるお月さん」「進めみ国の子供」「空襲警報」「時計の歌」「仲良し戦友」「朝の路」「ニコニコ保育園」「うさぎ」「ヒコーキ」等、遊戯と同じ曲目が多い。1945年度の「分園」では、これ以外に「僕らの兵隊さん」「父さんに母さんに」があげられていた。

　他の園も合わせてみると、戦争や国家の行事にかかわる歌として、多くの園であげられていた「大詔奉戴日」は、毎月あるため回数が多くなっている。「軍艦」「僕は軍人（大好きよ）」「がんばりませう勝つまでは」も、比較的多くの園であげられていた。季節や行事に関わる歌としては、「鯉のぼり」「紅葉」「たきび」等が比較的よく歌われていたと思われる。複数の園で、「音感」が最も多くあげられていて、音を聞き分けるための音感教育が、幼稚園でも行われていたことがわかる。

　『日本幼児保育史』では、「園でよく歌っていた歌」[52]と聞いているので、「音感」は出てこない。「僕は軍人大好きよ」「兵隊さんよありがとう」「愛国行進曲」「お山の杉の子」「勝ってくるぞと」「隣組」「兵隊さん」「日の丸」「飛行機」「見よ東海の空明けて」「予科練の歌（若鷲の歌）」は、「よく歌ったものから順に三つ」あげた園数が10を超える。日誌等の記録から、複数の園でよく歌われていた「航空日本」は、『日本幼児保育史』には出てこない。「大詔奉戴日」や季節や行事に関わる歌も、今回の日誌等の資料の方が、よくあげられていたと言えよう。

3．観察

　観察に関する記述は、5項目の中で一番少ない。園によっては、記述がみら

れない。

　1943年度に観察に関する記入が多かった栃木附属幼稚園では、1944年度には
さらに多くの題目が記入されていた。両年度ともとりあげられていたのは、
「お庭／春の庭」「鯉のぼり」「お玉じやくし」「落花生」「時計」「かたつむり」
「朝顔」「お月様／月」「草の実」「霜柱」「暖房装置／暖房」「水仙」等である。
1943年度には「桜の葉」「梅雨」「秋の野草」「種子とり」「こうもり」「貨幣」
「稲こき」「大根」「簡単な秤」「日の丸の旗」「梅の花」「金鵄勲章」「桃の花」
「兵器大砲・飛行機・軍艦・戦車」「草の芽」等があげられていた。1944年度に
は、「草花・木の芽・池の水」「桜」「蛙の卵」「クローバー」「白れんげ」「え
び」「軍艦のいろいろ」「木から出る樹脂」「田植」「天候」「山羊のこども」「げ
んごろう」「水すまし」「秋の虫」「冬支度」「稲子と米」「木の実」「紅葉」「常
盤木」「雪」「節分」「立春」「福寿草」「傷痍軍人章」等、多くのものがあげら
れていた。「こほろぎ」「バッタ」「朝顔」「けいとう」「氷・霜柱」は6〜8回
ずつとりあげられていた。オタマジャクシは取ってきて飼育していた。これを
みると、植物や小動物が多いことがわかるが、天候や気象に関することもあげ
られている。兵器や軍艦、傷痍軍人に関するような、戦争関連のものもとりあ
げられている。

　江戸川双葉幼稚園でも1943年度には多くの題目が記入されていた。「野外保
育」で「草花を取」ることや、「さくら、お玉じやくし」「こひ、しようぶ」
「ゑびがに」「時計」「蝉、くもの巣にか〕つた蝉」「蝉とぬけがら」「芽、枝豆」
「アヒル、ニハトリ」「ヒマの木、ホウセン花、鶏頭」「ドングリ」「落花生」等
があげられ、「たうもろこし」の時には「観察はとても興味があって面白かっ
た」（8月11日）、「トマト」の時には「畑の一番大きくよく出来たのを観察に
供す」（8月18日）と記されていた。こうした動植物のほか、「お金、物の売
買」や「電気」「汽車」、「水晶、硫黄」「ボーキサイト　軽石」「黒鉛」のよう
な鉱物もとりあげられていた。

　小川幼稚園では、1943年度には「桜の木」「毛虫をガラス鉢」に「飼育観察」

し、マユや蛾も観察していた。「園庭の草木・畠」「花　苗」「麦と麦の病気、豆」「雨後の草木・でんでん虫・信号旗」「蛙の卵・お玉じやくし」「朝顔、ケイトウの種蒔き」「時計の種類、今と昔の時計」「初夏の草花」「梅雨」「じやがいも堀」「田植」「ほたるととんぼ」「田圃の小虫」「朝顔」「稲、秋の虫、蛾」「秋ノ草花」「蝗」「秋の実り」「チューリップ、アイリス球根植え」「菊の花」「お米」「常盤木」「落葉」「雪」等があげられていた。1944年度には「幼稚園内外」「お人形」「豆、花菖蒲、鉄砲百合」「気象」「時計屋の店」「農園の手入と観察」「麦」「野菜、でんでん虫、蛍」「田植、麦打ち」「胡瓜のつる　花」「稲の観察及び植附け」「七夕星、瓜類」「ザクロ」「お米」「紅葉」「落葉」等のほか、「観察」と書かれていないが「畠の土はこび」「麦床作り」があげられていた。

　進徳幼稚園では、「幼稚園の庭」「雨降り」をはじめ、「そら豆の花」や「ポプラ」「藤の花」「あやめ」「菊の花」のような植物、「アリ」「毛虫」「かぶと虫」「せみ」「トンボ」「いなご」のような昆虫を観察している。「Z旗」「時計」「人形」のようなものも、対象としている。

　堅磐信誠幼稚園では、1943年度に「お玉じやくし」「チューリップ」「球根種（朝顔）」「つばめの巣及び卵」「野菜」「とんぼ」、秋に「球根」「各種勲章（記章）」「大豆　豌豆の種」「秋の野」、「冬の木の芽」「寒暖計」「雛壇」等がとりあげられている。1944年度には朝顔を植えて、芽や葉、花を観察している。9月には「ざくろ」「秋の七草（オミナヘシ、キキョウ）」「秋の虫」「夜、月を見る」「柿」と多くの題目があげられ、10・11月には植物や秋の自然に関することがあげられていた。

　勝川幼稚園では、1943年度には9月に「昆虫についてお話」し「絵本観察」と、「秋の虫、こほろぎきりぎりす」をはじめ「ばつた、いなご等皆ん取つて来て観察」が記述されている。1944年度には、東郷平八郎の「写真観察」、「実物観察衣類に就て」「蛍の実物観察」「蝉」「新聞」、「お花の観察」で木犀、コスモスやダリヤ、「菊」、「落葉及常緑木及紅葉・楓等」を観察していた。

1945年度には、園児が持参した「大麦小麦」や「ホタル」、「矢車草」等があげられていた。

新城幼稚園では、1943年度には、散歩に行き「団栗　蝗」の観察をして「拾集セシム」とある。秋の観察や「取入れ」の観察にも出かけている。1944年度には、「おたまじゃくし（下川にて）　数匹飼育し変態観察」（4月24日）をはじめ、「園外観察　青虫採集」や「麦の取入れ観察」、園外保育で「稲の取入れ観察」をしていた。散歩に行き「麦蒔　麦の発芽　つるうめもどき等の観察」（11月29日）もしていた。1945年度に入ってからも、散歩に出て観察することは行われていた。

園外保育の時の観察は、1943年度の片上幼稚園でも行われていた。「麦刈、苗代」「田植」「夏ノ海」「秋ノ七草採集」「蝗取リ」「秋ノ海」「落葉拾ヒ」「工場・伊部焼・古枯し・野山等」「春ノ海」等を観察していた。1月14日には「1.奥田山ノケーブルカー　2.片上湾海上ノ汽船ノ動キ　3.鉱石ヲ積ミ寄セル汽車ノ様子　4.冬ノ野、冬ノ自然界」と、多くのことがとりあげられている。「園庭ノ南ニ豆植」（7月9日）をすることもあった。

南山幼稚園では、1943年度に「運動場のチユーリップ」等の花を観て「屋上より方々を観察」している（4月10日）。6月には園児が蛍を持ってきてくれたので「蛍のお家をつくり暗くして光つてゐる所を見せる」（24日）と記されていた。「朝顔植付」もしていた。

龍野幼稚園では、1943年度には神社参拝の後、「おたまじやくし・観察」し、「若干、バケツに入れて持帰る」ことや、秋に「稲田観察、山道より帰る」ことをしていた。「生後始めて　小うさぎを草原へ出す」（5月19日）という記述から、兎を飼っていたことがわかる。1944年度には園外保育で、「田植を観察」していた。「緑組」には、「大根の虫」という記述もあった。

1944年度には、仁川幼稚園の「赤組」で、「稲」や「こほろぎ」の観察や、観察とは書かれていないが「大豆の種まき」（4月26日）「蟹を二匹もつて来る。よもぎとり。がのまゆをとつて来る」（5月3日）、「種から芽が出るまで

の絵を見せる」（10月12日）「柿の種をわつてみせる」（10月18日）ことをしている。「蚕」は継続的に観察している。翌年度にも、蚕の「マユ。カヒコノ脱皮を見る」（6月18日）ことが記されていた。

山梨附属幼稚園では、園児が見つけた「トンボ」や「亀ノ子」、園児に持参させた「茄子、胡瓜」があげられていた。「園庭ヲ一巡シ植木　麦、野菜等」「米ツキ虫」「蟻、蟻ノ巣、モグラノ穴」「園庭ノ南瓜ノ花　大豆　ヒマ等」「蜘蛛及ビ巣」「天とう虫」等があげられ、自由な時間に「川ニテアメンボ」「山羊ノ観察」等が行われていた。「軍艦（絵画、絵本、写真等ニヨル）」や「本校二階ノ海軍記念日ニ因メル陳列品」もあげられていた。陳列品を見た時は、「帰園後観察ノ発表」も行っていた。園外保育で「山梨岡神社ニ参拝」の途中、「稲ヲ初メ、人参、葱、大根等」観察していた（11月11日）。1945年度にも、園外保育で「麦、豆、大根、蝶、トンボ等」を観察したり、「園外へ観察ノ散歩」で「田圃カラ石森山」へ出かけたりしていた。「大豆マキ」は前年度同様、行われていた。

比較的よく行われていたのは、代陽幼稚園や高梁幼稚園、初雁幼稚園等でも記述されていた麦や稲にかかわる観察である。また、オタマジャクシのように、取ってきて飼育することや、種を植えて植物の生長を観察することが複数の園で行われていて、飼育栽培に取り組んでいたことがわかる。

保育所でも観察は行われていて、滝野愛児園では、1944年度に「朝顔」を観察していた。1945年度に木屋瀬保育園の「本園」では、「小川ですくつたオタマジヤクシをバケツに入れて出しておいた」（4月24日）り、「麦の観察が少しでも出来る様に畑の麦と裸麦を一茎づつ子供達の目のつく所に置いておいた」（6月8日）りしているが、関心を持つ幼児は少なかったようである。「天満宮様に参り麦刈と花菖蒲を、よく見せてつれ帰る」（6月12日）こともしていた。

戦争関連のものがとりあげられている園もあるが、観察では直接的影響が保育5項目中最も少ない。

４．談話

　談話としては、紙芝居や人形芝居、絵本、童話等のお話、躾や約束事に関わる話や訓話、時局に関すること等があり、多岐にわたる。ここでは、「紙芝居等」と「童話・お話」、「戦争に関わる話」を中心に、「話・諸注意」を加えてみていくこととする。「会集」で行われていたことも含めて、とりあげる。

　まず紙芝居であるが、どこの園でも行われていたが、佐倉幼稚園のように「紙芝居」と何回も記述されていても、ほとんど内容が書かれていないこともある。

　多くの記入がなされていた進徳幼稚園では、1944年度に「熊の御家」「三匹の子豚」「カラスカンベエ」「ネズミの嫁入」「若かへりの泉」「コブトリ」「ハンスの宝」「七匹の子羊」「浦島太郎」「鬼のつりばし」「頑張り小雀」「空襲」「桃太郎さん」「よくばり犬」「けんみん」「雀のおやど」「ピヨンチヤンのおつかひ」「神武天皇さま」「十五夜様」「金太郎の落下傘部隊」「子供の海」等が、あげられている。

　江戸川双葉幼稚園でも記入が多く、「一寸法師」「お山の向ふはお祭りだ」「小熊ノボウケン」は、1943〜1945年度にとりあげられていた。「小猿の恩がえし」「泣いた赤鬼」「ヒヨコの友達」「新ちやんと赤とんぼ」等は1943・44年度に、「アシノクキ」は1943・45年度に、とりあげられていた。1943年度には「虎ちやんのヒコーキ」「待ぼうけ」「お山ノトナリ組」「オトギ列車」等が、1944年度には「月の世界の兎さん」「強い王子様」「桃太郎」等や「打てし止まん」が記入されている。1945年度には、「赤ヅキン」「文福茶釜」「どん栗の出征」「丘の上」「コブ取爺さん」「虹の凱旋門」等が記されていた。キリスト教関連のものもあり、1943・44年度とも「ヨナ」「ザアカイ」「ダビデ」が、1944年度には「イエス伝」もあげられている。1945年度には「少年ダビデ」が記入されていた。

　勝川幼稚園では、1943年度には、「かぐや姫」「ハンスの宝」「ブンブク茶釜」

「長靴をはいた猫」が4〜5回とりあげられていた。「金の魚」「魂まつり」「トンクマ」「大国主命と白兎」等は複数回あげられていて、1944・45年度にもとりあげられている。「熊のお家」「花咲ぢいさん」「蛙と牛」「桃太郎」「オサルトメガネ／お猿と目鏡」も、1943・44年度ともあげられている。「うさぎと月」「豊臣秀吉」等は1943年度に、「花まつり」「空襲」「健民」等は1944年度にあげられている。1943年度と1945年度に「荒鷲隊」、1943・44年度には「爆撃荒鷲隊」と記されているが、同じものだと思われる。1945年度には、「おしやか様と鳩」「月の兎」等があげられていた。

　小川幼稚園でも、比較的多く記入されている。1943年度には、「七匹の子羊」「鴨とり権兵衛」「とんくま」が複数回あげられている。「軍用犬のてがら」のような戦争関連のものも複数回あげられている。「三匹の小ぶた」「一寸法師」「ピヨン太郎」「むし歯」「カラスカンベエ」「コロリン爺さん」「いなばの白兎」等もとりあげられていた。「神様のお話（巻紙芝居により）」や「梅雨の話（本園製作紙芝居）」、「観察紙芝居（お米の出来るまで）」という記述もなされていた。1944年度には、「赤帽子」「三匹の子豚」「おむすびころりん」「麦の話」「七匹の小羊」「かもとり権兵衛」「長靴をはいたお猫さん」「トンクマ」等のほか、「空襲」「待避」「子供召集令」「金太郎落傘部隊」「健民」「愛馬のオテガラ」「軍用犬のてがら」等の戦争に関連するものが多数あげられていた。

　1944年度には、八幡橋幼稚園で「花まつり」「タンポポの種」「三匹ノ子豚」「フシギナクニ」「オマチガイヲシタネコ」「小猿の恩返し」「おべんたう」「兄さんの出征」「アシノクキ」「荒鷲」「桃太郎」「ブウ太とトン吉」「ハンスの宝」「花坂爺」「空襲」「森ノ運動会」「ドングリ」「金太郎バクゲキ」「金太郎ノ落下傘部隊」等が記されていた。栃木附属幼稚園では、「ソロモンの海戦」「猪八戒」「小鴨のひっこし」「花咲爺」「タンポポの三つの種子」「どんぐりの出征」等が記されていた。龍野幼稚園の「緑組」で「お猿の恩がえし」「ヨッチヤンの防空演習」「サルカニ合戦」「アラワシ太郎」「ユキヒメとコウサギ」「お山のぶらんこ」「兎と亀」等が、記入されていた。

　山梨附属幼稚園では、1944年度に「森ノ幼稚園」「手」「迷子ノ子鴨」「オ強イ皇子サマ」が複数回とりあげられている。「オベンタウ」「田圃ノ案山子」「トンチウサギ」「象ノ太郎ト花子」等もあげられていた。1945年度には、前年度に出てきた「象ノ太郎ト花子」のほか、「良寛サン」や「負ケルモノカ」「ジャワノ一日」があげられていた。仁川幼稚園では、1944・45年度ともあげられていたのは「おむすびころりん」「バナナ列車」で、1944年度には「ヨイコドモノ一日」「桃太郎」「ヒコーキの村」「踊るバッタ」「カヘルト、ウシ」「花咲爺」のほか、海軍記念日には「大日本海々戦」もとりあげられていた。1945年度には「三匹ノコブタ」「きれいな虹の下で」もあげられていた

　記入の少なかった堅磐信誠幼稚園では、1943年度に「オムスビコロリン」「桃太郎の海鷲」「ゲンコツ軍曹」、1944年度に「ケンミン」「ガンバレ小雀」等があげられていた。1944年度に佐倉幼稚園では「花咲爺」「猿蟹」、犬山幼稚園では「一寸法師」があげられ、初雁幼稚園では「海と花」「頑張れ小雀」「お山の隣組」、翌年度に「浦島太郎」がとりあげあげられていた。

　保育所でも、紙芝居はよく行われていた。滝野愛児園では、1944年度に「かくれんぼ」「お山のお友達　三ちゃんの巻」「待ちぼうけ」「猿とかに」「お山の鬼」「仔猫とトンボ」「落下傘部隊」「仲よし防空壕」等が、あげられている。木屋瀬保育園では、1943年度に「うめのお節句」、1945年度に「本園」で「サルとカニ」「仲よし五人組」「三匹の子豚」「ピヨンサンのおつかひ」「お山の隣組」「コグマのボーケン」「チビ公物語」「花咲爺さん」「桃太郎」「お猿の恩がえし」等が、とりあげられていた。ぽっぽ園では、紙芝居は何度も行われていたが題目が記入されていないことが多くて、わかるのは「仲良し部落」「乃木将軍」「大江山」くらいである。

　「紙芝居」で比較的多くの園でとりあげられていたのは「桃太郎」や「花咲爺」のような昔話、「金太郎の落下傘部隊」や「空襲」のような戦争関連のものである。次いで多いのは、「ハンスの宝」「猿と蟹」「三匹の子豚」「小猿の恩返し」「七匹の子山羊」や、「頑張れ小雀」「けんみん／健民」「お山の隣組」等

である。従来からある昔話等と共に、戦争関連のものが取り入れられていた。

　幼児が家から持ってきた紙芝居を読むことも、複数の園で行われていた。

　人形芝居・人形劇を見せている園もある。1943年度に「舌切り雀」「浦島太郎」（栃木）「桃太郎」「舌切雀」（小川）「七匹の子山羊」（龍野）「天狗征伐」「舌切雀」（南山）、1944年度に「猿蟹合戦」（小川）「カチカチ山」（佐倉）「一寸法師」（南山）「天狗退治」「一寸法師」「三匹の子豚」「桃太郎」（龍野）等、昔話が多かった。

　童話・お話での記入が多かったのは、栃木附属幼稚園である。1943・44年度ともあげられていたのは、「鯉のぼりと雀」「お地蔵様」「田原藤太」「赤いめんどり」「天狗と平助」「鳥と獣の戦争」「月の兎」「ねんねんねむの木」「鳴かない鈴虫」「コーカサスのはげたか」「猩々の旅行」「羅生門」等である。1943年度には「ブル君の歯いた」「ターちゃんと九官鳥」「西瓜と鼠」「猫のお見舞」「スナップさん」「海月」「ころりんぢいさん」「海彦山彦」「傘屋の長吉」「きれいな金のおふとん」「ポコポコ」「兵隊さんとおさるさん」「黒のお客様」「小さい神様」「爆弾三勇士」等が、1944年度には、「富子さんと風船」「お山の柿の木」「赤ん坊爺さん」「金でろ銀でろ」「不思議な金の鈴」「へうたんラヂオ」「三毛の手袋」「六勇士」「お月様のあくび」「アリババ」「雨もり」「正月ぢいさん」「ねづみのもちひき」「赤頭巾」等が、記入されている。

　江戸川双葉幼稚園でも、多くの題目が記入されていた。1943～1945年度にあげられていたのは、「消炭太郎」である。1943・44年度の「かほるとしげ丸」「エンリコ」「サルカニ合戦」、1943・45年度の「鬼六」「キツネとカハウソ／川ウソと狐」「ねずみ小僧次郎吉／ネズミコゾウ」、1944・45年度の「鬼面」のように、年度を超えてとりあげられていたものもある。1943年度には、「狐ノサイコロ」「ふくれるパン」「ネズミの鈴」「足柄山の金太郎」「手白猿」「不思議な徳利」「ポチとオモチヤ」「鶴の贈物」「蝶とトンボ」「三人兄弟」「王子とルビー」「虻と獅子」「兎と虎」「欲深キツネ」「鉛の兵隊」「和尚さんと小僧」「時計のない村」「舌切雀」「牛若丸」「龍の目の涙」「おうちのよい子」「宮本武蔵」

「みくにのはじめ」「アルプスの少女」「一寸法師」等、多様な話がされていた。「赤子モーセ」「ダビデとゴリアテ」「アダムとエブ」のようなキリスト教の話もとりあげられていた。1944年度には、「金の船」「花咲爺」「三匹の小豚」「七匹の小山羊」「太郎の夢」「鼠の嫁入」「孝行兎」「狐ノ悪知恵」「蛙の王様」「猿の恩返し」「アリババ」「三ツ目の姉妹」「赤ん坊ばあさん」「ブーカーワシントン」等が記入されていた。キリスト教関連では、「モーセ」「ヨセフ物語」「ダビデ」等があげられていた。どちらの年度にも、複数回とりあげられている題目があった。1945年度には「海上歩行のキリスト」や「浦島太郎」があげられていた。

堅磐信誠幼稚園では、1943年度には多くの記入がなされている。キリスト教の園であったので、「聖話」として「ヨハネ」「マリヤへのお召」「十二才のイエス」「イエス様の御誕生」「イエスとニコデモ」「ヤイロの娘」「心の貧しき者その人は神の子ととなへられん」「パリサイ人」「ダビデ」等、「聖話」と記されていないが「セントニコラス」「三人の博士」「イエス様御降誕」「ダビデとゴリアテ」等があげられていた。「童話」として「涙のつぼ」「ラヂオと朝顔」「舌切雀」「つばめ」「黒公の冒険」「ルミ子ちやんの夢」「ポチと雪」「賢い子供は」「僕等のお雛様」等が、記されていた。「日本小史」「国史談」も行われていた。翌年度にも、聖話や童話、国史があげられていたが、記入は少ない。

小川幼稚園では、1943年度に「桃太郎のお話」「大きな玉の話」「月の井戸」「猿蟹合戦のお話」等が記され、「桃太郎」は翌年度にもあげられていた。

1944年度には、八幡橋幼稚園で「オネボウサン」「芳子ちやんと風船」「シヨウキサマ」「三匹ノヒヨコさんノオ話」「鬼ヲ退治シタ大工サン」「金魚ノお見舞」「田舎のお友達」「ジンギスカンの鷲」「小猿ノ恩返ヘシ」「オ空ノ旅（傘屋ノ長吉）」「田原藤太」等のほか、組によっては「赤い玉子」「ツルトカメ」「ジンボントケイ」「カモとりゴンベイさん」等があげられていた。進徳幼稚園では、「猫の御見舞」「大きな球の話」「おだんごころころ」「トミ子さんの風船」「雀と鯉」「三匹の犬」「金太郎」「大江山」「ねんねんねむの木」「三匹のくま」

「花さかぢいさん」「お日様と風」「ピヨン太郎さんのお話」「小人のふえ」「孝行者の太郎さん」「月の井戸」「マメマメマメのピヨン吉さん」「親指太郎」「かちかち山」等が、とりあげられている。

仁川幼稚園では、「赤組」で「ピヨピヨヒヨコ」「金太郎」「百合子さんの夢」「バッタのお話」「シジミノリウグウ」「お月様と兎」「キノコノキノスケ」「ユキユキフレフレ」「トマス　エヂソン（偉人伝）」「ウグヒス学校」等のほか、「オサルノエウチエン」が出てくる。龍野幼稚園の「緑組」では、「おむすびの旅」「山幸彦・海幸彦」「指太郎」「ヒヨコをたべた狼」「天狗の団扇」「雨ダレポッツリサン」「猿蟹合戦」「モー吉のおはなし」「ドングリ小坊主」「お山のトナリグミ」「黄金のふね」「ぶんぶく茶釜」「ユキヲチヤンの夢」「海のピアノ」等のほか、「国のはじめ」が数回出てくる。

山梨附属幼稚園では、1944年度に「大きな球」「猫のお見舞ひ」「チン太郎山羊」「コロリン爺サン」等のほか、「一組」で「三匹の熊」「ポコポコ」「猿蟹合戦」「大豚小豚」「メンドリサン」等が、「二組」で「お地蔵様」「マメマメマメノピヨン吉」「熊ノオ家」「神様トネズミ」等があげられている。1945年度は記入が少ないが、「大キナ球」はあげられている。

江戸川双葉幼稚園や勝川幼稚園では、園長が「お話」をしていた。

保育所としては、木屋瀬保育園の1943年度に「玉手箱の話」、1945年度に「本園」で「コブ取りぢいさん」「カタツムリと小鳥」「浦島太郎」「お百姓さんと天狗」「象サン」「豊臣秀吉」「カグヤ姫」の話や、「大ワシタイジ」「軍馬と軍用犬」「赤十字」「デンキの力」の絵本、「動物の絵を見てお話」「俵藤太」「落下傘」「えばなし」等、多くの題目が記されていた。「童話」として「おはなしの卵」「マハウノハクテウ」「サビタワラジ」もあげられていた。ぽっぽ園では、「絵本の話し」を聞かせていたが、書名は記入されていない。

「童話・お話」では、「舌切雀」「猿蟹合戦」「桃太郎」のような昔話がとりあげられていた。「富子さんの風船」「大きな球（玉）の話」「猫の御見舞」「小猿の恩返し」のように複数の園であげられている話もあった。「軍馬と軍用犬」

「落下傘」のような戦争関連の題目をあげている園もあるが、多くはない。

　幼児に向けた**戦争に関わる話**は、保育内容が記されていた園でも、記述がほとんどない園があり、行われていた頻度に差がある。

　小川幼稚園では、1943年度にすでに戦局の話がされていたが、1944年度には「泣く子は、米英の子供に負ける」（4月12日）「泣く子は小さくなる日本の強い子供になる様に」（4月14日）と、朝礼で泣かないように話している。「米英の子供に勝つ、我儘が出たらサイパンの子供の事を思へ」（7月11日）、サイパン島全員戦死の報道に関して「兵隊さんや住民の御苦労をしのび、小さくとも、きつとこの敵を撃たう。サイパン島の人達の後に続かうと誓ふ」（7月19日）「台湾東海面に於ける大戦果について幼児と共に大いに喜び今後一層ヨイ子になるやう決心させる」（10月18日）「大和魂で鬼畜、米英を撃滅せん事を幼児も誓ふ」（11月27日）「レイテ島の嬉しい戦局の話と日本の子供の決意をうながす」（12月9日）ことも行われている。「この戦争に勝つためには子供といへと勝手気ま、な事をしてはならぬこと」（1月13日）や、「京都空襲後のお話、皆のこれからの覚悟」（1月18日）が伝えられている。「敵機がいくらきようとも、頑張りませう」（2月5日）「敵機来るも恐る、な、安心して先生の命にしたがふこと」（2月27日）も話されている。このほかにも、帝都空襲や空襲時の心得、ルソン島上陸、硫黄島激戦の話等もされている。

　南山幼稚園でも、1943年度に「雨の日でも兵隊さんの事を考へたらお休みしない事を約束する」（6月15日）「代用食でも、よろこんで持ってくる事。勝つために、がまんをする様、おはなしする」（10月4日）、1944年度に「雨が降っても登園する様、戦争は雨が降ってもつゞいてゐる事から強い子供になる様お話しする」（4月19日）と、記されている。

　栃木附属幼稚園では、「報道」として戦局に関する話がしばしば記されている。たとえば、1943年度には、「ブーゲンビル島沖航空戦　大戦果の報道」（11月10日）、「第三時ギルバート諸島沖航空戦の報道」（11月30日）、1944年度にも、「高千穂降下部隊について（新聞をみながら）」（12月8日）」「敵ルソン島

のリンガエン湾に上陸、我軍は猛攻中」（1月9日）等の記述がある。

　1944年度に、進徳幼稚園ではサイパン島玉砕の話をし、「お城のお稲荷さんにお参りに行き、目黙を捧げ」ている。「台湾に於る我が大戦果の話」（10月21日）、「ヒ島に於る我が大戦果の話」（10月27日）等、「保育予定案」に記されている。仁川幼稚園の「緑・黄組」では、「マリアナ諸島激戦を新聞を通して語る」（6月24日）ことや、サイパン島の話は何度かされていて、「時局柄新聞のニュースに就いて家庭に於て聞かされる子供さんが多く、話がしやすい」（7月19日）と記されている。「赤組」では「昨日の大戦果　子供の心がまえ」（10月26日）や「神風特別攻撃隊のお話し」（10月30日）があげられていた。

　桜花幼稚園では、1944年度に、園長から「我ガ本土ヲ空襲セル敵B二十九ヲ激追セル勇猛果敢ナ我ガ空兵ニ後続為スニハ強健ナル身体ヲ必要トス。其レニハ寒サニ負ケヌ様風邪ヲ引ヌ事ヲ約ス」（1月25日）ことが話されている。2月の大詔奉戴日には「日本ノ兵隊サンハ『大和魂』ヲ持ツテ居ルノデ少シモ恐クナイ事」「全国ノ幼児達ノ献金ニヨリ『日本幼児号』ト言フ艦上飛行機ガ完成シタル事」等が話され、この写真を見せ「勇マシイオ働キヲスル様」お祈りしている。報道で知らされた「硫黄島ノ戦果」の話（2月28日）や、陸軍記念日には「昔モ今モ皇軍ガ強イコト、日本ノ国ハ神様ノ国デアルカラ終リニハ必ズ勝ツコトヲ信ジ一生懸命ニ献金シテ子供ナガラモオ国ノタメニ盡スコトヲ」誓わせている。1945年度にも「国旗ノ下ニテ現戦局ノ情勢ヲ話シ幼イナガラモ特攻隊ノ精神ヲ以ツテ日々ノ生活ヲスルコトヲ約シ日本ノ子トシテ恥ジナイ立派ナ人トナルコトヲ誓ヒ合ヒタリ」（5月10日）と記されている。

　山梨附属幼稚園では、朝礼時に「サイパン島全員戦死ニツキ」（1944年度）、「沖縄ノコト」（1945年度）等、話されていた。

　ブーゲンビル島やサイパン島の報道は、他の園でも幼児に話されていた。

　靖国神社臨時大祭や大詔奉戴日、天長節、明治節、紀元節をはじめ、陸軍記念日や海軍記念日、地久節のような行事にちなんだ話は、多くの園でなされていた。戦局に関する話も、特に1944年度の後半になると警報に関する話と共

に、多くの園で話されていた。アッツ島玉砕一周年の話は佐倉・八幡橋・進徳幼稚園でとりあげられていた。

保育所では、戦況に関わる直接的な話は見当たらないが、木屋瀬保育園の1944年度には「断じて勝たねばならぬ戦争、強よくならねばならぬ事を毎日毎日注込んだ週間であつた」（6月24日）「頑張つて頑張つて勝抜かねばならぬ戦争だからね、皆んなも強い上にも強くなつて頑張らうね、と打込んで話す」（9月2日）とある。1945年度には、「分園」で「時局と園児の心得」（6月7日）を話している。

話・諸注意として、生活訓練・躾に関しては、どの園でも話されている。挨拶や手洗・うがい、言葉遣い、仲よくすること、食物の好き嫌いを言わないことをとりあげている園が多い。自分のことは自分ですることや手伝いをすること、道草せずにまっすぐ帰ること、物を粗末にしないこと等を、とりあげている園もある。たとえば、西尾幼稚園では「会集」で「訓話」が毎日のようにあり、1944年度の4月に「朝挨拶を正しくすること」「右側通行」「泣かずに登園」「言葉遣ひ」「花壇の花をとらない」等、多様なことがあげられていた。

端午の節句や遠足、七夕、運動会のような行事について、入梅や田植、蛍のような季節に関わることも話されていた。

日曜日の生活発表をしたり、夏休みの話をしたりしている園（山梨附属・佐倉・八幡橋・勝川・仁川幼稚園）もあった。栃木附属幼稚園では、土曜日に「お話会」「生活発表」を行なっていた。

5．手技

堅磐信誠幼稚園では、1943・44年度に「自由画」「恩物」「た丶み紙」「絵かき」「切り貼り紙」「塗絵」「クレオンス」「切り紙」「美麗式」「貼り紙」「織紙」「切り抜き」「麦わら通し」「粘土」「輪つなぎ」「ウイービング」「破り紙」等や、古葉書を利用した製作が行われていた。1944年度には、「板ならべ」もあげられ、一回のみであるが「厚紙細工」も記されていた。二日に一回くらいは

手技が行われていたが、題目の記入は多くはなくて、1944年度には少ない。1943年度には、「たゝみ紙」で「オルガン」「蝶々」「飛行機」「うつわ」「せみ」「コマ」等で、「朝顔」や「チユーリップ」では、貼ったり描いたりを加えている。「勲章」「ふきながし」「菖蒲の袋」「金太郎の袋」「兎ノ手かご」「虫かご」等があげられていた。組によっては「貼り紙」の「籠と松茸」や「破り紙」の「雪だるま」がとりあげられていた。「Z旗」「戦闘帽」や「慰問帳」という記述もみられた。1944年度に記入されていた題目は、「勲章」「鯉のぼり」「時計」「提灯」「飛行機」、「立体動物」の「リス」「熊」、「さつまいも」「鬼」「おひな様」等である。

　栃木附属幼稚園では、1943年度に「自由画」「絵かき」、1944年度には「絵かき」が毎月のようにとりあげられ、複数回あげられていた月も多い。主題が決まっている時があり、「軍艦」「夏休み中のこと」「お月見／お月さん」「お正月に遊んだこと／お正月」は両年度ともあげられている。1943年度には「七夕祭」「運動会」「水仙」等のほか、「慰問用」のこともあった。1944年度には「お玉じやくし　蛙の卵」「チユウリップ」「好きな時計」「稲刈」「豆まき」等があげられ、「お誕生日のおくりもの」として描くことも行われていた。「ヌリエ」も両年度とも多く、多様な題材があげられていたが、違いがみられた。1943年度には「草履袋」「ヒヤシンス」「ツバキ」「林檎と梨」「牛」「帽子」「射撃」「へうたん」「海軍大臣旗」「お正月のもの」「交通信号」等、1944年度には「鯉のぼり」「タンポポ」「軍艦」「日の丸の旗」「鉄かぶと」「海の子」「モミジイテフサクラ」「装甲自動車」「水仙」等が記されていた。1944年度の方が、戦争関連の題材が多いことがわかる。「粘土」で「くしだんご／おだんご」「かたつむり」「お月見のお供え物／お供へするもの」は両年度とも、「果物」「お玉じやくし」「軍艦」等は1943年度に、「秋の虫」「落葉のお皿」は1944年度に記入されていた。「製作」では、1943年度に「こま」「プロペラ風車」「水族館」「お魚つくり新聞紙粘土」のほか、「八百屋さんの誘導」で様々な野菜を新聞紙粘土で作っている。新聞紙粘土では、2月に「大豆をみながら豆」を作ってい

た。「落葉をハリエ帳にはる」ことや、15日間かけた「双六つくり」、日にちを
かけた「おひな様」製作をしている。回数は少ないが、「切紙」も行われてい
た。1944年度には、「金太郎の立絵」「汽車（切紙）」「飛行機」「輪つなぎ」「金
魚鉢」「秋の草花」「木の葉の模様」「福の神様のお面と鬼のお面」等のほか、
前年度同様、「双六つくり」「新聞紙粘土で大豆」「おひな様」もとりあげられ
ている。

　小川幼稚園では、「摺方」で「座蒲団」「兜」「鳩時計」「朝顔」「飛行機」「三
宝」等が1943・44年度ともとりあげられていた。1943年度には「ヨット」「舟」
「お星様」「兎」「航空兵」「勲章」等、1944年度には「門」「鯉幟り」「ヤツコ」
「赤鬼青鬼」「ひな人形」等、比較的多くの題目が記されている。「ヌリエ」「塗
方」では、1943年度には「兵隊さん」「飛行機」、1944年度には「軍旗」「軍艦」
「戦車」「鉄カブト」「菊の花」等のほか、組によっては「鬼と福」「カメ」等が
あげられている。「自由画」だけでなくて、「遠足」「園外保育」「体練大会／運
動会印象画」「お正月」の「印象画」は両年度に、1943年度には「鯉幟り」「オ
マツリ」等の「印象画」がとりあげられていた。1943・44年度には「繋ぎ方」
「切方」が、1944年度には「貼方」も行われていた。海軍記念日の「Z旗」や
七夕祭りの飾り、お正月に向けて10日ほどかけての「カルタ」製作は、両年度
とも行われていた。このほか、1943年度には「慰問画」「慰問手技」、「時計屋
の店」や「あじさいの花」の「合作」、「室内装飾秋の山、栗の木」「ホタル籠」
「相撲取り人形」「おひな様の手技（かべ掛）」等が、1944年度には封筒応用の
「籠」や「"梅"の手提」等も、とりあげられている。

　小川幼稚園同様、「折紙」が比較的多く記されていたのは、江戸川双葉幼稚
園である。1944年度に「カブト」「飛行機」「御菓子入」「レンゲの花」「時計」
「豚」「カラスサン」「セミ」「兎さん」「菊」「鬼」等があげられている。前年度
には、組によっては「オルガン」「お舟」「お魚」、翌年度には「カヘル」「ツバ
メ」等もとりあげられていた。「ヌリエ」「粘土」はどの年度でも、年度によっ
ては「はり紙」「切紙」も行われていた。「ヌリエ」では、1943年度には「チユ

リップ」「日の丸」「オダンゴ」「ひよこ」「キシヤ」「風車」「トマト」「海」「お魚」「福寿草」「燐火」等が、1944年度には「かたつむり」「サクランボ」「図案」等があげられていた。1943年度には月ごとの手技が行われていて、「十一月の手技　菊」「オサイク帖にはる。とてもきれいだ」という記述もあった。1944年度も同様に「御細工」があり、「鯉幟」「朝顔」「兎と月」「稲田カ、シ」等があげられていた。「ユリ組」の「切紙」で「桜」「模様」「ナスビ」「桃」等が記されていた。「自由画」は各年度とも行われていて、多い月には7〜8回、1945年度には10回を超えていた。

　勝川幼稚園でも、多くの記入がなされている。「折紙」「ヌリエ」「自由画」「積木」「貼紙」や古葉書を用いた製作が行われていた。1943年度には、「折紙」で「お山」「鯉」「かぶと」「ウサギ」「朝顔」等、「ヌリエ」では「チューリップ」「軍艦」「鯉のぼり」「時計」「ヒヨコ」「飛行機」等のほか、「兵隊様」「防毒マスク」もあげられていた。この園では、製作帳に様々な細工をした記述がなされている。製作帳なので、季節に合わせた題材がとりあげられることが多く、1944年度には6月から始めて、「サクラ」「鯉幟り」「朝顔」「お月見の風景」「紅葉」「お雛まつり」等があげられ、戦時のものとしては、「軍艦」「Z旗」「タンク」が記入されている。製作帳以外でも、「軍旗」「軍艦」「戦車」があげられているが、全体的には季節の花や乗物、行事に関わるものや身の回りのものが多い。

　1944年度には、八幡橋幼稚園では「折り紙」「貼り紙」「土産物製作」が比較的多く、「自由画」「ヌリエ」「切り紙」が行われていた。ここでも、古葉書を用いた製作が行われていた。「折り紙」では、「サイフ」「長チョウチン」「カブト」「時計」「金魚」「舟」「朝顔」「テサゲ」「菊ノ花」等、従来から折られていたものに加えて、「軍艦」もとりあげられていた。「貼り紙」では、「ゴムの風船」「鯉のぼり」「アヤメ」「ヒヨコ」「時計」「金魚」「カッパと長靴」「ヘチマ」「栗」「カカシ」に加えて、「航空母船」もあげられていた。戦争に関連する題目は、「折り紙」と「貼り紙」では一つずつしかみられなかったが、絵画では

多い。「自由画」で、天長節に関してや軍艦、海戦を主題としていたり、「オ絵書」で海軍記念日に関してとりあげられていたりする。「ヌリエ」では、「ゼットキ」があげられていた。「飛行機・隼戦闘機」もあがっていた。

　進徳幼稚園では、多くの記述がなされている。この園の日誌は、先述のように上段が「保育予定案」で、その中に「手技手工」の欄がある。ここに記入されていたので、予定ということですべてが行われたかどうかはわからないが、記述が多いのは「摺紙」と「石盤」（絵を描く）である。「箸」（並べる）や「積木」も比較的多い。「粘土」や「紐」（置いて形を作る）、「板ならべ」もあげられている。古葉書を使った製作が、何度もとりあげられている。「摺紙」では「山」「カラス」「蝶」「カブト」「あやめ」「家」「オルガン」のような、戦時に関係なく従来からとりあげられてきた題目が、あげられている。直接戦争に関連するものとしては、「タンク」「戦車」「軍艦」（積木）、「火たたき」「バケツ」「防火用水桶」（石盤）、「たんく」（粘土）、「潜望鏡」（紐）、「Ｚ旗」（ヌリエ）、「軍艦」（箸）等がみられるが、全体的には昆虫や動物、植物、身の回りのものが多い。

　小倉幼稚園では、1944年度に「輪つなぎ」「自由画」「おゑかき」「指導画」「立体手技」「摺紙」等が行われていた。「立体手技（製作）」で、「勲章」「果物籠」「お月様」「おひなさま」が、このほか「チューリップ籠」「ふき流し」「タコ」「ほたる籠」「船」「提灯」「バケツ元型」「飛行機」「落下傘」「虫籠」「菊花」「凧」「羽子板」等、比較的多くの題目が記されていた。1945年度には、「摺紙」で「オルガン」「かぶと」「蝶」、「立体手技」で「あやめ」があげられていた。「勲章」「風車」「タンク」「蛍籠」「吹き流し」「飛行機」等も記入されていた。季節や行事に合わせた題目が多いが、戦争関連では「飛行機・落下傘指導画」や「軍艦」もあげられていた。

　龍野幼稚園の「緑組」では、1944年度に「ヌリエ」がよく行われていた。「花見ダンゴ」「桜」「国旗」「柿の実」「キシヤゴツコ」「兎」「菊」「タイヒガウ」「スケート」「兵隊さん」「雪ダルマ」「梅」「お雛様」等のほか、「ヌリエの

鑑賞」も行われていた。「自由画」も多く、「野菜と果物」「飛行機」「義士祭」「雪の日」「遠足」のように、主題が決まっていることもあった。「鯉のぼり貼紙」、「夕、ミ紙」の「時計」、「金魚鉢をきりぬく」ことや、「腕時計」「お月見」「お正月」「福の面」「鬼」のような行事に関わる手技も行われていた。

　山梨附属幼稚園では、両年度とも「自由画」「写生」「織紙」「塗絵」「貼紙」「タタミ紙」「ハサミ仕事」等が行われていて、1944年度には「糊仕事」もあった。「自由画」の回数が飛びぬけて多い。戦争に関連して「Z旗」（1944・45年度）や「軍艦」「水兵サン」（1945年度）があげられ、慰問品の店に飾る絵本作り（1944年度）が記されている。「自由画」の中では、戦争に関する絵が描かれたと思われるが、記述されていないのでわからない。「タタミ紙」の「鯉」「舟」「トンボ」「三宝」等は、従来から折られていたものである。

　仁川幼稚園では、しばしば「自由作業」が行われていた。「自由画、おり紙、切り紙」の日もあれば、「自由画、粘土」の日も、「自由画、六色三体、切りがみ、棒たて」の日もあるというように、様々な活動が準備されていて、園児達はその中から選んでいた。時には「一勢作業」と記されていることもあり、1944年度の「赤組」では「鯉のぼり」や「菊の花の手さげ袋」「オヒナサマノカベカケ」が作られていた。「オ月見ノ画」を描くこともあった。

　代陽幼稚園では、「お細工帖」があり、輪つなぎをしていたことがわかる記述があった。

　保育所でも折紙の題目が比較的多く記されている。木屋瀬保育園では、「舟」「カブト」「風車」「山」「金魚」等が、滝野愛児園では「お船」があげられている。ぽっぽ園では「金魚」が記されている。折紙以外では、木屋瀬保育園ではこの期間に「飛行機」「自由画」「紙ぐさり」「鯉のぼり・花のぬり絵」「花菖蒲のはり紙」等が行われている。滝野愛児園では、「自由画」がとりあげられていた。ぽっぽ園では「笹舟」を作り、浮かせて遊んでいた。

　その様子として、1945年度に木屋瀬保育園の「本園」で金魚を折った時に「大きい尾ひれが特に目立つて出来上つて台の上に皆ならべてうれしそうだ

お父ちゃんに送るからもつてかへしてと頼む子供も居た」（7月18日）、「分園」
で兜を折った時に「お家へ持て帰りたい様子だが、菖蒲の節句鯉幟も男の子に
因んだ物を小しづゝかざつてやりたいと一寸心ばかりのはからゐで一度あづか
つて室の装飾をなす」（5月18日）とある。ぽっぽ園では、「手工に福すけさん
を教えて家に持つて」（1943年6月28日）「手工のカブトも良く出来家に持て」
（7月5日）と、持ち帰っていた。滝野愛児園では、「松梅共はじめて自由画を
描く。思ひつきが迚も面白い」（1944年10月13日）とある。

　「手技」では、記述の仕方は異なるが、「折紙、切紙、貼紙、塗り絵、自由
画」は、多くの幼稚園・保育所で行われていた。古葉書利用の製作や「輪つな
ぎ」も、とりあげていた園が多い。塗り絵は印刷したものが売られていたこと
もあって、多くの園で「海軍記念日」には「Z旗、軍艦」がとりあげられてい
た。折紙では、従来から折られていたものが多い。

　「お土産」として持ち帰らせるものの製作は、多くの園で行われていた。小
倉幼稚園のように、土曜日に「お土産」製作がよく行われていた園もあれば、
行事等に因んで作り持って帰る園もあった。

　1944年度には、「時局下保育用紙も容易に入らぬ時ながら自然物を利用すれ
ばまだまだ充分楽しむに足る保育計画もたてられる」（堅磐信誠・10月26日）
という記述から、材料の入手が徐々に難しくなっていることがうかがわれる。

6. 自由遊び

　自由遊びは、どこの園でも行われていたと思われるが、具体的にどのような
遊びかは、記入されていない場合が多い。

　多くの記入がみられたのは山梨附属幼稚園で、自由遊びの時間は一日に2～
3回あり、そこでどのような遊びをしたか記されている。同じ遊びが、日に2
回、3回と記入されている場合も多い。記入された回数を調べた結果、1944年
度には、9月までの前半では「積木」が最も多く登場し、ついで「絵本読ミ」
「水遊ビ」が多い。「鉄棒」「ブランコ」のような遊具を使った遊びもしばしば

行われている。「黒板画」「鬼ゴッコ」「砂遊ビ」「滑台」「汽車ゴッコ」も行われている。10月以降は「絵本読ミ」が最も多く、次いで「積木」である。「黒板画」「鬼ゴッコ」「陣取リ」もよく遊ばれている。「オハジキ」「泥イヂリ」「汽車ゴッコ」「オ手玉」「鉄棒」も行われている。

　1945年度に最も多く記入されていたのは、「積木」で、次いで「砂場」「絵本読ミ」であった。少し減って「滑リ台」「鉄棒」と続く。「黒板画」や5月以降の「水遊ビ」も比較的多かった。「鬼ゴッコ」「カクレンボ」「陣取」「ブランコ」「花一モンメ」も時々行われていた。両年度とも、このほかに回数は多くないが、「坊サン坊サン」「ママゴト」「マリツキ」「今年ノボタン」「ズイズイズッコロバシ」等、多様な遊びが記入されていた。

　栃木附属幼稚園でも、自由遊びの記入が多かった。特に1944年度には、行事の時以外は、毎日のように記入されていた。1943年度に10回以上あげられていたのは、「なはとび」「はねつき」「角力」で、5回以上は「兵隊ごつこ」「汽車ごつこ」「ま丶ごと」であった。1944年度に最も多かったのは「ま丶ごと」で、次いで「鬼ごつこ」「中線ふみ」であった。「積木」「戦争ごつこ」も、よく行われていた。「砂遊び」は5～10月によく行われていた。1～2月には、連日のように「はねつき」で遊んでいた。このほか10回以上記入されていたのは、「ぶらんこ」「なはとび」「絵本よみ」「かけつこ」「飛行機とばし」等である。5・6月の「クローバーとり」、6・7月の「水あそび」、9月の「虫とり」も10回を超えるので、その季節にはよく遊ばれていた。「はないちもんめ」「汽車ごつこ」「角力」「石あて」「雪のあそび」等も何回か記されていた。

　小川幼稚園では、1943年度には「鬼ごつこ」が5回で最も多く、「おま丶ごと」「兵隊ゴッコ」「飛行機とばし」「縄とび」や「虫籠つくり」「まり投げ」「はねつき」等が記されていた。1944年度には、最も多かったのは「おま丶ごと」で、「汽車ごつこ」「中の中の小坊さん」「鬼ごつこ」「かくれんぼ」「毬投げ」等が複数回あげられていた。

　勝川幼稚園では、1943年度に「お砂場」「ブランコ」「かくれん坊」「おにご

つこ」「かごめ」「縄飛び」「戦争ごっこ」、1944年度に「いもむしごろごろ」「すまう取」「目かくし」「鬼ゴッコ」「かくれんぼう」「カゴメカゴメ」「戦争ごっこ」「ブランコ」「おすべり」等や、冬には「氷すべり」「雪合戦」があげられていた。

　桜花幼稚園では、1944年度の1～3月に「鬼ゴッコ」「戦争ゴッコ」「綾取リ」「縄飛ビ」「陣取リ」等が、あげられていた。1945年度の4～6月には「マヽゴト遊ビ」「ブランコ」「オ砂場」「鉄棒」「象ノオスベリ」「鬼ゴッコ」等が複数回あげられていて、外遊びが中心であったことがわかる。

　佐倉幼稚園では、1944年度の4～6月に、「オ砂場」「オ滑リ」「ブランコ」が複数回あげられていた。海軍記念日の前に、砂場で「高射砲」や「積木デモオ砂場デモ軍艦」という記述がみられた。「ゴ本」「オ飯ごと」「鉄棒」「オ団子」等もあげられていた。11月には「[園児の氏名]達ガ主ニナツテ防空演習ゴッコガ始マリトテモオ上手ニ面白サウ」（2日）と記入されていた。

　江戸川双葉幼稚園では、1944年度に「積木」「ボール」「絵本」「円木乗り」「スベリ台」「砂場」等が、あげられていた。

　1945年度に、代陽幼稚園では「ブランコ、おすべり、砂場、等各自のお遊びが良く出来た」（4月12日）と記されていた。龍野幼稚園では、「鉄砲遊び」や「砂遊び」が多く記入され、「戦争ゴッコ」「積木」「おゑかきあそび」等も記されていた。

　ぽっぽ園では、1943年度に「ママゴト」「馬ゴコ」「絵本」「木馬」「ハンカチ落し」「おり紙」「つみ木」「兵隊ごこ」「かめさん」「うでずもう」「土遊び」「輪なげ」「かくれんぼ」「糸掛」「鬼ごこ」等があげられていた。「アヅきたつにたつ」という記述もあった。

　滝野愛児園では、「遊具が整ってゐないので自由あそびにはすぐあきる様である」（11月2日）と記されていたが、ブランコや砂場はあった。木屋瀬保育園の「本園」では、「すべり台」「ブランコ」「舟形ブランコ」「絵本」「棒登り」「積木」があげられていた。「分園」では、砂遊びや水遊びも記入されていた。

複数の園で記入されていたのは、「ま、ごと」「鬼ごつこ」「汽車ごつこ」「砂場」「ブランコ」「滑り台」「縄飛び」「かくれんぼ」「戦争ごつこ」等であった。室内遊びでは、「積木」と「絵本」が多かった。

『日本幼児保育史』では、戦争中に園児が好んで遊んだ遊びの内容が紹介され、男児の場合「戦争に関連した遊びが多い」とある[53]。日誌等の記録は男女別に記されていないことがほとんどであるが、戦争に関連する遊びの記述は多くない。園による違いは大きいが、鬼ごっこや遊具を用いた遊び、夏の水遊び、秋の虫とり、冬の羽根つき等の季節に合わせた遊びがよく行われていたと言えそうである。

第5節　保育者の思い

保育者の思いが記されていたのは、わずかしか記述されていない園も含めて6割ほどである。

行事に関わっては、遠足で1943年度に江戸川双葉幼稚園では「朝起きたらきらきらと輝いたお天気」「よい遠足が実行出来てうれしかった」（5月21日）、1944年度に常葉幼稚園では「新緑目さむるばかりにて空より晴れて気持ちよかりき」（5月24日）、「園外保育」で「快晴に恵れて一点の雲もなく午後一時半往復電車にて楽しき一日を送りぬ」（6月7日）という記述がなされている。

龍野幼稚園の1944年度の「緑組」には、5月の節句の遊戯会で「もつともつと研究せねば、研究不足の点多し」（5月5日）、明治節で「今日の式ハ大へん気持がよかつた　本当に四大節の意義が挙行されつ、よく現れ荘厳な気がみちてうれしかつた」、節分で「日本の年中行事でも楽しいもの　戦争時故家庭では行はれなくなつたが幼児には知らせておいて日本の国を知らすについては大切な面なり」という記述がなされていた。

山梨附属幼稚園では、1944年度の天長節で、練習の時に「雨中に本校まで整列して往復した事は幼児にとつて非常な努力を要した事であつたと思ふ」（4

月28日）、当日に「幼児なりに厳粛な式を挙行することが出来てうれしく感じた」（29日）と、記されている。1945年度には、勝川幼稚園で天長節の時に「長い時間の起立にも皆大人しく、先生のお話し等を聞いてゐたのには感心する」と記されていた。

木屋瀬保育園では、1943年度の遠足の翌日に「従来ならば当然お休みである然し戦時であるが故に頑張りを要求して平常通り」としたところ、「休む者ありたるも　出席したる園児皆な元気溌剌として愉快なり」（10月26日）と記されている。紀元節では、「勅語を奉読し　君が代を奉唱した厳粛な一時は、平常に味ふことの出来ない尊い時間であつた。佳節を喜ぶために園児にお菓子かなにかを与へる事の出来なかつたのが残念であつた」と記されている。国民学校の終了式と日が重なり2日延期した「遊戯大会」に関して「舞台」「拡声蓄音器及マイクロホンは成功の六割以上を受持つものとして感謝に絶へない」「お母様方の手伝いがあり、心配した跡始末も大勢のお蔭で何なく了り感謝」と記述されている（3月28日）。

滝野愛児園では、1944年度の「修得式」（3月23日）で「それぞれ修得証書を貰って嬉しさう　つゝがなく保育出来た事をうれしく思ふ」と、喜びの気持ちが書かれている。

日常の保育に関わって、勝川幼稚園では、1943年度に「ヌリエ」を初めてした時に、「皆んなよく出来うれしく感じた」「色の分別をよくよく教へる」（6月3日）、「切り紙」で鋏を使用した時に「まだ切り抜きの出来ぬ子あり、困る」（6月24日）、「あひるのおせんたくを新教授」「皆面白いかすぐ覚えてしまつてうれしかつた　けれどいつになくおけんかが多くて困る」（9月16日）と、幼児の状況に喜んだり、困ったりしたことが記されている。1944年度に付添もすぐ帰って、一人も付いていないことに「だんだん園に馴れうれしい」（4月17日）、「今年の子供は全部出席して居て何より喜れしき限り」（5月2日）と出席を喜んだり、皆が「喜んでお遊戯もするようになり又お上手になつてうれしい」（6月2日）「良く覚えて来れるのでうれしい」（11月18日）とで

きるようになったことを喜んだりしている。おしゃべりをして困ることや、「美麗式」をした時に「出来そうでぼんやりしてゐる園児も未だ未だあるので真んとうに困つてしまふ」（7月12日）という記述もみられた。1945年度には、園に馴れて付添がなく嬉しいことや、「国民儀礼」「朝のお約束」「一所に出来るやうになりうれしい」（4月30日）という記述があった。

1944年度に山梨附属幼稚園では「日光ヲ浴ビツ、園庭ニ喜々トシテ遊ブ子供等帝都ヲ偲バ幸福感ト感謝ノ念湧キ出ス」（12月7日）と記述されている。栃木附属幼稚園では、「今日のお菜は」「比較的に子供の好・嫌の多いものである。今日も五・六人どうしても食べない子が出来たが、だんだんに誰も食べられる様矯正するつもりである」（5月4日）とある。

龍野幼稚園では、1944年度の「緑組」に多くの記述がなされていた。「自分の躾の仕方は少し仕方がまちがつてゐるのではないだろうか　物の大切な事をもつと徹底させねばならぬ」（5月9日）、「先生の心持、其の日其の日の心境の影響はおそろしい物だ　気がついて大急ぎで表情をかへる」「ニラメッコをすると一度にみんなニコニコとなつてうれしい」（5月10日）、「久しぶりにタンタンタンゴのお遊戯」「非常楽しさうにする。しかし調子にのりすぎて困る」（5月25日）、「小さい組の幼児の性格をもう少ししらべてやらねば」（5月26日）、「約束が守れたのでお部屋でほめると　皆こんども『いゝ具合にしよね』と喜んでゐた。自発的にしようと思はす事はむつかしいとつくづくと感じた」（11月25日）、「曲をうたふについての正確さをもつときつちりと教へやうと思ふ」（1月13日）、「おはなしはだらだらならずにそして要点をつかみ其の上に美しい形容も入れて―よほど考へねばと思ふ」（1月24日）、「自由画」「興味を誘ふといふことに努めねばならぬがつくづくとむづかしいと思ふ」（2月8日）というように、保育の難しさ、反省が多く記されている。1945年度には「昨年に比して一般にどの子もどの子も依頼少し連れ立って遊びよい傾向だと思ふ　これも戦争に反映する世間の情況と思ふ」（4月13日）「心地よき晴天のもと、若葉の香りと共に遊ぶ子供等の健かさ、室内に居る子もどんどん出てほしい」

（4月24日）「お砂場の遊具もまだ出して居ないし、汽車はこわれてゐるしブランコのつなは出来て居ない　気になる事多し」（5月28日）と記されている。「大きい組の女子部お部屋で画をかいて遊んでゐる児あり注意を要す」（7月10日）とあり、翌日には「大い組の子のおゑかきあそびいくらいさめても聞かないとても面白ひらしいのでとめるのも」「一考せられる」と述べられている。

佐倉幼稚園では、1944年度の4月に、集まりの時に「オ話ガ大分盛ンニナツテキテ困ル」（18日）、はっきりしない天候で「終日落付ナイデ大弱リノ日デアツタ」（21日）、「オ椅子ノ戦車ハヨカツタ　オ集リハアマリ良クナイ」（28日）と記されている。5月には、お弁当を男女別にして「ヤハリ一組ヅゝ別ノ方ガ良イ様ニ思ハレタ」（10日）、実習生が来た時に「甘ヘル方多クテ心地悪ク何トカ直シ度思フ」（18日）、アッツ島玉砕の話の時に「小サイ方ニハ面白クナイカラ仕方ガナイ」（29日）と記述されている。6月には、「オ道具ノ争奪ハ仕方ガナイ何デモ足リナイノダカラ」（26日）、いたずらをしてきかない幼児が沢山のようにみられるが「入園当初トハ大チガヒニ皆落付イテ良クナツテ居ル」「段々ト気永ニ直シタイ」（27日）とある。月曜日に「ダラシガナクテ困ツタ折角一週間骨ヲ折ツテ直シテモ一日ノオ休ミデスツカリ後戻リトナツテ了ツテ困ル」（7月10日）ことも記されている。豆細工をした時に「皆一人デ指導ヲ受ケナイモノ迄作レタソウデウレシイ」（9月18日）とある。出席が多かったり、元気に遊んだりして嬉しいということも記されている。8月に園が部隊の宿舎になり仮住まいであったのが、戻った後、「スツカリ落付イテキテウレシイ」（12月19日）という記述もなされている。空襲があり出席が少ない状況に、「モウ僅カデオ別レ故空襲モナク好天気ガ続イテ大部分ノ幼児達ガ毎日出席スル様ニシタイモノダ」（3月1日）と希望を記している。

仁川幼稚園では、1944年度の「緑・黄組」に、「リズムはある一つのものを皆に徹底的にやらせる事は　上達もしよい事だと思ふ」（11月2日）のほか、スキップができるようになって嬉しいということや、園児が一人で「よい子の防空」を歌い嬉しくなったこと等が記されていた。1945年度の「赤組」には、

日曜日のことを聞いた時に「ヨク覚エテキルノデ、感心シタ」（4月23日）、弁当を始めた日に「大体皆ンナ残サズ、コボサズ。箸デ上手二食ベルノデ感心シタ」（5月9日）というように感心したことや、登園の途中で園児が泣いて大変だったことも記されていた。

多くの幼児達が楽しみにしていた弁当に関して、初雁幼稚園では、1945年度に「新学期はじめてのおべんとう故子供達大喜びにて元気に登園一人一人の顔がいつもとちがふ様に感じる　食事時の躾をはつきりとやしないたいと思ふ」（5月9日）と、記されていた。

保育所では、木屋瀬保育園に園長が思ったことが多く記述されていた。1943年度には、こわれたブランコに「停頓や壊れを見せるだけでも、伸び行く力に悪影響を与へるなり、故に何処までも確実な壊れのない指導こそ必要」（7月12日）、「後援会の力添へにより内外の設備整ふにつれ　明るい楽しい幼稚園として日頃のネライに近寄れる事は限りない喜びである」（11月15日）「本堂に上り座蒲団を敷くのが嬉しいらしく我勝に上る．それでも下駄をキレイにそろえる事は忘れてゐない本当に嬉しく思ふ」（12月3日）、「十時太鼓にて集合、遥拝、体操、礼拝、静座、御挨拶と今日はとても上出来で本当に嬉しい」（12月6日）等、多様なことが記されていた。新しい歌の覚え方の調子が落ちた時、「導入を急いだ為」で「急くが故に効果を失する事あるを心せねばならぬ」（1月22日）と反省している。1944年度も園長が週末にその週を振り返って、出征前まで記入していた。新年度が始まり、2週目の終わりに「一向に軌道に乗らない、労多くして功少ない週」で、園児に信頼感を与えることが必要だと述べられている（4月22日）。翌週末には「園児に何んとなしに柔らかみを味あわせる事が出来た様な点を見受けられ」「先生の暖たかみは園児への温情となつて流れ込む」とある。ようやく軌道に乗り、「園児の気持もよく落着いて来てとても愉快」（5月6日）と、4〜7歳と「年令差のある幼児を一丸として共に共通な、喜び、興味、楽しさ、を与へる事は容易でない」が、確実に前進していて「先生と園児の間が非常にしつくりして来た」（5月20日）と記されて

174

いる。教材も思うように仕入れられない状況下で「お八ツも他に求めるは不可、自給自足」が最善の道だとしている（5月27日）。「第二学期」には「断呼として自給自足を」したいと記している（7月29日）。

1945年度は、保姆たちが交代で記入している。「自然と子供とはこんなにもとけこめるのか、いつまでもいつまでも伸びやかに遊ばせてやり度い」（4月24日）、「元気に健やかな園児の楽げに遊びたわむれる姿を見てゐると戦争の事も何も忘れてしまふ」（5月15日）とある。作った「風車にうれしげに走りまはる子供の姿、喜びはそのま、保育の歓喜にかわる」が、午後は急ぎの用事のため、「のぼせて喜ぶ子供達が」動かないことを大声で叱ってしまい「恥かし」と、反省している（5月17日）。このほかにも自分の熱意が足りないことを反省する記述がみられる。「子供達の間にかんにんね、有難う等の言葉の交される事」を嬉しく感じたり（5月16日）、警報が出て「木陰に町別に上手に並んで御迎へを待つ事の出来る様になつたのも日頃の訓練の表れと嬉しかつた」（5月23日）り、ジャガイモの入った「お味おつけ」を食べて目を輝かせ「うれしがつてか中食後ざわめき過ぎたが自然の姿、ほ、えましい」（6月4日）と、感じたことが記述されている。「分園」では、運動場がなかったり、ブランコや滑り台が不備だったりして、残念で困ることが記されている。一日自由遊びをして楽しかった日には、「一週に一度は自由遊びを定めるのも良い事ではないかとしみじみ感じました」（4月19日）、「楽しき日を記憶される一日にしてやりたい」（5月11日）と、環境が整わない中、幼児達が楽しく過ごせるように考えていたことがうかがえる。

滝野愛児園では、本園と比較して、もっとよくやらなければならないという記述がみられる。園に来るのを嫌がって泣く子が「機嫌が良かつたのでうれしく思ふ」（10月21日）ことや「欠席者が多いので淋しい」（12月21日）ことも記されている。第三保育期に入る前に、「暫く園児の姿を見ないとどうしてゐるかしら　と懐しく感じる　明日から又元気なお顔を見せて呉れるやう祈りつ、綺麗にお掃除を済ますと気も爽やかになる」（1月5日）とある。

　ぽっぽ園では、新しい「先生がお見えに」なった時に「とても面白そうに遊ぶ」「良い先生に来ていただいて子供同ように嬉しい」（4月10日）、「県の方がお見え」になり「唱歌を歌てお聞かせし」「遊戯やり大体に於いて良かつた」（7月16日）という記述がある。

　戦争に関わって、南山幼稚園では、1943年9月の大詔奉戴日に園長が来て「食糧増産」と「代用食についてのお話」があり、「よく感じて神妙にきく」様子に、「本当に、決戦下の超非常時な事を痛感す」と記されている。また、園外保育に出かけた時に、「子供達、暑いとも疲れたとも言はず元気に歩く」様子に、「決戦下の子供と思った」という記述がなされている（9月13日）。

　栃木附属幼稚園では、1943年度に学校で行われた「出陣学徒壮行会」に幼稚園も参加した時に、「一つ一つのおはなしが、わかるわからないは問題ではない。わかつてもわからなくても良い　唯々こゝに盛り上つて来た熱情、学徒を中心にして高まつて来た感情、それを全身で感じ得れば充分である。わかつた等と云ふ簡単な形でなしに、そのふんゐきにひたりきらせたいのである」（11月29日）と記述されている。1944年度には、「敵機いよいよ我が本土にせまつて来た　如何にして幼児を空襲から保護するかを真に考へねばならない」と、6月16日から休園であった時に枠外に記されている。

　常葉幼稚園でも、1944年7月に、「大に銃後増産に我も人も戦はなければならない　国家の一大危機と云ふべし」と記述されている（25日）。高梁幼稚園でも、1945年7月に「時局いよいよ緊迫空襲頻繁となり一時を争うの時、益々戦時保育の重大さを感じ」というような決意が記されている。

　堅磐信誠幼稚園は、1944年度の9月20日以降、保育者の思いが度々記述されている。この年度の後半は、名古屋もしばしば警報の発令を受け、戦局が厳しくなる時期である。「台湾がいよいよ戦場と化すとは前から覚悟はしてゐたものゝ　いよいよ決戦の近きを覚ゆ。幼ない者を保育してゐる私達、いざの場合に何如に処すべきかの覚悟は出来てゐるであらうか」（10月13日）「大戦果の報道を聞いて身も心も浮き立つ様な気持よさで園に出た。子供達は今日も元気で

ある。戦果の話をするととても興味深く聞いてゐる。しかし自己から話し出すと言ふ子供もない」「子供自身から今の戦局に対して話題を出す様に保姆が日々注意し導きたいと思ふ」（10月16日）、「園の屋根の上を水上飛行機がひくくひくくとんで行った。子供は"わー"と声を立てゝそれぞれ見た事を話しつゞいて色々な質問が出た。私達はこうした質問に本当に自身ある答をしたい子供の伸びる力をどこまでも伸したい」（11月11日）というように戦時下の子どもの姿と保育者の思いを記している。

　進徳幼稚園では、1944年度の9月に「昨日御貸し下げ頂きました皇太子殿下の御写真を園児の一人一人に拝ませる。御病気一つ召さずすくすくとお育ちなさる殿下の御立派な御姿を拝みまして、皇国日本に生れた事を喜び力強く感じました」とある（27日）。10月には、「大日本婦人連合母の会の会長」が来る準備をし、「お客様が参りますと子供はそちらに気を取られてお行儀が悪くなつたりすると困ります。上手にできますか？　少々心配です」とあり、当日は「心配していた割合に良く致しましたので安心致しました」と述べられている。会長の「『体に気を附けて強い立派なよい子になつて下さい。』と」の言葉に対して、「『日本は強い。この戦にきつと勝つ。私達はきつと良い子になります』と」返事したとある（30日）。

　勝川幼稚園では、1944年度に「子供達、なんと元気一杯此の気持で米英を打ちほろぼす精神を多いに養ひ園児と共に一心同体となつて保育にたづさわる覚悟である」（4月7日）、「今は戦時多いに頑張ぬいてしつかりやりとげませう」（12月21日）とある。時代が前後するが、ゴムマリの配給で「皆んな喜んでいるがあたらぬ園児は可愛相」（1943年5月20日）という記述もみられる。

　八幡橋幼稚園では、1944年度に「戦つているサイパン島をしのぶ園長先生のお話あり子供ながらも一生懸命に聞入ました。サイパンの小国民我張つて‼」（6月27日）と記されている。戦時の状況を表す事件として、朝の一寸したすきに窓から園児の弁当がとられて食べられてしまい、「園長不在にこの失敗実に申訳けなし　今後注意する事だ」（9月29日）と記述されている。

　小川幼稚園では、1944年度に台湾戦の戦勝お礼の神社参拝の時に、「皆上手に行進するのでうれしかつた」（10月19日）とある。

　龍野幼稚園では1944年度の「緑組」に、「義士祭」で「チヤーチル　ルーズベルト　蒋介石　上野介｝　をた、き切る」「幼いながらに各々敵愾心を昂揚した」（12月14日）、「ハリガミ」の「ヒカウキ」の時に「もつと戦を身近に感じさせて‼」（1月25日）という記述がなされていた。

　江戸川双葉幼稚園は東京都内であるので、幼稚園は休止されることになり、第1節でもふれたように、この非常措置に対して「馬鹿げた処置」としつつ「休止の届けを出つ、万一止むなき時は保育園として当分の間やる方針」で、戦時の「困難さ戦を感ぜり」（4月19日）と記されている。

　小倉幼稚園では、1944年度に夜間の関門空襲の翌朝、「何事もなかったかの様早朝より続々と幼いながらも九州健児の意気を見せて集ひ来り大変うれしかった」（3月6日）と記されている。翌年度は5月に空襲警報が発令された時に「天を戴かざる憎みても憎みても足らざる敵也今に見よ　神の始め給ふ国なるを」（10日）とあり、同日に再び警報が出て「無念也」とある。連日のように警報が出される中、「警報下何事もなく一日を送ることが出来たことを感謝する」（6月1日）と、警報が出ると帰宅、解除されると登園する状況下でも、保育できたことへの感謝が記されている。第40回海軍記念日は日曜日であったが、「四十年前を回顧し　国民の総力をもやして沖縄戦に必ず勝たん。特攻隊勇士に衷心感謝の祈りをさ、ぐ」（5月27日）、「罹災の方お気の毒の極憎みても憎みてもあきたらぬ敵米なり」（6月29日）、「敢闘精神発揮にて米英撃滅をまつしぐらに進むのみ」（7月2日）というような、記述がなされている。

　木屋瀬保育園では、1943年度に「園児の父親二名出征　国旗を持たして中島橋にて送る　見る人皆好感を抱きたり　喜びの声しきりに我が耳に入る　愉快なり」（10月11日）、「学兵の入営者を送るため」「送りませう兵隊さんを歌い」「出て行く学兵に園児の打振る日の丸が何にかを与へた事と思ふ」「良い事をした心よさ」「何物にも替へ難い愉快さ」（11月30日）とある。1944年度に「日本

の国体を知らしめ、忠孝一本、忠君愛国を骨のズイ迄打込んで刻々に迫る国家
興亡の現在に断乎として米英撃滅の気概を強固にし以て君恩に報じなければな
らぬ」（7月1日）とある。談話のところで述べたように、頑張ろうと話すこ
とがわかったかのように「頑張つて出席して呉れる様は、思はず目頭のうるむ
想い」で、「戦時の子供はあく迄も明るく強く逞しく育てる事に全力を注げば
よい」（9月2日）と、記されている。1945年度には、「戦時の子供よ強くやさ
しく育つて下さい．日本の一大時の時を背負つて雄々しく働く人になつて下さ
い」（5月16日）と記されていた。警報が続き可哀想という記述や、夏休み前
に「今学期の最後に警報が出て残念だつた」（7月31日）という記述もある。
「分園」では、園児の父が出征の時、「先生お頼み致ます」と言われ、「出征な
さつた子供を自分があ、一時も早く立派な子供を育て父様や兄様方の仇を討た
せてやりたい無心の子供の顔見る度に立派な兵隊になつてお国の為に働く様な
子になつてくれとお祈り致ます」（4月18日）とある。また、ヒマを植え、「油
を取り早くお国に奉げたい」「一雨事に伸びるのが本当に嬉しい子供も理解し
てくれたのかヒマに決してふれて居ないのに本当に可愛らしい」（6月23日）
と記している。

　ぽっぽ園では、「意義深キ記念日ヲ向フ﹁ハ吾人一億臣民トシテ只管遠恩ノ
一意アル已」（5月27日）、「山本元帥国葬」「悲しみをかみしめつつも自分自分
の職務に邁進せん事を新たにした園児等故元帥の子供として良い子になるやく
そく」（6月5日）、「兵隊さん見送りに全員いきし所ばんざいと旗をふて上げ
たのはヾポッポ園良い子供達だけ」「今からなるだけ園児等を引率してばん
ざいの一口でもいて御奉公しよと思つた」（8月3日）と記述されていた。

　滝野愛児園では、戦争に関する思いは見当たらなかった。

　敗戦の日に、どのような記述がなされていたのであろうか。その前に休園し
たところも多く、夏休み中で記入がない園もあり、記録は少ない。

　山梨附属幼稚園では、「正午ヨリ本校ニテ　天皇陛下ノ御放送ヲ拝聴ス　大
戦終結ノ詔書渙発セラル」と、淡々と記されている。小倉幼稚園では、「正午

畏くも　陛下御詔書喚発せらる」と記されていた。新城幼稚園では、「聖断畏し、和平の大詔降る（昭和二十年八月十四日）　午后〇時より畏くも大元帥陛下の大詔御奉読の放送なり」と記されていた。

龍野幼稚園では、園庭で軍馬を飼育するため、15日に「午前中兵隊さん数名来られて、藤棚の下で作業をなさる」とあり、「正午ラヂオニテ　天皇陛下の御詔を拝聴する。警戒警報二三回発令サル」と記され、敗戦当日に軍馬飼育のために兵隊が来たり、警報が出されたりしていた。

江戸川双葉幼稚園では、「夜中と朝六時より艦上キノ空襲」「無条件降服の詔書」「等しく泣けり、残無念やる方なかりき」と、記されている。

興望館保育園は、長野県の「沓掛学荘」で疎開保育をしていたが、「おそれおほくも天皇陛下自らの詔書　敵四ヶ国の最後的通牒及び最後の段階に至つた報告等感無量」「沈着にして大らかな心もて一億一つになつて唯御慈深き大御心を安じ奉り遠き将来に希望をかける事のみ」と記されている。

あやめ幼稚園に勤めていた人は、広島・長崎に続いて今度は新潟だという流言が飛び交い、新発田へ逃げ込むことが始まり、28キロの道路には延々と人と荷車の列が続く中で８月15日を迎える。「その夜の教会の隣にある新発田連隊の兵隊さんたちの異様極まりない光景、その狂乱ぶりはこの目にこの心に焼き付いて思い出してもゾッとするほど」[54]であったという。

第６節　子ども達の思い出

ここでは第１章と同様、各幼稚園・保育所の記念誌等に記されている当時の幼児達の思い出を、年度順にみていくこととする。

1943年度以降の卒業生になると、戦争の影響が少しずつ大きくなってきて、食料をはじめ物不足に関する思い出も記されるようになるが、地域により、園により異なっていた。

まず、1943年度（1944年３月）の卒業生であるが、栴檀保育園（愛知県）の

卒業生は、「先生のオルガンをかこんで歌や遊戯を教えてもらい、時には絵や折紙もし」たことや、昼食の時に、両手を合わせてお祈りをしてから食事したこと、花祭りで甘茶をかけてお祈りしたことを記している。可愛い赤ちゃんがいて、「乳母車に乗せて遊んだり」して「ほんとうの妹みたい」だったという[55]。

南町保育園（福島県）の卒業生は、「当時の園は長い平屋で、紙芝居を見たりお弁当を食べたりした机と椅子のあった部屋、丸くて太い梁に作られたブランコのあった部屋、お昼寝をした畳の部屋」があり、後から「建物が作られ、大きなお遊戯室と2つの部屋、そして滑り台も増え、みんな元気で大声で歌い、楽しく踊り、遊びまわる毎日」であったという。大きな藤棚の下の「ブランコと砂場も大好きな場所で、昼寝から抜け出しては遊びに夢中になり、先生に怒られたのも思い出の一つ」と記してい[56]。

愛真幼稚園（鳥取県）の卒業生は「薪ストーブのそばに並べられた色とりどりの小さなお弁当箱。お昼になると，みんなで小さなテーブルを囲み，当番がついでくれたお茶を前に静なお祈りの一とき」と記している。「秋になると，園庭一面に散った黄色いいちょうの葉を拾って遊んだこと。鳥取の名木といわれる大王松の三本松葉を拾い集めたこと，教会堂の前の小さな川の水面に，橘擬の赤い実が美しくなっているのをじっと見つめたこと」を思い出すという[57]。

川内隣保館保育園（当時、幼稚園、鹿児島県）の卒業生は「第二次世界大戦のまっただ中にあり物資不足の時代で、園児は下駄ばきか、素足で通っておりました。腕ぱく盛りの私は、何時もお山の大将でありまして皆んなから『部隊長』とあだ名で呼ばれていたことを思い出」すという[58]。

仁王幼稚園（岩手県）の卒業生は、「盛岡でも戦時色がさらに強まっていた頃と思いますが、子供の目には、幼稚園は平穏そのものでした。毎日、聖歌を歌い、お祈りをして、晴れた日は園庭で遊動木や砂遊び、雨の日はホールで手つなぎ鬼ごっこ、時には聖書物語の紙芝居を読んでもらい」園長の話をお聞きし、聖歌は「空の鳥は」をよく歌ったこと、卒園式でリボンをかけた証書を手

渡され誇らしかったことを述べている[59]。

相愛幼稚園（京都府）の卒業生は、「神様は軒のこすずめまで、小さいものまでお恵みある、神様のみ名をたたえましょう」と習った歌を口ずさむことや、お祈りされた先生の声を思い出すこと、「おべんとうをストーブで暖めたこと、昼寝の時間に床にみんな寝転がったのに、だれも寝られずに薄目をあけていたこと、将来なにになりたいか、と聞かれて、『お百姓さん』と答えたところ、先生にそのわけを尋ねられて困ったこと、雪のふるさまをみんなに見せてあげなさいと言われて一人で踊ったこと」等、いくらでも思い出せるという[60]。

南博幼稚園（福岡県）の卒業生は、「在園中の楽しかった事をよく思い出します。まだ戦時色の激しくなかった頃で、のんびりした時代」で、「スキップダンス？　を踊った事、又、冬になると弁当を温める装置があり、自分の欲しい場所を取るために早く通園した」という[61]。3歳で入園した人は、「物が乏しくなった」1944年2月の「誕生会のご馳走」や「ＮＨＫ福岡放送局でオーケストラの演奏を生放送したこと」を記している[62]。

代陽幼稚園（熊本県）の卒業生は、風車をたくさん作って楽隊を先頭に「妙見宮の大祭に販売し、その売上金を国に寄付し、八代警察署長より表彰を受けた記憶があ」り、「その時代は食料不足の時で、園の行き帰りには、みかんやざほん青梅をちぎって」分け合って食べたという[63]。

芦屋保育園（当時、幼稚園、福岡県）の卒業生は、「今でも覚えているのは『僕は軍人大好きだ。今に大きくなったなら、勲章着けて、剣下げて、お馬に乗って……』という歌で」あったという[64]。

総社幼稚園（岡山県）の卒業生は、「モンペに草履や下駄履き」「記憶を助けているのはボロボロの赤い通園かばん。出席カードとカバー。通知簿。入園最初の自由画帳。スクラップブック。ぬり絵。誕生月に皆が描いてくれた画帳各1冊」で、「ツルツル色紙で貼ってもらえる出席カードは、おやつのたった2、3粒の肝油やキャラメルと共に私の命だった」という[65]。同じ年の卒業生は、「総社宮へ避難訓練をしたものです。必ず『防空頭巾』を着用していた。

一方で寒い冬場の通園には『防寒頭巾』として重宝したことを今でも覚えている」と述べている[66]。

　豊浦幼稚園（山口県）の卒業生は、「遊戯室では冬になると中央にストーブが焚かれ、その周りに棚が作られ、持参した弁当を暖め、昼になるのを楽しみにしたり、壁ぎわには、木刀が整然と並んでいたが、これには姿の良いのと悪いのが有り、誰もが姿の良いものを使いたがったが、軍国時代ということもあってか、弁当を並べる場所も、木刀の姿の良いのを使うのも、総て喧嘩の強い順に決まっていたが、何故かあたりまえの序列として受け入れていた事も懐かしい」という[67]。

　1944年度（1945年3月）の卒業生であるが、総社幼稚園の卒業生は「服はかっぽう、もんぺ、膝はつぎあて、柄も色々、足は藁ぞうり」であったと記している[68]。同じ年の卒業生は「毎日の様に空襲警報の練習が多く、お宮の境内で『敵の飛行機がやってきた』という先生の掛け声と、ブゥーブゥーと鳴らすオルガンの音に合わせ防空頭巾を着て逃げ回り、途中大好きだった赤い鼻緒の下駄が半分に割れて悲しい思いをし」、「教室で歌ったり踊ったりして、楽しく過ごした時間が少なかったように思います」と綴っている[69]。

　こがね保育園（熊本県）へ1943年9月から通った人は、「園舎は現在では考えもつかない杉皮葺きの屋根で出来ており大きい掘ゴタツに紫色の布団をかけてありました。第二次世界大戦のまっただなかにあって食料もないつらい苦しい時代」で、「和尚さん夫婦に作っていただいた麦粉だけのふかし饅頭を分け合って食べたことが懐かしく思い出され」るという[70]。

　東二番丁幼稚園（宮城県）の卒業生は「お昼寝の時間だけは覚えて」いるという。「うすべり（赤いので巻いてあるやつ）を板の間に敷くんですよ。そしてみんなで横になってごろ寝。でも硬くて、寝ろって言われてもなかなか寝られなくて」という状況を語っている[71]。同じ年のもう一人の卒業生も、ゴザを敷いて寝かせられたことを覚えているという。「遠足や運動会の記憶が無いのは、多分行われなかったからだと思」うと、語っている[72]。

　敬愛幼稚園（鹿児島県）の卒業生は「園庭にはブランコとすべり台がありました。幼稚園の日常は特に記憶していないのですが私はブランコが得意で、誰よりも高くこげるのが自慢」だったことや、「鹿児島大空襲のため卒園式は開かれなかったそうで」、クリスマスは「戦時中だったので、ページェントがあったのかさえわか」らないが、「何につけ、お祈りするという習慣が日常の自然なこととして身に着いたことが一番」良かったことを語っている[73]。

　みどり幼稚園（新潟県）の卒業生は、「先生のピアノにあわせて、お遊戯をしたり、かくれんぼや椅子とりゲーム等もした様です。またはり絵ともいうような、はさみやのりを使って折り紙をおり、台紙に張ったりしました」「お昼の時間になると、両手を前にくんで、食前のお祈りをしたこと」「帰る時」「あそこの道に吠えそうな犬がいて通れないとか、きかん坊がいて通せんぼをしそうだから」というと「先生はいやなお顔をせず一緒に歩いて、途中まで送って下さ」ったと、記している[74]。

　代陽幼稚園の卒業生は、「毎朝オルガンに合わせて『○○さん、○○さん、どこにいます。』と歌われると『ここです。ここです。ここにいます。』と我々は歌って返した」こと、冬には「できるだけ早目に園に行かないと」「弁当ぬくめの箱のいい位置がとれないので、寒い朝などはとてもいやであった」ことを記している[75]。「終戦の年の三月」の卒業生は、「将来は海軍大将になることを夢みて、肩から綿入りの大きな防空頭巾を背負い、毎日元気に通園」「下水の流れに笹舟を作って競争させたり、おたまじゃくしと遊びながら通園」したが、「突然、空襲警報のサイレンの音、一目散に我が家に向って走る」こともあり、「どのくらい通園出来たかは、はっきりは覚えていない」という[76]。

　南博幼稚園の卒業生は、「昼寝の時間がいやで、眠たくないのに一時間じっと横になっているのはとても苦痛だった」「雪がたくさん降った中を一生懸命行ったら、来たのは三人でごほうびにキャンデーをもらった」と記している[77]。

　1945年４月に慈光幼稚園（長野県）に入園した人は、「門を入ると左側に園舎、右側に大きな池があり背後は築山となっていた。湿気を含んだ樹木の匂い

が漂い、もみじの葉っぱは、初夏の緑、晩秋の紅葉が美しかったことが瞼に残っている」「"♪遊戯やおけいこをしているうちに、いつかお昼になりました"と歌ってから開くお弁当。でもときには"戦地の兵隊さんに感謝して"と『日の丸弁当』と称する梅干し一個だけでおかずのない昼食も経験した」と、戦中の様子を記している[78]。

豊浦幼稚園で1944年から 2 年間を園で過ごした卒業生は、幼稚園の「スペースの有る所は総て、園児の私達までも紅葉の様なかわいい手に豆を作って、硬い土を掘り起こし、芋畑を作った」という。「園生活も全くメチャクチャで、朝、園に着くと警報が発令され、全員で指定の防空壕に逃げ込みます。また、帰路であれば物陰とか橋の下に隠れ、警報が解除になれば急いで家に帰る。こんな状態の毎日」であった。敗戦近くになると、園児にも軽い作業の動員がかかったという。鋳物工場で「ネジ廻しとトンカチで砲弾の鋳物の鋳砂をコチコチと取り出し奇麗に掃除をする。その褒美として紅白の小さな切り餅が配られ」たことも述べている[79]。

進徳幼稚園（山梨県）へ 2 年保育で1944年 4 月入園の人は、「防空頭巾を肩にかけて友達と手をつないで先生に引率されて帰宅したこと、友達とポプラの葉柄で『切りっこ』をしたことなどが、記憶の片すみに残って」いるという[80]。

このように、1944年度の卒園生になると、直接的な戦争の影響が語られることが増えている。食料不足や、空襲、遠足や運動会が行われなかったこと、幼稚園でもあった昼寝に関することがあげられているが、以前からあった弁当を温めることや遊びに関する思い出も残されている。

第 7 節　保育者の研究・研修等

1943年度から1945年度へと研究・研修の記録は減少していき、1945年度の記録はほとんど残されていなかった。

講習会の記録では、保姆講習や農繁期託児所講習に関するものが多かった。

　1943年度には、南山幼稚園では保姆講習に９月29日から10月６日まで参加しており、「明日より保姆講習、七日間で継続のためその旨（園児午前中保育）の印刷をなす」（９月27日）、「午後一時半より永田町にて会ある為全員出席す」（９月29日）、「森川先生音楽講習へ」（９月30日）、「森川先生音楽講習会へお出になる」（10月１日）、「梶村先生千桜へ、図画。森川先生、救急法、今川先生観察へ。小山田　常盤へ、手技。皆夫々に出る」（10月２日）、「保姆講習　千桜へ梶村先生、四谷第五へ今川先生、常盤へ小山田」（10月４日）、「今川先生、四谷第五へいらっしゃる」（10月５日）、「講習の為今川先生　井の頭へ」（10月６日）と、それぞれが保姆講習で図画、救急法、観察、手技、音楽等を受けたことがわかる。堅磐信誠幼稚園では、１名が「昨日より半田へ出張なさる（臨時保姆講習会）」（５月24日）とあり、臨時で開催されたようである。1944年度には、小倉幼稚園では２名が「小倉高女にて開催中の保姆講習会出席」（５月11日）、新城幼稚園では、２名の保姆が「講習会出席ノタメ豊橋国民学校へ」（７月22日）、八幡橋幼稚園では、「園長本日より約三日間大阪へ保姆の講習に出張せり」（10月６日）という記述がなされている。進徳幼稚園では、「明後日、県内の保姆さんたちの講習会がございますので月曜日は幼稚園全部がお休みです」（９月２日）、「今日より立正佼成園にて保育講習会があり全保姆出席す。二日間あり」（10月18日）という記述が残されている。

　農繁期託児所に関するものは、1943年度には、新城幼稚園では「農繁期託児所保姆講習会（十九日二十日）新城国民学校於」（５月）に保姆２名が出席し、1944年度には、「農繁期託児所保姆講習会（十一・十二日）　千郷国民学校於」（５月）に２名の保姆が出席している。1944年度には、犬山幼稚園では「季節保育所保姆講習会ニ出席」、小倉幼稚園で「農繁期保育所講習会」、進徳幼稚園では、「進藤先生が託児所の講習会にお出かけになりました」（５月２日）とある。勝川幼稚園では、1943・44年度の６月に託児所の講習があり、保姆が手伝っていた。1945年度にも、「春季講習会（託児所）」で「保育に付いて」「十時半お遊戯」「午后、手技、遊戯、紙芝居」（６月10日）がとりあげら

れていた。佐倉幼稚園では、講習会ではないが6月12日から29日まで、2名の保姆が交代で、保育所に勤務していた。

そのほかには、1943年度には、常葉幼稚園の「遊戯講習会」（5月8日）、南山幼稚園の「家庭教育指導者講習会開催」（10月25日）「救急法の講習へ」（11月6日）「遊戯講習へ」（1月13・14日）「少国民文化協会の講習へ」（1月22日）、片上幼稚園の「薙刀講習」（9月17日）、新城幼稚園の「一月八、九日音楽遊戯講習会出席」や「決戦下音楽遊戯講習会出席」（1月23日）、1944年度には、小倉幼稚園の「矢野講師　園児実際指導『ボクの青空』」「小倉保育会員及戸畑より二名　計十二名　講習を三時まで受講す」（9月6日）、1945年度には新城幼稚園の「矢野信宏先生の歌、及遊戯の指導講習あり　午後二時より児童ニ二十分間、引続き保姆へ指導され五時半頃終了す」（5月4日）の記述があった。

次に、**講演会**についてみていく。1943年度には、片上幼稚園では「結核予防講演会」（5月4日）、常葉幼稚園では倉橋惣三の講演（6月9日）、新城幼稚園では「向坂大佐ノ『燃やせ敵愾心』ノ講演聴講」（10月18日）と、1944年度の「豊橋市花園幼稚園ニテ開催サレタル東三保育協会総会ニ全保姆出席シ豊橋警察署警防主任ノ防空ニ関スル講演ヲ聴ク」（5月27日）の記録があった。

園の参観に関する記述は、代陽幼稚園、小倉幼稚園、片上幼稚園、高梁幼稚園、犬山幼稚園でみられ、他の幼稚園や国民学校への出張や、他の保育所や幼稚園から参観者がいたことが記録されていたが、1944年度には、小倉幼稚園で「参観人　下関市第四幼稚園山本久子氏」（2月21日）という記録が最後であった。

研究会に関しては、大日本教育会に関する記録がいくらかみられた。1944年度には、小倉幼稚園では「於西小倉校にて大日本教育会小倉支部発会式挙行」（1月18日）とあり、園長等2名が出席している。桜花幼稚園では、「大日本教育会静岡支部会分会保育部結成ニ関シテノ役員会」（2月2日）、翌年度に「大日本教育会静岡県支部静岡市幼稚園連合会班長会議」（5月3日）という記述

があった。代陽幼稚園では、「教育総会、職員全員出席」（6月26日）とあった。

そのほかの研究会に関するものは、1943年度には、片上幼稚園では、「戦時食生活研究会」（4月23日）、「管制強化指導会」（5月3日）、「軍事講話」（5月27日）に参加したり、国民学校での「初一、二体錬科研究会」（6月16日）に参加したりしている。「女子職員会」（9月22日）や「支会総会」（11月12日）があったこともわかる。南山幼稚園では、「研究委員会」「五区例会」「観察部会」「体操会・体育会」が記述されている。堅磐信誠幼稚園では、「午後より基督教保育連盟　東海部会幹事会」で「八時半より十一時迄の保育とす」（7月12日）と記されていた。市保育会に関しては毎月のように記述があり、「第一幼稚園に於て市保育会総会」（6月26日）、「市保育会幹事会に第二幼稚園に出席」（9月9日）、「九月の例会が市立第一幼稚園にて行はる　手技グライダー飛行機製作」（9月25日）等とあった。

1944年度には、小倉幼稚園では「園長、松田先生　天心保育園の研究会に出席される」（5月15日）、「大黒日の丸保育園に於て県主催の研究会に園長先生と遠藤両先生出席」（6月8日）との記録があり、保育所と合同の研究会に参加していたことがわかる。「保育報国会研究会」（6月7日）や「小倉市保育会協議会」（12月7日）が開催されたことが記されている。「鞍手郡剱保育園より遊戯指導依頼に来園さる」（1月13日）こともあった。八幡橋幼稚園では、園長が横浜市の「市役所にて保育研究会有出席の為一時四十分よりお出かけ」（7月11日）という記述がある。代陽幼稚園では、「保育協議会太田郷幼稚園に於いて開催。職員出席する」「子供達はお休みにする」（10月13日）と記されている。高梁幼稚園では、「吉備保育会開催のため」二名出張して、臨時に休園している（11月18日）。園長が来園して、「午後一時より昭和十九年度第一回合同職員会に出席す」（4月10日）という記述から、職員会が行われていたことがわかる。小川幼稚園では、音楽研究会への出席や感覚遊戯発表会の見学が記されていた。佐倉幼稚園では、「佐倉班第十四常会打合会ヲ開ク」「県ヨリ弓削先生御出席」（2月12日）という記述がなされている。常葉幼稚園は、仏教の

幼稚園ということで、「仏教保育協会」関連の記述がみられる。仏教保育協会
園長主任会に出席（4月18日）したり、総会に3名の保姆が参加したり（5月
6日）している。仏教保育協会園長主任会は、6・7月にも記入されている。
仏教保育協会では、夏期講習会や手技の交換会も行われていた。私立幼稚園報
国団、私立幼稚園教育報国団連盟に関する記述もあった。

第8節　保護者会・後援会等

　保護者会・後援会等に関する記録は少なくて、1943年度には、代陽幼稚園で
は「父兄会」と「後援会総会」（6月9日）が行われ、10月には「園児休園」
で「後援会主催の料理講習会開催　講師…久保田重助氏」（29日）、新城幼稚園
で「母の会」「大河内中尉講演ニ出席」（1月21日）とある。片上幼稚園では、
月1回保護者の参観日があり、同日に「家庭教育講座」が開催されていた。

　仁川幼稚園では、「母ノ会」があり、1944年度には幹事会が行われた（5月
6日）。1945年度には、7月に休園となり、「幼稚園休園についてのプリントを
母の会の方々に御渡しする」（7月5日）、「母ノ会の方々が皆んな　幼稚園の
再開を希望なさり、色々と御心配下さり。有難く感謝である」（7月7日）と
ある。

　桜花幼稚園では、1944年度の「雛祭リ遊戯唱歌会」（3月6日）の行事の際
に「母姉会」が行われている。

　西尾幼稚園では、1944年度に保護者会と保育参観が同日に行われていた。
「保護者会、午前中、保育及講演（園長先生）」（7月7日）や、「保護者会（午
後一時より）　保育参観、園長講話（戦時保育所につきて）」（10月5日）とあ
った。

　以下に内容がわかる6園をとりあげる。

　興望館保育園では、前出の「父母の会記録」によると、1943年度には医師を
講師とし、「児童と栄養不足を補う健康法」（5月6日）とあり、出席者23名で

あった。「父母ノ会役員会」（6月12日）では、事業計画についての相談が行われた。それによると、予定として、7月に「子供の下着服の立ち方」、11・2月に「話」、1月に「新年例会」とある。「母の会で誰れにも簡単に出来る下着類及び普段着の作り方講習会をいたします」とし、廃物から下着、パンツ等を作り上げたり、僅かな端布でエプロン等を作る講習会案内の資料も残されている。1944年度には、「父母ノ会役員会」（4月17日）があり、予定として5月に「遠足」、6月に「お話」、7月に「女児服裁方」、12月に「クリスマス」、1月に「新年会」、3月に「卒業式」とある。

堅磐信誠幼稚園では、「母の会」の総会、例会、役員会、幹事会、料理会等が行われた。1943年度には、母の会のために午前中で保育を終わり、「一時半より母の会料理会を開きました。出席者二十七名」（6月4日）や、「午后一時半より母乃会総会を開く」「昭和十七年度（拾月以降）の事業報告を姫田会長がなす」「昭和十七年度母の会決算報告及幼稚園後援会決算報告を寺山先生がなさる」「母の会役員選挙改選」「医大の杉田直樹先生に〝性格と躾〟と題するお話しを伺ふ」、出席者は40名で、「お話し後楽しくおしるこを頂いて家路についた四時半」（10月21日）と記されている。「母の会午后一時半より　森后国民学校長高木先生　家庭に於ける低学年指導について」（2月24日）で、出席者は20名であった。

南山幼稚園の「母の会」は、1943年度には5月に総会を開催し、講演を行っている。6月の委員会では、母の会の「規約改正の件」と、歓送迎会の打合せを行っている。後日、「午後総会ある為、午前中保育とす。午後二時より臨時総会にて母の会規約整備をなし終って　前会長横川先生、現会長小林先生の歓送迎会をなし、午後四時過ぎ終る。非常な盛会であった」（6月29日）とある。11月には「午後二時より母の会講演会幼児の防空対策について日本少国民文化協会の竹田俊雄氏のおはなしをお伺ひす。梅、十五名、桃十三名、桜十名ノ出席」（11月4日）とあり講演会が行われた。1944年度は1ヶ月ほどで休園をしているが、「十時より保護者来園　戦時非常措置による保育の中止に関し

園長先生よりお話あり。一年母の会費納入の方に十一ヶ月分お返しす」（4月28日）とあり、返金があったことがわかる。

「母の会」が熱心に行われていたと思われる常葉幼稚園では、花祭りや学期の終わり、報恩講等の行事の時に、母の会を行っている。1943年度には「母の会　成道会」（12月8日）、1944年度に「午后一時より花まつり母の会」「献花、礼拝、灌仏、焼香、お話、花まつりの曲」（5月10日）とある。

小倉幼稚園には後援会があり、講演会が開かれることが多かったようである。1944年度には、4月の総会時に「長谷川視学新学期に於ける父兄の心得」（4月22日）の講演が行われた。1月にも「長谷川視学より新入学児の心得について講演有り　終了後父兄一同味噌汁試食して散会す」（1月23日）とあった。憲兵隊長を講演の講師に招くこともあった。1945年度には、「講演例会石川憲隊長殿の時局講演」（5月5日）、「午後二時より朝日新聞社婦人記者眞島先生の栄養学の講演会開催女商業生徒さん多数聴講に来園される」（6月22日）、7月には、「藁草履製作講習会」（7月4日）が開かれた。

木屋瀬保育園には「母の会」がある。1943年度の「保育日誌」には、保育者の思いも書かれた記録がある。「お母さん七十名（約）　第一学期の母の会　予想外の好成績に了る　九時太鼓、集合　東方遥拝　ラヂオ体操、礼拝、ご挨拶の唱歌　お手々つないで、結んで開いて、僕等の兵隊さん、金太郎、遊戯、僕等の兵隊、小さい母さん　菓子を与へて外に出し母の会に入る　大体の目的を達して、お母さ方の喜と愉快の間に了、役場側より町長代理に松尾主事出席、第一学期を了る　小さい母さんが大人気で愉快であつた」（7月30日）、「十八年度第二回目の母の会を催す　松尾主事列席され　町長代理として挨拶　母の重要さ、幼児育成の重要さ及び指導注意を説いて大体の目的を果す」（12月24日）とあるが、1月の「保護者会」は、「日曜日防空訓練日に午前中訓練早目に帰り準備　役場及後援会関係者の方々の出席には大いに感謝したるも　保護者側の出席ぶりには泣きたくなつた、一時半開会と云ふのに二時十分過ぎてもうおそからうと思って参りましたと言い乍ら出席されたのが一番乗り」で

「保護者の出席は三十名弱なり」（23日）という状況であった。翌日に「昨日の保護者会の不愉快さがまだのこつて居て心が重かつた。保護者側の無関心さに比べ無心な子供はどうだ　仏様の様な子供の一挙手一動には欲もなければ己れの身の労苦は何んでもない。喜んで命がけになれる　父兄に、相談することなく子供のみをみつめて行きたい」と記していた。1944年度は7月22日が第1回目の「母の会」で、「出席も最上等」「町長さん後援会長さんの臨席を得て大いに光栄」「大体に於て盛会で八分通り目的を達する事が出来た」とある。この日の流れが「予定事項」として日誌の枠外に記されている。「一、園児行事　二、オケイコ、発表　了つて自由遊び」、その後「本会」として「一、開会のコトバ　二、国民儀礼　三、町長挨拶　四、園長のコトバ　五、会長挨拶　六、相談及意見交換　七、一同敬礼　八、閉会」となっていた。

1　斉藤利彦『「誉れの子」と戦争』、中央公論新社、2019、87頁。
2　この節での法令、閣議決定等に関しては、主に文部省『学制百年史（記述編、資料編）』（帝国地方行政学会、1972）を参照した。
3　山口県立防府高等学校編・発行『山口県立防府高等学校百年史』、1979、691頁。
4　文部省『幼稚園教育百年史』、ひかりのくに、1979、966頁。
5　日本保育学会『日本幼児保育史　第五巻』、フレーベル館、1974、175-192頁。
6　芦屋聖マルコ教会百年誌編集委員会編『芦屋聖マルコ教会100年史─羊群百年　ハレルヤ　主とともに行きましょう─』、日本聖公会芦屋聖マルコ教会、2012、106頁。
7　『宇都宮聖ヨハネ教会聖堂堂別80周年　愛隣幼稚園創立100周年記念誌』、日本聖公会北関東教区宇都宮聖ヨハネ教会　学校法人聖公会北関東学園愛隣幼稚園、2014，16頁。
8　『友愛幼稚園七十周年記念誌』、1972、79頁。
9　学校法人愛真幼稚園理事長　三上晃編『愛真90年』、学校法人愛真幼稚園、1996、7頁。
10　沼垂幼稚園創立百周年記念事業実行委員会編・発行『新潟市立沼垂幼稚園創立百周年記念誌　あゆみ』、2016、20頁。
11　『小樽藤幼稚園創立50周年記念誌　ふじの実』、学校法人藤学園小樽藤幼稚園、1984、2頁。
12　神水幼稚園卒業生　記念誌編集委員会編・発行『おさなごたちとともに─松田百代先生を偲んで』、1984、13-14頁。
13　王栄幼稚園創立六十周年記念誌編集委員会編『熊本王栄学園　王栄幼稚園創立六十周年

記念誌』、熊本王栄学園王栄幼稚園、1986、31頁。

14 長崎幼稚園100周年記念実行委員会編『創立100周年記念誌』、長崎市立長崎幼稚園、1993、26頁。

15 内匠ちゑ編『播陽　創立三十五周年記念誌』、明石市立播陽幼稚園、1956、14、79-80頁。

16 『創立百周年』、日野町立必佐幼稚園、2018、1頁。

17 六十周年記念事業実行委員会編『幸ヶ谷幼稚園六十周年記念誌』、幸ヶ谷幼稚園、1991、43頁。

18 徳島県名西郡石井町石井幼稚園創立五十周年記念事業推進委員会編・発行『石井幼稚園五十年史』、1983、33-35頁。

19 山形大学教育学部附属幼稚園創立八十周年記念事業実行委員会編・刊『山形大学教育学部附属幼稚園80年誌』、1985、62頁。

20 『ランパス記念幼稚園の100年』、日本基督教団神戸平安教会附属ランパス記念幼稚園、2003、44頁。

21 『九十のあゆみ―相愛幼稚園創立九十周年記念誌―』、相愛幼稚園　園長　平澤義、1984、31頁。

22 お茶の水女子大学附属幼稚園編『お茶の水女子大学附属幼稚園　創立140周年記念誌』、国立大学法人　お茶の水女子大学附属幼稚園、2016、42頁。

23 木藤尚子編『自然幼稚園創立50周年記念誌　美万里』、自然幼稚園、1981、19頁。

24 記念誌編委員会編『慈愛〔園舎改築落成・創立50周年記念誌〕』、社会福祉法人久慈保育園、1989、20頁。

25 『信愛保育園創立100周年記念誌』、信愛保育園、2016、19頁。

26 土山雅之・土山麗子編『道程―白道保育園60年のあゆみ―』、社会福祉法人護汝会白道保育園、1999、19頁。

27 記念史編集委員会編『常盤幼稚園七十年史』、常盤幼稚園、1987、60-61頁。

28 「二見幼稚園沿革大綱」及び『幼ころ―子どもとともに75年』、二見幼稚園、1985、3頁。

29 『きぼう　五十年の歩み　創立50周年記念誌』、学校法人希望学園希望幼稚園、1980、6頁。

30 日吉保育園創立50周年記念誌編集委員会編『古椎の庭―日吉保育園半世紀のあゆみ―』、日吉保育園、1986、20頁。

31 岡山県保育史編集委員会編『岡山県保育史』、フレーベル館、1964、80頁。

32 創立百周年記念事業実行委員会編『岡山市立足守幼稚園記念誌　おもいで百年』、岡山市立足守幼稚園　足守父母と先生の会、1994、7頁。

33 社会福祉法人聖母園創立50周年史編集委員会編『聖母園　創立五十年史』、社会福祉法人聖母園、1987、72頁。

34 豊浦幼稚園百年のあゆみ編集委員会編『豊浦幼稚園百年のあゆみ』、豊浦幼稚園創立百周年記念事業委員会、1992、66頁。

35 小野理枝編『松崎幼稚園　百年史』、学校法人脇学園理事長　脇正典　学校法人脇学園認定こども園　松崎幼稚園、2019、82頁。

36 宗教法人愛真幼稚園内　永田善治編『創立60周年記念誌』、宗教法人愛真幼稚園、1966、9頁。

37 『慈光幼稚園百年史』、学校法人高松学園　認定こども園慈光幼稚園、2013、89-90頁。
38 千代田区立番町幼稚園　同創立百周年記念事業協賛会編・発行『百年のあゆみ』、1990、39頁。
39 石井幼稚園、前掲書18、37頁。
40 日本保育学会、前掲書5、98頁、152頁。
　燃料を拾う話は1942年度の栃木県女子師範学校附属幼稚園の日誌や久慈保育園に1942年から勤めた保育者の思い出にも出てくる。
41 華頂幼稚園五十年のあゆみ編集委員会編『華頂幼稚園五十年のあゆみ』、華頂幼稚園、1985、107-108頁。
42 「あやめこども園　Quarterly NEWS」 Vol.6、学校法人愛生学園、2019、2頁。
43 『藤　創立50年』、藤幼稚園、1987、2頁。
44 王栄幼稚園、前掲書13、30頁。
45 五十嵐茂雄『フロジャク神父の生涯』、緑地社、1970（2版）、267頁、及び「創立者と徳田保育園」より。
46 更井良夫編『社会福祉法人岡山博愛会100年史』、社会福祉法人岡山博愛会、1991、134-136頁。
47 信愛保育園、前掲書25、17頁。
48 聖母園、前掲書33、99頁。
49 『人吉修道院創立100年記念』、2006、より。
50 高井利子編『70年のあゆみ』、社会福祉法人伏木保育園、1995、13頁。
51 日本保育学会、前掲書5、120-122頁。
52 同上書、125-127頁。
53 同上書、111-113頁。
54 あやめこども園、前掲資料42、3頁。
55 『60年のあゆみ』、社会福祉法人梅檀福祉会梅檀保育園、1984、24頁。
56 『南町保育園創立80年記念誌』、南町保育園創立80周年記念誌編集委員会、2007、22頁。
57 学校法人愛真幼稚園理事長　広田藤衛編『創立70年記念誌』、学校法人愛真幼稚園、1976、35頁。
58 『まこと　ひかり　いのち』、川内隣保館保育園五十周年・創立七十周年記念事業、6頁。
59 『創立100周年　記念誌』、盛岡聖公会附属仁王幼稚園、2008、22頁。
60 相愛幼稚園、前掲書21、32頁。
61 「南博幼稚園84年のあゆみ」を作る会編・発行『南博幼稚園84年のあゆみ』、2002、79頁。
62 同上。
63 代陽幼稚園100周年記念誌部会編『代陽幼稚園百年史』、八代市立代陽幼稚園、1990、78頁。
64 『創立60周年記念』、社会福祉法人清心会芦屋保育園、1990、14頁。
65 総社幼稚園百周年記念事業実行委員会　総社幼稚園編『総社幼稚園　百年紀』、総社幼稚園百周年記念事業実行委員会、2001、45頁。
66 同上書、46頁。
67 豊浦幼稚園、前掲書34、35頁。

68 総社幼稚園、前掲書65、38-39頁。

69 同上書、46頁。

70 こがね保育園創立80周年実行委員会編・発行『こがね保育園　創立80周年記念誌』、2010、4頁。

71 創立130周年記念誌編集委員会編『創立130周年記念誌　あゆみ』、仙台市立東二番丁幼稚園　創立130周年記念事業実行委員会、2009、79頁。

72 同上書、80頁。

73 敬愛幼稚園創立100周年記念誌委員会編『敬愛幼稚園創立100周年記念誌　光のこどもたち』、学校法人鹿児島敬愛学園敬愛幼稚園、2016、164-165頁

74 『みどり幼稚園五十周年記念誌　みどりのまきば』、日本基督教団東中通教会附属みどり幼稚園、1991、13頁。

75 代陽幼稚園、前掲書63、78頁。

76 同上書、77頁。

77 南博幼稚園、前掲書61、80頁。

78 慈光幼稚園、前掲書37、262頁。

79 豊浦幼稚園、前掲書34、36頁。

80 早川幸子編『進徳幼稚園創立90周年記念誌』、学校法人進徳幼稚園、1988、170頁。

第3章　幼稚園・保育所の防空訓練と
　　　警報への対応

　この章では、1937年度から1945年の敗戦まで、幼稚園・保育所が空襲にどのように対応していたかを、実際に空襲される以前の備えを含めて、その実際を明らかにすることを試みる。

　第1節で、当時の日本の空襲対策の法令等を幼稚園・保育所に関連するものを中心に概観したうえで、第2節では初空襲前の1941年度まで、第3節では初空襲以後、第4・5節では空襲の激化し始める1944年度以降について、園日誌・保育日誌を中心に、記念誌・史、写真等の諸資料をもとにしてみていく。

第1節　空襲への対応

　「防空法」は、空襲に対する軍の防衛に対応して行うべき民間人の行動全般に関することを定めたものである。制定されたのは、1937年のことであるが、軍人以外の者が参加する都市単位の防空演習は、それ以前より行われていた。最初に行われたのは、1928年の大阪防空演習で[1]、翌年には名古屋、水戸で行われた。東京では1930年の「東京非常変災要務規約」[2]に基づき「東京市連合防護団」が結成され、1932年9月1日には、代々木練兵場で発団式が挙行された際に、「防空演習」が行われた[3]。1934年の東京の防空演習には「特設防護団」も参加した。これは地域を単位とした通常の防護団とは異なり、百貨店、工場、会社、官公庁、その他大人数を擁する建物ごとに「特別に私設する」[4]ものであったが、この中には、学校を単位とするものもあった。麻布幼稚園に

は、「東京市麻布尋常小学校特設防護団要項」「昭和十二年　麻布尋常小学校特設防護団訓練要項」と題された書類があり、前者には、「①東京市麻布尋常小学校及東京市麻布幼稚園ハ合同シ特設防護団名ヲ『東京市麻布尋常小学校特設防護団』トス」とあり、「麻布尋常小学校特設防護団」が小学校と幼稚園の合同のものであったことがわかる。その目的として「非常災害特ニ空襲ニ際シ園児、児童ノ生命ヲ擁護シ併セテ学校ノ防護ニ任ズ」と書かれている。この文書には、手書きで「九月十五日－十九日　防空演習[5]の参加未定」とあり、東京市全体で行うような大規模な「防空演習」への参加は必須ではなかったようである。警視庁消防部が編集して1938年に発行された『学校火災対策の研究』というパンフレットには、「附録」として「学校特設防護団要項」が掲載されていて、その目的は前述の麻布尋常小学校の要項と全く同じである。「同一校舎内ニ数校併置シアル場合ニ於テハ相互協定ノ上一ノ特設防護団ト為ナスコトヲ得」とある[6]。警報発令時の措置としては、在校中に「空襲警報」があった場合は帰宅させずに「学校職員全責任ヲ以テ其ノ擁護」にあたるとあり、警報解除後は、保護者が引き取りに来て、帰宅することを適当と認めた時は保護者に引き渡す、としている。児童、生徒が登校する前に「空襲警報」があった場合には登校させないように保護者に通達しておくことも書かれていた。そして、学校防護の手が足りない時は学校の所在地の「防護分団」の援助を受けられるように「平素ヨリ連絡シ置クコト」と書かれていた[7]。

　このように、「防空法」が制定される前後に、東京を先駆として学校は「防空」の体制を整え始めていた。

　「防空法」による「防空」の定義は、「戦時又ハ事変」の際に「航空機ノ来襲」によって生ずる危害を防止し、またはこれによる被害を軽減するために、陸海軍の行う防衛に即応して「陸海軍以外ノ者」が行うべきものである（第一条）とされている。それは、「灯火管制、消防、防毒、避難及救護」であり、これらに関して必要な「監視、通信及警報」も含んでいるとしている。空襲に関する警報は「防空法施行令」により「防空警報」とされ、その種類は、航空

機の来襲のおそれある場合の「警戒警報」、「警戒警報解除」、航空機の来襲の
危険ある場合の「空襲警報」、「空襲警報解除」であるとされ、この発令は当該
地域の防衛を担任する陸海軍司令官、またはその指定する者によるとされた。

　1938年10月に、文部次官名で「学校ニ於ケル瓦斯防護教育ノ徹底方ニ関スル
件」が「直轄学校長及地方長官に通達され」た[8]。この時点での幼児の「防
空」は、主にガス爆弾を想定した「防毒」に留意しながらの「避難」であった。

　1939年4月4日には、文部次官、内務次官の連名で知事宛に、28日には文部
次官名で直轄学校、公私立大学等の校長宛に「防空教育及学校防空ノ徹底ニ関
スル件」が通牒された。「学生生徒児童」に「防空ニ対スル正確ナル認識」を
持たせ、「一朝有事」の際には「沈着冷静聊カモ動ゼザル心構ヘ」を「堅持」
させると共に「学校防護用ノ組織其他学校防空上適切ナル考慮」を払い、学校
教育を通じて一般国民に「防空思想」を普及させることが最も肝要だとしてい
た。小学校や中等学校、青年学校等については教育の中に「防空一般事項」等
を教授するようにとの文言があった。「学生生徒児童」全般に対し「防護ニ関
スル団体的実地訓練」を施し、「有事ニ於ケル統制アル活動ト心構ヘ」とを
「涵養」するようにとあった[9]。この時期は師範学校や小学校と近接する公立
幼稚園に防空訓練に関する記録がみられた。

　1939年8月には内務省から「家庭防空群隣保組織要綱」が、1940年9月に
「部落会町内会等整備要領」[10]が都道府県に通達された。この中で、部落会、町
内会、隣保班、市町村常会に関する基準が示された。1941年7月には「隣組防
空群」が編成された[11]。

　1941年10月に出された「学校防空緊急対策ニ関スル件」では、「学校教育ハ
極力之ヲ継続」し、生徒自身に学校の防護と国土の防衛に協力させるという方
針が出された[12]が、幼稚園は、第1章でもふれたように例外的に空襲の危険の
切迫とともに一定期間休園してもよいとされた。11月には、「防空法」が改正
され、空襲を受ける前に都市から予め退居することの禁止、空襲時の応急消火
義務が追加規定された[13]。これに応じて改正された「防空法施行令」では、こ

の退去の例外として「国民学校初等科児童又ハ年齢七年未満ノ者」があげられており、国民学校の初等科の児童、幼稚園・保育所の幼児は退去禁止の対象外であった。

1941年12月に『時局防空必携』[14]が発行され都市の各家庭に配布された。「学校」という項目もあり、防空警報への対処としては、「警戒警報」の発令の際は「主として高等専門学校以上の者は、予め定められた任務に応じ、消防救護その他の防空業務にあたる」とある。「空襲警報」の発令の際については、任務のある者以外は、「家に居る場合」はそのまま家にとどまる。「登校又は帰宅の途中」は「自宅に近い場合」は「直ちに帰宅」、「学校に近い場合」は「急いで学校へ行く」とあり、「帰宅又は登校途中飛行機が見えたり、爆音が聞こえたり、高射砲等がうち出したら一時附近に待避する」とあった。「授業中の場合」は「教職員の指導に従つて行動する」とあった。

1942年4月18日の初めての空襲の「体験に基づき」、文部省は6月10日、「学校防空ノ強化徹底ニ関スル件」を作成した[15]。

実際の空襲での教訓から「強化徹底」すべき内容として、①防空教育・防空訓練、②空襲の高度と被弾の状況について更に認識を深めての訓練、③焼夷弾に対し積極的防火精神を昂揚すること、④待避・伏臥訓練等があげられた。また、「空襲警報」発令時の対応について、とりわけ周知徹底すべき事柄として、在校中に発令の際は、①鉄筋コンクリートの校舎では校舎内の安全な所に直ちに待避できるように態勢を整えておくこと、②木造校舎の場合は、待避施設に待避させる者については直ちに待避できるように態勢を整えておき、その他の者は屋内に分散させ、その際ガラスや爆弾の破片、焼夷弾に対する予防の方法を講じることをあげている。

幼稚園・保育所については、警報発令時にどのようにするべきかという統一した方針は出されておらず、第2節にみるように、この時期は警報発令で休園したり保育を中断して帰宅させたりした例は少なく、その対応は様々であった。

1943年8月には『時局防空必携』の改訂版が、内務省名で出された。「現時

局下特に都市の防空上必要な事項」を記述し、「重要な都市の家庭には必ず一冊づつ備」えるものと冒頭にあり、北海道、東京、京都、大阪、愛知、福岡等の21「庁府県」47都市を中心に「頒布」された[16]。学校については、新たに「学生、生徒、児童はふだんから防空に都合のよい服装を準備して置く」ことと「警戒警報で特定の都市では原則として授業を休止する」ことが加わった。

9月には、文部省内務省の両名併記で『学校防空指針』が出された。これは主に、学校での「自衛防空」と「校外防空」を推進しようとするもので、「中等学校低学年生徒、国民学校児童及幼稚園幼児ハ自衛防空並ビニ校外防空ハ之ヲ担任セシメザルモノトス」とされた。学生生徒を「防空要員」とすることが困難な国民学校や幼稚園等は、付近の警防団員、学校報国隊防空補助員の応援を受けるものとされ、教職員傭員の全員で「学校特設防護団」を編成することとなった。「学校特設防護団」は、「本部」「警護部」「消防部」「救護部」の4つの部から構成された。そのうち「警護部」の「警備班」の任務の筆頭には「御真影及勅語謄本、詔書謄本ノ奉護」があげられ、「貴重重要書類等ノ搬出及保管」もその任務の一つとなっていた。空襲を受けた時に保姆が自園に駆けつけ、重要書類等を持ち出したという記録がいくつかの幼稚園で残されている。

10月6日には、「幼児防空対策資料」が発表された[17]。これは、日本少国民文化協会と日本少国民文化研究所が「いざ空襲の場合の幼児保護の方策について一般的な防空方策をさらに敷衍してかねてから内務省防空局の指導下に厚生、文部両省、情報局などと審議」していたもので、「国民のうち約二割を占める幼児は他の防空活動を阻害する」とはいえ、「これらの幼児の生命の確保は国家の将来にとって絶対必要なことは自明の理」であるとして、幼児の保護の方策を「家庭隣組における幼児の保護」、「幼稚園における幼児の保護」、「託児所における幼児の保護」とに分けて提示している。

ここでは、幼稚園、託児所における幼児の保護の方策について、まず「方針」として、両者とも「防空警報発令中休園する」ことを「建前」としつつ、託児所については、「重要生産工場などに勤めてゐて託児を家庭で防護し得な

いやうな場合」等、必要な場合には「保姆其の他教員および待避施設などを考慮して防護される限度において保育することは差支へない」とされていた。

「平素の準備指導」としては、両者とも「園児（託児）に相応しい防空教育や避難指導などを行ふ」「同一方向より通園する園児（託児）約十名程度をもつて通園隣組を編成しあらかじめ家庭のものより通園隣組の保護者を定め防空警報発令の場合保護者が来園するやうにしておく」こと等があげられていた。

「警戒警報発令時」の原則としては、幼稚園では、登園前の発令時は「家庭より登園させない」、登園途中の発令時は「家庭に帰らせる」、在園中は「帰宅させる」とあり、託児所では、「要保育児」でないものは幼稚園と同様で、「要保育児」については、登園前、登園途中の発令は「登園させる」、在園中の発令の場合は「託児所内で保育をつづける」とされていた。

「突然空襲警報発令の場合」については、幼稚園では、「頭巾などのあるものは着けさせ」、「四囲の状況で危険がないと判定される場合は五分以内で帰宅できる園児は適宜帰宅させてもよい」とされ、「発令が長時間にわたる場合は警察署などに連絡のうへ右に準ず」とあった。また、「帰宅させない園児は避難所に誘導し避難させ」、「避難が長時間にわたっても園児を待避所外に出さないやうに」し、登園途中の発令の場合は「なるべく家庭に帰らせる」とあった。託児所もほぼ同様であった。

10月末には、防空法が改正され、第1条の防空の定義に「分散疎開」等が加わった。

初空襲の次の空襲は、その2年2ヵ月後の1944年6月16日未明の北九州の八幡製鉄所を目標としたものであった。これは中国成都からの攻撃で、九州ではこの後しばらく空襲が続く。九州以外が攻撃されるようになったのは、サイパン島陥落後の1944年11月以降である。「航空機工場を筆頭に多くの軍需工場」が攻撃された[18]。1945年3月10日の東京大空襲以降は大阪、名古屋、横浜、神戸等の大都市が攻撃された。更に、6月17日の鹿児島市、大牟田市、浜松市、四日市市に対する空襲以降は、複数の中小都市も攻撃目標となった。『本土防

空作戦』によれば、1942年から1944年の間の「来襲回数」は、76回で、1945年
1月は78回、2月79回、3月91回、4月101回、5月123回、6月105回、7月
99回（8月は記載なし）であった。初空襲から1945年7月末までの間に通算
752回の本土来襲があり、来襲機数は、28,991機にも及んだという[19]。

　このような状況下で、第2章にもあるように、休園、閉園する幼稚園、保育
所もある中、保育を続けていたところでは、空襲が激しくなるにつれ、独自の
対応をとりながら、幼児を保護し教育しようとする様子がみられた。

第2節　初空襲以前の防空訓練

　ここでは、防空法実施後の1938〜1942年度の幼稚園・保育所の防空訓練の実
際を、年度を追ってみていきたい。幼稚園や保育所によって、防空「演習」と
呼んでいるところ、「訓練」と呼んでいるところがあるが、ここでは、園独自
の避難訓練については「訓練」と呼ぶ。引用についてはそのままとする。

　防空法実施後の1938年度には、公立小学校の校舎内に保育室のある南山幼稚
園で「防空演習」に関する記述が複数回みられる。9月12日から「防空演習」
が始まり、園児に「御集りの時御話」し、午後には職員で「防空演習の打合
せ」をしている。14日には「防空演習の警報が鳴ったらお外で遊んでいる時は
御部屋に入る」と園児に話していた。15・16日は「第二期防空演習」の「本格
的訓練」であった。16日には9時15分前に「空襲警報が出て其儘遊戯室に」入
ったとある。9月20・21日は小学校と合同で防空訓練を実施する予定で、19日
には小学校の職員会に出席して「防空訓練」の打合せをしていたが、20日が雨
となり「無期延期」となった。

　私立の進徳幼稚園で、「防空訓練始まる」（9月13日）との記述がみられた。
どんな訓練でいつまで続いたかということは書かれてはいなかったが、9月16
日には「防空演習ごつこ連日に亘って興じます」という園児たちの様子が記述
されていた。

　1939年度には、栃木県女子師範学校附属幼稚園（以下栃木附属幼稚園とする）の「山ノ組」「海ノ組」それぞれに、10月25・27日に防空訓練があったという記述があり、25日の「海ノ組」には「防空訓練の第二日目」とあるが、24日には両組とも訓練に関する記述はなされていない。

　1940年度には、10月初めに多くの幼稚園で、複数日にわたる「防空演習」に関連した記述がみられる。

　詳しい記述があった南山幼稚園では、9月にも1週間にわたる「演習」があった。9月3日に「防空演習午前八時より始まる。幼稚園は幼児が全部集まらぬ都合上自由遊びをなし集まつた幼児のみ避難することになす」との記述があり、10日に「防空演習も今日で終り」とあった。この時は、午前8時からと時間を決められての演習であった。10月の記述をみると、空襲警報がいつ鳴らされるかの予告がなかったことがうかがえる。「今日から空襲警報の度に避難することになる。午前九時頃第一警報がなる。早速自分の室に避難す。待つ事三〇分以上、子供達も気の毒なくらい絵ばなしやらおはなしをなして待つ。やつと解除になり外で遊ぶ。また直ぐ警報が鳴つたのも聞こえず遊んでゐると飛行機から一〇〇瓩の爆弾を落とされた。今日は聞こえなかつたせいもあろうが、大失敗であつた」（2日）と、遊んでいて警報に気がつかなかったという記述もあれば、「今日は雨降りなので一日お部屋の中でお遊びする。空襲は一度も来ず」（3日）と、保育中には警報が鳴らなかった日もある。4日は「午前八時十分前より空襲警報」がなり、「幼児は来た者より避難室に入」り「待機すること実に三時間半、十二時一寸前にやつと解除」になった。

　小川幼稚園では10月2日に「防空演習第二日　本日避難演習をなす」とあり、「第一回　午前十一時避難演習あり　園児も上手になす」（4日）、「第二回十時避難警報鳴りひびく　園児は遊戯室に集会中なりしも順序よく運動場に避難せり」（5日）と、警報も鳴らしての訓練で、運動場への避難であったことがわかる。代陽幼稚園では、「第一日　1防空演習について大体のお話をする。2防空壕を見に行く」（1日）「防空演習第二日警報の種類に就いてお話す

る」（２日）「防空演習第三日室内避難のおけいこをする」（３日）とあり避難
先は室内であった。

　このほか、栃木附属幼稚園、新城幼稚園、龍野幼稚園、小倉幼稚園に関連す
る記述がある。

　すずらん幼稚園（兵庫県）の「昭和十五年度」の卒園記念アルバムの中に
は、防毒マスクをつけた男性と手拭いをマスクがわりにした女性と園児が写っ
た園外への避難訓練の写真があった。「幼稚園前に瓦斯弾が落ちました。ソレ
ッと云ふとお巡りさん、警防団のおぢさん、隣保のおばさん達もかけつけて下
さつて、ハンカチをお鼻にあてゝ避難致しました。誰も泣きませんでした。此
の分なら本物が落ちても大丈夫だと思ひます」と書き添えられていて、ガス爆
弾対策の避難訓練を行なっていたことがわかる。また、栄美幼稚園（福岡県）
の卒業アルバムにもガスマスクを装着した園児達の写真が残されており、この
頃の避難訓練は先述のようにガス爆弾の空襲を想定したものであった。

　1941年度には、刈谷幼稚園に、11月29日に「防空演習　避難訓練」、12月１
日に「興亜奉公日　防火デー　避難練習」との記述があった。開戦の日の８日
には、「警戒管制　午後五時　発令」とあった。10・11日には、避難の際の
「誘導班打合」があり、12日の「帰宅避難練習」に先立って、「園児ニ住所、父
ノ名前ヲ書イタ名札ヲツルシテ非常時ニ対シテノ帰宅ノ見送リ別ヲ色ニテ表ハ
ス」（11日）という記述があった。

　本荘幼稚園では、12月１日に「今日は本荘だけの防空演習があるので朝から
サイレンがなる」とあった。

第３節　初空襲とそれ以降の警報への対応、防空訓練

　ここでは、日本本土に初めての空襲があった1942年度、1943年度の警報への
対応、防空訓練を年度ごとにみていく。

1. 初めての空襲及びその後の警報への対応と防空訓練

　1942年4月18日の初めての空襲は、それぞれの幼稚園でどのように受け止められたであろうか。この日の警戒警報の発令は、早くて午前8時半過ぎで、園児がすでに登園していたところが多い。空襲警報の発令は早くて正午過ぎで、土曜日のため園児の帰宅後であった。

　栃木附属幼稚園では、「山ノ組」の日誌に、午前8時半に「警戒警報発令」と記されていた。

　南山幼稚園では、「午前八時三十分警戒警報発令　午後〇時三十分空襲警報発令　帝都へ敵機来襲す」「目のあたり敵機の飛行を見る。我方高射砲台反撃す」「午後四時三十分解除となる」「職員集合」とある。園児の出欠欄への記入があるので、園児は登園していたとみられる。

　同じ東京都の江戸川双葉幼稚園では、「午前中に警戒警報発令せられ」「子供達を帰して十二時半頃空襲警報発令」とあり、やはり園児は登園している。

　八幡橋幼稚園では、午後2時半頃に空襲警報が発令され「間も無く敵機来襲」したとあり、初めてのことで驚いたが、園児が帰宅した後で被害もなく園舎も無事であったと記されていた。「不断ノ覚悟必要」だと感じた、ともあった。

　佐倉幼稚園でも、園児は登園して保育しており、空襲警報発令は帰園後の「正午一寸過」で「サイレンガ鳴リ出シテビックリ」したが、遠方の園児も帰り着いた頃だったので「先ヅヨカッタ」と書かれていた。

　常盤幼稚園（三重県）では、当時保姆だった人の思い出として「新任早々、無我夢中の二週間がすぎた四月十八日のことである。空襲警報のサイレンが鳴りひびいた。園児が帰った後で明日の保育の準備中だった。『すは！！』と保母たちは立ち上がり体操シャツにブルマーという運動着スタイルに着替え、重要と書かれた戸棚の引出しをぬき取っては、エッサ、エッサ、と書類を園庭の砂場に運ぶ、やっと運び終った時に警報は解除になった」と記念誌[20]にあった。

　堅磐信誠幼稚園では「偶発事項」の欄に「全園児を帰へして後、午后一時半頃、突然敵機現れるも当幼稚園は無事なり。感謝に満つ」とあった。刈谷幼稚園では「空襲アリ名古屋地方　刈谷ノ上ニモ一機飛ビ来ル」とある。小川幼稚園では、「午後一時に警戒警報発令、二時五十五分空襲警報発令」で「非常持出帖簿並準備をなす」と書かれていた。代陽幼稚園では、「四時二十分空襲警報発令」とあった。

　このようにいくつかの幼稚園に警報発令の記録はあるが、警戒警報の発令が午前中であっても、保育を中断して帰宅させたという記述は見当たらなかった。

　4月18日以外には本土への空襲はなかったが、警報は何回か発令されていたのでここでは発令が保育に影響した警報への対応を月を追ってみていく。

　4月23日には、小川幼稚園が、警戒警報発令のため休園している。

　5月には、多くの園で、4日の月曜日から数日間警報の発令が記録されている。南山幼稚園ではこの間も園児は登園していて、6日には午前7時50分に空襲警報が発令され、登園していた約24名の園児は「さくら組に避難。お机の下にておとなしく」した。1時間程で解除となり、その後は通常通り保育している。7日は前夜から引き続き警戒警報発令中であったが、園児は登園して翌日の開園式の「おけいこ」をしていた。江戸川双葉幼稚園では、6日の8時頃に「空襲警報」で「家に帰ら」せたが、「解除になり喜々として登園」する幼児の姿が記述されていた。

　八幡橋幼稚園では、4・5日に警戒警報の記録があるが、両日とも園児は登園している。4日には「オ部屋ニテラヂオ体操」等通常通りの保育をして1時半に「オ帰リ」している。5日には7時半頃には全員登園していたが、警報が解除されないので、国民学校の小運動会見学は10時で切り上げて園に帰り11時には帰宅させている。6日は空襲警報の発令が記されており、出席したのは半数以下の約60名だったが、「オ部屋ニ入レ」鯉のぼりの製作をしている。

　栃木附属幼稚園では、6日の8時15分に「空襲警報」、「登園シテキタ者ハ八名」とあり、この幼児たちを「職員付添」で帰した。8時40分に解除となった

が、その後は「登園セズ」とあった。

　堅磐信誠幼稚園では、4日の「記事」の欄に「一、警戒警報在宅中に発令された場合は休園　在園中は幼稚園迄迎へに来る事」とあった。5日は前日夕方発令の警戒警報が「とかれず休園」となった。6日は、8時半頃に「警戒警報発令の為、父兄の名札持参者へ幼児を引渡」した。9時半頃に解除され15名の園児が登園し「平常の通り保育」をした。

　小川幼稚園では、5日に「警戒警報、解除されざるも」、その日は「端午の節句」で、保護者を招待しているためとして「幼児の登園を認め」て「節句の遊戯会」を開催している。11日の警戒警報発令時には休園としている。

　7月は、南山幼稚園で3日に発令された警戒警報が、6日「正午警戒警報解除」まで続いたが、4日は「各組七夕準備終わる。ほしつなぎ作りをなす」とあり、6日は笹に飾り付け、と通常の保育を行なっていた。

　堅磐信誠幼稚園でも、同様に6日まで引続き警戒警報発令中であったが、4日には37名、6日には15名の幼児が登園してきたとあり、4日は「共に広いお部屋にて礼拝後、高橋先生に旧約史談を聞き、十一時各家に送」り、6日は「何時も通り国民儀礼、礼拝を」した。

　小川幼稚園では、6日は警戒警報発令中のため休園としている。

　9月は、30日に南山幼稚園で、午前11時に「警戒警報発令早めにお帰り」としていた。

　10月には、八幡橋幼稚園で1日に「運動会の予定が昨夜からの警戒警報の為に明日に延期」とあった。2日に、この警報は午前11時に解除されたとあったが、園児たちは「朝から練習に終日を送」った。3日は2つの学校の運動会に「出場」している。

　以上のように、登園前の警戒警報発令で休園にしている園としていない園があった。休園にしていない園は、概ね通常の保育を行なっていたが、保育中に警報が発令された場合は、通常より早めに帰宅させている例もあった。休園としているのにもかかわらず園児が登園した場合は、職員が付き添ってすぐに帰

宅させている場合と、7月の警報発令時の堅磐信誠幼稚園のように、保育をしている場合もあった。また、保護者を招待しての行事があり、例外的にその行事を行なうこともあり、園によって対応は様々であった。

防空訓練は様々な形で行われるようになった。

栃木附属幼稚園では、行先を変えての「移動訓練」（7・9・11・12月）、「伏せ」、「隣組別並び方」の練習（10月）、「机下避難訓練」（11・12月）が行われていた。

刈谷幼稚園でも複数回の訓練が記録されているが、「非常ノ対処練習」として「校内放送ヨリ避難マデヲ第一段階」として、その後「主任」が見回って「伝達」したとおりに避難をするという練習がされている（7月3日）。1月には「帰園訓練」もあった。

南山幼稚園では、10月には「訓練空襲警報直ちに桜組へ避難」（5日）、12月には避難訓練の際に「窓際を避ける様お話」があった（11日）。「午後一時より防訓ある筈の所、十時からとなる」と訓練の時間が予告よりも早くなり、「校庭にて学校児童と共に講評を伺ふ」とある（3月13日）。「修了式練習の途中、訓練空襲警報がなり」避難していた（3月22日）。

佐倉幼稚園では、「防空避難演習の日」に「少々オ休ミガアル」と思ったら「防空演習ガコハイカラダ」ということで「今ノ小児ニ珍シイ弱虫デ困ツタモノダ」と書かれていた（9月18日）。「家政女学校防空予行演習」の「避難練習」に参加して園外の「宮小路ノ通リヲ越シテ向ヒノ横道ニ避難」したところ、なかなか解除にならず、一部の幼児が垣根の菊を取り散らかすという「良成績トハ行カナイ」事態も生じた（12月9日）。また、2月の「防空演習避難練習」の際には、1時間弱の訓練であっても「只居ルコトハ幼児ニハ中々困難デ何カシラオイタヲ見付ケテハジメル」と述べられていた。

2．警報への対応と強化される防空訓練

1943年度には、実際の空襲は一度もなかったが、警報の発令はあり、防空訓

練も、より実際的なものが行われるようになった。

　まず警報への対応は、前年度と同様、様々であった。この年度には、4・5・9・11月に警報発令の記録がある。

　4月には、5～9日までの間に小川幼稚園、堅磐信誠幼稚園、南山幼稚園で警戒警報発令の記録がある。

　小川幼稚園は、5日は休園、翌日は始業式を行ったが「警戒警報発令中ニツキ」10時に帰宅させている。堅磐信誠幼稚園は、5日に旧園児の始業式を「警戒警報発令中に付、少しの子供さんと」（22名）行ったとある。10日には「警戒警報が解除したので今日は出席者が」多かったとあった。休園していた南山幼稚園は、8日には「麻布幼稚園へ電話し様子を伺ふ」ことをしている。

　5月は、13～15日までの間に、栃木、愛知、京都、岡山、熊本の6園で警戒警報発令による保育への影響が記されている。

　栃木附属幼稚園は、13日に予定していた遠足を、12日午後10時の「警戒警報発令に依り延期」としたが、休園にはせず、園で通常の保育をした。

　堅磐信誠幼稚園では、13・14を警報発令のため休園にしている。15日（土）は日誌の記述がない。勝川幼稚園は、13日の遠足の前夜に警戒警報が発令されたが、第2章でふれたように変更して徒歩での遠足をしていた。14・15日は平常通りの保育をしている。

　小川幼稚園は12日夜発令の警報が13日もそのまま継続中で、「本日保育ハ状勢ニ依リ平日ノ保育ヲ行フ」こととして「十時半ヨリ避難訓練」をした。翌日は、警報に関わる記述はなかったが、「避難訓練を各組別」に行っていた。

　片上幼稚園では、13日に「中部全地区警戒警報発令（十二日午後十時十五分）」と書かれていたが、園児は登園していた。翌日には「片上国民学校並幼稚園防空防護計画案」とのみ記述されていた。代陽幼稚園は、14・15日を「警戒警報発令に付き休業」としている。

　9月は、2・3日に、栃木、東京、愛知、京都、岡山の7園に警戒警報発令に関わる記録がある。概ね1日の夕方の発令で、3日の午後には解除されてい

る。

　栃木附属幼稚園では、「警戒警報発令中」と９月２日の日誌にあり、園児は登園して、国民学校児童と共に防空訓練をしている。南山幼稚園、江戸川双葉幼稚園は両園とも警報発令中であるとしながら、２・３日は平常通り保育している。堅磐信誠幼稚園は、「発令の為」として、２・３日は休園であった。常葉幼稚園も２日に休園している。小川幼稚園では、警戒警報発令中の２日の９時半に在宅の園児に「登園です」と電話をかけて登園を促し「全児揃ふまで丁度一時間」であったとある。「登園、退園に隣保、保護者一人づゝ付添」っていた。登園後は「訓話」をして、11時半に退園とあった。翌日は「警戒警報発令中に付き」休園としている。片上幼稚園では、２日に警報発令中とあったが、園児は登園していた。

　11月は堅磐信誠幼稚園で、12日に「一、八時に警戒警報発令さる。よって十二時に全園児帰宅さす」とあった。

　この年度の９月17日には東京都教育局は「防空ニ関スル通達」を出し、「警戒警報発令ノ場合」は休園、「保育中ニ発令サレタル場合ニハ直チニ帰宅」、空襲警報発令も休園で、保育中に出された場合は「状況ニ応ジ五分内外ニテ帰宅出来得ルモノハ充分注意ノ上」帰宅させ、その後は保護者が引取りに来るものは引渡すとされた[22]。この通達に関連すると思われる記述がみられた。

　南山幼稚園では「昨夕の新聞に警戒警報発令の場合幼稚園は休園」と麻布幼稚園から電話があったということが記されている（９月３日）。麻布幼稚園は警戒警報発令の際には「休園」とするということであったが、「当園は当局よりの指示のあるまで今のままを続行する」としていた。しかし、21日になって「発令の場合の措置電話あり、それにより通知を印刷」したとあり、「警戒警報発令の場合休園」とすることになった。

　江戸川双葉幼稚園では、27日に「幼稚園に於ける警報の通達が協会から通知あり」とあった。

　興望館保育園には「空襲警報時のおしらせ」という資料編に掲載した保護者

宛の文書が残されている。「警戒警報の発令時に対する当局の最近指令にもとずきまして、当保育園に於きましても、出来る限りの準備をと、のへたい」として、警戒警報・空襲警報発令の場合に子どもを迎えに来られるかどうかを尋ねている。

　次に防空訓練であるが、記録が比較的多かった小川幼稚園では、5・6月に2回ずつ、7月に1回、9月に3回、10月に2回、11月に2回、2月に2回と合計14回の訓練が行われている。このうちの5回は国民学校と合同の訓練とあり、6年生女児（5月13日）、5年生女児（6月1・8日、7月9日）の誘導で避難している。1940年度には運動場へ避難していたのが、5・6・7月には地下室への避難となった。11月8日には「学校の訓練下校」にあわせて「お弁当の途中」であったが、外へ出て「おならびの練習」をしている。12日には、9時40分に「訓練空襲警報発令」で「速やかに防空袋をもち人員点呼」の後、「地下室」に約10分間待避した。その後「隣組」で整列をし、「頭巾のかむり方、伏せ方」の訓練をして、11時頃「頭巾をかむり」帰宅している。この日は同じ京都市内の常葉幼稚園でも「府一円に訓練防空あり。幼稚園児にも訓練なせり」とある。2月には、5・12日の2回の訓練の記録がある。5日には、訓練空襲警報発令中にもかかわらず、20名の園児が登園したので、「保姆、使丁でおくりかへす」とあった。解除後の9時過ぎには、在園児120名中70名の園児が登園した。11時に「空襲警報発令中の注意」をし、帰宅させた。12日は警報解除と共に大部分の園児が登園した。「会集時刻までに警報が解除になれば登園する」ことを話した。

　栃木附属幼稚園にも記録が多く、すべて附属国民学校と共に行う訓練であった。前年度同様、机の下、校庭への待避訓練が主であったが、7月9日に初めて「空襲時の帰宅訓練」を行っている。「ごたごたしてしまつた」ので「これから幼稚園だけでも充分に訓練をせねばならない」と思ったとある。9月25日には防空壕への待避訓練が行われた。10月以降は、「各隣組に別れる訓練」（10月8日、2月8日）や「帰宅訓練」（10月16日、12月7・8日）が行われた。

3月8日には「予告無しに空襲警報発令を行つて実際の時の訓練」をしていた。

通年での訓練の記録があったのは、以上の2園であったが、その他の幼稚園・保育所にもいくつかの訓練の記録があった。

豊浦幼稚園（山口県）では、10月20日に「防空訓練のけいこ、各町内に園児を分け、各保姆引率して所要時間をはかる」[21]ことをしていた。

11月には、麻布幼稚園で「防空下校訓練」が行われ、南山幼稚園から保姆1人が「参観」にでかけている（17日）。南山幼稚園では、22・25日は、国民学校との合同の帰宅訓練で、隣組の班長の出迎えをうけて帰宅し、24日は幼稚園独自の訓練を3回行っている。27日には、8時半から防空訓練が行われ、8時半、3時に訓練空襲警報が発令されたとあった。江戸川双葉幼稚園では27日は「東京都の総合訓練なので休園」とあった。

龍野幼稚園は「訓練空襲警報」で避難訓練をしている。12日は園外の「紅葉谷」、13日は室内への避難であった。代陽幼稚園では13日に「八代市の防空訓練施行　園児も実践同様の訓練をする　職員も隣組の消火に努」めた。

興望館保育園には、「来る十九日（金曜日）防空日につきお子様方防空服装で登園願ひます」と書かれた17日付の「お知らせ」が残されていた。

12月には、片上幼稚園で「総合防護訓練（校外待避訓練)」（2日）をしている。同園では、2月にも5・12日に「訓練空襲警報」の記録が残されている。5日には全園児が「伏臥訓練」をしている。

2月には、仁川幼稚園で、12日の8時半に訓練警戒警報が発令され、8時40分に解除されている。「お仕事」「礼拝」とあり休園ではなかったが、「赤組」の出席は1名であったとある。堅磐信誠幼稚園では12日に「訓練空襲警報発令の為」、8時半頃「即時」帰宅させて、休園している。

第4節　空襲下での警報への対応と防空訓練・空襲への備え　Ⅰ

　1944年度は、6・7月に九州が空襲され、11月末からは軍需工場、飛行場等を目標としたB29の編隊による空襲が始まり、3月には東京を始めとする大都市が空襲された。2月以降には艦載機による空襲も受けるようになり、警報の発令も都市部を中心に次第に増えていった。

1．警報への対応・空襲の影響

　まず、月ごとに警報に関する記述をみていく。5月には主に関東周辺の園で記されている。八幡橋幼稚園では、20日（土）保育終了後に発令された警戒警報が「解除」されず、22日（月）は休園にしている。同様に休園になったのは、栃木附属幼稚園、山梨師範学校女子部附属幼稚園（以下、山梨附属幼稚園とする）、進徳幼稚園、佐倉幼稚園、江戸川双葉幼稚園であった。つぼみ保育園の日誌には、20日の午後6時50分の発令で、22日の午後1時50分の解除であったことが書かれていたが、休園したかどうかはわからない。

　6月には、第1節で述べたように2年2ヵ月ぶりに日本本土への空襲があった。

　空襲のあった北九州の小倉幼稚園では、前日に発令された警戒警報が解除されず、16日は「園児休園」「職員出勤」で、この日深夜に空襲警報発令され「鬼畜米英の来襲を受くるも園内に被害なし。必ずこの仇は討つ」とあった。17日は「警戒警報発令中園児休園。職員出勤」とあり、19日（月）には通常通り「中食」をとり「おかへり」であった。木屋瀬保育園では、日誌の欄外に「十六日北九州空襲」とあり、17日の出席は「二〇名」とあった。16日は休園であったかどうか不明である

　休園の期間が16・17日で、19日には登園しているのは、代陽幼稚園、堅磐信誠幼稚園、犬山幼稚園、小川幼稚園、常葉幼稚園、龍野幼稚園、仁川幼稚園で

あった。

19日まで休園したのは山梨附属幼稚園、進徳幼稚園、栃木附属幼稚園、八幡橋幼稚園、佐倉幼稚園の5園である。進徳幼稚園では「敵機小笠原諸島、北九州、南朝鮮に来襲ス。全国的に警戒警報が発せられたる為、十六日より十九日迄幼稚園は休園致しました」と書かれていた。佐倉幼稚園では、「日曜ヲ加ヘテオ休ミガ四日目」となって「皆登園ヲ待ツテヰル」と長期間の休園に寄せる保育者の思いが記されていた。

愛知県のいくつかの園では、警戒警報発令中にも休園にしていない日がある。新城幼稚園は16日には園児は登園して、10時半から園から5分程の場所へ「避難訓練」をしている。17日は、朱書きで「警戒警報発令中ニ付臨時休園」とあった。西尾幼稚園では16日は、年少組のみ「全部直ちに帰宅」させ、家の遠い者も同様に直ちに帰宅させたが、その他の園児は「午前中保育す」とあった。17日は「警戒警報中」とあり、「職員朝会」では朝の挨拶を正しくすることの徹底をはかることが話されている。勝川幼稚園でも16日は「昨夕警戒警報発令されたので、近所の園児二十名来て保育する。遠い所の子どもは皆帰宅させた」とあり、西尾幼稚園と同様に近所の園児は保育している。17日も「警報下に就き今日も近くの園児のみ出席」と休園にはしていない。19日からは各園とも通常の保育を行っている。

以上のように6月には、警戒警報は全国的に発令されていたようで、日誌のある園のほとんどがそのことを記している。警報は18日（日）の午後に解除されたが、夜になって再度発令された地域では19日（月）にも休園としているところもある。

7月以降は、園児が登園して保育をしている時間帯に警報が発令されるようになった。

7月4日は、登園して保育を始めようとする9時過ぎに警戒警報が発令された。記述のある園ではすべて園児を帰宅させている。つぼみ保育園では「サイレン三分間終った時は全園児すでに左右にすがたなし」とあり、「平岩遊園中

止」と当日の予定を中止したことが記されている。

　帰宅のさせ方について書いてあるところでは、家庭からの迎え、隣組関係者の迎え、保姆が送り届ける等の方法があった。

　山梨附属幼稚園では、直ちに保姆が付添う、家人の出迎え、国民学校児童で警報のため帰宅途上の者に依頼する等の方法で、すべての園児に何らかの付添があった。進徳幼稚園は、「家からお迎へに来た子供は先に帰へす。残った子は防空訓練をし、町別にわけて、その中より一人づつ班長をきめて帰す」、「子供もよく時局を認識してゐてよくする」とあった。佐倉幼稚園と八幡橋幼稚園では、保姆が園児を送って帰している。仁川幼稚園では、保姆が園児を仁川駅まで送っている。小川幼稚園では、以前からの訓練通り「直ちに隣組班別に集合」して「迎への隣組長に順に引き渡し迎の遅い隣組は保姆が手分けし送」ったが、「実際に於いて迎へが遅く四人では手不足で困つた」として、「何等対策の要あり」と書かれていた。

　警報の解除は５日の夕方になったので、この日は記述のある園はほぼ休園していた。佐倉幼稚園では「第一国民学校一学年ヲ参観」したとあり、幼稚園が警戒警報で休園になっても国民学校の低学年は授業を行なっていたことがわかる。

　８日には、北九州が再び空襲されたが、保育開始時間前に警報は解除されているので、小倉幼稚園では通常通りの保育をしている。木屋瀬保育園では、８日は「内政部長、更生課長、学務課長、直方警察署長、地方事務所長等の視察の予定」であったが、空襲のために「一同寝不足にて園児も少なく」、欠席する視察員もいた。代陽幼稚園の日誌には「昨夜警報を受け睡眠不足の為出席者少なし」とあるが、在籍172名で欠席27名だった。

　九州以外の地域で８日に警報が発令されたことが書かれているのは、仁川幼稚園だけで、「出席者四名　警報の関係かとても人数が少ない」（赤組）とあった。欠席者として９名の名前があった。

　８月から10月の間は警報の記録はさほど多くはなく、保育中の発令も少ない。

　8月は、4日の夕方から警戒警報が発令され、通常の保育を続けていた山梨附属幼稚園、常葉幼稚園、夏季保育中だった仁川幼稚園は、翌日は警報が発令中であるとして休園している。つぼみ保育園では、4日午後7時の発令、5日午後1時の解除であったことが記されていた。

　11日は、仁川幼稚園で午前3時には空襲警報が解除されたが、「夏季保育」への出席者は少なかったとある。幼児達が経験したことを語り合った。

　21日は小倉幼稚園の夏休み中の「召集日」であったが、「昨夕よりの敵機来襲」、深夜の再度の警報発令に、「警報直後だけに出園数が少ない」（24名）と書かれていた。8月半ばから保育が始まっていた木屋瀬保育園では、26日付の日誌に「八月二十一日月曜は北九州大空襲の翌日で出席如何んと思ひたるも元気に続々とお早ようお早ようで頼母しい限りである」とあった。

　9月には、保育時間中の発令は2日あった。19日に、つぼみ保育園で12時半発令、3時半解除とのみ記されていた。27日には、小倉幼稚園で「第三集会中に警報発令され直ちに全児帰宅させる」とあった。

　10月は、九州で保育中の警報発令の記録が2日分あった。10日に小倉幼稚園では「第三集会」の欄に「警報出で直ちに帰宅させ　後　防衛用意」とあり、翌日は「警戒警報ニ付休園」であった。代陽幼稚園でも10日「警戒警報空襲警報発令」とあり、翌日は「警戒警報中に付き子供達はお休み」で、職員は「警備の用意」とあった。25日には小倉幼稚園で「第一集会ラジオ体操」と書かれた後、9時過ぎに警戒警報発令、10時過ぎ空襲警報発令、12時過ぎ空襲警報解除、しばらくして警戒警報解除とあったが、園児の動向についての記入はなかった。代陽幼稚園では9時に警戒警報が発令され、「お迎ひのある方は直ちにお帰へしする」とあり、翌日には「昨日のお迎ひが非常におそかつたので今後早く来て頂くお手紙を出す」とあった。

　このほかに、20日に龍野幼稚園で「誤報」の「警戒警報」で11時頃園児を帰宅させている。「誤報」と気がついたのが午後だったので、再び園児を登園させることはしなかった。

　11月に入ると東京を中心に、九州以外の地域でも空襲警報が発令され、空襲の脅威にさらされるようになる。

　まず、11月1日から7日にかけて多くの園で警報発令の記録がみられる。

　保育中であった園の対応をみていくと、栃木附属幼稚園では、1日午後1時半に「空襲警報発令」とあり、園児達が「ただちに帰宅」している。進徳幼稚園では、「午後のお稽古をしてゐると警戒警報に次いですぐ空襲警報が発令され子供達は集めて直ぐ帰」した。「京浜地帯へ高度にて来たとかいよいよ米国もやつて参りました」と述べられている。

　堅磐信誠幼稚園では、1日の午後1時40分頃の警戒警報は「突如」であったとある。「迎ひに来られた人より子供を渡す。こんな時でも泣く子もなく私達保姆にとつては心強い事であった。併し、一時間後もまだ迎ひの来ない子供があつた」と保護者の迎えを待って子どもを帰していた。勝川幼稚園では、「遠い子供はお迎ひの来るまで待ち」、迎えの来ない園児は保姆が送って「全部二時には退園」した。

　興望館保育園は迎えの来ない乳児と幼児を「防空壕」へ待避させている。1日には日誌の「乳児」の欄に「十二時半頃突然の空襲警報である。急いで、防空壕に椅子を並べていつでも待避出来る様に準備する」とあり、「残つた子供」は7名程だったとあった。この園では、2・5・6・7日にも警報の発令が記録されている。2日は「乳児」は「警報が出てゐる為か少い」、「幼児」も出席者は12名であった。5日には警戒警報発令で、夕方まで迎えがなく残った「乳児」は2人だけだった。6日は乳児10名が「残つた」。幼児に関しては「警報になれてお母様方のお迎も割合に早くなる」と書かれていた。7日には空襲警報が発令され、乳児のクラスで「防空壕に入るのがいやで」泣き出した乳児がいて「みんなにうつて困つた」とあり、幼児の方は「防空壕の中へおいすを入れて了つた為」椅子なしで「会集をする」が「割合に静かに出来た」とあった。8日には、「昨日にこりたので」と、「おひるねを防空壕にさせた」とあり、乳児への対応に苦慮しながらもなんとか工夫してその安全を守ろうとして

いる姿がみられた。

つぼみ保育園では、5日分の警報発令の記録がある。7日は午後1時に警戒警報に続けて空襲警報が発令され「高射砲あたりにひゞく。砂場に待避」とあった。

このほかに、11月13日に、保育中の空襲警報発令で家からの迎えが遅い少数の幼児を防空壕に避難させたのは、堅磐信誠幼稚園であった。

東京が空襲された24日には、勝川幼稚園でも、昼食前に空襲警報が発令され、近くの幼児だけ支度させて帰した。保姆は「昨日迄の敵機来襲は偵察であつたが今日は爆撃を目的である」との「アナウンサーの注意をきもに銘じて」家が遠い幼児は防空壕に入れて昼食をすませた。「今までにない長い空襲故子供はあき」、「お芋のおだちんを頂戴して」3時10分前に「壕から出て警戒警報の間にそれぞれお送りして帰つた」と防空壕での長時間待避に幼児があきてしまったことが記述されていた。

初雁幼稚園では、27日に「警報発令と同時に至急帰宅出来得る様訓練」をし、「途中待避の時は近くの待避所へ」と園児に伝えていたが、「昼食終って直ぐ警報」が発令され、「直ニ訓練の通り実行」して「皆無事帰宅」とある。

また、西尾幼稚園のように、不意の空襲警報には「園児ノ取扱ひにつきて混乱」したが「警防団の援助」があり、「大変楽であつた」(13日)と、園外からの援助が記述されていたところもあった。この園では24日にも「警防団引率のもとに」園児を帰宅させている。

12月には、それまで警報の記録のなかった園にもその記録がみられるようになった。岡山県の高梁幼稚園では、13日に「ふたば会幹事会開催の予定なれど警報の為中止」とあった。この園には10月28日と11月6日に「疎開児童慰問」に出かけたという記述があり、空襲を避けて児童達が疎開してくるような地域にある幼稚園であった。

12月以降は、東京以外の都市の軍需工場や飛行場等が攻撃されるようになり、幼児の身近に危険が迫ってきていることを感じさせる記述や、登園する園

児の数が少ないという記述がみられるようになった。

　佐倉幼稚園では、4日に、前日の午後2時に「空襲アリ」と記した後に、空襲を懸念したのか晴天でも出席がわずかであるとあった。

　愛知県では12月13日には名古屋市が空襲され、その近郊の幼稚園にも影響がみられた。勝川幼稚園では、14日は「昨日の大空襲の為か、出席がとても少な」く、出席者50名だった。15日も「今日も出席すくない為園児の登園まつて皆んなでストーブかこんでお話してゐたら又々、警報入り一同退園」したとあった。18日には割合早く警報が解除になっても「学校の児童も学校へ行かなくてよいので幼稚園へも一人も出席しない」、23日には「高射砲の音もきびしくお空にてポンポンやつていたので大さわぎなして一同退園」とあった。

　堅磐信誠幼稚園では、「最近空襲ひん繁な為出席が非常に少い」（12月11日）という状況が2月にかけて、たびたび日誌に登場するようになる。1945年1月8日の「始園式」は「出席十五名といふ、なさけない有様」であった。「防空施設の完備した保育」を望む記述がなされている。この園では、1月は欠席者が50数名〜60名あり、出席者が15名程度の日が多い。2月には、空襲を警戒する保護者が、警報発令前に迎えにくるということもあった。「今日二十名の子供が登園　二、三人多くなつた事によつてとてもにぎやかになつた。しかし、十時半情報が入った為もうお迎へに来て帰った子供が二・三名」いたとあった。「戦時だからとは言へ」本当に落ち着かない「日々を送る事が心苦しい」（10日）との思いが綴られていた。この日の同県内のほかの幼稚園の記録をみると警戒警報の発令は午後であった。

　勝川幼稚園でも、学期が始まった1月8日は「警報の為出席は悪い」とあった。「警報又も地震で子供も少ない事でせう」（12日）、「昨夜の三回の警報に引つづき今日は出席者少数なので一日なにする事なく面白く愉快に一日の保育をなした」（17日）とあり、「毎晩の空襲で遠い園児はすっかりお休み唯近所の子供のみ」（22日）と書かれている日もあった。

　このように登園児が少なくなる一方、警報解除後、園児が登園してきたとい

う例もみられるようになった。2月に入ると、「お始まり」「会集」「朝礼」等の前に警報が発令された場合、それまでだと終日休園としていたところも、警報解除後に、登園してきた園児を遊ばせるばかりでなく、通常の保育を行う様子がみられるようになった。警報発令で、保育を中止して帰宅させても、解除の時間が早ければ再度園児が登園して保育の続きをするという園も増えた。警報が発令されても園児を帰宅させない例もあった。

　山梨附属幼稚園では、12月9日、9時過ぎに警戒警報が発令されたため園児を帰宅させたが、「小時」で解除され、付近の園児が再度登園している。しばらくヒマの実採取、皮むき等をさせて帰したとあった。犬山幼稚園では、1月15日10時に発令された警戒警報が11時に解除になり、午後「少数」が登園した。江戸川双葉幼稚園では、16日に警報が発令され、園児を帰宅させたが、短時間で解除され、15、6名の幼児が来たとある。

　小川幼稚園では、30日9時に警戒警報が発令され、登園していた園児6名を「すぐに送」った。9時40分に解除された後、園児が登園し、「朝礼」では「夜の空襲についての注意」をし、11時半に「元気におかへり」したとある。31日も9時5分に警戒警報が発令され、登園していた園児をすぐに帰宅させたが、解除後は「登園した園児に朝礼後、神様の話のつゞきを」した。龍野幼稚園も、30日は9時発令の警戒警報が9時30分に解除され、10時から保育を開始している。

　2月には、栃木附属幼稚園で、警報発令のため、園児を帰宅させたり、休園にしたりしていた6日分のうち4日分は、警戒警報解除後に園児が「再登園」している。10日には、「紀元節の式の予行」をしている。12日は「誘導保育…ひなまつり開始」とあり製作の内容が記されており、14日は「自由あそび」と「誘導保育つづき」と記されていた。27日は午前中休園となったが、午後の登園で「自由あそび」として「かけつこ」と「花瓶つくり」をした。

　小川幼稚園、龍野幼稚園、仁川幼稚園では、2月5日に登園時刻頃に警戒警報が発令されて園児が帰宅している。解除後は、人数の差はあるが、3園とも

園児が登園している。小川幼稚園では、10時に朝礼をし「敵機がいくらきよう
とも、頑張りませう」と園児に話している。龍野幼稚園では、10時40分に「始
業」、11時50分に再度警戒警報が発令されたが「下園せず」保育を続けた。仁
川幼稚園では、解除後2名登園し、「外遊　タキビヲシテ、カードをもらつて
十二時頃」帰宅した。

　初雁幼稚園でも、2月14日に10時近くに警報が発令されたので帰宅させた
が、11時には解除となり再登園した30数名を1時まで保育している。

　保育を開始・再開しても、再度の警報発令で園児を帰宅させることもあっ
た。桜花幼稚園では、10時前に解除になった場合には、登園して保育をするこ
ととしていたが、2月には解除後登園した10・19・27日のうち、二日間は再度
警報が発令され、園児を帰宅させることとなった。

　警報が発令されていても敵機の動向の情報をもとに、園児を帰宅させずに、
そのまま保育を続けたという例もみられるようになる。

　1月には、進徳幼稚園が「お集まりの少し前めづらしく午前中に警報がはい
る。すっかり仕度をしてお庭に並んでゐましたが、軍情報であまり危なくもな
さそうでしたので又お稽古を始める」と、警報で園児を帰そうとしたものの、
軍情報で危険なしと判断して、中断した保育を再開している（16日）。2月14
日には、江戸川双葉幼稚園と佐倉幼稚園で、いずれも保育を始めようとした時
点で警報が発令されたが、両園とも園児を帰宅させず園内に留めている。3月
にも江戸川双葉幼稚園では、保育を「始めたがすぐに警報」が発令された。し
かし「そのままやり続け」たところ、10分後に解除となった（20日）。

　勝川幼稚園でも2月21日には2回の警報発令があったが、園長が、「一機二
機でかへしても仕方なし」と言ったので、保姆達は「頑張りて」、「帰さず心配
しつつ三時半まで」保育をしている。3月にも、警戒警報が発令されても「情
報」を聞いて園児を帰宅させるか、園内の防空壕で解除まで待避させるか、そ
の都度判断することが続けられていた。「編隊」ではなく「一機、二機」との
情報の時は園内での待避とした（1・6・9日）。待避もせずに「卒業式の稽

古」を続行した日もあった（17日）。「四番機までも来襲」という場合には、近くの園児は帰宅、遠くの園児は園に残していた（8日）。

このように、1月以降、多くの園で登園児は少なくなったが、登園した幼児に対しては、なんとか保育を続けようと試みられるようになった。

しかし、空襲が頻繁になり激しさを増すにつれて「保育不可能」な状況も経験するようになった。2月には本土初の艦載機による「大空襲」に見舞われ、山梨、栃木、千葉、東京、埼玉、愛知、静岡の園にその記録がある。

栃木附属幼稚園では、16日は「敵機動部隊　日本の近海にあらはれ、艦載機延一千機本土を空襲」したとあり、「休園」した。17日も「昨日にひきつゞき敵艦載機の空襲につき休園」で、警報の発令は、朝7時から午後4時までの長時間に及んだ。桜花幼稚園では、「間ニ合ヌ者数名、園内ノ防空壕へ待避」させ、警報解除後順次帰宅させた。16・17日は登園してきた園児がいたすべての園で帰宅させている。登園の時刻には警報が発令されていなくても登園して来た園児が一人もいなくて結果的に休園となったのは、初雁幼稚園（16・17日）、堅磐信誠幼稚園（17日）であった。

これ以降、艦載機の空襲に見舞われると、長時間に及ぶ波状攻撃のため園児が登園することは不可能となる。

3月にも艦載機の空襲はあり、勝川幼稚園では、18日朝からの警報の発令で「九州方面敵艦載機来襲、それにマリヤナ基地よりB29も来て」「出席悪い、五、六名では仕方がない、明日の退園式の支度やお掃除をして二時までにすませ」たとあり、園児を待避、帰宅させたとの記述はなかったが、通常の保育ができる状態ではなかったことがうかがえる。

滝野愛児園では、3月19日は朝と午後の2回の空襲警報発令で、警報が解除されても「園児一名も登園」しなかったので、実質的に休園となった。「敵艦載機二十五機この上空を通る」と記されていた。この保育所には、2月に一人、3月に二人神戸から疎開してきた幼児が入園している。

また、東京（10日）、名古屋（12日）、大阪（13・14日）、神戸（17日）への

夜間の「大空襲」があり、艦載機による波状攻撃の空襲も数回あり、空襲の直接的被害や影響が出てくる。

たとえば、小倉幼稚園では3月29日に「米機絶へず九州空上に有り厳戒を要す」とあり、10時頃には「突然敵機来襲」し、園内にも些少ではあるが被害があったことが記されている。敵機は1機らしかったが、それを攻撃した味方の「高射砲破片にて水飲み場スレート屋根に小穴」があいた。ほかには被害はなく次年度も保育を続けている。

堅磐信誠幼稚園では、3月12日の名古屋大空襲で、園の近隣が被災し、園児等数名の家が全焼する被害があったが、幼稚園自体は被害を免れた。ただ無事であった園舎を「罹災者避難所」にしたため、12日から4日間の休園を余儀なくされた。卒業式前日の日誌には「卒業式を明日にひかえ、卒業式の練習をする。毎年は一週間も前から準備に忙殺されてゐるのに今年は此の様な有様の為、仕方が無いと云ふもの丶何だか泥縄式で心配だ」（17日）と書かれていたが、当日は無事に終了していた。

2．防空訓練・空襲への備え

防空訓練は、引き続き警報発令時の帰宅訓練とともに、防空壕への待避訓練も行われている。中には日課を変更して、朝礼等の際に毎日訓練をするという園があった。

仁川幼稚園では、6月12日に「神戸市保育会の印刷通りに行ふ」（緑・黄組）「防空訓練　1帽子をかぶる。2姿勢。3かけ足。4ふせ。5壕に入る」（赤組）とある。13日に「今日よりプログラムを変更」「朝礼の時に常に防空訓練をする」（赤組）とあった。また、「ハホト」の音で「防空帽をかぶりフセの姿勢をとる」（赤組、14日）こともあった。11月8日にも全組で「伏せ（頭布をかぶり）モンペイはき競争。待避壕に入る」（緑・黄組）という防空訓練をしていた。

初雁幼稚園では、12月4日に「警報ニ備へて常に登園、帰宅の途中の訓練

四ツ角、曲り角ニ注意」とあった。

栃木附属幼稚園では、4月に「防空あそび」として「音感あそびをとり入れて行進し、途中ハハトで伏せをし、ハヘイで体をおこす」ことをしている。また、「防空訓練」は、待避の練習として「『伏せ』『バクダン』『壕に待避する』」ことを「子供隣組に大体わけて」行っていた。5月にも「国民学校の子供隣組の中に編入されて避難の訓練」をしている。

小倉幼稚園で「第一集会　待避訓練壕に入る」「第二集会　園長先生より待避訓練の諸注意　隣組の伝令により又壕に入る（二十秒以内にて入る）」（5月16日）、「壕入りの稽古」（6月6日）と防空壕への待避訓練をしていた。

警報の発令が頻繁になった1945年1月以降は、訓練に関する記述は、2月26日に小倉幼稚園で「小倉市総合防空訓練に職員参加」（園児は休園）、27日に西尾幼稚園で「職員朝礼　待避訓練につきて」とあるぐらいだった。

警報発令が日常的になるにつれて、警戒警報の直後に空襲警報が発令されることも多くなり、保護者や隣組の迎えを待っていては危険が増大する一方、保姆が園児を引率して送り届けることも人手不足で困難であることから、空襲への備えとして園内に防空壕を掘り、そこに園児を待避させようとする園が増えた。

6月の九州への空襲以降、防空壕掘りを始めたという記録が複数みられる。進徳幼稚園で「昨日隣組の方が防空壕を掘って下さいましたのでその中に這入りたがって困りました」（6月21日）とあった。木屋瀬幼稚園では「木屋瀬保育園用の防空壕工事開始」（6月29日）した。

播陽幼稚園（兵庫県）の手書きの「明石市立播陽幼稚園沿革史」によれば、7月25日に「本日ヨリ園庭ニ防空壕ヲ掘ル為メ各父兄ヲ動員シテ着手ス」とあり、8月6日に「七月二十五日ヨリ着手セシ防空壕ガ其ノ後計画ガ変リ有蓋トナシ表庭四ヶ所裏庭一ヶ所計五ヶ所愈々本日竣工セリ。之レニ要セシ経費約八百円也資源ハ各園児ノ家庭ヨリノ寄附金ナリ」とあった。

西尾幼稚園は、8月10・11・15日に国民学校の職員数名が「防空壕掘り」を

している。11月にも5日間防空壕に関する作業があり、15日には高等科の一年生の作業だったことが記されていた。日曜日にも職員が防空壕掘りをしている。つぼみ保育園では、8月11日に「本日より夏期臨時休暇」とし、職員は出勤し「退避所つくり」をしている。11月28日には「すべり台下に退避所つくり」をしている。

初雁幼稚園では、11月9日に警防団の分団長に「園の待避壕掘の人夫のお世話をお願」いしている。警防団から22日に4名、23日に2名と「壕掘」に来園し、「待避壕の仕事一先片附く」と23日に記されていた。龍野幼稚園では「防空上休園」であった12月8・9日に職員一同で防空壕掘りをしている。

桜花幼稚園では、1945年1月9日に園長が「大防空壕資材」の件で園児宅を訪問しており、この日付の保護者宛の文書には「もし警報発令前後に於て敵機の爆音いたしました節は一人もおかへし致さず幼稚園でお預りいたして置きます」とし、「園庭に大待避壕を建設最中」とあった。

警報発令時に保姆が警備にあたったという記録は、いくつかの幼稚園でみられる。小倉幼稚園では9月9日、代陽幼稚園で10月11日に「警備」、2月16日に勝川幼稚園で「子供たちを帰宅させ幼稚園をまもつた」とあった。

栃木附属幼稚園では、12月8日の日誌に「昨夜空襲警報が発令された時用いたバケツの水がすつかり氷つてゐた。それをそつくり取つてま、ごと遊びをする」とあり、空襲警報が発令された時は、夜間でも保姆が園に来て防火の備えをしていたことがわかる。西尾幼稚園では、12月21日より「空襲に備」えて園に宿直を置き始めた。

また、空襲の被害を最小限に食い止める為の対策として、園舎の「ガラス戸の取りはづしをする」（代陽幼稚園、3月19日）ことや、窓にテープを貼る[23]、天井を外す[24]ことが記念誌等に記されていた。

ところで、この年度の12月には、「警察」「市役所」「当局」からの指示として、太平洋戦争開戦の日である8日を中心とした数日間を「防空上休園」していた園があった。

　勝川幼稚園では、8日に「午後市役所より本日より十日まで臨時休園との知らせ」を受けて保育を打ち切り、10日（日）まで休園とした。堅磐信誠幼稚園も、8日から10日まで「防空上休園」としている。龍野幼稚園では、8日は「警察の命により休園」で、9日にも「其ノ筋ノ命ニヨリ休園」とあった。仁川幼稚園では「当局より指示」として、7日から11日まで休園していた。11日は休園中にもかかわらず登園してきた子どもたちがいたので「朝、来園したる子供達のみにて礼拝をして」帰宅させた（赤組）とあった。小倉幼稚園では、8～10日が「防空非常措置ニ付キ臨時休園」であるとしている。木屋瀬保育園では、8日は「空襲ノオソレ有リトノ達示」で中等学校以下10日まで休みということで、登園した園児を10時に帰宅させている。代陽幼稚園は8・9日には記述がなく10日は「無事」とだけ書かれていた。

　これ以外にも、予防的に休園とした例があった。桜花幼稚園では、2月21日に、「硫黄島方面ノ戦局」の状況で警報が発令されるおそれがあるとして国民学校と「歩調ヲ合ハセ」休園した。午前中には1度も警報の発令がなかったので、休みにしたことを「惜シマレシ程」と綴っている。

第5節　空襲下での警報への対応と防空訓練・空襲への備え　Ⅱ

　1945年度には、空襲・警戒警報のほかに、小倉幼稚園、代陽幼稚園の2園では「情報注意報」でも「警戒警報」と同様に園児を帰宅させているので、これも警報発令のうちに含めた。

1. 警報への対応・空襲の影響

　1945年度に入ると、ますます空襲の頻度はあがり、連日のように警報が発令されるようになっていく。日曜日を含む保育中の発令の記録が多かった新城幼稚園では、4月は13日、5月は20日、6月は15日、7月は21日分の記述がある。8月は15日までの間に、11日分に発令が記されている。

　警報への対応は、園によっても、月によっても異なっていた。記録のある15園の中で、警報解除後再登園の記録がないのは、山梨附属幼稚園だけであった。発令の記録は、4月には3日分、5月は4日分、6月は2日分、7・8月にはそれぞれ6日分で、ほかの地域に比べて少ない。4月12日に警戒警報が発令されたものの、「敵機一機」との情報なので保育を継続しようとしたが、情報が「編隊」と変更されたため急遽帰宅させた。これ以外の日は、保育開始前・保育中ともすべての警報の発令で、登園していた園児を帰宅させていた。

　警報の解除後に園児が登園する園は、次第に増えていった。園児達の方から解除後に遊びに来る場合と、帰宅をさせる際などに保姆から解除すれば園に戻るように伝える場合があった。中には解除後、保姆が園児達を迎えにまわったところもあった。

　代陽幼稚園では、4月は登園前の発令で5日分を「休園」、3日分を「保育中止」としていた。5月は9日分の発令のうち、再登園の記録は、9時半に解除となった28日だけであったが、6月に入って20日に「登園前警報発令に付き第二次の解除と同時に登園した子供達だけお遊びする」とあり、その後4日分の解除後登園の記録がみられる。

　仁川幼稚園は、4月には、5日分の発令で、3日分は園児が再登園しているが、13・17日は「少数」「近所の子どものみ」とあり、26日は11名であった。5月も12日分の発令で8日分は再度子ども達が園に帰ってきたとあるが、3名（2日）、2名（5日）、3名（11日）、7名（14日）、「近所の園児」12名（18日）、2名（19日）、5名（24日）と少数の日の方が多かった。

　勝川幼稚園では5月5日9時の警報発令で「編隊らしい故」園児を帰宅させたが、「解除になり又園へ来るやうにそれぞれ伝え」、10時40分の解除後保育を再開し、「端午のお坊ちやんのお祝を午後」に行っている。

　初雁幼稚園では、5月7日の「朝の会集中」に警報発令され「子供達に帰宅の前警報解除されたる時はすぐに登園する様に話」して帰宅させた。しかし、解除後保育を始めようとすると「まもなく二度目の警報なりたる故」登園して

きた園児を急いで帰している。

　木屋瀬保育園では、４月は、４日分の警報の記録のうち、３日分は保育前の警報発令で休園、１日分は帰宅させている。５月には、５日に８時半警戒警報発令、直後に空襲警報発令で40名位の「登園児を見送」ったが、９時半に解除になり「園児を迎へに廻り」10時より「いつもの通り始め」ている。28日にも９時に警戒警報発令で帰宅させる際「すぐ解除になれば来るやうに言ひ渡し」て、解除後10時40分に保育を再開した。しかし、この日は「御弁当がすんだばかりで又警報が出」て帰宅している。６月は８日分の発令のうち６日分はいずれも午前中早い時間の発令・解除で、保育を開始・再開している。

　警報が解除になった時間と再登園してきた人数で、再登園後の過ごし方は様々だった。その中でもなんとか工夫して予定の保育をしようとしたり、保育内容を充実させようとしていたりした園もあった。

　小川幼稚園は５月の日誌しかなかったが、４日分の発令中、３日分は解除後幼児達が園に戻っている。「解除後に来る子ども半数以上に上り、朝礼の御挨拶等」の稽古をした日（11日）、９時10分に解除になり、10時20分から「会集」、「紙芝居」をして帰った日（14日）もあれば、「久しぶりの快晴」でいつもより長めに自由遊びをして「各室に入った所へ」警報で帰宅となり、自宅へ送りとどけて保姆が「やれやれとした途端」解除となり、数名の園児達が来て「自由遊びの後外にて集合し帰る」（24日）という日もあった。

　小倉幼稚園では、４月は発令９日分のうち解除後に登園したのが４日分、９時の発令で帰宅したが、11時半に解除されて再登園した日が１日（30日）あった。27日は「父兄参加日」の予定であったが、８時頃に警戒警報、８時半頃には空襲警報が発令、すべて解除になったのは10時頃で「程なく園児ぽつぽつ登園」した。「各室にて捺印」の後、「第一集会」は「お室にて楽しく輪つなぎ」、「第二集会」は「全園児集会」であった。「父兄参観予定日だったが警報の為出来なかつたけど、熱心なる父兄の参観あり共々遊戯唱歌をなす」とあった。５月は、発令10日分のうち解除してから登園したのが７日分あった。昼食

中に警報が発令の日（10日）や準備中の発令で「中食をなし順次帰宅」した日
（28日）もあったが、5日分は10時頃までには解除されて登園し、予定の時刻
まで保育をしている。6月には、警報が発令されても「大型一機にて北九州上
空通過、園児帰さず保育をつゞく」という日もあった（25日）。

　桜花幼稚園では、4月の警報発令9日分のうち再登園した4日分は、10時前
に解除の日（13・24日）は保育を再開し、10時45分解除の19・28日は自由遊び
のみであった。5月は、15日分の警報発令のうち、7日分は解除後園児が登園
している。「各組予定ノ保育ヲ行フコトガ出来タリ　近頃ハ警報ノ発令セラル
ヲ考慮シ、登園セル日ヲ最モ充実シタ保育トナスタメニ各組努力ヲナシ居ルナ
リ」（5月11日）と記されていた。

　空襲が激しくなると、近くの園児と迎えのある園児は帰宅させ、それ以外の
園児は園内の防空壕へ避難させるという対応は広がったと思われる。

　竹中幼稚園では、5月23日の警報発令で園児を帰宅させた日に、「非常に危
険な時、お帰へしすることになるのは、考へものだが・・・」と記述されてい
る。翌24日の警報発令時には、「防空帽のみ被ってお庭に出たが敵機の爆音ハ
非常にはつきりと聴きとれ危険を感じたので遠方の方　お迎へのない方はとゞ
まり壕に入り初め」をした。25日は昼食時に警報が発令、「直ちに防空帽を被
て壕に入る。近くの方ハお帰へしした」。数人の迎えに来た母親が、子どもが
「壕の中に元気で」いるのをみて「御安心なさってお託しになつた」とある。
間もなく解除となって「お弁当の続き」をした。28日には、「会集の少し前突
然警報が発令され」て、前週の「感謝会」で定めた通り「第一、白、第二、
黄、第三、桃赤及び白の女」と3つの防空壕に待避した。

　このようにほとんどの園で、情報に注意しながら、警報解除後の保育が行わ
れるようになっていったが、空襲は日を追って激しくなっていき、解除後登園
する園児の数も解除後の登園日数も、警報のない日に登園する園児の数そのも
のもだんだん減っていった。空襲の回数が多い地域は5月から、その他の地域
も6月以降は登園児の数が減少していく。

　勝川幼稚園のある名古屋市近郊も5月14日に空襲された。「久し振りに名古屋へB29が編隊で来襲」し、「名古屋市内、勝川の柏井へも、味美、如意にも焼夷弾を投下、火災を生じた」とあり、警報の解除後園児は「四人遊びに来て居るだけ」で、3、40分程で保姆も含め帰宅した。18日には、前日深夜の「敵機名古屋来襲のために列車不通となり」、列車で通勤していた保姆は「やつと開通された九時の」列車に乗って出勤した。園児達は保姆が居ないので、「殆ど帰宅」しており「登園して来た子供は僅かに」11名のみであった。6月には、昼食中に警報が出た日は全員帰宅させたが、解除になっても「午後でもあるし」雨も降っていて「一人もこない」（12日）、「十一時解除と共に、五、六名来るがお昼になつても後の子供は来ない。来た園児だけで一所にお食事取り午后二時前にお帰りする」（26日）という日があった。

　仁川幼稚園でも、6月には、解除後に園児が来ているのは13日分の警報発令で3日だけであった。そのうちの1日は、4人やってきて「思う存分遊」んだが、12時に警報が発令され帰宅している。29日には「暁方空襲の出たせいか、園児少なし」とあって、警報は解除されていたが出席4名で、「今月ハ十八日シカ保育スル事ガ出来ナカツタ」とあった。「総出席数モスツカリ半分位マデ減リ、平均二十名位トナル」（30日、赤組）ともあった。

　初雁幼稚園も、6月30日には、「ラジオ体操の時警報発令」で一度帰宅させ、30分程で解除になって再登園した園児と「先刻のつゞき」をしたが、「二度目の出席者」は在籍数の半数程の25名であった。6月末の「在籍確実なる者」は、「田舎へお出かけのため休園」の園児が数名いて52名に減ったとあった。この園では、6月1日と7月3日に警報発令前に保護者が迎えに来たために園児達を帰宅させた。1日は結局警報は発令されなかったが、再登園してきたのは1名のみで、保育はできなかった。7月に入ると、21日から夏休みであったが、登園前と保育中の警報発令が7日分（うち再登園は1日分）、警報が発令されていなくても出席人数が「少し」という日や在籍の半数程という日が、4日分あった。

　江戸川双葉幼稚園では、7月には、発令の記録としては、5・6日（両日とも保育中の発令で保育中断したが、解除後に再開）しかないが、17日には「夜と言わず昼と言わず空襲連続に困る」「幼児出席なし」とあり、警報が発令されたかどうかは不明だが、空襲の影響で幼児が出席せずに保育ができなかった日があったことがわかる。

　空襲が頻繁となり近隣の都市が被害に遭うようになると、幼い心にも、空襲の脅威が感じられるようになってきたことがうかがわれる記述もあった。

　龍野幼稚園では、空襲警報の発令時に「子供ながらも落着かない様子だつた」（6月1日）、「警報と同時に帰したが姫路空襲を知つてゐる所為か上手に帰れた」（7月4日）という園児達の様子が記されていた。

　この年度当初には、警報発令中でも保育を続けていた日の方が多い園もあった。このような園でも、6・7月に入ると保育の続行が困難になってくる。

　犬山幼稚園は、4・5月は警報発令中もほぼ休園・保育中止することなく保育を続けていた。4月には、警報発令中に「散歩」にでかけ、「幼児嬉々として蝶お花と戯れり」とあり、「小春日や靴の高鳴る散歩かな」と俳句まで記されていた（28日）。しかし、6月に入ると9・10日に休園している。9日には午前と午後の2回空襲警報が発令され、午後には「一機犬山通過　機銃掃射」と記されており、都市部から離れた地域でも安全とは言えなくなっている状況がうかがわれる。

　新城幼稚園では、警報発令時の休園・保育中止の記録は、4月に1日分、6月に2日分であつたが、7月になると7日分と激増した。休園となったのは、19日、24〜28日、30日であった。19日は朝8時過ぎに警戒警報に続いて空襲警報が発令され「臨時休園」とあった。24日以降の休園になった日には、赤字で警報発令・解除の時刻が記されていた。24日には、6時から午後6時20分までの間に4回の空襲警報が発令されていた。

　4月に発令の記録がなく、その他の月にも警報の記録自体がほとんどなかった高梁幼稚園にも、7月には、保育時間内では6日分、時間外を含めると12日

分の記録が見られるようになった。24日には、5時40分から午後5時過ぎまでの間に5回の空襲警報の発令が記録されていて、「園児ハ空襲ノ為休園」と書いたところの「休園」を線で消して「登園不可能」と書き直していた。

このように戦争末期になんとか保育を続けようとしてきた幼稚園・保育所も6月半ば以降は1日に数回の空襲警報が発令されるような厳しい状況下で、空襲で被災していなくても、保育が極めて困難な状態へと追い込まれていった。

被災する園も増えてくる。桜花幼稚園では、園長が、4月24日の空襲で直撃弾の被害を受けた同じ静岡市内の八幡保育園を見舞っている。また、5月24日の暁の空襲では、幼稚園の園児3名、修了児3名が被災し、園長が空襲罹災者、及び災害地附近の者を見舞った。6月20日の空襲では園舎が全焼した。

仁川幼稚園では、園児の一家7名が6月11日の西宮空襲で「犠牲になられた。全くお気の毒な事だ」とあった。

城陽幼稚園は、7月3日夜半から4日未明にかけての姫路空襲で焼失した。当時の保姆の回想によると「姫新線も不通で線路沿いに歩いて幼稚園に」行った。「市内に入るにつれ、どこがどこだかわからない位」であった[25]。

山梨附属幼稚園では、7月6日の「夜半甲府市敵機ノ来襲ヲ受ケ火災発生」、「主事宅」も「全焼」する。7日は、「空襲ニヨル炊出シ」のため、10時半で保育を打ち切り帰宅させた。

播陽幼稚園では、7月7日の明石空襲で元の園舎も仮園舎にしていた2つの寺院も焼失したが、「証書台帳、沿革史、同園会名簿は園長背負い海にとびこみ、焼失を免がれた」[26]という。

東二番丁幼稚園は、7月6日に「太平洋戦争の空襲激化に伴い休園」となっていたが、7月9日の「仙台空襲により園舎全焼、園旗・書類・備品のほとんどを失う」「わずかに重要書類（園籍簿・卒業台帳・図書の一部）」が、駆けつけた2人の保姆の手で運び出された[27]。

代陽幼稚園では、7月27日に「本日の空襲のため左の災害あり。硝子戸破損四尺戸（二〇枚）一間戸（一枚）硝子…二一五枚　玄関戸二枚、欄間一　壁

一．遊戯室内側　二坪、一．衛生室保育室の東側　三坪、一．園舎正面　一坪」と記されていた。

　川内隣保館保育園（鹿児島県）は、「八月の空襲により本堂、庫裏、鐘楼とともに園舎も焼失」した[28]。

2．防空訓練・空襲への備え

　前年度までは、小学校・国民学校の敷地内や隣接地にある国公立幼稚園に訓練の記録が多かったが、この年度には私立幼稚園や保育所でも記録されていた。

　竹中幼稚園では、4月7日に警戒警報が発令され、9日に「お帰りに並ぶけいこをいたす事にしました」とあり、10日には「方面別に並んで」帰っている。5月4日には「精恩校」で開催された「学校防空総合訓練」に保姆2名が参加している。

　高梁幼稚園では、5〜7月に待避訓練に関する記述があった。5月は「金光様」（10日）、「専売所広場」（23日）への待避訓練と、園児を29・30の2日にわけて「町内会防空壕の見学」の後、園外保育を行っている。6月18日には、6班に分けた園児を、3班ずつ園外の「方谷橋下」と「園内の防空壕」へ待避訓練をしている。19日には国民学校で15時より開催された「防空処置について」の講習に出席している。7月11日午後には、警報解除後、園内防空壕へ待避訓練をしている。23日にも待避訓練の記録がある。

　木屋瀬保育園の「本園」では、5月は「午後待避訓練の序町別に列べるおけいこをする」（15日）、「戸外自由遊びの時警報出たるを仮定し園内の壕に待避させる。二回目は仲々上手に出来た」（16日）、「又室内紙芝居がすんでから待避訓練」（18日）、「十一時に外へ出ししばらくして太鼓で防空壕入りの練習をする。中に入った時割合静かにしていた。だんだんなれて来たやうだ」（30日）といろいろな場合を想定して、訓練をしていた。6月にも「待避練習」を2回と、「輪になつて歩かせながら歌ひ、町別に並ぶおけいこ」（13日）をしたとい

う記述があった。

この年度にも防空壕を掘った記録がある。仁川幼稚園で従前からの防空壕に加えて、6月18日から「実習生の方々と共に横穴式防空壕堀にか〻る」とあり、翌日には「防空壕について清水組の方が来て下さる。20日より仕事にとりか〻るうれしい事だ」とあった。22日には「防空壕大体出来上」った。

空襲が頻繁になるにつれて、各幼稚園や保育所では、幼児達の安全を確保しつつ、できる限り充実した保育の時間を過ごすことができるようにと、保育の方法を工夫するようになった。

前年度3月3日の「雛祭り遊戯唱歌会」の終了予定時刻に警戒警報が発令された桜花幼稚園では、5月5日には、例年の端午の節句の遊戯会は開催せず、警報発令に備え、帰宅準備を整えてから遊戯室に集合し、園長から談話、としていた。

高梁幼稚園では、朝から終日警報の発令が繰り返された7月24日の日誌に「時局イヨイヨ緊迫空襲頻繁トナリ一時ヲ争フノ時益々戦時保育ノ重大サヲ感ジ」たため、園児達の「措置方法」を「刷新」するとあった。その方法は地域別に3分団とし、「八重籬神社」「八幡神社」「方谷林」の3ヵ所で「巡回分散保育」を行うというものであった。24日と25日は「園児ハ空襲ノタメ登園不可能」で、この保育は行うことができなかったが、朝に警報が発令された26日は、この3ヵ所で「園外分散保育」をしたとあった。27日は、警報は発令されていなかったが、「八幡神社」「方谷林」の2ヵ所での保育をした。3回目に「園児ハ空襲ノタメ登園不可能」となった28日以降は登園児が少なくなったため、3ヵ所ではなく1ヵ所での園外保育とある日が多くなった。

保育時間外の警報発令時に、警備の為に保姆達が幼稚園や保育所に駆けつけることは、引き続き行われていた。新城幼稚園では「来所児弐名」だった7月15日（日）の12時30分頃警戒警報発令、午後1時頃空襲警報発令され「全保姆来所」している。17日には、深夜の1時40分頃警戒警報発令、続けて空襲警報発令されたが、この時にも「全保姆来所」とあった。

1 土田宏成『近代日本の「国民防空」体制』、神田外語大学出版局、2010、105頁。

2 昭和五年（一九三〇）、東京警備司令部、東京憲兵隊、警視庁、東京府庁、東京市役所の五者申し合わせによって制定された。「関東大震災によってもたらされた惨害と混乱の反省の上に立ち、来るべき非常変災（主として空襲）に備えて関係官庁及び基礎的自治団体である東京市が連携して統一的な対応を行うことを主眼としたものである。その申し合わせの眼目が防護団の組織と訓練」であった。（東京都『都史資料集成　第12巻』東京都、2012、「解説」xxi頁。）

3 土田宏成、前掲書1、164頁。

4 同上書、180頁。

5 東京市連合防護団『昭和十二年度関東防空演習　東京府　東京市　東京市連合防護団連合大演習計画』の2頁をみると、「演習期日」は、9月15日に「一般予行演習」、9月17日午後から9月19日朝にかけて「連合大演習」とある。

6 警視庁消防部編『学校火災対策の研究』、東京府消防協会、1938、107頁。

7 同上書、108頁。

8 森田孝『学校防空』、育英出版株式会社、1944、2頁。

9 同上書、1944、11頁。

10 「官報」4106号、1940。

11 氏家康裕「国民保護の視点からの有事法制の史的考察—民防空を中心として」『戦史研究年報』第八号、2005、13頁。

12 森田孝、前掲書8、13頁。

13 水島朝穂・大前治『検証防空法　空襲下で禁じられた避難』、法律文化社、2014、54頁

14 内務・大蔵・陸軍・海軍・司法・文部・鉄道・逓信・農林・商工・厚生・拓務の各省と企画院・防衛総司令部の連名で作成され、財団法人大日本国防協会を通じて発行された小冊子。

15 森田孝、前掲書8、17頁。

16 6月28日付の各地方長官宛の内務省防空局長名の「『時局防空必携』改訂ニ関スル件」に「別記」された「改訂版時局防空必携頒布都市」は以下の通りである。
警視庁：東京、立川　　北海道庁：札幌、小樽、室蘭、函館、稚内　　京都：京都、東舞鶴、舞鶴　　大阪：大阪、堺　　神奈川：横浜、川崎、横須賀　　兵庫：神戸、尼崎、西ノ宮　　長崎：長崎、佐世保　　新潟：新潟　　埼玉：川口　　群馬：太田　　茨城：日立　　三重：宇治山田　　愛知：名古屋　　静岡：清水、浜松　　岐阜：岐阜　　宮城：仙台、塩竈　　福島：郡山　　青森：大湊　　富山：富山　　広島：広島、呉　　山口：徳山、下関、下松、宇部　　福岡：門司、小倉、戸畑、八幡、若松、福岡、大牟田

17 徳島県撫養町国民学校編『国民学校の防空』、東洋経済新聞社、1944、304～311頁に「幼児防空対策資料」が掲載されている。

18 奥住喜重『中小都市空襲』、三省堂、1988、25頁。

19 防衛省防衛研究所戦史室著『本土防空作戦』朝雲新聞社、1968、666頁、「挿表第六十四　昭和十七年乃至昭和十九年中竝昭和二十年月別空襲被害状況調（昭和二〇・七・三一現

在)」による。

20 記念史編集委員会編『常盤幼稚園七十年史』、常盤幼稚園、1987、56頁。

21 豊浦幼稚園百年のあゆみ編集委員会編『豊浦幼稚園百年のあゆみ』、豊浦幼稚園百周年記念事業実行委員会、1992、17頁。

22 日本保育学会『日本幼児保育史　第五巻』、1974、フレーベル館、61頁。

23 「空襲に備えテープを貼った窓」の写真：富山県高岡市伏木保育園（高井利子編『70年のあゆみ』、社会福祉法人伏木保育園、1995年、13頁）。

24 豊浦幼稚園、前掲書21、66頁、「豊浦幼稚園の沿革」昭和19年の項に「園内の天井外し（本土決戦空襲防衛体制）」とある。

25 『創立50周年記念誌』、姫路市立城陽幼稚園、1986、25頁。

26 内匠ちゑ編『播陽　創立三十五周年記念誌』、明石市立播陽幼稚園、1956、14頁。

27 創立130周年記念誌編集委員会編『創立130周年記念誌　あゆみ』、仙台市立東二番丁幼稚園　創立130年事業実行委員会、2009、44頁。

28 『まこと　ひかり　いのち』川内隣保館保育園五十周年・創立七十周年記念事業、1998、10頁。

第4章　敗戦の受け止めと戦後保育の第一歩

　本章の対象時期は、1945年8月の敗戦から1948年3月までとする。第1節では、この戦後の混乱期に、保育や子どもの教育・保育を取り巻く社会の状況はどうだったのかの概況を述べ、第2節では、幼稚園や保育所ではどのようにして保育を再開していったのかをみていく。第3節以降では、これまでの章と同じく、保育日誌・園日誌を中心に事績綴、記念誌・史、諸資料をもとにこの時期の保育の実際を明らかにすることを試みる。分析対象とした保育日誌等の記録は以下の園である（一部には欠落もある）。

国立幼稚園

　山梨師範学校女子部附属幼稚園（山梨県）　1945年度（8〜3月）、1946年度
　　　　　　　　　　　　　　　　　　　　　　　　　　　　（4〜3月）

　栃木師範学校附属幼稚園（栃木県）　1946・1947年度（4〜3月）

公立幼稚園

　京橋朝海幼稚園（東京都）　1946年度（6〜3月）、1947年度（4〜3月）

　南山幼稚園（東京都）　1946年度（8〜3月）

　犬山幼稚園（愛知県）　1945年度（8〜3月）、1946・1947年度（4〜3月）

　西尾幼稚園（愛知県）　1946年度（9〜3月）、1947年度（4〜12月「園の記録」）

　新城幼稚園（愛知県）　1945年度（8〜3月）、1946年度（4〜3月）

小川幼稚園（京都府）　　　1945年度（10〜3月）

龍野幼稚園（兵庫県）　　　1945年度（8〜3月）、1946・1947年度（4〜3月）

倉敷幼稚園・保育所（岡山県）　1945〜1947年度の「挙式会合諸記録」と「双葉会記録」

高梁幼稚園（岡山県）　　　1945年度（8〜3月）、1946年度（4〜3月）

小倉幼稚園（福岡県）　　　1945年度（8〜3月）、1946・1947年度（4〜3月「事績綴」）

代陽幼稚園（熊本県）　　　1945年度（8〜3月）

私立幼稚園

　本荘幼稚園〈キ〉（秋田県）　1947年度（4〜3月、途中欠落あり）

　初雁幼稚園〈キ〉（埼玉県）　1945年度（9〜3月）、1946年度（4〜7月）

　江戸川双葉幼稚園〈キ〉（東京都）　1945年度（8〜3月）、1946年度（4〜2月）、1947年度（4〜10月）

　桜花幼稚園（静岡県）　　　1945年度（1〜3月）、1946年度（4〜7月）

　堅磐信誠幼稚園〈キ〉（愛知県）　1945年度（11〜3月）、1946・1947年度（4〜3月）

　勝川幼稚園〈仏〉（愛知県）　1945年度（8〜12月）

　瑞穂幼稚園〈キ〉（愛知県）　1946・1947年度（4〜3月）

　常葉幼稚園〈仏〉（京都府）　1946年度（4〜3月）

　竹中幼稚園〈キ〉（岡山県）　1945年度（8〜3月）

保育所

　和光保育園〈仏〉（埼玉県）　1947年度「特別行事記録」ノート

　興望館保育園〈キ〉（東京都）　1945年度（8〜10月）

　木屋瀬保育園〈仏〉（福岡県）　1945年度（9〜3月）、1947年度（4〜12月）

　白金保育園（愛知県／公立）　1947年度（4〜3月）

第1節　社会と教育・保育をめぐる概況

　1945年8月14日ポツダム宣言を受諾し、降伏発表により第二次世界大戦が終わり、日本は「国体維持・国民総懺悔」をして敗戦国となり、アメリカ軍を中心とする連合軍による占領下で「民主化」に向けての広範な改革が進められた。喫緊の課題は戦禍を受けた国民の救済と社会不安の除去であった。膨大な数の戦災者・外地からの引揚者・失業者・軍人遺家族・傷痍軍人・一般生活困窮者など様々な形での戦争犠牲者達の救済が終戦直後の焦眉の課題とされた。混乱の中で政府は食料統制、預金封鎖、新円の切り換えなどの対策を講じるが、インフレと食糧危機をもたらし、国民の生活は苦しくなる一方であった。人々は闇市で買い出しをし、飢えと貧困を抱えながら焼け野原となった町や崩壊した家の復興に立ち向かわざるを得なかった。そうしたなか、矢継ぎ早に占領政策がすすめられた。

　1945年8月30日に連合軍総司令官マッカーサー元帥とその幕僚が厚木飛行場に到着、日本は占領政策下におかれる。9月11日東條英機ら戦犯容疑者39人に逮捕令が出される。10月2日 連合国軍最高司令官総司令部（GHQ/SCAP）が設置され、大日本帝国憲法の改正と軍国主義の排除と民主化を求め、「1．婦人解放、2．労働組合の結成奨励、3．学校教育の自由化・民主化、4．秘密的弾圧機構の廃止、5．経済の民主化」のいわゆる「五大改革」を日本に指令した。12月には 農地改革の指令に続き、国家ないし政府が神道を支援・監督・普及することを禁止する「神道指令」を発し、1946年1月1日には、昭和天皇の詔書「人間宣言」（正式名称「新年ニ当リ誓ヲ新ニシテ国運ヲ開カント欲ス国民ハ朕ト心ヲ一ニシテ此ノ大業ヲ成就センコトヲ庶幾フ」）が発布された。

　1946年2月には政府は総司令部に憲法改正に関する原案を提出した。4月には戦後初の総選挙が行われ、初めて女性国会議員38名が当選した。10月、戦争

放棄と永久的平和を謳った新憲法を議会決定し、11月3日「平和主義、国民主権、基本的人権の尊重」を基本原則とする日本国憲法が公布され、翌年5月3日に施行された。

　児童福祉関連では、1945年9月に生活保護法が公布されたのを皮切りに、「戦災孤児等保護対策要綱」が閣議決定され、戦災孤児らの保護として、「個人家庭への保護委託、養子縁組の斡旋、集団保護の対策」を示したが実効性に乏しく、戦災孤児らは靴磨きをしたりしながら同じ境遇の者と組んで自力で生活せざるを得なかった。窃盗団等を結成する場合も少なくなく、「浮浪児問題」となる。1946年4月「浮浪児その他の児童保護等の応急措置実施に関する件」、9月「主要地方浮浪児等保護要綱」が発表されたが、「浮浪児」の用語が表すようにともかく保護施設への強制的な収容を目的とした政策であった。1948年厚生省の調査では戦災孤児は全国に約12万人もいた[1]。1947年3月には、厚生省に児童局がつくられ、浮浪児対策、母子保健、乳幼児栄養保障、児童保護施設などを主とした「児童保護法案」が検討された。同案の精神は従来の児童保護の考えから脱していないとの批判を受け、要保護児童の救済ではなくすべての児童（子ども）の積極的な福祉推進をめざす「児童福祉法」であるべきとの結論に至った。

　戦後の教育に関しては、文部省はいち早く9月15日に「新日本建設ノ教育方針」を発表し、国体の護持、平和国家の建設を方針として打ち出し、教科書に関しては「根本的改訂」をしなければならないが「差当リ訂正削除スベキ部分ヲ指示シ」と記され[2]、教科書の墨塗りが始まることになる。日本の教育改革に関して、総司令部は1945年10月「日本教育制度ニ関スル管理政策」を発令し、1946年2月「国民学校令等戦時特例」を廃止した。同年3月には米国教育使節団が総司令部の招聘で来日し、日本の教育の実情を視察してその批判的検討を踏まえて今後の在り方をまとめた「米国教育節団報告書」（文部時報第834号）を提出した。文部省は5月から「新教育指針」を刊行し、戦後教育改革の包括的教育方針を示すべく全国の学校に配布した[3]。8月には「教育刷新委員

会」が内閣に設置され、本格的な教育改革が始まり、10月には「男女共学学校制度の実施」の指示、12月には「教育の理念及び教育基本法」「学制」に関することなどが建議され、1947年3月に教育基本法と学校教育法が公布され、「6・3・3制」の新学制が制定された。年次が前後するが、1946年10月に「勅語及び詔書等の取扱いについて通達」が出され、式日奉読の停止、神格化の排除が打ち出される。

　幼児教育・保育改革に関してはどうか。米国教育使節団の報告書には幼児教育については「初等学校及び中等学校の教育行政」の箇所で、「児童の成長と発展の健全な原則に照して、より年少な児童にも教育実施を及ぼすべき」であるとして、「財政的にも適当な処置が講ぜられた上は、保育所や幼稚園がもっと設置され、それが初等学校に併置されることを我我は勧める」[4]と提言した。1946年6月には「幼稚園令」が改正され、「保姆免許状」が「幼稚園教員免許状」と改められた。1947年3月の新学制の法制化に伴い、幼稚園は学校教育機関の一部と定められ、4月「幼稚園令」が廃止された。この間、1945年末には、大日本教育会幼児部会が文部省に対して、幼児施設を統一すること、幼稚園を義務制にすることなどを要望し、1947年2月には関西連合保育会及び全日本保育連盟が、学齢前の教育と保護に関する制度の総合的な確立を求める要望書を提出するなどの動きがあったにもかかわらず、幼保一元化制度は実現されることはなかった。

　一方、保育所に関しては、1947年12月の「児童福祉法」公布によって、「児童福祉」の理念のもと助産施設、乳児院、母子生活支援施設などと共に児童福祉施設として法制化された。これはすべての子どもを主体とする児童福祉の児童観であり、保育所は「託児所」からの単なる名称変更ではなく、女性の労働を保護する社会政策的機能を有するものとして位置づけられた。

　保育の内容・方法に関しては、総司令部民間情報教育部（CIE）のH.ヘファナンの指導のもと幼児教育内容調査委員会によって、1948年3月『保育要領（昭和22年度試案）』が作成された。保育内容は自由遊びを中心とする「楽しい

幼児の経験」として12項目からなり、幼稚園だけでなく保育所と家庭にも、この『保育要領』は適用されることとなった。

この時期、戦後の海外からの救援活動として、1946年12月からはアメリカから子どものための食糧を主とするララ物資（アメリカ民間奉仕団による対アジア救援物資）が社会事業施設に重点的に配給され始める。児童福祉施設や養護施設、保護施設などへのララ物資による救援活動は1952年まで続けられた。同時に、1946年12月に国連決議で創設されたユニセフからも大量の脱脂粉乳や衣料などの配布が始まり、1964年まで日本中の多くの乳幼児や学童がこの恩恵に浴した。

以上のような混乱した時期の幼稚園・保育所の設置状況は、どのようであったか。戦時体制が解かれて幼稚園の休園や閉鎖は停止されたものの、幼稚園や保育所の設置は立ち遅れた。1946年度の幼稚園の普及状況は、全国で、施設数1,303、園児数143,702人、教員数4,347人、5歳児の就園率は7.5%という実態であり、1944年度に比べて激減した。この実態は、幼稚園数では1928年の1,293園、園児数では1935年の143,699人、就園率では1937・38年の7.1%とほぼ同じ状態にまで逆戻りした数字である[5]。この傾向は東京や大阪、静岡では特に大きく、1944年に比べて1946年の幼稚園数は、東京では327から102、大阪では192から62、静岡では75から25と3分の1以下になった。一方、常設保育所は、1944年には2,184存在したが、1946年度末には873にまで大きく減少し、児童数は178,385から68,961人に激減した。この中には、戦時下に婦人の労働力動員のため臨時に作られた公立保育所が戦後は不要になり、閉鎖されたりしたところも多数あった。東京市（区部）では45の戦時託児所のうち、9ヵ所のみが復興し、1946年度には総数20ヵ所が事業を開始した。大阪では戦前に89あった市立託児所のうち僅か23か所だけが戦後も継続したという[6]。

保育や幼児教育に関わる運動団体や研究会の動きについては、戦前の保育問題研究会は恩賜財団愛育会に吸収されて「日本保育研究会」となっていたが、1946年10月に「『新日本建設の担ひ手たる乳幼児を、私たち共同の手で護らう』

と、「保健婦乳幼児研究家有志が発起し」[7]て、新しい保育施設づくりをめざす「民主保育連盟」を結成し、占領下唯一の保育運動団体となり、その幹事長には羽仁説子が就いた。1947年10月には「関西連合保育会」が戦後第1回の大会を開催している。同年11月には、「国公私立の幼稚園、保育園、託児所を打って一丸とする」ことをめざして、都道府県の連合会をもって組織した「全国保育連合会」が成立し、第1回大会が東京女子高等師範学校講堂で開かれ、全国から700名が参加した。翌年第2回大会が奈良女高等師範学校で開催され、会長に倉橋惣三が就任した。これは1952年に解散となる[8]。学会関係では、1948年11月に「科学的研究を積み上げて正しい幼児保育を進める母体としての学会が必要」[9]との認識から日本保育学会が発足し、倉橋惣三が会長に就任した。

第2節　保育所・幼稚園の状況　―戦後の保育再開―

　8月14日の連合国へのポツダム宣言受諾回答、続く8月15日正午の玉音放送によって国民に敗戦が知らされ、幼稚園・保育所そして乳幼児や保育者達の戦後もこの日から始まる。生活は困窮を極め、人々は戦争被害の後片付けに追われ、親も子どもも飢えと疲労の毎日だった。乳幼児のいる家庭では父親が戦死したり傷痍したり、戦地から帰ってこない家庭も数多くあった。そうした戦争直後の困難な状況のなか、保育の現場では、乳幼児の健康や生活を案じ、将来の人間形成をめざして保育の再開に着手するが、その道は容易ではなかった。頻繁に出された空襲警報や爆弾投下の恐怖からは解放されたものの、園舎が焼失したところ、被害を受けたところ、被害を受けなかったところと、地域や園によって再開時点での状況は様々であった。

　東京都（特に東部）では、終戦時には公立保育所は皆無状態、民間園でも被害が大きく廃止・休止が多く、疎開保育は都の命令でそのまま12月頃まで長野県や埼玉県などの農村の寺院や旅館等で続けられていた[10]。園舎が残ったところでは、二葉保育園のように引揚者の母子のための臨時母子寮や戦災孤児収容

施設として、尾久隣保館保育園のように戦災者の住居として、むさしの保育園のように軍人遺族の母子寮として使用されていて、保育のために取り戻すことができなかったところも多くあった[11]。上目黒戦時託児所は浮浪児の住家となり、同区の他の園は町の集会所や米の配給所に使用されていたりした[12]。そういう所では、「保母が天井のすす払い、床や壁の水洗い、破損修理をした」[13]という。1945年12月頃までに疎開保育から帰ってきた幼児達と、都内で罹災した家族の子どものために、野外保育（青空保育）が始まる。「まちのあちこちでアメリカ兵にぶらさがり『ハロ！　チューインガム』『ハローキャンディ』と云いながら物乞いする子どもたちに、なんとか子どもらしい遊びをさせてやりたい」[14]という願いから、有志の保育者達が、不特定多数の子どもを預かり地域の神社や公園で、寒い冬空の下で紙芝居や遊び等をして、野外保育（青空保育）を実施した。これは常設保育所が整備されるまでの間、保育者達の愛と努力によって続けられたという。

　神戸市では、市内の3ヵ所（水笠保育所、灘保育所、駒ヶ林戦時保育所）だけが戦火の焼失を逃れてかろうじて残り、これらの保育所では食糧不足と公的支援のない中で給食を確保するために、保育者が防空壕跡地に野菜を植えたり、園長自らが闇市などに買出しに行くなど、園児達のために食材を確保するのに苦労したという[15]。浮浪者収容施設に使われていた新生寮保育所は、さしあたり母子家庭の乳幼児を受け入れる寮内保育に着手し、そこから1946年1月に25名の園児で保育所を発足したという[16]。

　神奈川県でも同様に再建の苦労をしている。横浜市の中村愛児園では、長野県に疎開していた園児達を連れて11月中旬までに引揚げて戻ってきて、焼け野原となった土地で園の再建に取り組んだ。財政面でも苦境にあり、園長自らが再建のために皇室からの下賜金や県からの貸付金や民間からの助成金集めに奔走し、ようやく1946年10月に再開できたという[17]。川崎市の第1号保育所の園では、「青空保育所に毛の生えたようなもので」「建物は、社宅の畳敷きの集会室、目ぼしいものは一台のベビーオルガン、各自が持ちよった絵本や道具、庭

には親たちの手づくりのブランコ、すべり台、砂場、そこに二十数名の子ども
を集めて」保育したという[18]。

　三重県では、7月の空襲により津市の中心部は全焼したため公立の3幼稚園
のうち修成幼稚園だけが10月に小学校の教室を借りて保育再開できたが、その
他は廃園・休園が続いた[19]。私立では園舎が全焼した美良幼稚園と龍宝幼稚園
は1946年4月以降の復興となった。桑名市では、第一幼稚園が1946年に「山崎
鉄工所内に仮園舎」で再開、第七幼稚園が「尾野神社社務所」で再開したとい
う[20]。全焼した四日市幼稚園では、保育者が「富田幼稚園や福祉施設へ派遣さ
れそう」になったので、「歴史ある四日市幼稚園が立ち消えとなっては大変だ
と思い」「厚生課長と相談の結果、昭和二十年度卒業生を出すために」「二月寒
気はげしき中を、一ヶ月がかりにて疎開より帰っている園児を調べて三十余
名」で「四日市市西新地演武場の南の一室」[21]で再開し、無事に3月卒業生を
送ったという。1945年7月7日に「無期休園」措置が出されていた鳥羽幼稚園
では、10月10日に「暴風雨のような荒れ模様で、五八人の欠席児があったが
四五人」が登園して「再開式を挙行した」[22]という。

　徳島市でも同じく市内の幼稚園の大半を焼失し休園が続いていたが、1945年
11月に富田幼稚園が被災小学校の一教室を借りて再開したのに続いて、その他
の園も寺院や神社などを借用して保育を再開したという[23]。ことごとく罹災炎
上した徳島師範学校附属幼稚園では、1945年9月3日に始業式を行い、園舎な
しの戸外保育を始めたという[24]。

　このように、全国の幼稚園や保育所の戦後再開の様子は、その地域や戦禍の
状況によって様々である。以下では、私たちが収集できた保育日誌・園日誌等
の記述や園の記念誌等から、当時の保育の様子をみていくことにする。

　収集できた保育日誌の中で1945年8月16日から内容が記録されていたのは、
龍野幼稚園、山梨師範学校女子部附属幼稚園（以下、山梨附属幼稚園とす
る）、犬山幼稚園、竹中幼稚園、興望館保育園の5園である。その他に、敗戦

の年の記録がある園がいくつかあった。

龍野幼稚園で、8月16日には「兵隊さん作業　軍馬飼育のため」、20日には「軍隊の方々　軍馬飼育の後片付けのため」来園した。園庭にあった馬の飼育場を撤収したのち、9月3日に出席児童183名を迎えて「第二学期始業式」を開催している。欠席数は62名、「久しぶりだったのでお母さまが送ってきた子が二三人あった」「自由遊び」「軍隊の馬が居た場が後片付が完全にしてないためお外で遊ぶのに不自由である」という記述があった。この園は、敗戦直前に園庭が軍馬飼育のために接収されていたのである。

山梨附属幼稚園では、8月16日には「保育状況」の欄に「七時三十分ヨリ登園　自由遊戯　八時三十分　朝礼　整列　皇居遥拝　挨拶　オ話　降園」と一日の流れが短い言葉で記録されている。「記事」に「園児ノ各家庭ニ休園ノ旨回覧セシム」とあり、「園内大掃除アリタリ」とある。この日は74名の在籍児のうち欠席が47名で、半数以上が休んでいる。8月23日には「考慮の上本日ヨリ再ビ保育ヲ開始ス」とあり、前日にその旨を家庭に回覧していた。8月中は日によって欠席数が異なるが、4〜8割が欠席していた。

犬山幼稚園では、8月16日には「欠席　男児20、女児15」とあるだけで詳しい内容は記述されていないが、保育は継続されていたようである。その後しばらく日誌に空白が続き、9月5日に「二学期始業式」を迎えるが、9月10日、15日に「南校児童」が「多数奉仕」に来て「割木」などの作業をしていったことが記録されている。

竹中幼稚園では、8月16日は「訓話　四国共同宣言受諾の大詔渙発について」「紙芝居　サルトカニ」「お八つ　ボーロ」で、出席は10名であった。その後も保育を続けていた。8月30・31日を休みにして、30日には「先生総動員で大片附」して、31日には「午前中手分けして、子供の家を訪問」している。9月3日の月曜日に「第二学期開始」し、出席は70名と記されていた。

東京都墨田区にある興望館保育園は、戦争末期には長野県軽井沢の法人所有の施設「沓掛学荘」に疎開していた。1945年8月16日の保育日誌には、「松村

先生昨日より続いて熱を出し休む。子供達に昨日の放送について説明する」と
書かれて、保育を継続している。この園では1945年10月3日までの記録が見つ
かったが、その間22名の園児達がいて、「廃物利用で布人形を作」ったり、散
歩に出かけて「橋の上から石投げ」をしたり、遊戯や紙芝居等をして過ごして
いるが、戦後のことゆえ何人かの幼児がお腹を悪くしたりして、園児の健康保
持に苦労しながら疎開地で保育をしている様子が書かれていた。1946年6月に
東京の保育施設で再開できた。

　8月21日に再開した勝川幼稚園の保育日誌には、出席者22名で「長い長い夏
休みもすみ今日から第二学期が始まり　大変お元気で登園すれども休みつづけ
ている精か出席が悪い、九時みんなの集まりを見ながらお始まりする、元気よ
く登園した子供は大部丈夫そうな顔でニコニコである、夏休み中の経験発表な
し　十一時十五分退園」と書かれている。22日には「お天気続きでお野菜物が
すっかりいたんでいる。一雨降ってほしいと毎日念じている　今日もやはり出
席が悪い　九時始め朝集　夏休みの話を聞く　その後第一学期習った唱歌をお稽古
してお帳面はり　十一時過　お弁当なしのお手紙を戴き退園する」とあるよう
に、この園では、長い「夏休み」としていたが、敗戦後1週間以内に二学期を
開始している。出席が悪いことを嘆きながらも、二時間ほどの保育時間で、経
験発表をしたり唱歌の練習や手技等を行っている。

　高梁幼稚園でも同じような状況がみられた。この園では、1945年8月12日か
ら「向ノ十二日間夏休ミ」としていたが、8月24日に「午前九時ヨリ始園式挙
行」（在籍園児152名、出席69名、欠席83名）、9月1日には「松・竹・紅葉ヲ
年長組トシ桜・梅ヲ年少組ト分チ各組ヲ編成ス　本日ヨリ高梁常設保育所トナ
ル」（出席52名、欠席95名）と記録されている。

　代陽幼稚園では、8月2日から「市役所よりの通知」で保育を中止していた
が、8月20日に「全職員出勤」し、8月29・30日に「職員出勤準備」を行い、
8月31日に「市役所ヨリ保育開始ノ通知ヲ受」けて、9月1日に「第二学期開
始」と記録されていた。終戦後、大急ぎで保育の再開手続きと準備をした様子

がわかる。

　次に、９月ころから開始した園の様子について、みてみよう。

　初雁幼稚園では、９月１日「二学期の保育は出来ぬものと想像して居った所　幸にも又継続出来ることになり感謝す。園長先生御来園　子供達に強い良い子になる様にと御話して下さる。園児は少数なれど元気なり」、９月４日「午后市役所へマッチの配給券をいたゞきに行く　でもまだ配給券はださぬとのこと故すぐ帰園」という調子で保育を再開した。

　戦時託児所となっていた江戸川双葉幼稚園の場合は、９月１日「夏期休園終了　保育開始」で、13名出席していた。９月３日には「防空壕の取壊及土運び」の作業をして、10月12日に「夕方『戦時託児所』を取外し、幼稚園の看板に書き直して掛け直」して、翌13日には「市川の外全員出席（二十二全員）開園時の幼児数をやっと取戻せるを思ふ」と記録されている。敗戦後防空壕の取り壊し作業を行い、10月に「戦時託児所」を返上して、元の幼稚園を名乗ることができた様子がわかる。

　木屋瀬保育園では、９月17日に保育を再開したが、その前日に「時局の急変なす事もなしに一ケ月を過ごしてしまったが、戦後の保育の重要性にかんがみ開園にあたって母の会を催」して、どのようにするかを話しあったという。以下はその時の記録である。「夜七時半開会、国民儀礼にはじまり石橋止氏の戦後の時間のひっぱくにかんがみ、園の縮小を覚悟しつゝ戦後の恢復のために戦中にもまして働くべく保育事業の必要を説かれ　つゞいて出光先生の時局講演　次いで母さん方との懇談に移る　中心がお弁当の事になり、食糧の関係上中食は食べずかへって午后再び登園との事の決定大雨にもかかわらず母さん方二十名ばかり　後援会諸氏六名　時間がなくいろいろの話に花が咲きかけてゐたが中絶して十時一寸前に散会す」（９月16日）。そして、翌17日から保育を再開した。

　詳しい様子はわからないが、小倉幼稚園では９月１日に「始園式」と記され、新城幼稚園では９月28日に「愛知県知事あて幼稚園復活に関する件を報告」し、10月25日に「戦時託児所を廃止幼稚園として復活」したことが記され

ていた。小川幼稚園では1945年10月16日から日誌が始まっているので、正確な再開の日はわからないが、この時期には保育を再開できていたことがわかる。堅磐信誠幼稚園では11月1日に再開し、「園長先生の園児へのお話　お母様方へのお話があり歌ハ日ノ丸　むすんで開いてなぞ一同にこやかに元気に良い入園式」を行っている。

　このように各園の保育日誌の記録からは、第二学期から保育を始めたいという思いで再開に取り組み、10月あるいは11月には何とか園児を迎え入れることができたようである。

　空襲で全壊した桜花幼稚園では、敗戦の年の11月には「戦災後桜花幼稚園本年度保育開始懇請書」を後援会が作成して準備を進め、年明けて1946年1月15日に「開園式」を行い、「新園児」11名、「旧園児」16名で出発した。その日誌の冒頭には「終戦後　光輝アル民主主義国トシテ発足シタ日本ノ教育ニ最モ大切ナル幼児教育ヲ復興サセテ、イサ、カナリトモ国家ノ再建ニ盡ス可ク本園モ焼跡ニ男々シク立チ上ル運ビトナリ」と記されている。

　年度が替わって、1946年度になると再開をした園が増えていく。戦時下1年間の休園を余儀なくされていた常葉幼稚園では、再開に際して、前日に「保護者会」を開催し、「新保姆」を用意して、「敗戦日本の再建に際して一年休園せしも雄々しく本日より第一歩をふみ出しぬ」（4月4日）という記録があり、戦後の再出発に向けての覚悟を誓っている。

　南山幼稚園は、「戦時非常措置として当分の間休園」していたが、1946年5月8日に第12回「入園式挙行」で再開した。園児は22名と少人数の再出発であった。

　また、記念誌等における記事からは、戦後早い時期に再開できたところと、保育の再開や園舎再建までに年月を要したところがあった。

　東京女子高等師範学校附属幼稚園では、休園していたが園舎は無事で、1945年9月に園児募集の相談を開始し、準備をして11月12日に再開できた。主事の倉橋惣三は「近所一体の荒茫の焦土。そこに一切の幼児的環境を失つてしょん

ぽりしてゐる子達を捨てては置けなかつた。炎天下の保姆諸君の近所巡訪か
ら、ぽつりぽつり、靴や帽子のない子らが寄つて」来た、と回想している[25]。

　市街地に大きな空襲を受けた富山市の場合、富山大学教育学部附属幼稚園
（官立師範学校女子部附属幼稚園）は、1945年9月に不二越工場の一部を園舎
にあてて再開を図った。「町の所々に貼り紙をし、離散した園児を集めたり、
再募集を行ったりして園再開の体制を整え」「雨もりでいたみきった建物では
あったが、手製の万国旗で飾り入園式を」行った[26]という。「ただ一つ荷車に
積んで運び出した『ヒル氏の積木』以外はみんな手作り」で、「雨戸をはずし
てすべり台を作り、先生が馬になって教師自身が遊具の代わりをなし、粗末な
部屋でも子供たちの活動みなぎる保育が行われた」という[27]。

　5月の空襲で園舎を焼失した双葉の園保育園では、10月に「鳥海部隊長にお
願いして」、12月に「焼け残りの馬小屋その他数棟の建物と土地五千坪余を大
蔵省より借受け直ちに修理修復して（この工費日十万円）未亡人母子、引揚母
子、戦災母子の為め母子寮、授産場、保育所を再開」[28]した。

　大垣市立幼稚園では、「市役所の四ヶ所の倉庫があってその廊下と幼稚園の
焼けのこり之敷板などを集めて集会之場をつくり、青空幼稚園」を実施する決
意で「園児之家庭を訪問し」て9月から11月に保育再興をはかったという[29]。

　王栄幼稚園では、敗戦と同時に復興作業に取り組んだ。「園舎の壁という壁
は剥げ落ち、天井からは星が眺められるという胸の痛む状況」であった。「疎
開先から誰々が帰ってくるのか、二学期が始められるのか、見当もつかなかっ
たが」10月1日に再開したところ、新入園児15名を含め、37名になった[30]。

　愛隣幼稚園は戦争末期の1945年3月から8月まで、園舎を「中島飛行機kk
設計部に徴用」されていたため、1947年に保育を再開したものの「園舎が荒れ
はて、幼児教育機関としては不適切な状態であった」。その園舎を建て直す費
用獲得のため教会所有の隣接土地を宇都宮市に売却したという[31]。

　1944年4月から休園していた根岸幼稚園が再開されたのは1946年4月であっ
た。再開時の園長が1932年に着任した当時は「木造平屋の園舎は山の分教場の

様な、然し落ち着いた風情のある建物でした。園庭の隅には池があり一本の柳の木がありました」と回想している。空襲による焼失はなかったものの1889年創立時の園舎は「役場の庁舎であつた為」「老廃腐朽甚だしいもの」「幼児の収容は極めて危険な状態」だったので、園舎改築の陳情書や請願書を出したが、ようやく改築できたのは1954年であった[32]。

　以上のように、日誌に記録されていた内容や記念誌の記述からは、戦災からの復興をめざして、どの園も少しでも早く園児達を受け入れ、健康を守り平時のような保育をしたいという思いで再開に取り組んだ様子が伝わってくる。

第3節　行われた行事

　国の行事に関しては、戦時中は国家の機運高揚に関わる諸行事が幼稚園や保育所にも持ち込まれていたが、1947年の新憲法発布以降は国の行事の名称も徐々に改められたりして、園で執り行われる国の行事にも新しい社会情勢が反映されていく。「明治節」は戦後の占領政策により1946年に廃止され、保育日誌には、憲法発布に因んで「憲法公布記念日」とか「憲法発布記念日」などの言葉が替わって登場してくる。また、新制度の下で、「天長節」「紀元節」は1948年度には廃止された。しかし、敗戦後2〜3年間は戦中と同様に行った園もあり、その扱いは混とんとしている。園独自に行われていた行事も伝統的にたくさんあり、戦後になるとそれらは復活・継承されている。

1．国家の行事に関わるもの

　1945年度では8月以降の日誌があった16園のうち、多くの園で共通して行われていた国の行事には「明治節祝賀式」「新年拝賀式」「紀元節」、翌1946年度には、「天長節（天皇節）」が記録されている。

　天長節（4月29日）の行事はどのように行われていたか。本章が敗戦後から

を扱うので、この項目は1946年度からとなる。戦後最初の1946年度に「天長節」という言葉が記されていた園は多い。

栃木師範学校附属幼稚園（以下、栃木附属幼稚園とする）では「保育室にて、敬礼、訓話、敬礼」、常葉幼稚園では「礼拝　君が代　お話　天長節の曲　園児一同に旗一本ずつ与ふ」、山梨附属幼稚園では「敬礼　宮城遥拝　君ヶ代奉唱　オ話　天長節ノ唱歌　敬礼」と記されていて、園児たちに国旗を渡したりしている。また、堅磐信誠幼稚園では、9時から式を始め「お胸の徽章もうれしく皆ニコニコのお顔でかへり」と書かれている。初雁幼稚園では、式の後、日の丸の旗1本ずつを土産に持たせていた。

その他の園では、「天長節」あるいは「天長節拝賀式」と書かれているだけで、詳しい内容はわからない。江戸川双葉幼稚園のように「天長節なるも休園」としたところもある。高梁幼稚園でも、戦中の1945年の日誌には登場したが1946年には出てこないので休日扱いにしたと思われる。桜花幼稚園の1946年度は4月29日は「休園」となっているが、その前の土曜日に「オ帰リ前オ会集　園長先生ヨリ来ル二十九日ノ天長節祝日ニツキテノ訓話アリ、後一同宮城遥拝ナセリ」（4月27日）と記録されているので、内容的には扱っていて当日は休園扱いにしている。

1947年度にも、多くの園の日誌にこの言葉が記されていた。本荘幼稚園では、「行進の後　田中先生の天長節についてのお話、君が代をうたひ紙芝居で終わる」という内容だった。栃木附属幼稚園では、8時半から式を「一、修礼　一、主事訓話（日の丸は日本のしるし　皆のお家にたてませう）　一、修礼」の順で行い、式終了後は「遠足」に「八幡山」へ出発しているので、簡素な式となったようである。

堅磐信誠幼稚園では、この年の5月の憲法施行を間近に控えて「新憲法発も近き迫つて、新日本の建設の力強き歩みが行はれんとする時に天長節の佳き日を迎へました」とあり、「子供達と共に祈を持つてお祝ひ」したことが書かれている。京橋朝海幼稚園では、「園長先生お話し、君ヶ代　お祝ひの言葉、

遊戯見せ、父兄参観」とあり、「天長節」とは書かれていないがお祝はしていた。

その他の園では「天長節」と記されているだけとか、逆に、木屋瀬保育園のようにこの日の日誌に他の保育内容が記されていてもこの言葉が出てこない園もあった。南山幼稚園では「休園」にして教職員の「歓送迎会」を行っている。小倉幼稚園、龍野幼稚園、瑞穂幼稚園でも休園にしている。

以上のことから、戦中と比べて、天長節は、1946年度にはまだ従前のような式次第で行うところもあった半面、休園のところもあった。だが、戦中のように、「勅語奉読」や「御真影開き」等は行われなくなっている。1947年度になると、取り扱いははさらに様々で、新憲法発布に関連づけて祝ったり、簡素な式だけというように変化している。休園にしたり日誌に出てこない園も多くみられた。この点は、戦後の大きな変化である。

明治節（11月3日）について、1945年度には、高梁幼稚園のように「国民学校」で合同の祝賀式に「参列」したところもあれば、園独自に挙行したとろもある。小川幼稚園では数日前の10月30日頃から明治節の歌の練習や製作をして、当日は午前10時より「会集室に於て長浜先生ご臨席で挙行」し、「菊の花繋ぎ方二本ずつお土産に持って」帰らせている。同じく、勝川幼稚園でも、2・3日前からこの日のために「明治節の歌」（11月1日）を練習したり「勲彰の作製」（11月2日）をしたりして、当日は「自作の勲彰を各々胸にして嬉しそうで」「式もとゞこほり無くすみお土産のお菓子を頂いて皆喜々として」帰ったとある。小倉幼稚園でも九時半から開始し、「お土産はカルタ及び台紙」とあり、園児たちに記念の土産を持たせている。

初雁幼稚園では前日から準備した「菊の花のクンシヨウをつけ君ヶ代を歌」って式をした様子が記録されている。山梨附属幼稚園では、「一.礼　一.皇居遥拝　一.君ヶ代　一.オ話　刑部主事　一.唱歌　一.礼」という式次第で、その後「御真影奉拝」を「本校講堂」で行っている。龍野幼稚園では「空ハ青々とても気持ちのよい明治節日和」と記入され、続いて「何か子供もうら

うらと　のどかに遊びをしてゐた」と書いてあり、式のことは特筆されていない。このような園はほかにもあった。江戸川双葉幼稚園では「明治天皇祭」、新城幼稚園では「明治節拝賀式」、小倉幼稚園では「明治節拝賀式」と書かれているが、その詳しい内容が記述されていないため、どこまで保育行事として行われたのかはわからない。

　木屋瀬保育園では、11月3日に「運動会」を「天神様の境内」で開催しているが、明治節との関連は記述の限りでは読み取れない。

　1946年度になると、憲法公布に際して祝賀会に参加した園と日曜日で休みであった園とに分かれる。新城幼稚園では町民大運動会に出演して園児たちも祝賀をしている。「新憲法発布祝賀式挙行　引続き国民学校庭にて行はれたる祝賀町民大運動会に出演（幼稚園行進曲、明日もお天気）全幼児御褒美に鉛筆一本づゝ頂く」と記録されていて、盛大である。栃木附属幼稚園では「明治節・憲法発布記念日」を並べて記述して、「修礼　主事訓話　修礼」という順序で式を行っている。

　犬山幼稚園では、前日の11月2日に「憲法発布のため園児にパン2個ずつ与えた」とあり、山梨附属幼稚園では「明治節、憲法ノオ話」とある。本荘幼稚園でも、11月1日に「三日は明治節なることを話し」ている。

　1947年度には、栃木附属幼稚園では「明治節」を「講堂で学校と一緒に式」を行い、その後「学芸会」を行っている。この年度からは、さらに多くの園で休日となっている。例えば木屋瀬保育園のこの日の日誌には「明治節」と書かれているが、その他は全部空白になっているので休日扱いだと思われる。南山幼稚園はこの日には「明治節にて全国保育大会に出席」と書かれ、休日を利用して園外の研究会に参加している。京橋朝海幼稚園、龍野幼稚園、犬山幼稚園、小倉幼稚園、堅磐信誠幼稚園では、1947年度は休園としている。

　以上のように、明治節の扱いは、1946年度までは熱心に行っていた園も、1947年度になると休園にしたり、扱いが簡素になっている。師範学校附属幼稚園の2園では、戦後も儀式を行っている。

　新年拝賀式（１月１日）について、1945年度には、山梨附属幼稚園では８時から登園し９時から遊戯室にて「元旦拝賀式」を「一．礼、二．宮城遥拝、三．君ヶ代奉唱、四．オ話　主事先生　五．礼」の順で挙行し、土産に「手提袋」を渡して帰宅させている。小倉幼稚園では、拝賀式の後、「男女に分かれてお土産作り、風車をつくって大よろこびで帰る」とあり、代陽幼稚園では「遥拝式」の後「お土産に風車をお渡しする」と書かれているので、園児達に新年のお祝いの土産物を渡していたようである。キリスト教の堅磐信誠幼稚園では、「終戦後第一回のお正月を迎へ」、８時半頃「元気にかけこんで来る姿に何とも言い知れぬ希望とそして子供達一人一人の祝福を祈つた」と記され、「園長先生お留守の為め簡単」な式となり「式歌も準備出来なかった事」を詫びている。その他には新城幼稚園や犬山幼稚園のように、「元旦拝賀式」と記されているだけで、その内容がわからない園もあった。

　1946年度には、常葉幼稚園では「礼拝　君が代　お話　新年の曲」をした後「竹とんぼ」の土産を持たせて帰らせている。山梨附属幼稚園では「遊戯室」で「整列」して挙行し、土産に「鉛筆」と「手提袋」を渡している。南山幼稚園では「国民学校と共に」「お式」をしている。詳細はわからないが、「新年拝賀式」（新城）、「新年礼拝」（堅磐信誠）、「拝式」（犬山）のように言葉は書かれていた園もある。また栃木附属幼稚園、小川幼稚園、木屋瀬保育園等のように明らかに冬季休暇中で日誌のページがなくて、その儀式や保育を行っていないとわかるところもあった。

　1947年度には、堅磐信誠幼稚園では「新年礼拝」の「会集」で「うるはしき朝」「わたし達は」「君ヶ代」等を歌い、「新しい年を祈りの中に迎へる事が出来ました」「平和な国の夜明かす」「伸びゆく子等の頬はかがやいて居ります」「この美しい芽を一層お守りあらむ事を祈つて止まない」と新年の平和への祈りが綴られている。龍野幼稚園では「ハネやコマで面白しろそうにあそんでゐた　お年玉にお菓子を五つやって帰す」と書かれているが、式の名前はない。犬山幼稚園では、これまでは式の記述があったのに、1947年度の日誌には記さ

れていない。小倉幼稚園では「賀正休園」と記されて、園児達を登園させていない園もある。以上のように、新年拝賀式は、戦後になると園によって様々な扱い方に変化していることがわかる。

紀元節（2月11日）について、1945年度は、山梨附属幼稚園では10時に開始し「一. 礼、二. 宮城遥拝、三. 君ヶ代奉唱、四. オ話—主事、五. 紀元節ノ歌、六. 礼」という式次第で挙行している。キリスト教の堅磐信誠幼稚園では、胸に作った徽章をつけて「神武天皇の像をおかざりして」式を行い、園長先生より「戦ひに敗れたのハ正しくない行ひを持って事にあたったので神様が助けてハ下さらなかったのです。神をおそれ、国を尊びすべての人を愛せよ」という「お話」があったと書かれている。

木屋瀬保育園では「どの子も式と言ふので良い服装」をして登園し、10時頃から始め、「鷲峰先生から神様のお話」を聞いて11時頃降園させている。代陽幼稚園でも10時頃から始め「紀元節のお式をする」とある。小倉幼稚園では、「式後音楽会出演の為め境町校」へ行き、「午後一時より文化会婦人部主催の音楽会に卒業園児出席させる」（2月11日）と書かれ、園外の催し物に参加したようである。また、高梁幼稚園のように「臨時休園」にした園もある。

1946年度には、栃木附属幼稚園では「修礼　主事訓話　修礼」という式次第で行っていた。小倉幼稚園は休園にしている。山梨附属幼稚園は前年度は挙式をしていたが、この年には日記のページがないので休園にしたようである。

1947年度には、堅磐信誠幼稚園では「五十名の子供達と共に昔をしのび　日本の将来の為に祈りました」と記されている。犬山幼稚園では「紀元節」と記されているだけで、その内容はわからない。小倉幼稚園は「紀元節　附小行挙式」とあるが、小学校へ行って合同で参加したのか、教師だけで行ったのかわからない。本荘幼稚園では欠席54名、出席54名で半数が欠席し、「紀元節お休みが多かった」ようで、「唱歌や御話『春を待つ魚と鴬』」をして9時半帰宅したと記述されていた。龍野幼稚園には記述がない。

紀元節に関しては、これまでの国の行事と比べて、全体的に記述の内容が詳

しくない。1945年度には行っていた園も、その後は徐々に式が簡素化されたり休園にしたりしている。

出征家族慰安会や戦災者慰問会等について、1945年度には、木屋瀬保育園は「国民学校にて出征家族の慰安」があり「園児を出席させ」、遊戯を演じ、「大きく切ったおいもを頂」（12月25日）いたと書かれている。高梁幼稚園では「午後一時より戦災者慰問演芸会に出演」し、「雨降りお月さん、皿回し」（3月18日）等を披露している。

1946年度以降になると、こうした戦争に関連した行事についての記録は見当たらない。併せて、戦中盛んに行われていた「海軍記念日」「陸軍記念日」等の行事は廃止されている。

このほか、1945年度に勝川幼稚園で、9時40分から「教育勅語奉読式挙行」（10月30日）と記されていた。

2．園の行事

園独自の行事として多かったものは、入園式、学期始業式、学期終了（終業）式、卒園式（修了式、卒業式）、遠足、運動会、節分、雛祭り、遊戯会・発表会、七夕祭り、誕生日会などである。これらの行事は戦中・戦後に共通して取り入れられたが、その具体的な内容については戦後ではいくらか変化がみられる。また、仏教の園では戦前と同様に仏教行事が行われているが、キリスト教の園ではクリスマス行事が復活したことは大きな変化である。以下1947年度までの諸行事について、その様子を記録からみていくことにする。

入園式について、1945年度の場合は本章第1節の敗戦直後の再開でとりあげたので、ここでは、1946年度以降の様子について述べることとする。

1946年度の入園式について、栃木附属幼稚園では「敬礼、主事挨拶、父兄代表挨拶、敬礼」（4月3日）という順序で行い、戦前は「主事訓話」だったのが「主事挨拶」に変わっている。山梨附属幼稚園では「一.敬礼、二.宮城遥拝、三.君ヶ代奉唱、四.入園許可、五.部長訓示－職員紹介ヲ含ム、六.敬

礼」（4月11日）という式次第で51名の新入園児を迎えている。常葉幼稚園では、男児42・女児45名の出席で10時より式を行い、「園児一同に園章　出席カードを与ふ」（4月8日）と記されている。桜花幼稚園は、9時から保育室で園長から「『園ノ方針』ヤ、母親ノ心構ヘトシテ『将来ノ日本ノ土台トシテノ子供ヲ育テルコト、母ノ文化程度ヲ高メ社会ニ対スル見識ヲ備ヘルコト、而シテ幼稚園ト協力シテ立派ナ体ノ子供ヲ作リ国民学校ニ送ルコト』」という話があり、「携帯品ニ姓名ヲ記スコト」が伝えられた。その後、「新入児達」を「園庭ノ筵ノ上ニ集メテ毎日ノ幼稚園生活ニ必要ナルコト」（4月5日）を話したと記録されている。

　瑞穂幼稚園では、4月12日に「ポスターを出したのが遅く」「定員（50名）には充たなかった」が30名の新園児を迎えて、「終戦後第1回入園式」を開催している。「椅子が未到着の為」「円形に床に坐」り、「童話」「歌の紹介」「外遊び」「諸注意」等をして、「さよならの歌を歌ってから土産の手提を持って帰宅」と記述されている。初雁幼稚園は4月11日に「入園申込多数故」90名を「とりあとはほけつにせり」と記されている。江戸川双葉・龍野・高梁幼稚園では4月8日、犬山幼稚園では「入園式　十時」（4月13日）とあり、小倉幼稚園でも4月18日に挙行している。堅磐信誠幼稚園では、4月10日に「始業式」を行い、その後13日に新園児60名を迎えて「入園式」を行っているが詳細はわからない。

　以上の園では終戦の翌年度とはいえ、4月中旬くらいまでに入園式を行うことができている。しかし、なかには、再開までには戦後8ヵ月以上を待たねばならなかった園もある。南山幼稚園の「入園式」は5月8日で、「敬礼」「園長先生のお話」「職員紹介」等の後、土産渡しや保育室や下駄箱等を観ている。京橋朝海幼稚園は6月27日に「入園式」を行っていた。

　1947年度の入園式は、倉敷幼稚園・保育所では、「一、着席　二、敬礼　三、君ガ代　四、園長先生ノオ話　五、組分担任保姆招介　六、家庭ヘノ希望」（4月7日）という式次第で行っている。木屋瀬保育園では「一、集会一

同敬礼　二、開式の辞　三、君ケ代　四、園長挨拶、保姆紹介　五、町長挨拶　六、来賓　後援会長　保護者挨拶　七、新入園児氏名呼名　八、諸注意及名札オハツ　九、一同敬礼　十、閉式解散」という式次第で、新入園児46名を在園児81名で迎え「賑やかに挙行することができた」（4月18日）。本荘幼稚園では、95名の新園児を迎え「修礼、園長挨拶」に続いて、「残園児」21名が「蛙の子供、春のうた、にらめっこ、どこかで春が、たこのうた」等の遊戯を披露し、「先生方の紹介」をして「胸章つけ」をして保姆が「紙芝居　ドカン」をした（4月10日）ことが記されている。白金保育園では、「奏楽、開式の辞、今日から皆のお友達（旧園児）、出席、館長挨拶、遊戯（旧園児）、閉式」（4月9日）という順序で入園式を行っている。日誌には「新しい子供が興味と希望に目をかゞやかせて来る。五三名の入園は殆ど新しい園が始まる時程の数」と書かれ、戦後の入園式に期待感を寄せている。龍野幼稚園では「新入園児風車及びあめ一ケ、二年児名札、あめ一ケ」（4月8日）を与えたとあるが、式の内容はわからない。

　1947年度になるとそのほかの園でも、4月中には「入園式」が執り行われるようになってきた。瑞穂幼稚園と江戸川双葉幼稚園では4月7日、堅磐信誠幼稚園では4月9日、犬山幼稚園では4月10日、京橋朝海幼稚園では4月12日、西尾幼稚園では4月14日に行ったと記されている。

　上述のように、戦後も入園式はどこの園でも大事な儀式として行われた。式次第を見ると「教育勅語奉読」はなくなり、「訓示」という堅苦しい言い方はなくなり「挨拶」に変わっているところもあった。式だけでなく、在園児が臨席したり、なかには歌や遊戯を披露したところもあった。

　修了式（卒園式）については戦前と同様の式次第で行っていた園も多い。

　1945年度には、倉敷幼稚園・保育所は合同で「第五十回卒園式」を挙行し、その式次第は「一、着席　二、敬礼　三、君ガ代　四、証書並賞品授与　五、園長オ話　六、来賓祝辞　七、謝辞　八、送辞　九、答辞　十、オ別レノ歌　十一、敬礼　十二、退場」で、幼稚園児53名、保育所児53名を送り出した。

「賞品」には絵本『日本ノコドモ』を授与している（3月20日）。小川幼稚園は
「1．着席　2．挙式ノ旨ヲ告グ　3．君が代　4．修了証書授与　5．皆
勤・精勤授与　6．記念品授与　7．園長ノお話　8．在園児代表挨拶　9．
修了児代表挨拶　10．保護者代表挨拶　11．修了式ノ歌　12．閉式ノ旨ヲ告
グ」という式次第で、男児14名、女児21名を送り出し、修了児には「筆箱」を
記念品として与え、在園児にも「自由画帳」を渡している（3月28日）。江戸
川双葉幼稚園では、10時から「第五回修了式」（卒業生18名）を開催し、園長
から「保育書授与」と「挨拶」があり、園児は「遊戯」を披露した（3月23
日）。高梁幼稚園では、10時から2時までの「卒園式」で「演芸会」を取り入
れ、式後には職員の「送別会」を挙行したと書かれている（3月25日）。桜花
幼稚園では「第三六回保育修了式」（3月20日）を行っている。式次第は
「一、着席　一、君ヶ代　一、保育証書授与　一、賞品授与　一、園長訓話
一、来賓祝辞　一、答辞　一、保育修了ノ歌」の順で、保護者からの寄付で18
名の卒業児に「筆入レ、鉛筆、オブラート菓子」を渡している。

　初雁幼稚園では「卒業証書受与式」を9時半から行い、「宮城遥拝　君ヶ代
おいのり　聖歌　証書受与　訓示　卒業の歌」という順序で挙式し、「二部」
として「1．ひよこ、2．花やのおみせ　3．木の葉　4．きつねの傘　5．
春」と書かれている。この園は、記念品や土産のことは記されていないが、式
だけでなく歌などの披露を入れている。

　代陽幼稚園では「一、開式　二、宮城遥拝　三、君が代　四、修了証書授与
五、無欠席児童褒状授与　六、園長訓示　七、来賓祝辞　八、在園児送辞
九、修了児答辞　一〇、後援会長挨拶　父兄総代挨拶　十二、送別ノ歌
一三、修了児唱歌　一四、閉式」（3月25日）というように、戦前と同じく
「宮城遥拝」に始まり、挨拶の多い進行で行われている。山梨附属幼稚園でも
「開式ノ辞」に続いて「宮城遥拝」「君ヶ代奉唱」「勅語奉読」が行われてい
る。この園では式の後、後述のような「遊戯会」が引き続き行われた。

　木屋瀬保育園では、「終了式」として「正面は机　保育証　賞状　記念品を

飾り　国旗をたて、子供の腰掛を並べ、定刻（十時）終了生と在園児を別に式場に入場せしめ父兄は正面」「ゴザに座って貰ふ」という会場設定で、「一同敬礼、終了生呼名、保育証書、賞状、賞品授与、訓示、町長・後援会長祝辞、保護者挨拶、終了生の言葉、在園児の言葉、お別れの歌、一同敬礼」という式次第で挙行し、「お八つのパンを渡し、母様にお茶とパンを出し、十二時過座ブトンと記念品を渡し」（3月20日）て解散した。

　小倉幼稚では、3月20日に「卒業式」を行い、89名が卒業している。「二ヶ年皆勤」の21名と「一ヶ年皆勤」の5名に「賞状」とある。

　1946年度には、栃木附属幼稚園では「敬礼、修了証書授与、主事訓話、保護者代表挨拶、敬礼」（3月20日）という式次第で挙行した。犬山幼稚園では「卒業式」の後「パンを2個ずつ頂き　大いに喜んで父兄に伴われて帰宅した」（3月15日）とある。高梁幼稚園では、前年度と同様に「卒園式挙行ひきつづきふたば会総会及びお遊戯会」（3月20日）を行っている。「卒園児」102名とある。同じく山梨附属幼稚園でも、前年度と同様に「修了式」に続いて「遊戯会」を行い、「修了証書」の他に「折紙、お菓子」（3月18日）を渡している。瑞穂幼稚園では、「1．挨拶　2．奏楽　3．お祈り　4．聖句　5．聖歌　6．お早ようの歌　7．卒業証書授与　8．賞品授与　幼稚園・母の会　9．お話　園長先生　10．お祝ひの言葉　来賓及び在園児　11．答辞　12．卒業の歌」（3月19日）という式次第で挙行し、記念品をもらって帰っている。倉敷幼稚園・保育所では、前年度と同様に合同で「卒園式」を挙行し、幼稚園児102名、保育所児54名の計156名に「証書」を授与し、「賞品」として「半紙十五枚」を与えている（3月23日）。新城幼稚園、南山幼稚園、京橋朝海幼稚園、堅磐信誠幼稚園では、詳細は記述されていないが1946年度も「修了式」を行っている。

　1947年度では、本荘幼稚園は、式の中に「遊戯会」を入れている。男児50名女児40名の卒業児で「1．開会の辞　2．うた（朝の祈り）3．証書授与　4．お別れの挨拶年少組　5．卒業児挨拶　6．母会代表挨拶　7．先生への

謝礼　8．お別れのうた　9．遊戯会（イ．ぴかぴか星　ロ．かわいゝひよこさん　ハ．おもちゃのマーチ　ニ．兎と亀　ホ．かぐや姫　ヘ．うた「春」10．贈物　鉛筆　お菓子、お免状、11．閉式の辞」（3月24日）という流れで盛りだくさんの式を行っている。高梁幼稚園でも、10時から「卒園式」を挙行し、そのあと「午後2時まで　演芸会　園長来園　卒園式後　送別会挙行」（3月23日）と書かれているので、卒業式に続いて演芸会を催している。栃木附属幼稚園では「敬礼、修了証書授与、主事訓話、保護者代表挨拶、敬礼」（3月20日）とある。犬山幼稚園では前年度と同じく「パン一個」を与え、さらに「精勤賞」として7名に「ノート一冊」を授与している（3月16日）。瑞穂幼稚園では、前年度と同様に「挨拶、奏楽、お祈り、聖句・聖歌、お早ようの歌、卒業証書授与、記念品授与、お話・園長先生、お祝いの言葉、答辞」という式次第で行われ、記念品に30ｃｍ物差しを母の会から授与している（3月12日）。栃木附属幼稚園では、式次第は前年度と同様であるが、1947年度には土産に「キャラメル、ビスケット、ぬりえ帳、お写真、記念品としてクレヨン」（3月20日）を持たせている。堅磐信誠幼稚園では、日誌が3月13日までしかないので、卒園式の様子はわからない。

　以上のことから、戦後間もない時期の修了式は、物資が乏しい中にも記念品の「筆箱」や「物差し」など学用品を用意し、おやつの「パン」を持たせるなどした様子がわかる。式だけのところもあれば、遊戯会を兼ねたりそれに近い催し物を披露したりした園もあった。特に1945年度では戦後最初の卒業生を送り出して感慨無量の気持も綴られていた。

　始業式・終業式については、多くの園で毎学期行っていたと思われるが、日誌にその両方が書かれている園と、そうでない園がある。

　1945年度の木屋瀬保育園では、当日が2学期終業の日かどうか断定できないが、父兄から野菜などを募ってご馳走を作って園児に持ち帰らせた様子が記録されている。3人の母親も手伝って「御飯」「おあへ」「おとうふのそぼろ」等を料理して、重箱に詰めて並べて「子供達を呼び入れ、お米、いね刈り、おべ

んとうのお唱歌を歌ってフタを取らせる。ハーホーの歓声がそこここから上
が」り、「子供達は小雨の中を嬉しそうに抱えて持ち帰る」（12月22日）と記さ
れている。

1945年度には、桜花幼稚園では「保育修了児ト在園児トノオ別レ」として
「第三期保育終了式」（3月19日）を行っている。その内容は「両組桃組ニ集マ
リテ此ノ一日ヲ楽シキ日トシテオ別レナス可ク林園長ヨリ面白キ談話『三人名
人』ヲ伺フ」「後、在園児ト修了生ハ向ヒ合ヒテ互ニ仲ヨク遊ンデ頂キタルヲ
感謝シ合ヒテ、在園児ニハ一月カラノ図画ヤ、塗リ絵ヲ分配、休ミ中ノ注意ヲ
与ヘテ」、10時半に帰宅させたと書かれている。

小倉幼稚園の1945年度の場合、「始園式」「終園式」という用語が2学期には
登場するが、3学期には記述がない。江戸川双葉では2学期「夏期休園終了保
育開始」（9月1日）、3学期の「保育開始」（1月7日）と記録されている
が、始業式の記述はない。山梨附属幼稚園では、「本日ニテ第二期ノ保育ヲ終
了シ」（12月19日）とか「第三保育期開始ス」（1月16日）と書かれているが、
式に関しては書かれていない。小川幼稚園でも3学期の始業式を「遊戯室」で
行ったとあるが、その他の学期には始業式や終業式の用語がみあたらない。龍
野幼稚園には「第二学期終業式」と、3学期の「終業式」の記述がみられた。

1946年度の場合、式の内容がわかるのは全体的に少ない。栃木附属幼稚園で
は、1学期の終業式を「修礼、主事先生の御話、保姆から休み中の諸注意、一
日も休まなかった子を発表、成績品返し、唱歌『七夕』」（7月19日）という内
容で行ったことが記されている。同園では2学期の終業式も同様の内容で行っ
ている（12月24日：修礼、成績品返し、お休みの注意、斉唱：お正月）。西尾
幼稚園では「園長先生より全園児に休み中の家庭生活につきてお話有った　各
保育室にてクリスマスお土産（お菓子）を分配、非常に喜びて帰宅せり」（12
月24日）と書かれている。常葉幼稚園では「報恩講」を兼ねて「冬期休業式」
を行い「勤行　お話」をして、園児に「こま　摺み紙五枚づつ」（12月21日）
与えたことが記されている。1月10日には「始業式」を行い、「礼拝　園歌

お話　うれしうれし」をして、園児に「うつしゑ一つづゝ」を与えている。これ以外には記録がなくて、毎学期記されているわけではない。山梨附属幼稚園では、「二十日ヨリ九月五日マデ夏期休暇トス」とあり「主事先生」から「夏休ミニツイテノ注意」（7月19日）を受けて降園している。2学期の最後の日には、9時半に整列して主事から「第二保育期ヲ終ルニ当ツテ」の「オ話」があり、遊戯会、談話（紙芝居）等して降園させている（12月19日）。3学期も同様で、整列して主事から休み中の注意事項などお話を聞くというやり方である。

　上記以外の園でも、日誌に毎学期「始業式」や「終業式」という用語が書かれているわけではないとわかった。南山幼稚園では、2学期と3学期には「終業式」が出てくるが、その他の学期には書かれていない。京橋朝海幼稚園では、2学期に「始業日」と「終業式」、3学期に「始業式」と書かれている。西尾幼稚園でも「第二学期終業式挙行」と「第三学期始業式」は出てくるがそのほかには記述がない。新城幼稚園では、「一学期終業式」「二学期始業式」「終業式」「三学期始業式」の言葉が書かれていたが、内容はわからない。犬山幼稚園でも、1学期に「終業式」（7月22日）、2学期に「始業式」（9月2日）とあるがそのほかの学期には記入がない。1学期の始業式の日に「粉でパンを作って園児に与えた」とある。3学期の始まりは「今日から授業を再開する園児皆元気な顔して出園したので非常に喜ばしく思った」（1月8日）との記述はあるが、式のことは書かれていない。1946年度には、高梁幼稚園や堅磐信誠幼稚園や初雁幼稚園のように、「始業式」や「終業式」の用語が日誌に出てこない園もあった。

　1947年度には、栃木附属幼稚園では、「終業式」（7月12日、12月24日）、「始業式」（9月1日、1月19日）を行っていて、その式次第は「修礼、主事訓話、修礼」である。西尾幼稚園では9時から遊戯室で「第二学期始業式」「園長先生のお話」（9月1日）とある。本荘幼稚園では「第二学期開始」（8月21日）という記録はあるが、式のことは書かれていない。犬山幼稚園の「二学期

始業式」では「キャラメル、紙を渡し」たと記録がある。龍野幼稚園では、1学期の終わりに「最後の日」と書かれていて、12月には「二学期終業式」（24日）の記録があった。これ以外には「始業式」「終業式」の言葉は出てこないが、木屋瀬保育園では、「一学期終わり」の日に「一. 唱歌総復習　二. 遊戯総復習　三. 紙芝居」をして「休み中の心得」を話して、「オハツを二回上げ」（7月19日）て帰らせたとの記録がある。犬山幼稚園では「明日より冬期休暇」（12月24日）という記述があったが、それ以外には「始業式」や「終業式」の用語が出てこない。

　以上のように、戦後の「始業式」「終業式」に関しては、記録が様々であり、式の内容がわかるものが少ない。式の内容が書かれている園では「休み中の諸注意」などをしている。仏教の園では「勤行」なども取り入れている。なかには、成績を渡したり、土産を持ち帰らせている園もあった。

　遠足は、1945年の9月から11月にかけての秋期に行われていた。翌1946年度からは、春秋の2回遠足を再開した園もあった。徒歩遠足のところと、電車等を利用した遠足がある。大半の園では、母親（保護者）同伴である。

　1945年度の早い時期では、木屋瀬保育園が9月29日の秋晴れの日に親子遠足を行い、「待ちに待った遠足、秋晴の好天気に恵まれ嬉し相にころげ込んだ園児の顔は明るい」「リクサクはお母さまの愛情こもるお弁当とお八つで一ぱい」で、「九時過お八つの乾パン（小型五個）を」もらって「百名余りの親子遠足は長々と続き」「十一時陣地に到着」「兵隊さんに結構なお茶を沢山沸かして頂く」と書かれている。「兵隊さん」が出てくるなど戦争の余韻が消えやらぬ時期ではあるが、母子で楽しく遠足に出かけて地域の人達にも笑顔を呼んだ様子がうかがえる。代陽幼稚園では、9時20分に徒歩で出発して「宮地妙見社」へ行き、11時着「幼児及び保護者の運動会を行い午后一時半解散」（10月16日）との記述があり、市内の神社に行って、保護者も参加して簡単な運動会を楽しんだようだ。江戸川双葉幼稚園では、10月17日に「善養寺」へ遠足という記録がある。勝川幼稚園では、「園児の顔もニコニコで背のリュックサックははち

きれさう。園児のお母様もお出でにな」り、「秋の稲の中を河原を」歩いて、「山」に行って昼食を食べ、十二時頃に「お帰りにして道々お歌等を唄って来る」とあり、「然し大分遠い道程故か園児達も足を引きずって痛そうであったが、落伍者は一人も無く、天神社にて近くの子だけ解散し駅前で一同一緒に」解散した（10月25日）。この園でも先の木屋瀬保育園と同様に、弁当とおやつ持参の親子遠足が実施されている。

　2回も続けて遠足を行っているところもあった。高梁幼稚園では1945年10月23日に「秋ノ遠足（浄林寺山）」とあり、続けて10月25日にも「八尾へ全園児秋の遠足」と記されている。クラス別の園外保育と全園児遠足が行われたのではないかと思われる。同じく新城幼稚園でも、「所外保育」として、10月7日には「八名村庭野神社へ遠足」、11月20日には「新城橋河原へお弁当持参にてお散歩」と記されていた。

　小川幼稚園では、11月13日に「園外保育」として「秋晴れの好天気に恵まれ十時前に園出発　リュックサック、鞄、水筒等背中に肩に、元気に行く。芝生にてお昼のお弁当を美味しくいただき、一時過ぎ帰園する」と記録されていて、行先は不明であるが秋晴れの遠足を元気に楽しんだ様子がわかる。この園では、修了式2日前にも「園外保育」として遠足を行っている。「九時出園北野まで徒歩　嵐電にて御室下車、八十八か所の裏山にて休止」「お弁当のおいしさ心尽くしのお八を頂きながら山を下りたり上ったり一時まで遊ぶ」「久しぶりの遠足に大喜びで共にたのしい一日であった」（3月26日）と書かれている。初雁幼稚園でも秋に次の記録のような遠足が実施されている。「九時半集合　園児五十六名　お母様方等数位　十時半　弁天着　お遊戯　探しもの（観察）等興じ十一時昼食　十二時より紙芝居『泣いた赤鬼』　それより広場にてかけくらをなし遊び疲れて二時帰園解散せり　境内にて落葉焚の実演やらお遊戯やら自然に親しみたり」（11月21日）とあり、母子で参加し、紙芝居を見たり、かけっこをしたり、落葉焚きや遊戯等もして多彩な内容を行っている。

　桜花幼稚園では、3月に「オ別レノ遠足」を行っている。「戦災ニテ何ハナ

クトモリュックサックモ水筒モソレゾレニ用意」して、9時過ぎに園を出て
「水道方面ノ土堤」へ行き、「河原」で「ヨモギヲ摘」んだり「土筆ヲ見ツケ」
たり「土堤ノ草原ヲ転ガル」などして遊び「自然トヨキ友達」になり、弁当を
食べて写真撮影をして「土堤ニテ解散」し、午後1時に帰園した。そして「今
迄ハ空襲ガ恐ロシク何処ヘモ出ル事ガ出来ズ居タレバ今日ノコノ遠足ハ格別」
（3月15日）と記されている。

　1946年度になると、いくつかの園の記録から春秋2回の遠足をした様子がわ
かる。堅磐信誠幼稚園では、5月と10月の2回遠足を行っていた。春遠足では
「待ちに待った楽しい遠足　心配して居たお天気も暑くなく又降りもせず動物
園前で集まって人の波の中をお母様お姉様に手をひかれつ、象さんの曲芸をは
じめ一巡する　おさるさんあきずにながめ芝生に腰を下しおべんとう　はなれ
じまで紙芝居を見て思出の一日をすごす　けがも無く無事すませる事が出来
本当にうれしく思ひました」（5月4日）とあり、市内の動物園に保護者同伴
で行っている。秋遠足では、「八事に集り、お母様と共に紅葉する静かな道を
通って天白渓へ」紅葉を見に行き、「かけっこ」や「遊戯」（10月16日）をして
帰園した。

　1946年度に、京都の常葉幼稚園では、春は電車に乗って嵯峨へ行き、秋にも
電車で八瀬へ保護者同伴で遠足をしている。春遠足では「午前九時四条大宮嵐
電停留場に集合」し、「出席数」は69名で「嵯峨」へ行き「亀山公園にて昼飯
を終り舟にて向岸に渡り虚空蔵に参拝」して2時半に帰園した。「費用金一円
（大人一円十五銭）徴収す」（5月24日）と書かれていて、新緑の自然を親子で
満喫した様子がわかる。秋遠足では「出席数」は48名で、午前9時に出町柳に
集合して「叡電にて八瀬にゆく正午迄遊び昼飯をすまし三宅八幡に参拝」し
「自由に帰途に着く」（11月7日）と書かれていて、保護者同伴で電車遠足を行
っている。江戸川双葉幼稚園でも、春は行き先はわからないが「父母4名が参
加」して70名の「子供等はうれしくてうれしくておはしゃぎ」「無事に一時過
ぎに帰る」（5月21日）とあり、秋には母親35・6名が同伴して9時半出発し

て「柴又帝釈様」へ行き、昼食の後「徒競走」を行い「少々ごほうび皆大喜
び」をして、2時に帰園したとある。

　栃木附属幼稚園では、1946年度には春と年度末の2回遠足を行っている。行
先はいずれも「八幡山公園」で、5月3日には、「目的」として「二列ニテ四
町程度の歩行ヲナシ、観察ノ藤、春ノ植物ヲ見、公園ニテ道徳ヲシラシム」と
あり、「注意事項」には「1．交通事故ナキ様左側通行、2．植物、動物ヲ可
愛ガル」と書かれて、「弁当、水筒」持参で2時に帰園した。3月17日には
「快晴に恵まれ」「一度みたクヂヤク、猿などを何度も見たがりあきない、美し
い景色、クジヤクなどをみてしきりに写生したがり紙をあげると夢中になって
かく」と記録され、遠足で動物を観た子どもたちの様子がわかる。瑞穂幼稚
園では、「東山公園」に行ったが、「雨降りと父兄同伴を条件としたので欠席が多
かった」（5月8日）とある。10月19日にも遠足を行っているが、行先は記述
されていない。

　1946年度の前半の日誌しか残されていない桜花幼稚園では、春の遠足で近く
の河原へ「上天気ニ園児一同一層ノ張リ切リニオ弁当モ大量ノ持参デ」、「野バ
ラ、スイッパ、スギナ等花摘」みをしたり「土手ヲ転」がって「今日一日ハ全
ク河原ノ空気ヲ満喫シテ楽シミタリ」（5月16日）と書かれている。同様に、
初雁幼稚園では、8時半に駅に集合して「いなり山」へ遠足を行い、「午后二
時新日町駅着までの間皆変りなく感謝」（5月4日）という記録があった。

　犬山幼稚園では、秋の遠足でお寺がある近くの「継鹿尾山」へ行き、「久し
ぶりの遠足で幼児非常に喜び」（10月31日）と記されていたが、春の遠足の記
述はみられない。

　1947年度には、犬山幼稚園では「桃太郎屋敷までゆく　少々遠すぎる感ある
もみな元気に踏破す」（10月30日）と、市内の神社へ徒歩遠足をしている。翌
日は「疲れる者あるかと些か心配したるも　欠席者非常に少し」とある。龍野
幼稚園では「中学校裏山へ遠足」（5月22日）に行き、「みかん（半箇）ボーロ
（一つ）お菓子（一ケ）」を与えた。秋にも「園外保育」（11月17日）に行って

いる。3月10日には「つきそひ父兄二三あり」で遠足を行い、卒業写真を撮っ
たようである。白金保育園では、春秋2回、市内の「東山動物園」へ行ってい
る。5月には「父母に伴はれ電車が止まるごとに来る。"ゾウ"の演芸には特
に面白いらしい。園での保育も必要であるが時々表に出て自然の中で思ふが
まゝに遊してやることも大切だと思った」（5月6日）と記されている。秋に
は「公園より貸し切り電車にのる。子供はからの電車と大喜び」（10月28日）
と書かれているので、電車で動物園に行った様子である。栃木附属幼稚園で
は、春は天長節の式後に「八幡山」へ「春の陽光を浴びて楽しく遊ぶ」（4月
29日）目的で行き、秋は「水道山方面へ」行って、山で「お月見のお遊戯をし
てお母様達におみせし」（9月30日）たと記述されている。

　瑞穂幼稚園では、春は「お城」へ行き「お父様もお母様も子供達も一日嬉々
として過ごしてお城こそ消失してゐるがれんぢ草の香り高い緑の原には喜びが
あふれてゐた」（5月15日）と親子共々開放感に満ちた遠足の様子を記し、秋
は「東山公園」（10月8日）へ行っている。堅磐信誠幼稚園では、前日の記録
から5月9日に遠足をしたことはわかったが、当日には何も書かれていない。
10月11日には「遠足　岐阜公園」とだけ記されていて、内容はわからない。京
橋朝海幼稚園では、春は「鎌倉遠足」で、東京駅に集合して電車に乗り、「駅
前より、徒歩二十分、海岸へ行き」（6月13日）遊んで現地解散、秋は「園外
保育」で「稲田登戸向ヶ丘遊園地」（10月9日）へ出かけている。

　以上のことから、遠足はどの園でも旧来から保育行事の中でも大きな楽しみ
の一つであり、戦後の早い時期でも行われていて、弁当やおやつ持参で母親・
父兄同伴のやり方は、戦中と変わっていない。戦災地の幼稚園では、戦争が終
わって安心して外に出かけることが出来る喜びを書き表している。その目的地
は、園から近いところの神社や山、公園などへ徒歩で行き、少し遠出のところ
では電車を利用している。1946年度からは、該当する時期の記録がある園で
は、春秋2回の遠足が実施されていたところが多い。

　運動会も遠足と同様に、1945年の秋から再開された大きな園行事の一つであ

る。運動会の記録は遠足と比べるといくらか少なかったが、実施の仕方は、園独自で行われる運動会と地域の学校や施設の運動会に合同参加するものとがあった。その規模もさまざまである。

1945年度の記録で時期的に早いのは高梁幼稚園で、10月13日に「運動会ノタメ高梁校舎へ出校」とあり、その前日の12日には「松山校舎運動会見学」とあるので、学校へ出向いて運動会に参加している。

竹中幼稚園では、11月6日の9時半から「運動会」で、「チューリップ」「すずめ」「日の丸」等の「おゆうぎ」や、「球入れ」「だるま送り」「輪くぐり」等の競技のほか、「風船取り競走」等を行なっていた。「可愛いい美しい紙風船をまわりにつるして楽しい楽しい運動会」「ほんとに久し振りにのんびりお庭でお母様もお子様も楽しい半日を」過したと記されていた。

代陽幼稚園の1945年度の運動会のプログラムには、「午前九時五十分開始午後三時閉会　一．運動開始、二．皇居遥拝、三．ラジオ体操、四．遊戯、五．リレー（五組）、六．個人競走、七．綱引、八．中食、九．後援会委員1．リレー、2．個人競走」（11月13日）とあり、一日かけて盛大な運動会を行い、「皇居遥拝」など戦中のやり方をそのまま行っている。新城幼稚園では「幼稚園のみの運動会」として、そのプログラムには、「一．ラヂオ体操　二．帽子とり　三．表遊（リンゴの独り言、ドングリコ　四．梯子くぐり　五．兎と亀　六．表遊（船頭さん　諸堀り　七．落着いて　八．つなひき　九．ラヂオ体操（以上）　午前中にて終了」（11月19日）とあり、午前中で終了している。

木屋瀬保育園では、10月半ばから「円陣」「年齢別遊戯」「紅白玉入れ」「輪抜け」「ハシゴくぐり」「綱引き」などを繰り返し練習して、11月1日に「中運動会」を行い、本番では「天神様の広い境内」を借りて実施した。当日の日記には、「いたい位の霜の朝　先の方はもう既に準備に取りかゝつていらっしゃる」「お八つに手作りの丸芋を与へてサヨナラにしました　競技は赤白の力を同じ様に　楽隊の参加が大変良かった」（11月3日）と記録されている。

1946年度になると、さらに多くの園が運動会を実施している。栃木附属幼稚

園では、「お遊戯（DDTの歌、折紙）、60m競走、全体遊戯（平和音頭、凧お
どり）」（9月2日）というプログラムの内容で行っている。ＤＤＴの歌や平和
音頭など戦後社会の反映がうかがわれる。山梨附属幼稚園では、学校の運動会
に参加したようで、「午前中『もみじ』『秋』ノ遊戯、午後『仲よしかけっこ』
ニ出場」して「母姉等多数ノ観覧アリ」（10月13日）とある。この園は前年度
は「国民学校」の「体育錬成会ガ挙行サレタル為登園児少ク、何レモ早退ス」
（1945年10月16日）と書かれていたので、幼稚園の運動会参加が再開したのは
1946年度からである。

　高梁幼稚園では「愛隣館ト合同」（10月16日）で行い、そのプログラムは
「年少組　シロバトサン・モミヂ　全園児　サヨナラアバヨ　年長男女　オ米
年長女　タンポポダンス」という内容だった。さらに1週間後には「高梁高女
運動会」に出場して「サヨナラアバヨ」や「オ米、タンポポダンス」（10月23
日）を演じたことが記されているので、園独自の運動会ではなく地域の施設や
女学校の運動会に参加したようである。常葉幼稚園は「小運動会」として、そ
のプログラムには、「1徒歩競走　2綱引　3遊戯　竹組　兎の電報　お月様
と遊ぼ　松組　鈴虫　兎と星　4輪取り　中食　5スプーンレース　6遊戯合
同　夕日　十五夜お月様　7お土産拾ひ」とあり、「出席数」は79名で、「昨夜
の雨　晴れて秋空澄み渡りたる園庭に於て小運動会をなす. 園児一同に花びら
カードを一枚づ、分与一日を楽しく送」（11月1日）った様子が記録されてい
る。新城幼稚園では、「幼稚園　国民学校　青年学校｜連合大運動会」（11月1
日）の記述があり、地域の学校種間での連合運動会に参加している。さらに前
述の「祝賀町民大運動会」に出演していた。

　1947年度では、犬山幼稚園は10月に連続で近くの小学校2校の運動会に参加
している。10月21日の「南校運動会」では「ヒヨコのかくれんぼ　追っかけ球
入れ」に出場し、「鉛筆一本ずつ」をお土産に貰った。2日後の23日には「北
校運動会」でも「鉛筆一本ずつお土産」（10月23日）と書かれている。

　西尾幼稚園も「小学校南庭にて（小学校合同にて）」運動会に参加し、「球廻

し（年少組）がんばれよい子｛リズム遊戯　鈴割｝（年長組）かけつこ（全園児）」をしている。京橋朝海幼稚園では、「かけつこ　宝拾ヒ」と「ゆうぎ　赤い紅葉、ひるねのウサギ、ほんのり赤い、月夜のウサギ」に出場し、「ウサギの耳をかぶり」「良く出来大よろび」とある（10月21日）。

　小倉幼稚園では、プログラムは「一、お集り　二、おあいさつ　三、会のはじめの言葉、四、開始遊戯　五、全園児遊戯（ヤッカイモッカイ）、六、遊戯（秋の野、こぶとり）、七、綱引」以下10の演目があり、最後には「稚児行列」が組まれていて「華やかにバンドに合せて足もかるく幸を祈る親垣の中に繰り展げらる」（11月15日）と書かれ、盛大な運動会を行っている。

　木屋瀬保育園は「秋季運動会」を小学校との合同で行い（9月28日）、2週間後に「初級中学校の運動会」に参加した。「競争遊戯」は（園からの）「出発が遅かったので」時間に遅れたが、「皆よく揃って最後迄元気よく」したことが記されている（10月12日）。龍野幼稚園では、10月14日に8時半より「楽しい運動会開催」とあるが、プログラムはわからない。栃木附属幼稚園では「恵まれた秋晴れに子供達は心身ともに軽々しく登園した」（10月26日）とあるがプログラムなどはわからない。堅磐信誠幼稚園でも後日の記録から10月26日に行ったことはわかるが、当日の日誌には記述がない。

　以上が、戦後の運動会の記録からみた様子である。運動会の内容に関しては、戦中と比較して、どう変わったか。「体練会」「錬成会」という用語はなくなり、すべての園で「運動会」になっていることが一番大きな変化である。種目に関しては、徒歩競走や遊戯は変わらないが、「太平洋行進曲」「爆弾小勇士」「練兵」などの戦争関連のものはなくなった。国民学校・小学校の運動会への参加は、踏襲されている。自園の運動会、学校との合同運動会など、秋の運動会は多彩に行われていた。

　雛祭りに関しては、記述があるところ、ないところと様々であった。

　1945年度の堅磐信誠幼稚園では、2月後半から「おひな祭」に向けた歌や遊戯の練習をして、当日は「九時頃にみんなお母様と共に登園し」、にぎやかな

雛祭り会の後「お母様と向ひ合ってたのしいたのしい会食」（3月1日）をしたと書かれている。

1946年度には、瑞穂幼稚園は「嬉しく雛祭りがやって来て堀尾さんにお借りした面にお飾りした。側にやって来て山の様にたかってみてゐた」とあり、「お歌」「紙芝居」「お遊戯」をして、「あめ三つ、おせんべい二枚」をもらって帰った（3月3日）。犬山幼稚園では、「園児は飾りたるお雛様の前にて唱歌を歌ったり遊戯をしてお祝ひ」（3月3日）した。南山幼稚園では「おひなまつりの会」とあるが、その内容はわからない。1945・46年度の江戸川双葉幼稚園や初雁幼稚園では「節分」や「桃の節句」の言葉があったりなかったりで、その内容はわからない。

代陽幼稚園や桜花幼稚園でも1945年度には雛祭りの記述がない。小川幼稚園では「休園」（3月3日）と記述されている。小倉幼稚園では、1946年度に「雛祭り」とあるが行事として何を行ったか記述がない。

また、雛祭りの時期に**学芸会・お遊戯会**を行っている園もいくつかあったので、以下にその内容をみていく。

1945年度には、小川幼稚園では3月2日に「ひな祭りの話をき」いて、その後3月6日頃から「学芸会予行演習」が連日行われ、3月10日の本番では「大変盛会で園児達皆よく出来た」と書かれ、その3日後には「幼稚園お遊戯会」を行い、「保護者参観十一時までおひな様の前でたのしくお遊戯会をする」（3月13日）と書かれている。

桜花幼稚園では、「雛祭リノ遊戯会」に向けて2月5日から「練習ヲ始メ」「並ビテ踊ル様ハ平和ニカヘリテ実ニ微笑マシキ風景」と書かれていて、3月2日に「母姉会」を兼ねた「雛祭リ遊戯唱歌会」を行っている。「戦災地ニ始メテ開催」した遊戯会は「設備不行届ナタメ」「遊戯ハ戸外デ行」い、「サ、ヤカナル雛段」を作り、「内裏様ノミ園児宅デ借用」し、「保姆達手製ノ紙雛」を飾って、「保護者一同大喜ビナリキ」と感激の気持ちが記されている。

木屋瀬保育園では、1945年度の遊戯会に「国民学校と中等学校生と父兄が押

しかけて」「会場満員」となり、会場だった寺院の本堂の床が「崩れ落ちた」ことや「『父チャンダーイ』のときかんじんの蓄音機」が故障したことなどが（3月17日）記録されている。

また、高梁幼稚園では、雛祭りとは関係なく2月22日に午後1時より「お遊戯会」をしている。そのプログラムは「自午後一時～至二時　遊戯、自二時二十分～至三時　園長の話、自三時～四時　幼児ノ遊戯」というもので、午後の半日行っている。倉敷幼稚園・保育所では、2学期に「玩具祭併遊戯会」として、次のようなプログラムで行った。「一、とつとの赤ちゃん　二、首振人形　三、汽車　四、自動車　五、南京玉　六、私ノ人形　七、オ伽箱　八、相撲取人形　九、私達ノ畑　一〇、兄弟雀　一一、京人形　一二、玩具ノオ馬　一三、猿蟹」（12月15日）。そして「終戦後ノ心落付カヌ此ノ日頃ヲ純真ナ可愛ラシイ幼児ノ遊戯ニ、心和ム楽シイ刻ヲ過ス」と記してある。この園では、さらに3月には雛祭りも兼ねた遊戯会を「母姉多数出席」して、以下のような盛りだくさんのプログラムで挙行している。「一、開会の辞　二、どなたの細道　三、お手々つないで　四、大工さん　五、鼠のかくれんぼ　六、鶯　七、可愛い兎　八、雀の学校　九、幼稚園の一年　十、蝶々の踊り　十一、げつこげつこ蛙　十二、手毬歌　十三、親子猿　十四、お話　十五、赤い日傘　十六、兄弟雀　十七、一寸法師　十八、お雛祭り　十九、閉会の辞」（3月5日）。一週間後には「新入園児歓迎遊戯会」（3月12日）と題して、新入園児を喜ばせるために再度同上の遊戯会を催していた。

「修了式」の日に遊戯会を行った山梨附属幼稚園のプログラムは、「。唱歌　一、出来マスヨ、ダンダン畠　二、春、ヒヨコ　三、松ボックリ、ニコニコサン　四、ママゴト、先生オ早ウ　。遊戯　春、ホラ危イヨ、先生オ早ウ、ママゴト、ノゾキッコ、床屋サン　。人形劇　カチカチ山」（3月20日）となっている。

1946年度には、桜花幼稚園では5月の端午の節句に因んだ遊戯会を行っている。その行事名は「端午ノ節句遊戯会及慰霊祭母姉会」（5月4日）で、戦争

の犠牲となった保姆と園児7名の慰霊を行い、遊戯会・母姉会を催した。そのプログラムはわからないが、9時から「瑞光寺住職ノ読経」、続いて「園長保姆園児保護者代表」の「礼拝」、その後「母姉会」で「可愛ラシイ遊戯ガ保護者ヲ喜バシ」て、土産として「風車トオ籠」をもらって12時終了と書かれている。

　栃木附属幼稚園では、雛祭りと兼ねて3月3日に遊戯会を行い「ひなまつりの遊戯発表会　ひな様の前で好きなものを」している。常葉幼稚園でも同様だった。そのプログラムは「一. 三月三日唱歌　一. 二つ二つ　一. 雪だるま　一. ねんねこゆく　一. 花の種　一. とんがり帽子　一. お坊様　一. 春はいつ来るの　一. お休みなさい　一. 舌切雀　一. りんご　一. 小さい母さん（竹組）、一. 手まりと凧　一. カムカム　一. 春が来る　一. どんどん土橋　一. うかりお月様　一. 待ちぼうけ　一. おひなさま　一. アメリカ人形　一. ないしよ話　一. ふりそで人形（松組）」という内容で、お雛様に因んだ遊戯会を行い、土産に「袋入り摺み紙」を与えている（3月3日）。それでも戦中の「かやくご飯を分与した」に比べると縮小した。1947年度には「学芸会バザー」を9時から行い、学芸会種目は「歌（日向ぼっこ、春）、唱遊（猿蟹合戦）」（3月6日）となっている。

　前年度は12月に行っていた倉敷幼稚園・保育所では、1946年度には6月と3月の2回遊戯会をしている。6月には「双葉会総会」を兼ねて「遊戯会」を行い、そのプログラムは「園児の遊戯」として「梅組　赤イ花咲イタ・赤チャン・靴ガ鳴ル、櫻組（男）オ玉杓子・ゲツコゲツコ蛙　（女）金魚・影法師　松組（男）鯉幟・端午祭　（女）飯事・私ノ人形　菊組（男）砂ノトンネル・飛行機デ行ク　（女）照々坊主・ポッポ時計　旧園児（男）流線型ノ汽車（女）幼児体操」（6月6日）となっている。3月には「九時三十分から開催。母姉多数参集」（3月3日）とあるが、詳しい内容は書かれていない。

　犬山幼稚園では「お母様方に見物して戴く心組にて遊戯会を南国民学校の裁縫室にて」（3月12日）行っていた。

　1947年度には、小倉幼稚園では、卒業生の送別会を兼ねた「雛祭送別会」（３月３日）を行っている。その内容はわからないが、午前９時に開会し、正午に閉会した。この園は３月５日までの記録しか入手できなかったので、それ以降はわからない。

　和光保育園では新憲法施行を記念した「憲法施行記念芸能大会」（町主催）に出演して、「てるてる坊主　どんぐりころころ　雨傘唐傘　雨降りお月　砂山　十五夜お月さん　叱られて」（５月３日）を披露した。同年11月には「忍町立第四中学校学芸会」に参加して、「どんぐりころころ　夢の工場　独唱　十五夜お月さん　奴のお使い　舌切り雀」（11月23日）を演じている。そして12月には「和光保育園大学芸会」を会場は園ではなく「行橋劇場」で行った。そのプログラムを見ると「一、合唱　お猿のかごや　二、遊戯　四月楽しい幼稚園」をはじめ「独奏　ハーモニカ　輪唱　森の夜明」など劇や独唱、輪唱、舞踊、紙芝居など多彩な種目で、全部で43の演目が書かれており、劇には町の「夜学会」の青年団や「忍町第四中学校生徒」や「児童文学研究会」がそれぞれ出演している。午前と午後の一日がかりの盛大な学芸会で、卒業生や地域の人たちまでが出演する形で賑やかに行われていた。犬山幼稚園では、「北校の学芸会に出演」して「雨降りお月さん　舞日傘　兎おどり　朝道小道」（３月３日）を披露した。その後日、「ひなまつり」をして、「園児よりのお供物を分配し食さ」せ「園よりスルメ渡す」（３月５日）とある。本荘幼稚園では、「感謝祭」に重ねて「遊戯会」を行い、その内容はわからないが「田中先生に作っていただいた『おやき』を二個づついただき退園」（11月27日）した。この園では、卒業式のところでも触れた通りだが、卒業式の日に遊戯会を行っている。

　白金保育園では、11月４日から「遊戯会練習」を毎日のように繰り返し、18日に「遊戯会」を開催した。プログラムは「１．お母様、２．どんぐり、３．可愛いゝ子　４．仲よし散歩、５．もみぢ・ポッポ時計、６．もみぢ・母様そうですね、７．菊の花、８．南京玉、９．松ぼっくり、10．野球」である。また、12月にも「クリスマスお遊戯会」が行われ、「はじめの挨拶、うれしいう

れしいクリスマスの歌で次々と各組のお遊戯が進められ」て、「終わりのサンタ爺さんの出場で本当に喜びは絶好調に達し」て「お土産をかかへて」（12月24日）帰宅したことが記されている。

クリスマスの行事に関しては、戦争中に中断していた園でも復活した。

1945年度の江戸川双葉幼稚園では「三年振りでの降誕祭」の開催を迎え、園長自ら12月初め頃からプログラムや贈物の準備をし、2週間をかけて劇や遊戯や楽器演奏の練習を重ねて、12月23日に「初雪に聖められ母子相当出席」してクリスマス会を行った。「聖劇は深き感銘を与へしならん」と、戦後の再開の喜びが綴られていた。

初雁幼稚園でも、11月中頃から聖句や遊戯、劇の練習を開始して、クリスマス会を迎える準備や様子が連日のごとく記録されていた。本番の日は「大変暖い良いクリスマス　御母様も大分みえてにぎやかなり」とあり、そのプログラムには「一部」「二部」あり、一部では「コドモ体操」「おいのり」「讃美歌」「お話」などの内容で、二部は「暗誦」「クリスマス」「うまぶねのあかさん」「もみぢ　ま、ごと」「山の友達」「山の電報　たきび」等のほか、「聖劇」もあり、盛大に祝って、土産に寄付された「千代紙（色紙四寸角）」を「プレゼント」している（12月22日）。

堅磐信誠幼稚園でも戦後最初のクリスマスを迎えるため12月早々から「歌」や「お遊戯」、「聖句の暗唱」の練習に取り掛かったりサンタクロースの話を聞いたりして、当日は「バックの絵に見入ったりクリスマスツリーをながめたり」「貯金箱も持って」（12月21日）きたとあり、その日の記録には第5節で述べるように感激の気持ちが記されていた。

竹中幼稚園では、12月に入ると「クリスマスのお話」や「劇のお稽古」があり、24日にクリスマスを祝っている。プログラムは「敬礼　奏楽　お祈　讃美歌　お話」の順で、組別に「星のお使」「馬小屋のよろこび」「ろばのよろこび」「三本の樅の木」「聖誕劇」等があり、一同で「歓迎の歌」「サンタぢいさん」を歌っていた。天候に恵まれて暖かく、長く休んでいた子も来て、「ほん

とにほんとに感謝に堪えませんでした　お母様方も久し振り空襲の御心配もなく心よりゆっくり楽しい時をすごされた事と思ひます」(12月24日)とある。

　1946年度には、瑞穂幼稚園では、12月早々からクリスマスの準備に入り、「もみの木が来たので朝早くよりツリーにお家からローソク、ベル、十字か、星等」(12月17日)を飾り付け大喜びし、歌や遊戯の練習を重ねて、「待ち続けたクリスマス」を迎え、大勢の母親の参加を得て、プレゼントや菓子や作品を持ち帰ったようである。「Ｘマス祝賀会プログラム」は2部制で「奏楽、園長先生の挨拶、歓迎の歌、お祈り、聖句、聖歌、メリークリスマス、園長先生のお話、お誕生会、クリスマスカロル」の儀式後、「童話、遊戯(スキップ、もみの木、星、お星が光る、ヂヤンケン遊、リズム雪ダルマ)、劇(皆んな仲よく)、サンタクロース、賜物、閉会の挨拶、サヨーナラ」(12月20日)となっている。1947年度もほぼ同様で、「お祈り、聖句、聖歌、園長挨拶、クリスマスオメデトウ、歓迎の歌、クリスマスの朝、お話、クリスマスの鐘」の儀式の後、「スキップ、遊戯(日向ぼつこ、シグナル)、臨唄、遊戯(焚火)、劇(イエス様のお誕生)、サンタクロース、閉会の挨拶、サヨーナラの歌」(12月19日)となっている。

　1947年度には、堅磐信誠幼稚園では、「Ｘマス祝会」のために12月上旬から「手技」でプレゼント製作をしたり、「歌」や「遊戯」、「オーケストラ」の練習をしたり、保育者が「カレンダー」を作ったりして、12月19日に祝会を開いた。その様子は「子供達は朝早くから預金箱を持つて飛んで」やってきて、母親60名位も一緒に「平和の君主イエス様の御誕生をお祝ひ」している。用意されたプレゼントの「サンタクロースのおみやげには、子供達は大喜び　おぢいさん来年も来てね」(12月19日)という声に送られて祝会が終わったことが書かれている。

　栃木附属幼稚園では「クリスマスのお祝いと保護者会」と題して、「1．いろいろな遊戯(柿や、椅子とり)、2．遊戯・唱歌『皆でクリスマスの歌』遊戯『折紙、どんぐり拾い』、独唱『赤い金魚』、遊戯『こぶとり、たき火』、独

唱（たき火）、遊戯（お月見）」などを演じて、品目は記されていないが「贈り物を渡」（12月23日）している。

　仏教行事については、仏教の園で戦前に引き続き行われていた。

　1946年度の常葉幼稚園では、5月8日に午後1時から「母の会」を兼ねて「花まつり」を挙行している。式次第は「礼拝　灌仏　讃仏歌　お話　花まつりの歌」とある。「汽車」「結んで開いて」「鯉のぼり」「指の歌」等、二組で13の遊戯と思われる演目が記され、「提灯を与ふ」とある。6月11日は「追悼会」で遺族を招き「追悼の曲　勤行　焼香　お話」を行い、園児に「吹矢一袋づつ与ふ」とある。12月7日には「成道会」を「礼拝　仏の子　話　成道の歌」という式次第で挙行している。そのプログラムには、「俵はごろごろ」「赤い紅葉」「どんぐり」「リス来い」「山の友達」「お正月を待つ」「菊」ほか9演目が二組であげられ、「風船を与ふ」となっていた。「花まつり」と「成道会」には、遊戯会が行われ、土産が与えられていて、戦中からの伝統を引き継いでいる。

　本節では行われていた行事に関して述べたが、戦中と比較してみると、次のような特徴がみられる。

　天長節、明治節、紀元二千六百年、元旦拝賀式等の国の行事に関しては、戦中にはどこの園でも天長節や明治節の歌を歌い、君が代を斉唱するなど熱心に行われていた。しかし、戦後になると多くの園で、これらの行事は形式だけのものになったり、休園にしたりしている。だが、なかには1947年頃まで天長節の行事を行っていた園も見受けられた。

　入園式、修了式（卒園式）、学期始業・終業式などの園運営上の行事に関しては多くの園の日誌に記述があった。その点は、戦中と変わらない。しかし、その内容は、戦中と戦後では異なっている。戦中には、これらの諸行事の際に「詔書奉読」や「勅語奉読」などが取り入れられ、「宮城遥拝」も行われていた。1944年度には「天皇陛下万歳三唱」など天皇主義・国家主義の色合いが強

くなっていたが、戦後にはそういった内容はほとんどの園でなくなり、なかには式の中で「紙芝居」を読むなど子どもを楽しませるような内容を取り入れているところもあった。

遠足や運動会、遊戯会などの保育行事に関しては、戦中・戦後も共通して行われている。戦後の遠足では、食糧難の状況下おやつや弁当がより楽しみであった様子がうかがえる。運動会は、小学校の運動場を借りたり、小学校のそれに参加しているやり方は、戦中・戦後共通している。保護者や地域の人たちも参加して賑わい、大人も子どもも楽しみな行事の一つであったことがわかった。

キリスト教の園や仏教の園では、宗教関連の行事が熱心に行われている。特にキリスト教の園では、戦後にクリスマス行事が復活したことを心から喜んでいる様子がわかった。

第4節　保育内容

第1・2章と同じように、保育5項目とそれ以外（自由遊び等）に分けて、どのような内容が行われていたのかについてみていく。日誌の様式にもよるが、山梨附属幼稚園、栃木附属幼稚園、堅磐信誠幼稚園のように保育内容の項目が具体的に記入されている園もあれば、日誌そのものがノートに自由記述式であったり、出欠数や記事の欄に園の行事のみが記されたりして、保育内容に関する記述が少ない（または、ない）園もあった。

1．遊戯

以下の11園の日誌には題目が比較的詳しく記述されていた。園によって、「遊戯」という項目、「遊戯唱歌」または「遊戯　運動」「律動　遊戯　歌」という項目であったりする。遊戯と唱歌は関連して指導された題目も多い。その場合、先に歌を紹介し、続いて遊戯をしている。

山梨附属幼稚園の1945年度では、最も多かったのが「一拍跳歩」で10回、次

に「スキップ」8回、「二重円鬼ゴツコ」5回、「ホラ危ナイヨ」4回と続いて、「宝探シ」「雀ノオ宿」「松ボツクリ」「リレー」「駈足」「ボートレース」が2回ずつ登場する。その他には、「オ星様」「汽車ゴツコ」等があり、戦中にはなかった「床屋サン」「イモ堀リ」「ジヤンケン遊ビ」が出てくる。「団体遊戯」として「宝探シ」や「椅子取リ」がある。1946年度には、日誌の途中に「一組」と「二組」の両クラスの保育内容が書かれているので、頻出回数をあげるのは難しいが、多いのは「スキップ」「ボートレース」「白イ雲サン」「デキマスヨ」「クルクルマハル」等である。季節に応じて、春には「タンポゝ」「鯉ノボリ」「ツバメ」、夏には「蛍」「カヘル」、秋には「モミヂ」「山ノ友達」、冬は「タキビ」「オ正月」「春よ来い」等が出てくる。戦中と比較すると、「一拍跳歩」「スキップ」「駈足」「ボートレース」「蝶々」「結ンデ開イテ」等は変わらないが、戦後の新しいものとしては、「ツバメノ赤チヤン」「ゴアイサツ」「イモ虫ゴロゴロ」等がある。逆に、戦中の「落葉ノ兵隊サン」や「国旗フレフレ」「水兵」等はなくなっている。

　堅磐信誠幼稚園では、1945年度（日誌が11月1日以降のみ）には、「遊戯運動」という項目に89日分の記録があった。多かったのは「スキップ」「ぽっぽのお家」「ままごと」等で毎月複数回とりあげられている。「はとポッポ体操」もよく出てくる。複数回出てくるのもとしては「どんぐりころころ」「結んで開いて」「いもむし」「玉かくし」「うさぎ」「こま鳥」「前に後ろに」等がある。12月には「たきび」「鈴の音」、1月には「雪かき」、2月には「節分」「春」が出てくる。1946年では、多いのは「スキップ」「庭に出て遊ばん」「名あて」「恩物倒し」で年間5回以上出てくる。「チューリップ」「ボート」「水鉄砲」「金魚の昼寝」なども複数回とりあげられている。4月には「楽しい遠足」、6月には「時計屋の時計」「雨が雨が」、7・8月には「ホタル」「水遊び」、10・11月には「鈴虫」「柿屋」「マツボツクリ」等、12・1月には「スケート」「凧のリズム」「てまり」、2・3月には「お花のトンネル」「蝶々の町」というように季節や年中行事に関連した題目がとりあげられている。1947年度

は、前年度と同じく「スキップ」「庭に出て遊ばん」「名あて」は年間を通して多い。「うさぎ」「ねずみ」「兄弟雀」も数回出てくる。冬季になると「北風さん」「日向ボッコ」が10回近く出てくる。この園では、戦後は、「兵隊さん有難う」「僕は軍人」等の戦争関連の題目はみられなくなった。

　江戸川双葉幼稚園では、1945年度で最も多いのが「スキップ」で、9月以降で10回以上出てくる。「柿ヤサン」「ココマデオイデソロソロオイデ」「猫と鼠」等の題目は複数回出てくる。「音感」も何回か出てくる。その他に「相撲、引くら」「玉捨」「綱引」「ドングリサン」「芋虫」「御湖遊ビ」「御星様」「舟コギ」「御池」「鶴と亀」「坊チャンヘ」「庭に出て遊ばん」「当てつこ」があった。1946年度には、「スキップ」は多いが、「ロバ」「ツバメ」「声アテ」「御門の前」「可愛い魚屋さん」「マガリカド」「四ツの兄ちゃん」「蛙の子」等の題目があがっている。1947年度にも「スキップ」が多いが、「汽車ポッポ」「犬さん」「御舟こぎ」等も複数回あげられている。この園で戦中・戦後に共通しているのは「ドングリコロコロ」「猫と鼠」「柿屋さん」「舟コギ」「御星様」で、戦後新たに出てくるのは「ココマデオイデソロソロオイデ」や「可愛い魚屋さん」「マガリカド」等である。

　木屋瀬保育園の1945年度では、「遊戯」として「朝の路」「うさぎのお目目」「お米」「ニコニコ保育園」「ペタコ」「ヨイオヘンジハイ」「落葉」「父さんに母さんに」等の題目が出てくる。「運動遊戯」として「玉入れ」「猫ネズミ」「かけっこ」「うさぎと亀」「カケ足」「スキップ」が出てくる。これらは特に「運動会の用意」としても行われていた。「スキップ」については「皆大喜びである」「年齢別に円にしてオルガンに合わせ、オルガンがやめばすぐ座るという子供の機敏さをはかる」（10月26日）というように記述されていた。1947年度には「唱歌及ビ遊戯」という項目になっており、唱歌と重なって遊戯が行われているが、その題目を見ると、4〜6月には「朝の道」「結んで開いて」「船頭さんの自由遊び」「鯉のぼり」「兎と亀」「ハンカチ落とし」「ニコニコ保育園」「メダカ」「春の小川」「アメアガリ」「時計の歌」等、7〜9月では「七夕様

（七夕祭）」「丸いお日様」等、10～12月では「お米」「お手々アソビ」「カニノオセンタク」「焚火」「手をたたきましょう」等がある。12月5日の「母の会」では「お手々あそび、指切りゲンマン、どんぐり」「幼稚園行進曲」「アヒルノオセンタク」等を年齢別の男女に分かれて演じたことが記録されている。

　小川幼稚園の1945年度は、「唱歌遊戯」とだけ書かれている日が多い。題目のわかるものでは、「猿蟹合戦」「さよなら」「菊」（以上は10月）、「日の出の子供」「角力の話」「積木」（以上は11月）、「お雛様」（3月）、「遊戯」としては「紅葉」（11月）が季節に応じてあがっている。

　勝川幼稚園の1945年度は、8・9月には「オウムの歌」や「水遊び」を歌と遊戯でとりあげている。9月には「鈴虫」の遊戯、10月は「鈴虫と目高」「ドングリ」の遊戯、11月は「紅葉」というように季節に合わせた題目がとりあげられている。

　栃木附属幼稚園では、1946年度に毎月たくさんの題目が記録されている。戦中と共通する題目では、最も多いのが「行進」で、続いて「結んで開いて」「金太郎」「汽車」「スキップ」「おたまじゃくし」「お舟」「猫とねずみ」等が多かった。「お正月」や「おしくらまんじゅう」「たきび」等も季節に応じて共通してとりあげられている。戦後新しく出てきたのは、「七夕」「こぶとり」「オテテツナイデ」「折紙」「あの町この町」「お月さんと遊ぼ」等である。また終戦の世相を反映したものとして「ＤＤＴの歌」や「平和音頭」が登場している。他方、戦中によく行われていた「兵隊あそび」「兵隊ごっこ」「今日は大詔奉載日」等戦争関連や国家の行事関連の題目はなくなり、「一拍とび」も記述されなくなっている。1947年度には「ちょうちょう」「ハンカチおとし」「うさぎとかめ」「お月見」「たこあげ」「金魚のひるね」等が出てくる。

　京橋朝海幼稚園の1946年度には、たくさんの題目がみられた。「結んで開いて」「スキップ」「まゝごと」「猫とねずみ」「ほたる」「貝ひろい」「月夜の兎」「雨降り」「どんぐり」等は、戦前の日誌が1937年度であったためとりあげていないが、比較してみると戦後にも共通してあがっている。戦後新たに登場した

のは、「赤い長靴」「出た出た月が」「木の葉」「柿屋さんごっこ」「カミナリ様遊び・人形かくし遊び」（年少）、「椅子取り遊び」「グッドバイ」等であり、姿を消したのは「軍艦」「金太郎」「僕は軍人」「兵隊さん」等である。

南山幼稚園の1946年度では、「赤ちゃん」「蛍こいこい」「汽車ごっこ」等は戦中・戦後に共通しているが、「ボート」の遊戯はなくなった。戦後新たに出てきた題目では「赤い花咲いた」「寒い日」「鳩ぽっぽ」「よいよいよい子」「ピヨン太郎さん」の遊戯があり、季節のものでは「七夕まつり」がある。「お遊戯会」では「幼稚園の一日」を演じている。

常葉幼稚園の1946年度の日誌には、「遊戯」という項目では書かれていないが、園行事で遊戯と思われる題目が書かれている。それを拾いあげてみると、５月の「花まつりと母の会」では、「結んで開いて」「汽車」「三ヶ月様」「だるまさん」「先生お早う」「金魚」「鯉のぼり」「指の歌」「像のお鼻」「手をたゝきませう」「金太郎」「チュウリップ」がある。12月の「成道会及母の会」のプログラムには「俵はごろごろ」「赤い紅葉」「どんぐり」「リス来い」「山の友達」「お日様」「赤ちゃんのお耳」「誰にあげよ」「お正月を待つ」「菊」「兎と亀」「紅葉」「南京玉」「焚火」「松ボックリ」「照々坊主」がとりあげられ、３月の「ひな祭り」では「二つ二つ」「雪だるま」「ねんねこゆく」「花の種」「とんがり帽子」「お坊様」「春はいつ来るの」「お休みなさい」「舌切雀」「小さい母さん」「手まりと凧」「カムカム」「春が来る」「どんどん土橋」「うかりお月様」「待ちぼうけ」「おひなさま」「アメリカ人形」「ないしよ話」「ふりそで人形」等の題名があがっているので、これらは、日常の保育内容として扱われていたことがわかる。

白金保育園の1947年度では、毎日３〜５の題目が書かれている。「遊戯」と「律動」に分かれている日もあれば、「遊戯　律動」となっている日もある。年間を通して最も多いのが「可愛い子供（かはいゝ子）」で前半期は、月に10回程度あがっている。続いて「機織」「かいぐり」「びっくり箱」「五つ飛」「コマドリ」等も年間を通して回数が多い。季節に応じて、５月「こひのぼり」「お

玉じやくし」、7・8月「七夕祭」「ほたるこひ」、10月「どんぐり」「まんまる
お月様」、11・12月「はやくこいこいお正月」「クリスマス」、1・2月「てん
てんてまり」「まがりかど」等は月に複数回出てくる。

　上記以外の園では、「遊戯」等の言葉はあっても、具体的な題目が記述され
ていないので探せなかった。しかし、日頃の保育の中の遊戯でとりあげて指導
された題目や曲目が、行事の時などに披露されていることは確かである。

２．唱歌

　この表記は園によって様々で、堅磐信誠幼稚園では「唱歌」、南山幼稚園で
は「歌」と記されている。また、「唱歌遊戯」とか「遊戯唱歌」のように遊戯
と唱歌が一緒に書かれているところもある。唱歌の曲目と思われるものを拾っ
た。また「会集」の時に歌われた曲目もたくさん書かれていたので、それらも
拾った。

　山梨附属幼稚園の1945年度では、「唱歌　天皇陛下」が一番たくさん出てく
る。8月16日から11月27日まではほぼ毎日の「朝礼」時の「皇居遥拝」に続い
て「唱歌　天皇陛下」が記述されている。それ以降は「宮城遥拝」の記述はあ
るものの、この曲名の記述がなくなっている。その他の唱歌の題目はあまり多
く書かれているわけではないが、9月は「オ月サマ」「雲サン」、10月は「ダン
ダン畠」「イモ掘リ」「ニコニコサン」、11月は「君ヶ代」「松ボツクリ」、12月
は「先生オ早ウ」、1月は「焚キ火」、2月は「ホラアブナイヨ」「出来マスヨ」
「春」、そして3月には「保育修了ノ歌」が出てくる。1946年度では、4月は
「蝶々」「砂山」「タンポヽ」、5月は「鯉ノボリ」「タケノコ」「ツバメ」「オ洗
濯」、6月は「時計屋ノ時計」「ホタル」「オ窓ノ雨」、7月は「波ヨ来イ来イ」
「水鉄砲」、9月は「オ肩ヲタントン」「夕焼小焼」、10月は「子供ノ朝」「モミ
ヂ」、11月は「芋掘リ」「ダンダン畠」「クルクルマハル」「汽車」「落葉ノ子
供」、12月は「松ボツクリ」「タキ火」「お正月」、1月は「赤ちやんのお耳」、
2月は「にこにこ幼稚園」「春よ来い」、3月は「修了式の歌」「らんらんラン

トセル」「さやうなら」というように、季節にふさわしい曲目がとりあげられている。国の行事の日には、戦中と同様に「天長節」「紀元節の歌」「君が代」もとりあげられている。

　堅磐信誠幼稚園の1945年度では、日誌の11月から３月まで毎月出てくる曲目は、「朝日がぱっと」「子供と雀」「東の山に」「さようなら」「ただ一人」「小さいときから」「小さいお庭」などキリスト教の歌が中心である。その他の曲目を月別で見ると、11月は「秋」「どんぐりころころ」「お米」、12月は「お星様」「たき火」「エス様」「サンタ爺さん」、１月は「日向ぼつこ」「氷すべり」「雪かき」「風と子供」等、２月は「建国祭」「うめのお節句」「あひる」等、そして３月は「空の鳥」「ひな祭りの歌」「春」「どこかで春が」「きれいな花よ」「卒業式」等があがっている。1946年度では、キリスト教の曲は大半が同じであるが、それ以外で複数回でてくる曲目では、４月は「お友達」「お手てつないで」「蝶々」「チューリップ」「天長節」等、５月は「鯉のぼり」「指の歌」「お返事」「金魚のひるね」等、６月は「時計屋の時計」「砂遊び」「つばめ」「花よ花よ」「ゆりかご」等、７月は「遠足」「朝の道」「南瓜」「夏休み」、８月は「水遊び」「せみの歌」、９月は「鈴虫」「名あて」「ばった」「隣組」、10月は「秋」「クルミとリス」「柿屋」「栗の木」、11月は「マツボックリ」「もみぢ」「お馬」、12月は「お星様」、１月は「お正月」「北風」「雪の歌」、２月は「蝶々の町」「春よ来い」「ひなまつり」、３月は「どこかで春が」等がとりあげられている。1947年度では、キリスト教の曲目の頻出度は、これまでとほぼ同様で、特に「おはよう」の曲は年間70回以上出てくる。そのほかの曲目も同じような傾向であるが、1947年度に出てきた曲目をあげると、５月の「トンネル」「気をつけましせう」「つばめの赤ちゃん」、６月の「胸をはって」「ボート」「水車」「子供の友は」「じゃがいも掘り」、８月の「夏の雲」、９月の「シグナル」「虹の橋」、10月の「カクレンボ」「兄弟雀」、11月の「うれしい秋」「さつと咲いた」、12月の「博士さん」、１月の「ねずみ」「お父さんお父さん」、２月の「福ハ内鬼ハ外」、そして３月の「日和ぼつこ」「桜のトンネル」「もうすぐ一年生」等があ

る。1945・46年度に出てこなかったものとしては、5月の「お砂のとんねる」、7月の「七夕祭」、9月の「お散歩」「シグナル」、11月の「七五三」、2月の「氷がやつと」等がある。このように、この園では月々の行事や季節を反映した曲目がとりあげられているが、戦後には、戦中の「兵隊さんありがとう」「軍艦」「航空日本」等戦争関連のものはなくなり、戦中にあった曲目に加えて新しい曲もとりあげられていることがわかった。

　小川幼稚園の1945年度には、「遊戯唱歌」でとりあげた曲目以外では、明治節の前の日に「君が代」「明治節歌」を「会集」の時間に練習していることがわかった。勝川幼稚園の1945年度では、前述の「遊戯」の曲目といくらか重なるが、戦後になると新たに「オウムの歌」「水遊び」の歌、「三カ月サン」「メダカ」「ドングリコロコロ」「松茸のうた」等が記されている。11月には「焚火」等がとりあげられ、季節や自然に合わせた曲目が出てくる。

　栃木附属幼稚園の1946年度の日誌には、項目ごとにたくさんの記述があるため、「唱歌」に関しても多くの曲目があがっている。新曲がとりあげられると、3～4日間続けて指導されている。また「遊戯」と重なる曲目も多い。4月は「おたまじゃくし」「ようちえん」「結んで開いて」等、5月は「汽車」「チューリップ」「タンポポ」等、6月は「砂あそび」「お舟」「金魚の昼ね」「雨ふり」等、9月には運動会プログラムの「DDTのうた」「平和音頭」、10・11月には「ねんねんころころ」「たき火」「風とはっぱ」、12月には「僕のとうさん」「お山のお猿」、1月には「雪やこんこ」「通りゃんせ」等、2月には「スズメスズメ」「ひなまつり」、3月には「春が来た」「人形の店」等が出てくる。このように季節や行事に関連する曲目が多くとりあげられ、また、「遊戯」と重ねて歌ったり動作を交えて演じたりしている。1947年度にも前年度と同様にたくさんの曲目が書かれているが、「DDTの歌」や「平和音頭」はなくなり、「うみ」「たこ」「おかへりの歌」等が出てくる。この園で戦中・戦後を通じて共通しているのは、「むすんでひらいて」「チューリップ」「たき火」「お正月」で、戦後新たに登場したのは「DDTのうた」「春が来た」「お

山のお猿」等で、戦後姿を消したのは「やまたのおろち」「落葉の兵隊さん」「大詔奉戴日」等と「音感あそび」である。

　南山幼稚園の1946年度では、「会集」時にとりあげられた曲目には「赤い花咲いた」「寒い日」「結んで開いて」「おやすみ」「おはようの歌」「蛍こいこい」「お花づくし」「仲良くしませう」「遠足の歌」「小さい子」「春よ来い」「よいよいよいこ」「ピヨピヨひよこ」等があり、「修了式の歌」もある。歌か遊戯かの区別はわからないが「紙風船」がある。以上のうち「お早う」「蛍こいこい」「遠足」「よいよいよい子」等は戦中にもあった。また、この園では「音感」が戦中と同様に戦後も何回かとりあげられている。

　江戸川双葉幼稚園では1945年度に「御指の歌」「オヒナマツリ」「お星様」「ドングリコロコロ」があり、1946年度には「雨だれ」「小鳥屋さん」「クリスマスの歌」「もろびとこぞりて」「イエスは」等があった。1947年度には「音感」の記入が多く、「音感の教材」（8月5日）を作っていた。「お指の歌」「雨だれ」は戦中・戦後に共通しているが、戦後に新たに取り入れられている曲もある。戦中の「東亜のクリスマス」「負けないぞ」「若鷲の歌」等は姿を消した。

　京橋朝海幼稚園の1946年度では、「ピョンピョン蛙」「グッドバイ」「二あつ」「お客様」「まがりかど」「紅葉」「お正月」「僕の歌私の歌」「大雪小雪」「雪だるま」「春よ来い」「マメマキ」「おべん当の歌」等、1947年度には「コヒノボリ」「ホタル来い来い」「お星様」「鬼たいじ」「砂山」「お月さんと遊ぼ」「赤い紅葉」等がとりあげられ、そのほかに両年度とも「音感あそび」もある。

　桜花幼稚園では、1946年度に一度だけ「唱歌　遊戯　紙芝居」という記述は出てくるが、その題目が記述されていない。小倉幼稚園でも曲目が書かれていないので詳細はわからないが、1946年度の「送別会」プログラムを見ると「三羽雀」「あのこは誰」「春」「ひばり」「くるくるまはる」「ごもんの前」「雀のお宿」「おひな様」の曲目が書かれているので、日常の保育でもこれらの曲目が扱われていたと思われる。

　木屋瀬保育園では、1945年度には9・10月には「ネズミの隣組」「春の小川」

「お猿とらっきょう」「お米」、11・12月には「稲刈り」「舌切雀」「ペタコ」「ヨイオヘンジハイ」「ナカヨシ」「冬の歌」「お正月さん」、1・2月に「結んでひらいて」「お母さんのお使い」「落葉の子供」「うぐいす」「はるのお使い」「母様ありがとう」「オコリン坊」「フタァツ」「カカシとカラス」、3月に「サルカニ合戦」「アメリカ言葉おやすみなさい」「お別れの歌」が出てくる。1947年度になるとほぼ毎日のように2・3曲が歌われている。先述の「唱歌及び遊戯」でとりあげた以外に、4月には「ご挨拶の歌」「お帰りの歌」等、5月には「お荷物ナーニ」等、6月には「子供の朝」等、9月には「蟹のお洗濯」等、10月には「目高の親子」ほか、11月には「オニゴッコ」ほか、12月では「焚火」「落葉の歌」ほか、なかには小学校の唱歌のような曲目も多くみられる。

1947年度の白金保育園では、前述の「遊戯」以外に「歌」として題目があがっているのは「指の歌」「春が来た」「金太郎」「海」「金魚の昼ね」「カクレンボ」「仲良し散歩」「十人の子供」「もういくつねると」等である。この中には「遊戯」として指導された曲もある。

上記を踏まえて「遊戯」「唱歌」に関して、戦中と戦後の比較を行う。戦中・戦後ともに多くの園で一般の学校唱歌や童謡が多くとりあげられている。キリスト教の園では、子どもの讃美歌・聖歌が数多くとりあげられている。日誌の記述をみる限りでは、「遊戯」「唱歌」とも戦争関連の題目が多い園があったが、戦中にとりあげられていた「兵隊さんありがとう」「僕は軍人」「軍艦」や「進めみくにの子供」「大詔奉載日」などは、戦後は明らかに姿を消した。

3．観察

観察に関しては、戦後は多くの園で全体的に記述が少ない。

栃木附属幼稚園の1946年度では、他の項目に比べて記述が少ないのであるが、おおかた季節に関連した内容があがっている。4・5月は「おたまじゃくし」「毛虫取り」「木の葉」「レンゲ」等、6・7月は「蟻」「日かげ」「雨」「お

天気調べ」、9・10月は「バッタ」「ヤギ」等、11・12月は「たき火」「いちょう葉」、1・2月は「花ごま」「木の芽」等である。園の身近にある草花や小動物を観察していた。例えば4月の「木の葉」では、「幼稚園のお庭にある種々の木の葉を見る。この八ツ手の葉っぱは大きくて天狗の羽団扇の様ね」等のように、特異な葉の形状を観察させている。1947年度には、4・5月は「かへる」「おたまじゃくし」、6・7月は「かたつむり」「笹船ながし」、9・10月は「バッタ」「どんぐり」、11・12月は「郵便局」「磁石」、1・2月は「太陽」がとりあげられている。

山梨附属幼稚園では、1945年度には全くでてこないが、1946年度には少し記入されている。4月に「トンボ」「雑草」「山ナシ」「オタマジヤクシ」「山吹ノ花」、5月は「オタマジヤクシ」「チューリップ」「ヒヨコ」「ニハトリ」「カタツムリ」、7月は「カタツムリ」、9月には「赤トンボ」が出てくるが、それ以降は観察に関する記述が見当たらない。

桜花幼稚園の1946年度では、5・6月頃に「朝鮮小豆」「胡瓜」「南瓜」等の観察を行っている。「絵本観察」という記述も回数は少ないが出てくる。

南山幼稚園の1946年度では、「運動場の観察」「山羊の観察」「修了児持参のつくしの観察」「プールのカエルの観察」「屋上で紅葉の観察」「イチョウの葉の観察」という記述がみられた。園舎の周りの小動物や自然物を観察したようである。この園では、戦前から「屋上」からの樹木等の観察が行われていて、このやり方は戦後も共通している。

木屋瀬保育園の1945年度は、11月「稲刈り」、2月「うめ」が出てくる程度で、1947年度では、4月「鯉のぼり」「川と船」「水」「メダカ」、5月「川べりの各種の花」、6月「えんどう豆」「麦」「梅雨と畠」、9月「兎、家と森（山寺）」「虫」、11月「お米」「焚火」「菊の花」等の観察が書かれている。

小川幼稚園の1945年度では「観察」という項目が出てこない。初雁幼稚園では、「子供達と約束のえびかにとりにでかける」（11月2日）とある。

堅磐信誠幼稚園の1945年度には、他の項目では記述がたくさんあったのに

「観察」の欄への記入は見当たらない。1946年度には、4月に「チューリップの花」、6月に「日時計」「くも及びくもの巣」「麦」「青かび」「あざみ」、7月に「田植」、8月に「せみ」、9月に「こほろぎ」「バッタ」「萩と桔梗」「デンデン虫」、10月に「柿」、11月に「紅葉」「冬芽」「かしの木及び果」「スイートピー発芽」、2月に「豆の種類」が記述され、季節の植物や生き物が扱われている。1947年度には、6月に「ローソク時計」「大豆、陰げん、稲、大根の発芽」「蝿の卵」、7月に「ホタル」「おたまじゃくし」、10月に「木の葉」「秋の果物」、11月に「紅葉の葉」「秋の果物」「野菜」、2月に「水仙」が記述されていて、毎月観察が出てくるわけではない。さらに年度の後半には観察の項目に「なし」と書かれた日が多くなっている。

　江戸川双葉幼稚園では、1945年度には「朝甘藷の観察」（10月10日）とある程度であったが、1947年度には記述が増えている。キャベツを取った時に見つかった「青虫と其の卵の観察」を臨時にやり、「ビンに入れて蝶になる迄飼って見る事に」（6月7日）している。すぐに1匹はさなぎになり、「余り変って居るので不思議がって見てゐた」（6月10日）。「朝バラの花の観察」の時、園児が蟹を持ってきたのでそれも見せると、「よく見て上出来．殊にバラの香のよいのに皆喜んでゐた」（6月6日）。柿の花、そら豆や馬鈴薯を観察している。「子供等の持ってきた『せみ』の観察」（8月27日）もしている。「小猫が来たので観察」しようとしたところ、「子供等騒いて話にならず失敗」（7月12日）ということもあった。

　京橋朝海幼稚園では、1946年度には「本願寺へ鳩」と、「学校へ展覧会」を「見に行く」ことくらいしか記されていなかった。1947年度には、「つくしんぼ」「かたつむり」「ニハトリ、ウサギ」「柿、リンゴ、ミカン」を観察していた。

　白金保育園の1947年度では、「観察」が単独で記述されているわけではないが、「会集」時に、8月に「朝顔の内部観察及蛭顔」を観察させたり、10月に「絵本観察」として「まつたけ、しひたけ、しめじ」、2月には「梅」の観察を

行っている程度で全体的に観察の記録は少ない。

　以上「観察」に関しては、一部の園を除いて全体的に記述が少ないことが戦中・戦後とも共通している。記述のあった園では、草花、身近な生物・小動物などの観察が行われていたことも共通している。一方、戦後になると、戦中には記述の多かった園でも、観察の記述そのものの分量が大きく減少しているのが特徴的である。また、一部の園であった絵本を通した戦争関連の観察は、なくなっている。

4．談話

　ここでは、「紙芝居・人形芝居等」「童話・お話・絵本等」「その他の話・諸注意等」に分けてみていく。

　まず**紙芝居・人形芝居等**に関しては、1945年度には山梨附属幼稚園では紙芝居は少ないが、「大鷲退治」「良寛様」「森ノ仲良シ」「田圃ノ案山子」「迷子ノ小鴨」があり、2回読まれているものもあった。人形芝居には「兎と狸」があった。堅磐信誠幼稚園では、「七ひきの子羊」「三匹の子豚」「サンちゃん」「神武天皇」がある。江戸川双葉幼稚園では、戦中からの「イエス伝」「ザアカイ」「アシノクキ」「桃太郎」「一寸法師」「お山のトナリグミ」「新ちゃんと赤とんぼ」「タヌキノ天罰」「虎ちゃんのヒコーキ」等、キリスト教関連のものを含めてたくさんの題目があがっている。「タンポ、の三つ種」も記されている。小川幼稚園では、「不思議の国」「三匹の小豚」「赤頭巾チヤン」「オムスビコロリン」「花咲爺」「鴨とりゴンベエ」等があげられている。木屋瀬保育園では、「おやまの隣組」「コザルの恩返し」「三匹の子豚」「カミサマト白ウサギ」「仔熊のぼうけん」「チビ公物語」「ピョンチャンのお使」「雀のお宿」「さるのしくじり」がある。

　1946年度には、山梨附属幼稚園では多くの題目が記されている。「オ強イ王子様」「猫ノオ見舞イ」「桃太郎」「雀ノ恩返シ」「鶴ノ恩返シ」「トンカチ小僧」「良寛様」「金色ノ魚」「サルカニ合戦」「キレイナ虹ノ下」「トシオ君」「元気に

なった繁君」等がある。紙芝居か絵本か判別できないものでは、「三匹ノ子豚」
「イジワル狐」「七夕様」「オムスビコロリン」「七ひきの子羊」「サルトカニ」
があり、「人形劇」では「兎ト狸」がとりあげられている。堅磐信誠幼稚園で
は、前年度に記入されていなかった「良寛さま」「ピーター兎」「トン熊」等が
あげられていた。江戸川双葉幼稚園では、1945年度にはなかった「ピーター
兎」もとりあげられていた。京橋朝海幼稚園では、「小鴨の引越」「チュウ吉」
「泣いた赤おに」「お月さまとウサギ」、1947年度には「ハンスの宝」「きれいな
虹の下」「浦島太郎」「オサルノラッパ」「孫悟空」等が記されている。人形芝
居で「舌切雀」があげられていた。

　栃木附属幼稚園の1946年度では、紙芝居は「ユキダルマ」「つるの恩返し」
「タヌキノハラツヅミ」「雪国の春」等、人形芝居は「舌切雀」「浦島太郎」「王
様のかんむり」等があがっている。1947年度では「ドガン」が数回、「うさぎ
のお家」「サルサンウスサンアリガトウ」「金の魚」「タヌキノハラツヅミ」が
あがっている。

　1947年度には、堅磐信誠幼稚園では「ピーター兎」「おむすびコロリン」「太
郎サンの夢」「トンクマ」「七ひきの子山羊」があり、木屋瀬保育園では「三匹
の子豚」「蜂の仲よし」「コザルの恩返し」「チビ公物語」が数回あげられてい
る。白金保育園では、「金太郎」「長ぐつをはいた猫」「フシギナクニ」「サルト
カニ」「泣いた赤鬼」等があり、「幻燈」では「オヒサマトニハトリ」「キリン
のオテガラ」の2つがあがっている。本荘幼稚園では、「入学式」で「紙芝居
ドカン」をみせていた。

　次に**童話・お話・絵本等**に関しては、1945年度には、山梨附属幼稚園では、
9月に「月ノ中ノウサギ」、10月に「三匹ノ子兎」、11月に「鼠ノカクレン
ボ」、1月に「良イメンドリ」「鼠ノ餅引キ」「三匹ノ熊」「赤頭巾」「夢ノリン
ゴ」、2月に「蛙ノ卵」「文福茶釜」、3月に「チン太郎山羊」「泣虫坊」があが
っている。堅磐信誠幼稚園では、「聖話」の「サムエル、サウロ」「ヘロデ王」
「エス様の誕生日」「ダニエル」「三人の博士」「シャベラルメ」などが度々扱わ

れている。「童話」では「うさぎとはと」「サブ郎チャンの夢」「親切なはとと紅葉」「小人のバケツ」「ねこのちえ」「幸子チャンの夢」があげられている。江戸川双葉幼稚園では、戦中と同じものでは「エデンの園」「イエスの奇蹟」「エンリコ」「ヨゼフ」「ミケン尺」「毛虫の祈」「太郎の夢」「フクレルパン」「欲深狐」等があり、戦後に新しく「海の水」「少年ブック」「欲深兄さん」「猿と蛙」等が扱われている。木屋瀬保育園では、「素話」という項目での記述が多い。「花咲爺さん」「お月さまのお話」「ダルマの和尚」「猿かに合戦」「おきくとみきちゃんのお話」「かぐや姫」「和気清麻呂の話」「舌切り雀」「一寸法師」「お釈迦様の誕生」「バッタの太郎さん」「びっくりまんじゅうのお話」「かへるの王子様」「つるのお礼」「不思議ながちょう」「三つの宝の話」「アヒルのギャ子さん」「花子さん」「支那の数がでてくるお話」「よい子によい夢」等がある。「絵本・本」では「間宮林蔵」「金太郎」「浦島太郎」「野口英世」「孝行兎」「三ビキノコグマ」「シロイコネコ」「動物の智慧」「乃木大将のお話」「お山の子供達」「文福茶釜」「コガネのフネ」が扱われている。

　1946年度には、山梨附属幼稚園では、「絵本」で「桃太郎」「動物ノオ母サン」「クジラト汽船」「時計屋ノ時計」「迷子ノ蛙」「働ク小熊」等があげられている。堅磐信誠幼稚園では記述も多く、「聖話」は同じように多くとり扱われている。「童話」では「ユリちゃんとカリちゃん」「七五三」「小さい栗」「時計」「梅の木」「太郎さんのお手紙」「花子さんのひなまつり」等がある。江戸川双葉幼稚園では、「お水」「赤づきんちゃん」「イワンのバカ」「ヂャックと豆の木」「トンマなトンクマ」「フランダースの犬」等がある。栃木附属幼稚園では、「おほかみと子山羊七匹」「金のおの」「牛の村」「親指太郎」「アリババと泥棒の話」「ヂャックと豆の木」等があがっている。

　1947年度には、堅磐信誠幼稚園では「童話」で「アンアンの森」「傘はどうして出来たでせう」「リスとくま」「カロちゃんコリちゃん」「ジヤクと豆の木」等があった。江戸川双葉幼稚園では、戦中にもあった「鉛の兵隊」「ブーカーワシントン」や「三人の御人形」等も出てくる。戦前の「神武天皇」や「日本

海々戦」等は姿を消して、新しい児童・幼児向けの童話が出てきている。白金
保育園では、「三ツのブランコ」「太陽と風の力くらべ」「ダンダカ靴」「蛙のお
なか」「サンちゃん」「トンカラ小坊主」「かわいい羊飼」「約束を守った友達」
「凍るぢいさん」「雪ダルマコロコロ」「巣の中の小鳥」「小人といも虫」等があ
る。京橋朝海幼稚園では、「ツバメと鯉のぼり」「ウサギの恩がへし」「豆々ま
めのピヨン吉」があげられている。栃木附属幼稚園では、「ブル君のはいた」
「一粒の木苺」「がまんくらべ」「雪子ひめ」「おさるとおいしゃ」「スッテンコ
ロリンぢいさん」「天狗と平助」「赤い羽根の雛と狼」等の題目が書かれている。

　その他の話は、各園で様々なことが記されている。1945年度には、山梨附属
幼稚園では「オ話」として、9月に「台風ノコト」「十五夜ニツキテ」、10月に
「教育勅語渙発記念日ノコト」、12月に「十二月ニナッテ」「オ休ミヲ前ニシ
テ」、1月に「寒サニマケナイ様」、3月に「地久節ニツキテ」がある。また
「談話」では、その他に、11月に「日曜日ノコト」、1月に「オ正月ノコト」と
いう「話シ合ヒ」が行われていた。堅磐信誠幼稚園では、11月から3月までの
間に75日分の記述があり、11月に「木の葉について」「稲刈りについて」、12月
に「燃料について」「炭が出来るまで」、1月に「寒さに負けない様」「寒いと
きに着る衣装について」、2月に「"自由"について」「郵便について」「切手に
ついて」「電信電話について」、3月に「古代建築について」「芽について」「害
虫及び木の芽」等、月主題に関連した話がとりあげられている。それ以外に、
ジャンルの区別ができないものでは、「子りすと柿」「小さいお母さん」「北風
とおひさま」「黒ちゃん白ちゃん」等がある。江戸川双葉幼稚園では、12月に
「サンタクロース」の話、1月に「大きくなったら軍人になってはいけない。
戦争は悪い事」(28日) という話をしている。

　1946年度には、山梨附属幼稚園では「オ話」で、「オ節句ニツキテ」とか
「写真ノコト」「衛生ニツキテ」「自分ノ誕生日ヲ覚ヘルコト」等の伝達的な話
や、「日曜日」や「夏休ミ中ノ」生活発表を行うこともあった。堅磐信誠幼稚
園では、前年度になかったものとして、季節や行事に関連して9月に「秋の七

草について」、10月に「復活祭」「菊について」、11月に「運動会のお話」「紅葉黄葉と常緑樹の区別」、12月に「物質より精神的な物」、1月に「山吹の種類」、2月に「豆の種類」「重さ、秤計について」「人体、心臓及び肺について」、3月に「ひな祭りの由来沿革について」等があがっている。南山幼稚園では、「会集」が戦中に引き続き行われ、そこで記念日や行事についての「おはなし」や、「生活上の約束、訓話」等の「お約束」、「遊戯や紙芝居などを楽しませる」という流れの中で談話に関する内容が扱われていた。戦中と異なるのは、行事の振り返りで「お話し合い」や「発表」をしたという記述があることや、退園していく子のためにその子の好きな遊戯と紙芝居をしたりしていることである。小倉幼稚園では、「時の記念日のお話」と「遠足会の注意」の2回が記録されている。京橋朝海幼稚園では、「お盆のお話」「道を歩く時の諸注意」等がある。

1947年度には、堅磐信誠幼稚園では、4月に「春の花」、5月に「遠足」「おたまじやくし」、6月に「梅雨とお天気の事」「発芽の事」「水力電気」「電気の作用」、7月に「麦の生育」「夏休みの心得」、8月に「夏休みの思出」、9月に「雨が降る様にお話」「七草」「十五夜」、10月に「日光と虹」「虹の七色」、11月に「冬の支度」「動物」「植物」「紅葉の種類」「紅葉の原因」「水ノ作用」「お天気について」「感謝祭」、12月に「炭焼の話」「寒さに負けない子供」、1月に「心をかへて新しく」「一生懸命」「風の子供」「蛙の冬ごもり」、2月に「節分」「立春」「冬の花」「冬の芽」「海苔の話」等があがっている。白金保育園では、「会集」に談話に関する内容が記述されている。「生活発表」や月主題にかかわって季節・行事に関する話は、年間通して行われている。4月は「春の花の種類」、5月は「節句の意義」、6月は「かびについて」、7月は「蛍」「海の概念」、9月は「秋の虫」、11月は「穀物の種類」、12月は「動物の冬ごもり」「霜の原因」、1月は「冬の植物、冬の動物」等がある。木屋瀬保育園では、生活上の話として、4月から9月まで「皆んな仲よし」「仲よし」が数回出てくる。5月には「ニコニコヨイ子」「ニコニコ」が数回出てくる。「ハンカチを持

参の事」「しっかりやれば」「朝の挨拶」「児童福祉週間」「おかたづけの約束」「兄弟仲良く」「優しいお母さん」等の記述があった。そのほかジャンルは不明だが、「玉手箱」「熊さん学校」「真鯉に緋鯉」「クマと時計」「七夕様」「天の川」「カササギ鳥」「お母さん」等が書かれている。

　栃木附属幼稚園の1947年度では、月曜日に「日曜日のあそびのお話」「昨日何をして遊んだか」というような話をさせている。また「幼談」として、子どもに「かぐや姫」や「したきりすずめ」「金太郎」等の話をさせている。

　以上から、「談話」について戦中・戦後を比較してみると、次のような特徴がある。「その他の話」では月の主題や季節・行事に関する内容が取り扱われている点は共通しているが、その内容については、天長節、明治節などの国の行事に関する話題は、戦後にはほとんどの園でなくなっている。戦中にもあったが、生活発表や思い出等、子どもの経験を話すような内容が、新たに戦後登場している園もある。また、季節を理解するような内容も多くみられるようになった。「童話」や「紙芝居」では、昔話や聖話などは戦中・戦後とも共通していると言える。

5．手技

　山梨附属幼稚園では、1945年度の「手技」で、8月に「タタミ紙」「麦ワラ細工」、11月に「八百屋ノ品物」「野菜製作・たまねぎ大根」が数日間行われているほかは、「自由画」が9回行われている。1946年度では、「自由画」が16回、「写生」が複数回出てくるが、主題が記述されているものでは「チューリップ」「タケノコ」「人物（友達）」「カチカチ山」「麦刈リ」「夏休ミ」「朝顔ト茄子ノ写生」「オ月見」「柿」等があった。「タタミ紙」では、「長カブト」「風車」「風船」「提灯」「兎」「トンボ」「モーターボート」「チリ取」「コップ」「舟」「お三宝」「花電車」「角箱」等、多くの題目があり、他に数は少ないが「時計」「貼り紙」の「腰掛・オヒキダシ」「花電車、台紙につけお絵をかく」

等の製作が出てくる。「輪ツナギ」も出てくる。

　小川幼稚園では、1945年度には他の項目に比べて「手技」の記述が多い。「摺み方」では、「栗」「柿」「お雛様」「三官女」、「剪り方」では「菊」、「貼方」では「菊の葉」「菊花」「カルタ」「鬼」が出てくる。「図画」では「木ノ葉」等の題目が記述されている。年度末には作品を「手技帳」に整理して持ち帰らせている。

　小倉幼稚園では、1945年度には「手技」として、「ヒヨコ製作」「虫かご」「タコ製作」が記述され、「風車」「カバン」「眼鏡」「わつなぎ」「古葉書・マンジュシャゲ」「果物籠」「菊花」「猿」「提灯」「葉ッパ人形」「摺紙・鬼」が記されている。「お仕事」として「人形袋作（年長）」「花かご作り（年少）」「はさみ仕事」が記述されている。その他では「自由画」の回数が多く、20回以上出てくる。1946年度には「輪つなぎ」「自由画」「風車」「置時計」「おえかき」「提灯」「連繋」「菊の花」「タコ」「チュウリップ袋・角スイフクロ」と記されていた。これらの大半は戦中と同じで、戦後に新しいのは「置時計」くらいである。1947年度には「自由画指導」はたくさんあるが、「手技」そのものの記録が減っている。

　堅磐信誠幼稚園では、1945年度には「たゝみ紙」として「かへる」「こま」「はご板」「徽章」「提灯」「郵便屋さん」「おひな様」「花鉢の台」、「はりがみ」として「木の葉」、「ちぎり紙」として「雪だるま」、「ぬり絵」として「かるた」「お部屋」「日の出」「鬼の面」「桃の花」「お山」「家」、「自由画」として「お正月の思ひ出」等があがっている。その他に「麦わら通し」「貯金箱作り」「美麗式」「ウイービング」「恩物第三」「第四恩物」「葉書製作」「板ならべ」「麦わら通し」というように多彩な手技が行われている。1946年度にも、12月以外に毎月8〜15の題目が記述されていて、手技がたくさん出てくる。1945年度と重複しないものをあげると、「折紙」の「蝶々」、「葉書（おたまじゃくし）」、「時計」の「畳み紙」、「てるてる坊主製作」「カード遊び」「大根と人参」の「ちぎり絵」、「たんぽぽ」の「ぬり絵」等がある。1947年度になると手技の

回数は週1回程度に急減している。前年度までと重複しないものだけをあげる
と、「貼紙」の「兎と亀」「汽車」「ほたる」「クリスマスツリー」、「ちぎり紙」
の「風船」「ヨット」、「切り紙」の「かご」「ウサギ」「テルテルボウズ」、
「たゝみ紙」の「こうもり傘」等がある。12月のクリスマス以降は「手技」の
項目には「なし」と書かれる日も増えて、「切り紙」（題目記述なし）、「ぬり
絵」では「鬼」「お多福」、「たゝみ紙」で「三宝」、「貼り絵」では「子鳥」等
があがっているが、記述は減ってきている。

　江戸川双葉幼稚園では、1945年度の「折紙」では戦前と同じものでは「時
計」「鬼」「カエル」「魚／金魚」「御菓子入れ／サンボー」「蝉」「カラス」等た
くさんある。「クジャク」「おひなさま」や1946年度の「ピエロ」「タヌキ」等
は、戦後の新出である。「ヌリエ」では1945年度には「糸マキ」「キノ葉」「手
球」「コマ」「傘」「おひなさま」等があり、1946年度は「スイセン」「ダルマ」
「カミフウセン」「柿とコスモス」等がある。1947年度は組によって異なるが
「風鈴」「トマト」「朝顔」「汽車」「カタツムリ」「コスモス」があげられてい
る。「切紙」「切りぬき」では「犬」「ウサギと月」「ナスビ」等がある。製作と
しては、雛祭り等の行事に関わる内容がとりあげられている。1947年度には、
戦中と同様、「自由画」が多い月では7・8回記入され、「回覧用の絵を書す」
（9月15日）という記述から、園児の絵を各家庭に「回覧画帖」として廻して
いたことがわかる。この園では、「ヌリエ」は戦中・戦後とも記入され、戦後
は手技に関する記述が減っている。「写生」「観察して写生」という記述は戦中
にはあったが、戦後にはみられなくなっている。

　木屋瀬保育園では、1945年度には製作と思われる事項で「人形作り」「果物
の皿盛」「達磨さん」「紙くさり」等がある。「ハリ紙」では「山にお月様」「花
ショウブ」「ウサギとカメ」「梅の枯枝に花（花咲爺さん）」、「おり紙」では
「フクラ雀」「フウセン」「風車」「カブト」「ハカマ」「ヤッコ」「ウサギ」「帆カ
ケ舟」「ニソウ舟」「ボート」「フウセン」等が出てくる。その他に「自由画」
で「人形」「動物」の題目が書かれている。1947年度には、5月に「緋鯉」

「船」「切紙（古絵本利用）大根、人参」「貼紙（古新聞利用）リンゴ」、6月に「折紙ピヤノ」、7月に「フウセン」「色紙細工（クサリ）、10月に「ウサギトカメ」「トンガリ船」「帆カケ船」、11月に「フウセン（古本）」「自然物（イテフ）を使って蝶」「手サゲ（折り紙）」、12月に「風車（ハガキ）」「張紙（月夜の踊お月様と狸）」「貼紙（月夜の踊）」「お面」「首降り人形」がある。代陽幼稚園では1945年度には日誌の8月以降の分量が少なく、あまり記述がない。2月に「おひな様の準備」、3月に「おひな様のお土産を渡す」が書かれている程度である。

　栃木附属幼稚園では、1946年度には、手技や製作はたくさん行われている。「手技」として、季節等に応じて、「お家つくり」「笹舟つくり」「ちょうちんつくり」「七夕の短冊」「せみ折り」「ボート折り」「箱の家」「輪つなぎ」「兎の餅つき」「下駄つくり」「玩具つくり」「織紙」「押葉貼り」「室内の飾り」「花こま」「動物づくり」「イチョウの葉のもよう」「タコと羽子板」「絵はがきづくり」「フラフラ人形」「鬼の面作り」「ハリエ模様」「こよみ作り」「ひな様作り」「雪ウサギ作り」「レンゲの折紙」「花の冠作り」があがっている。「製作」としては「木の葉の色紙貼り」「色紙と切り絵」「ワツナギ」「切紙細工」「細工（魚つくり）」「粘土細工（羽子板、ボール、人形、果物、売屋さんに使うもの）」「種々の木（もみじ、ひいらぎなど）」があがっている。1947年度にも季節に応じて、5月の「チューリップ」、6月の「とけいつくり」、9月の「朝顔」「お月見」、11月の「落葉のもよう」「動物園づくり」、12月の「クリスマスの飾り物つくり」等があがっている。その他に「ワツナギ」「粘土　自由」「はなかご」「家」等がある。「ぬりえ」や「自由画」も何回かとりあげられている。

　南山幼稚園では、1946年度には「手技」として「ヒヨコ」「手提」「蝉」「お月見」「鬼と福の神」があり、「折紙」として「ハトポッポ」「オルガン」「金魚」「時計」「お舟」「七五三のお祝い」の「鶴、亀」が行われ、その他に「輪つなぎ」「お星さま作り」「瓜を皆して作る」「短冊」「ほほづき作り」「提灯つくり」「リボン」「お祝ひ袋」等の製作がある。また、「自由画」「もみじ（一枚

づつ持って画く）」「お雛様のぬりゑ」「松と桃の貼紙」等が行われている。戦後は、製作に関する記述が増えている。「毎日毎日の製作に子供達大よろび」（6月26日）と書かれているように、この活動は園児達にも好まれたようである。

京橋朝海幼稚園では、1946年度には「自由画」「折紙」「貼紙」「塗絵」と記述されているが、その内容がほとんど書かれていない。わかったのは「折紙」の「金魚」「ウサギ」、「塗絵」の「野菜」で、その他に「人形つくり」「輪つなぎ」「カレンダー」等の製作活動が行われている。

常葉幼稚園では、戦中には「手技帳」や「彩色帳」等が行われていたが、戦後には「本日手技 細工アリ」が2回（1946年6月と8月）出てくるだけで、そのほかには記述がない。桜花幼稚園では、1946年4月に「花籠」の製作を行っている。

白金保育園では、1947年度で一番多いのが「自由画」で毎月1〜3回出てくる。「畳紙」「ちぎり紙」「貼紙」「キビガラ」「美麗式」は前半に多く、後半は減少している。「折紙」は11月以降出てくる。クリスマスの時期には「共同製作」で「ベル」を作ったり、「卒業制作」で「手提」を作ったりしている。年度の前半には記述が多かったが、後半には少ない。

以上から、「手技」に関しては、戦中・戦後ともに「自由画」「摺紙（畳紙）（折紙）」「貼紙」「切紙」などの活動は共通している。その内容の多くは、季節、日常生活、年中行事に関連したものである点は変わりないが、戦争に関わるものはなくなっている。戦後の物資不足で十分な教材が入手できなかった園では、戦中も使用されていた古葉書や、家から持参した用紙などを利用しているところもあった。「恩物」の回数は戦後は減って、ほとんど出てこなくなっている。

6．自由遊び

山梨附属幼稚園では、1945年度には毎日の登園時と一斉保育後の2回の「自

由遊戯」が設定されていて、毎日「自由遊戯」に関してたくさん記入されている。9月以降でどの月も出てくるものは、室内では「積木」「黒板画」「絵本読ミ」、屋外では「滑リ台」「砂場」が最も多く、次いで「輪廻シ」「鬼ゴッコ」「ママゴト」「汽車ゴッコ」等がある。また「ブランコ」「鉄棒」も複数回出てくる。季節によって異なる遊びとしては、9～11月の「花一文目」、11月の「アブクタッタ」、12月の「オ手玉」、1月の「コマ廻シ」「サクラサクラ」「天下取リ」「アテ鬼」、2月の「盲目ノ小僧」「カルタ取リ」、3月の「角力取リ」等がある。1946年度には、回数の多い遊びは1945年度と変化はないが、前年度に出てこなかった遊びでは、5月の「魚取リ」「ハシゴ渡リ」「オ団子作リ」、6月の「輪投ゲ」「リレー」「カゴメカゴメ」「カゲフミ」、7月の「イモ虫」「ナベナベソコヌケ」「風船ツキ」「ズイズイズッコロボシ」、9月の「オ風呂ゴッコ」「ハンカチ落シ」、11月の「鼠ト猫」「ニラメッコ」、12月の「ウズマキ」、1月の「デットボール」、2月の「ローマ字かるた」等多数ある。

桜花幼稚園では、1945年度には戦災で焼失した園舎がなかなか復興できない状態であったため、庭での自由遊びが多く記述されていた。記述回数が多いのは「ブランコ」「鉄棒」「砂場」である。焼跡に無事に残った「シーソー」も時々出てくる。鉄棒は園児達に人気で、いつも満員状態で遊んでいたようである。そのほかには「カゴメ」「ボール投ゲ」「手毬」や、2月には「独楽」「メンコ」等がある。1946年度では、前年度と同じく「ブランコ」「鉄棒」「シーソー」「砂場」等の外遊びが多く、「オ人形遊び」や「オママゴト」など女児の遊びや「オカシヤサン」等のごっこ遊びが記述されていた。「大キナ輪ニナッテ戸外遊戯」というのもあった。

江戸川双葉幼稚園では、1945年度には「椅子取り」「玉取り」「リレー競技」「ボール遊び」「玉捨」「綱引き」「玉落し」「番犬」等があがっており、1946年度には「体操」「雪ダルマ」「雪ウサギ」等の外遊びが、1947年度には室内の「積木」がある。

南山幼稚園では、1946年度には「スキップ」「猫とねずみ」「ハンカチ落と

し」「大きな積木」「亀甲積木」「ままごと」「竹の子のお遊び」「プール」「ジャングル」「遊動円木」「大きなブランコ」「滑り台」「押しくらまんじゅう」「ボール遊び」「野球」「つな引」「かけくら」「縄飛び」「鬼ごっこ」「鉄棒」「紅白まり入れ」「雪合戦」等の遊び、「輪つなぎ」「柊の黄色ぬり」「星色ぬり」等の室内遊びがたくさん出てくる。「つな引」や「鉄棒」「遊動円木」等は戦前と変わらないが、「シーソー」「鉄砲で遊ぶ」がなくなり、戦後には「プール」が新たに出てきている。戦後は、園児達の自由遊びに関する記述が多くなり、「お遊びがとても面白くて此頃の会集がおそくなる」「本当によく遊ぶ」（1947年1月16日）というような記述がみられる。

栃木附属幼稚園では、1946年度には自由遊びの記述がたくさんある。外遊びで最も回数の多いのは「鬼ごっこ、かくれ鬼」10回、次いで「中線ふみ」2回、「縄飛び」「鉄棒」「花いちもんめ」「砂あそび」「手拭落とし」「すべり台」「シーソー」「雪投げ」「クローバつみ」「さくらんぼつみ」等がある。室内遊びでは「本よみ」「学校ごっこ」「かるた取り」「しりとり」「黒板に絵かき」等があがっている。1947年度もたくさんの種目が書かれている。外遊びでは「ブランコ」「ジャングルジム」「中線ふみ」「鬼ごと（鬼ごっこ）」はどの月も回数が多く、室内遊びでは「積木」「絵本読み」「絵かき」の回数が多い。冬には「縄跳び」「羽根つき」「スケート」等が出てくる。

木屋瀬保育園では、1945年度には、外遊びでは「リレー」「すべり台」「鉄棒」「ブランコ」「鬼ごっこ」等があり、室内遊びでは「ツミキ」「パッチン」「歌や遊戯」「猫ねずみ」「スキップ」等があがっている。1947年度は「スベリ台」「スキップ」「積木」「鬼ゴッコ」「ハンカチ落シ」「ジャンケンスキップ」「ブランコ」「カケ走」が記されていた。

7．園外保育

遠足行事以外に、日常の保育の中で園外へ出かけていた園もある。

高梁幼稚園では、1945年度に頻繁に園外保育に出かけている。「松・梅・桜

八幡様方面へ（虫取り）」（9月5日）、「竹・紅葉」（9月7日）、「方谷林」（9月11日）、「年長男子・桜・梅　方谷橋方面へ園外保育（航空見学）」（10月2日）、「道原寺へ園外保育」（10月20日）、「八幡様へ園外保育（案山子写生）芋堀り」（10月24日）、「梅・桜・八重籬様へ園外保育、松・竹・紅葉　方谷林へ園外保育」（10月26日）、「八幡様へドングリ拾ヒ」（11月6日・7日）、「全園児八尾河原へ園外保育」（11月9日）、「秋葉山へ焚木拾ヒ」（11月19日）、「お城山へ焚木拾ヒ」（11月20日）、「桜・梅は方谷林」「松・紅葉・竹ハモチヤ高原へ園外保育」（11月28日）、「薬師院へ園外保育」（11月29日）と記述されており、この園では近隣の寺や神社などへ戦中から再々訪れていたので、日常の園外保育は、戦後も共通している。

　木屋瀬保育園でも「遠足」ではなく「園外保育」を度々行っている。1945年度には、「天神様」（9月20・28日、10月5・17日）へ行っている。1947年度には、「園外保育　遠賀川べりに各種の花の名を教ゆ」（5月21日）とある。秋には、「園外保育」を10月30日から3日間続けて行い、「天神様」へ行って「組別お遊戯」や「木の実拾ひ」「紅白の徒歩競走」等をして、半日間「面白く愉快に過ごした」（10月31日）ことが記されている。

　白金保育園では、1947年度に近くの神社へ「初めての園外保育」を実施した様子が「心朗らかに園を出る。幼児の顔も嬉しそうに輝いている。東郊通りの坂を登って尾陽神社で少し遊んで帰る」（10月7日）と記述されている。

　このように、戦後に園外保育が実施できたことは、園児のみならず保育者にとっても心が晴れる有意義な時間であったことがうかがわれる。

第5節　保育者の思い

　園によってそれぞれ日誌の形式が異なるので、保育者の思いを拾いやすい日誌とそうでない日誌がある。保育日誌には、出席人数や欠席人数などの事務的な記述が主を占めているものと、保育内容等が項目別に分類されていてそれが

中心的なっているもの、それ以外に余白（または「記事」欄）があり、そこに
保育者の思いが記されていたり、日誌そのものが大学ノートのような自由記述
式であるので保育者自身の日誌のように日々の出来事や思いなどが丁寧に綴ら
れているもの等、様式が様々であった。よって、記録の量は様々である。本節
では、保育者がどのような思いを抱いていたのか、１．戦後の保育再開に対す
る思い、２．行事に対する思い、３．日常的な保育の中での思いに分けて記述
内容をみていく。

１．戦後の保育再開に対する思い

　敗戦後の再開の様子については、第２節でその状況を述べた。保育者はどの
ような思いで敗戦を迎え、子どもたちとの保育に向きあっていたのだろうか。
ここでは、保育者の思いに焦点を当てて記述を拾ってみる。
　いくつかの園の日誌には８月16日に敗戦への思いが記されていた。
　江戸川双葉幼稚園の日誌には、敗戦の翌16日には「空襲の心配も除れ其の点
重荷を除れし感あるも、敗戦悲念去り難く」「敵の出様如何と少しく不安にも
なる。殊によると伝道の道も拓かれ我等に有利なる時代とならんかを思ふ」と
ある。ようやく戦争が終わったことの安堵感、敗戦の悲しみ、そしてキリスト
教の園として新しい時代への期待感等が錯綜した心境が綴られている。小倉幼
稚園では、16日には「大東亜戦悲痛極りなき終結を見る。陛下の御斬念如何ば
かりか。同胞結束国運の隆昌を図るのみ」と書かれている。
　長野県で疎開保育をしていた興望館保育園では、８月16日に園児たちに敗戦
を説明して、「『戦争が終つたんだね』と云ふ。子供達は相変ず元気だ　もつと
もつと元気にしたいと思ふ」とある。日誌は縦書きなので、「と云ふ」の右に
「安心」と書き加えてあり、短い記録の中に、戦争が終わったことの安堵を子
どもたちと共有していることがうかがえる。と同時に、戦争にかかわらず元
気な子どもの姿から、保育への意欲を高揚させている。
　恵那市の二葉幼稚園の日誌には、８月16日には50名ほどの園児に紙芝居を面

白く見せて、「子供等よ、どうか強くあれ。日本を背負ふ子供等だ。なんで日本がこのまゝでゐようか。必ず勝のだ。この負けたのが早すでに勝ってゐるのだ。私はそう信じたい」[33]と記している。

　９月に保育を再開した初雁幼稚園では、「午后子供の大好きな兵長さんがあそびにみえてコンペイトゥを下さる　明日１ツブヅゝでも子供達をたのしませてあげるために四十ばかりのこす　明日は子供は大喜びでせう」（９月11日）と記されている。この園では、保育の早期再開ができたことを喜び、子どもたちが健康であることを願いながら、少しずつ以前の保育に戻ろうとしている様子がわかる。兵隊さんからいただいた僅かのコンペイトゥのおやつを子どもの気持ちに寄り沿って喜んでいる姿には、明るい一歩を踏み出そうとしている保育者の気持ちが表れている。

　同じく９月に保育を再開した木屋瀬保育園では、戦後の保育再開の初日についてその時の気持ちが次のように記録されている。「子供達も今日の日は皆首を長くして待ってゐたらしい」「皆喜んできんちょうしてゐるので長い長い休みの後なのに涙が出る程上手に朝の御挨拶、ラヂオ体操、お唱歌、お遊技と揃へて上手にやる」「どの先生もどの先生も今日は子供の真心に打たれて保育の愉しさを愉しみつくしてゐられる様な面もち、十一時頃台風気味の空模様になり大あらしとなる。丸くなり朝の露の遊技をして乾パンをごほうびに与へ、雨の中をかへす」（９月17日）と長々と記録され、保育が再開でき、子どもたちが喜んで登園し保育者と楽しい時間が過ごせた様子がうかがわれる。

　11月に再開した堅磐信誠幼稚園では、「進駐軍の人々が来ても手を出したり後をついて行ったりしない様にとみんなに聞かせました」（11月６日）、「今日も秋晴れの良い天気　朝早やく登園する子供の楽しそうな顔に保姆は此の上ない喜びと希望を」（11月13日）感じたことが記されている。また「幼稚園ニュース」第１号を出した時には、「園と家庭とを結ぶ事が出来てこの上なく良いと思って居ります」（11月22日）とある。休んでいた園児が出てきて嬉しかったことや園児の笑顔に出会える喜びなどが新鮮な筆運びで記されている。翌

1946年度の園再開記念の日には、「古い伝統の幼稚園戦争により休園となつて居たのが新しい発足に入った記念の日　集会の後、広いお部屋で全員揃ってお祝ひのお饅頭をそして英語のカルタをうれしくいたゞきました」、そして「園長先生より」「強い心と強い体になりませう」という「二ツの約束」をして「頬を輝かせ」家路についた（11月1日）とある。

戦火で園舎を焼失し1月に開園した桜花幼稚園の1945年度の日誌には、たびたび保育再開の喜びや覚悟のような思いが書かれている。「今日コソハト女児迄モ大元気ニ戸外ニトビ出シ、遊戯等モ溌剌トナリシタリ、戦災地ノ幼稚園トシテ微笑マシキ風景ナリ」（1月18日）、「焼跡ニ無事ニ残リシシーソーヲキレイニ洗ヒテオ庭ニ持出タルモノナリ　ヤガテ出来上ルブランコ鉄棒等ヲタノシミニ斯ヤウニ遊ブ子等モ幸福ゲナリ。一人ノオ休ミモ無ク打揃ヒテノオ遊戯ノオマルノ大キサニ驚キタリ」（1月22日）。このように、園児達が元気で日々の保育が無事にできることを幸福に感じている気持ちが書かれている。

終戦の翌年に再開した瑞穂幼稚園では、1946年度の5月の日誌に「入園してから早や一ヶ月の月日が流れてしまった。入園当時の様子をかえってみると感慨無量である。久しく用ひなかった建物、しかも戦争のために荒れ果ててゐて保育用具は無く、これから先の保育を如何にしてやったらよいかと茫然としてしまった。しかし、一ヶ月の間に色々のことが整備され、幼稚園らしくなった」と記し、「ないなかから踏み出すよろこびを深く味ははされている」（5月14日）と、遅れて再開したものの、その後1ヵ月の復旧に感慨の念が記されている。

また、記念誌には、当時保育者だった人たちが戦後の再開の時の様子を回顧して、次のような思いが語られている。

水笠保育所では、「戦後の最も厳しい食糧難の時代、子どもに与えるおやつも十分にない状態」で、当時主任をしていた人は、「『遅くまで残る子どもがお
やつなしでは可哀想だ』と、自分の配給分の大豆を炒って子ども達に与えながら、親が迎えに来るのを共に待った」[34]という。城陽幼稚園に1945年10月～

1947年9月まで在職していた人は、その当時のことを次のように記している。「当時、引継ぎました書類は何もなく、ただ野線に書かれた園児名簿だけで」「保育室とは程遠い衣糧廠の焼け残りの講堂とやらでガラスは半分以上板に替えられた窓で薄暗い感じで、机・椅子一つない所で保育がはじまり」「もちろんオルガンもありません」という状況で「近くに田園風の植え込みと芝生がありまして、お天気の日はそこで自作の紙芝居やら昔話」をして遊んだ。「校長先生にお願いしてやっと畳と長椅子を用意していただき翌春早くオルガンもお借りでき、それに野里幼稚園から色紙をいただいてきまして飾りつけをし」「遊戯会」をすることができたという[35]。そして1946年度の「後半になって色紙など手に入るようになり畳の上で折紙をしたり絵を描いたり」した。「三回位でしたでしょうか、食べ物の不自由な時でしたので、闇の取り締りで警察にあげられたお菓子をもらいに行って子どもたちに分け、大喜びだった」[36]と当時の苦労を綴っている。久慈保育園でも、1942〜1949年まで在職した保育者は、「戦後は午前保育で、おやつは（先代の）お寺の奥様が毎日もって来て下さいました。その当時は、ラクガン、マンジュウ、ダンゴ、果物少しづつわけ合って食べさせました」[37]と記している。つぼみ保育園に1946〜1949年まで在職した保育者は、「戦時中つぼみ保育園は多くの方の避難所に用いられていたそう」で、「とても汚れている入口、ホールを見て、皆さんが大変な生活をしていらしたことが判りました」「たまった泥をけずり取ったり、拭いたりする日々でした」そして、「喜びの中に5月20日に再開入園式を迎え、園長先生はじめ入園児、お家の方と共に感激と感謝いっぱいになった」[38]と語っている。

　中之町幼稚園が再開された1946年9月から在職していた人は、「占領下、私共は新しい教育に向かって、講習、研究と忙しい時代で、園児数も年々ふえ、保育室も手狭になってきましたが、中之町は何といっても独立園舎、園庭も公園側に拡張され、前には緑の山もあり、のびのびと保育ができ、大変幸せでした」[39]と記している。

2．行事に関する思い

入園式について、堅磐信誠幼稚園では、1946年度には「入園した一人一人の子供、園の生活に馴れるまでがどんなに大変なのであらうか　しかしそれが保姆の務であり又何よりの楽しみであると思ふ」（4月12日）と書かれ、1947年度には「どんなにか小さい胸をおどらせつゝ、門をくゞってきた事でせう」「この門出を輝く春の陽と共に新しい気持を忘れる事なく重大な責任に最善をつくして参りませう。幼なき魂の尊い一つ一つを真に生かし伸ばし得る事が出来ます様に」（4月9日）と書かれ、保育者の責務への思いを新たにしている。

木屋瀬保育園では1947年度の入園式で、「万般の打合せはなるべく腹に入るようにしつくりやっておかないと其の時になってからとまどひをするようでは、行事の進行が面白くなく仕事にたずさはる人も不快で成績も思はしくないものである。出来るだけの努力をしてお互いに助け合って協力の美しさ、団結の力強さによって保育の日々を迎へ又過ごしたいものである」（4月18日）と反省と保育者の協力への思いが書かれている。

運動会に関しては、木屋瀬保育園の1947年度では、小学校との合同運動会の日について「今年の運動会は何となく不安で自信のない運動会でしたが全園児はよく出来たそうだが私だけ上がり過ぎてゐた。全く恥ずかしい次第です。私のつまらなさ、おろかさが情けなく、考へれば考へる程悲しく、そして暗い淋しい運動会でした」（9月28日）と、自信がなくて落ち着いてやれなかったことに後悔の念を禁じえず、正直に綴っている。

卒園式について、1945年度の小倉幼稚園では「敗戦ノ祖国ヲ背負ヒテ立ツ子供達、雄々シク勇マシク、国際場裡ニフルマイテ、我祖国ノ名誉ヲ回復シテクレマスヨウ多難ナル前途ヲ思ヒ、幸多カレト祈ル　我愛シ子ヨ苦難ニ勝テ」（3月11日）と綴られていて、敗戦を背負って生きる卒業生達の多難を思い、将来への期待と激励の強い思いが記されている。

堅磐信誠幼稚園の1945年度では、「長い様な短い学期、いよいよ卒業式の朝

になつてしまった」「うれしそうにお免状を頂く百合組の子供、卒業式生の答辞の時、万感胸に満ちて只々幸多かれと祈つた」（3月23日）と書かれて、無事に卒業生を送り出せた喜びがうかがわれる。

クリスマスの行事に関して、キリスト教の園の様子をみていく。

1945年11月に保育を再開したばかりの堅磐信誠幼稚園では、「クリスマスも近ずいて来ましたので　そろそろその支度にかゝらう」（12月5日）に始まり、「もう二週間たらずでクリスマスを迎へる事になりました　私共ハそのよろこびの日の為にお歌にお遊戯に懸命の努力を致して居ります」（12月10日）と続き、「幼稚園ニユースのクリスマス号をみんなに持たせました」「気毒な子供達へみんなで良い事をした時にいたゞいたお金を貯金して置いて上げませう」とあり、「先生方からもうすぐ近ずくクリスマスの事を話してもらふたびに子供達の小さい胸の中もよろこびで一ぱいらしいです」と子ども達の喜びを保育者も共有している。そして、当日は「子供達ハうれしさうにやって来ました　バックの絵に見入ったりクリスマスツリーをながめたり、この間持って行った貯金箱も持ってきました。今まではハ戦争中でしたのでゆっくり楽しんだりよろこんで眺めたりする時間もありませんでしたのに、又そんな心のよゆうも見出せませんでしたが、今日こうして出来る事ハなんと云ふよろこびでせう感謝でせう」（12月21日）と書かれて、戦後再びクリスマスの行事ができたことに望外の喜びと感謝の気持ちを書き表している。1946年度にはクリスマス当日の記録がない。1947年度には、その前日「クリスマスも明日にひかへ落附かぬ気持」「クリスマスツリーをきれいに飾られ窓も緑と赤のテープと鈴で美しくなりました　子供達が朝やって来てどんなに喜ぶかしらと想像しながら急の準備が終りましたのは七時でした」（12月18日）と書かれて、当日は「子供達」「お室がきれいに飾られているのでうれしくてたまらない」「大喜び」というように、保育者も子どもと同様に歓喜の気持ちが書かれている。

同じくキリスト教の江戸川双葉幼稚園でも1945年度の12月上旬から「園長クリスマスの演芸準備（プログラム）」（12月5日）に始まり、「園長クリスマス

用材料造りを一日やる」（12月7日）、「園長プログラムを書く」（12月10日）、
「ツリーを飾つた処嬉しがつて眺めてゐた」「三年振りでの降誕祭」（12月19日）
とあり、前日には「蜜柑箱一箱」「飴沢山寄贈　プレゼントに星の手提に飴二
個とアラレ、他に蜜柑二つをやる事が出来る、恵なり」（22日）と書かれて、
当日は「祈りて迎えしクリスマス」「遊戯上出来にはあらざるも聖劇は深き感
銘を与へしならん」と感想が述べられている。ここでも、戦時中に中断された
クリスマスが3年ぶりに復活できたことの喜びの気持ちが綴られている。

　愛真幼稚園の記念誌には1947年度から勤務した保育者が、「秋には、運動
会、感謝祭などの楽しい行事が待ちうけ、クリスマスには、サンタ・クロース
がやって来」て「霰がふる頃、ルンペンストーヴが焚かれ、狭いホールは、子
供達の熱気と歓声で沸き、私達は忙しさを楽しんだ」「『カラスのカー吉』『ジ
ャックと豆の木』などは、大いにもてた」[40]と記している。

　学校行事に参加した南山幼稚園では、1946年度に話が難しくて騒ぐ幼児たち
に対して「さわぐのも無理はない」（9月25日）と記している。

　雛祭りの行事に関して、堅磐信誠幼稚園の1945年度では、「うれしいおひな
祭の明日に迎へたみんなハお歌もお遊戯も熱心におけいこ致しました」「赤い
毛せんの上にきれいにならんだおひな様もうれしさうに見てる様な気が致しま
した」（2月28日）と書かれている。

　上述のように、戦後には多くの園で、園行事の復活を喜ぶとともに、行事の
進行に対しても形式を押しつけるのではなく、園児達と共に喜び楽しみを味わ
うような保育者の気持ちが素直に書かれている。また、敗戦の多難な時代を生
き抜き、さらに新しい未来に生きる子ども達への祈願と期待と激励の思いが綴
られている記事もあった。

3．日常的な保育の中での思い

　栃木附属幼稚園では、戦中と同様に毎日の日誌に保育者の思いもたくさん記
録されている。その中で、戦後の変化と思われるものをあげてみる。1946年度

の「ヱかき　自由画をかかせる」保育について、「最初の頃よりは相当進歩した事を感じた。目標を指示しない為、自分の得意なものを前と同じく画く子が多い　もっと視野を広めてやりたい　個人指導がなかなか行き届かぬ事残念に思ふ」（5月24日）や「色紙にてワツナギ」の保育について「ワツナギの出来ぬ子に手伝っている中に、できた子は早く帰って見せたくてとても上手にお並びをして待ってゐた。利治ちゃん先頭に先生は一番最後だったが、門までのお歩きも今迄になく上手、自主的な行動は、教へたのより何倍かの効果をもたらす」（5月29日）のように、個人指導や幼児の自主性を重んじる保育者の気持ちが書かれている内容があった。「手技　桜の枯葉で模様づくり」の保育では「出来ぬ子二人、人の顔一人。他は指示した模様に似ていた、自由に創作出来、やり直し出来るので大喜びだった」（9月17日）のように、やり方を決めつけないで子どもの創意創作を大事にする気持を記録しているのは、戦後になっての新しい思いだといえよう。

　堅磐信誠幼稚園でも、日常の保育における保育者の思いがたくさん記されていた。1946年度の日誌には「お帰り前のお遊戯に今日はとても落着きなくだれて居て大変でした。保姆の気持ちが落着かないと尚の事、あせればだめになります」（5月30日）というように、子どもを責めるのではなく保育者の心持を反省したり、「この頃ハお歌にもお遊戯にもしまりがありません。其の上おあそびまでも何か張りがなくなつて居ります。どうした事でせうと心悩まされます。私達保姆が今少し共にあそぶ様心掛けませうそしてその中にしらぬうちに子供達のみの楽しいあそびを続けゆかれる様に出来ればいいと先生が仲間よりぬけて尚楽しくつゞけられる様にと願ひます」（6月25日）のように、幼児の遊びが楽しくなるように心を悩ませている様子が書かれている。また、「今日一日ハ何かきりつとしたきもちのよい日でした　朝集のときの先生のおはなしをひざをのり出してきゝ入り心からうれしそうなよろこびの声をあげて手をたゝきました　想像の世界へのおはなしのうれしそうな事」（12月3日）など、幼児の嬉しい気持ちをそのまま受け入れている保育者の思いが書かれてい

る。遊びについては「一人もぼんやり立つてゐる子のなかつたひととき本当に
うれしく思ひました」（6月25日）"先生入れて" と自らあそびに入る様にな
り本当にうれしい」（1月15日）等、様子が細かに記されている。

桜花幼稚園でも遊びに関する思いが書かれている。1946年度では「子供達ハ
各自ノ遊ビニ夢中ナリ　鉄棒ヲ幾回モ試ミテハ出来ル様ニナリ得意デ保姆ノト
コロマデ言ヒニ来ル子、負ケズニ競走スル子　初夏ノ太陽ノ下　日増シニ生活
ヲ充実スル子等ナリ」（5月29日）や「子供達ノ各自ノオ遊ビニ満足ゲニ余念
無シ　日除ノ腰掛デ保姆カラ絵本ノオ話シニ和カニ集リテ聞入ル子　鬼ゴッコ
デ駈廻ル者喜々トシテ過セリ」（6月28日）と園児達が遊びに夢中になり嬉々
としている姿に充実感の思いを述べている。

江戸川双葉幼稚園では、1946年度の日誌に「中庭へはだしで下りて困る」
（6月27日）というような困りごとが書かれている日もあるが、夏季保育に
「元気な顔をみせてくれて本当にうれしかった」（8月12日）という記述もあ
る。園長が入院して、保育者が遅刻や欠勤する状況もあって、苦労しながら保
育が続けられたので、この年末には「実に多難な一年」「よく乗切ることが出
来たこと、神の御加護大なるを知り感謝に堪へず」（12月31日）と、無事に保
育が継続できたことを感謝している。

瑞穂幼稚園では、1946年度には「国民学校の子供が、園児に今度来る時にお
金を持って来いといわれるとか、親から話があったので、今日は朝集で注意し
た、何と云はれてもすぐにしらん顔をして来る様に」と、近所の学童の荒れた
生活の様子が園児に悪影響していることが書かれ、「幼稚園だけでなく家でも
小さい子供をいじめぬ事など重々注意をあたへる」（5月29日）と記されてい
る。1947年度には、キリスト教の園であるので「カナダからおいでになったパ
ールス先生が」来られて「流長な日本語で子供達にお話しして下さった事を不
思議そうに静かに聞いていた」（6月17日）と、かって日本の新潟のもみじ幼
稚園で働いていた外国人の先生が園を訪れた時の様子が書かれている。

犬山幼稚園では、戦中には保育者の思いは記されていなかったが、1946年度

The日誌

の日誌には回数は多くないが、「やつと今日で身体検査を終つた。鉄棒もやつと出来上つて園児は大変喜こんで遊ぶ園児の帰宅した後小学校の生徒が大勢来て遊ぶには閉口」（6月18日）や「今日は非常に園児の出席が多かつたのでパンを作つて園児に与へた」（6月21日）等のように、保育者の困る気持ちや嬉しい気持ちが素直に表現されている。1947年度になると、「園児数定員の二倍強」で「目の廻る忙しさ」「疲れを覚ゆ」（4月15日）、「帰園時　俄雨の為　泣き出す者等出て来り困る」（6月25日）と書かれていて、急増した園児を相手に保育者が疲れた様子を記述している。この園は10月からは「男女児交替制」（10月1日）を取り入れ、午前午後の二部保育を行っている。それでも「北校の運動会稽古」の見学では「鉄棒等にて遊ぶ子等多くて監督に大童」（10月13日）と記され、保育者の苦労がうかがえる。

龍野幼稚園の日誌では「自由遊ノ状況」という欄があり、そこにいくらか保育者の思いを読み取れる記述があった。1945年度では「芋堀りをすこししたらみんなうれしそうにみてお歌等もうたつてゐる空は高く秋晴の元、みんなはつらつとしてそれぞれとお遊びをしてゐた」（11月6日）や、「初めての雪ふり」の日に「元気者が居て寒さもいとはず雪合戦をして居る。外の子供は焚火をしてあたらせる」（3月8日）のように、子どもが元気で活動する様子に共感するような記述がなされている。1946年度の入園式の翌日には「大体親離れがよかった」「ビスケットを一枚づ、配給して後、お花見をし乍ら、園庭に於て食べさせる。持って帰ると云った者もあった」（4月9日）、1947年度には「自由遊び」の時「団体的活動のお遊戯をする様になつて紙くづもあまりおとさなくよくなつたと思ふ」（10月31日）という記述がある。

西尾幼稚園の日誌には保育者の思いが指導の重点課題として書かれている。1946年度には、長い間の休暇のためか室内で遊ぶ子が非常に多いので「晴天の限り戸外にて遊ぶ様に指導したい」（9月5日）、1947年度には、「近頃樹木の葉を取つて飯事遊をして居る子供が多い中に花壇の花の頭を取つて遊んでゐるが樹木愛互の上から美しい花に対して愛互の精神の養成につとめたい」（5月

15日）とか、「紙屑を落とす者非常に多く、落さない様に又落ちていたら拾ふ様にしたいと思つた」（6月23日）、「最近鼻汁を出して居る子非常に多し」「子供にわかる様に話し全員そろつて徹底を計りたい」（6月24日）のように、幼児の行動面での気づきから、こうしたいという思いが書かれていた。

　木屋瀬保育園の1947年度の日誌には「自然を相手にしてゐると何んのこだわりもなく伸々と自由で腹のたつことは一つもない、自然と、とけあって人間の進歩が行はれたならば心配、気がねのない伸々とゆったりした理想的な人格を完成することができる、幼児の保育にも、自然にふれた無理がない伸びかたを常に考へて実行せねばならない」と書かれ、「反省」欄には「保育日誌は書く者の反省向上の資であると共に読む人の反省向上の資料でなければならない」（7月3日）と記されている。

　相愛幼稚園の記念誌には、1947年前後頃のこととして、散歩に行く時「救急箱、手ぬぐい、ちり紙などの他、鼻緒もその中へ入れての出発準備」し、「『くつをはいて』といっても、ほとんどの子が、ゴム草履か、かわいい下駄をはいて通園して」いて、「田圃を見学し、バッタをつかみ、草を摘みにと楽しく出かけるが、子供達の何人かは途中でその鼻緒を切らせ」「鼻緒ずれで足が痛くなり、皮膚が破れて血をにじませ」[41]ていたことを記している。中之町幼稚園の記念誌には、1947年に新卒で勤務した人が「園舎の屋根も雨漏りし園児の登園前に玄関にバケツ等を並べたこと、一つかみの野菜を持ち寄ってみそ汁を作ったこと、お弁当を持って来ない子供がいたことなど、現代では考えられない事が沢山ありました」[42]と回想している。

第6節　子ども達の思い出

　本節では、園の記念誌等から、当時園児として通っていた人の思い出を拾ってみる。まず1946年度（1947年3月）の卒業生からみていく。
　足守幼稚園（岡山県）の卒業生は「5・6名の疎開園児と共に」卒園したと

315

いう。「幼稚園は、足守小学校内にはなく近水公園の吟風閣が園舎」で、運動
場も遊具もなかったが、「公園内の立ち木や碑に登ったり、ぶらさがったりし
て遊ぶのが外での遊び。雨の日は、吟風閣の廊下の手摺から身をのり出すよう
にして紙飛行機を池に向かって飛ばしたり、笹の葉でつくった舟を投げ込んだ
りして遊びました。また、池には『ひし』といって食べれる実のなる浮草が群
生していました。そのとげのある実をおやつがわりに食べていました。よく池
に落ちてびしょ濡れになりパンツまではき替えさせてもらった子も数名いたの
を覚えています」[43]と綴っている。

　慈光幼稚園（長野県）に1945年4月に入園して1947年3月に卒業した人は、
入園直後から終戦までは疎開していたので、その後の思い出と思われることと
して、「先生が、毎日出席カードに、さくらやもみじのカラーシールを貼って
くださり、満杯になる日を楽しみに待った」「遊びと言えば、ジャングルジ
ム、庭の砂を紡錘状に集めて、口に含んだ水をチョロチョロと垂らして作るピ
カピカの土だんご。またときには全員の相撲大会もあった。"♪東と西に別か
れた相撲、どちらが勝っても威張るな、泣くな"と、凛々しい歌も教えていた
だいた」[44]と記している。

　愛真幼稚園（鳥取県）の卒業生は、「在園中の出来事はほとんど覚えていま
せんが、唯クリスマスの聖劇で天使になり白いベールを被り、『いと高きとこ
ろでは……』を精一杯の声で云ったことを覚えています」[45]と記している。

　1947年度には、進徳幼稚園（長崎県）の卒業生は、「特に暖房もない冷たい
板の間の上で」「先生方が、はつらつとして『森の小人さん』を踊ってみせて
くださいました。おどりもさることながら、しつけに厳しかった先生、歌の上
手な先生、ピアノ弾きの上手な先生、やさしい眼差しで接してくださった先生
方など」が今でも懐かしいと綴り、「友人たちとの遊びでは、石や缶けり、か
くれんぼ、縄跳び等があり」「山門の内側によじ登り、先生方から注意を受
けたこと」もあったという。「浄土真宗の教えを受けることになりますが、園
長先生が笑顔で語ってくださった尊い話」[46]も記憶に残っていると綴っている。

南町保育園（福島県）の卒業生は、「全てにおいて物資不足の時代でした。制服など勿論なく、私は母の着物を手直ししてもらい着ておりました。園の建物は玄関正面に畳の部屋があり左手にホール、右手に教室と常番さん達の部屋があったような気がします。遊具は、すべり台やブランコ、積木等が主だったと思います」[47]と記している。

梅檀保育園（愛知県）の卒業生は、「裏山でよく相撲をしたり、中広場では砂山を作りトンネルを掘り、壊れた瓦を汽車にして電車ゴッコをして、よく遊んだことが一番印象に残ってい」[48]るという。

第7節　保育者の研究・研修等

1945年度の研究・研修に関する記録は小倉幼稚園、初雁幼稚園、新城幼稚園にのみ残されていた。小倉幼稚園では、9月1日に「放課後二学期九月の打合職員会」が開かれている。その後は、園長と1名が「師範附属の運動会を参観」（10月26日）や、園長が「大分県杵築町幼稚園視察」（1月16日）をしている。講演は、12月に「新母講演会に全員出席」（12月12日）、「平塚教授講演出席　全員」（2月26日）とある。「午後より職員一同」が「キュリー夫人」を見学したという記録もあった（3月27日）。初雁幼稚園は、「教師会」（10月16日）、「県保育会出席」（11月24日）とあるが、その内容はわからない。新城幼稚園では、「来園者　矢野信宏先生　"ねんねのお里""早起時計"その他数曲教はる」（11月13日）、「来園者　矢野信宏　小猿の酒買い　山羊さん　お月見踊り　汽車ゴッコ　教授を受」（11月28日）や、「佐藤恭舜先生の衆議院議員選挙に対する講演　国民学校にて開催一時より聴講す」（2月12日）、「国民学校ニ於て婦人文化講座開催され　児玉正先生の経済学の講座に出席す」（2月14日）、「国民学校にて婦人文化講座開催され小林志津先生の『粉食について』の講話及実習あり　全保姆出席す」（2月21日）、「国民学校にて婦人文化講座開催され中島先生の『婦人と政治に付いて』の講話あり出席す」（2月28日）と

ある。

1946・47年度になると記録が増え、最も多かったのは**講習会**に関するものだった。講習会の内容は、保姆講習、保育講習、遊戯、リトミック、合唱、童話等で、遊戯講習に関するものが多い。

遊戯講習は、1946年度には、高梁幼稚園では「音楽遊戯講習会受講」のため、8月16日に「倉敷幼稚園ニ出張」、「音楽遊戯講習会」に2名の保姆が出席し「講師　文部次官　山田光　会場高梁高女　三日間」（9月3日）という記録があった。小倉幼稚園では「利島勝進氏　遊戯講習会　会員多数にて盛会だった」（11月23日）とあり、南山幼稚園では、「遊戯講習のため十二時五十分頃出る。園長先生講習のためお見えにならない」（2月18日）、「遊戯講習のため出る」（2月26日）、常葉幼稚園は、「華頂幼稚園に於て賀来先生の遊戯講習会あり」保姆が1名出席し（1月10日）、「高倉幼稚園にて遊戯講習あり」（2月18日）にも保姆1名が参加している。1947年度には、瑞穂幼稚園では、市立第三幼稚園での「遊戯研修会」（7月10日）、市立第一幼稚園での「遊戯講習会」（7月12・13日）に参加している。

そのほかの講習会として1946年度には、常葉幼稚園では「養成所に於ける講習会」（9月19日）が3日間開催され、保姆計3名が参加したとある。新城幼稚園では、「来園者　矢野信宏先生　俵はゴロゴロ、仲ヨシ小道、教授ヲ受ク」（4月10日）とある。「農繁期託児所保姆養成講習会へ（千郷国民学校）」（6月13日）とあり、翌日は「乗本国民学校」で開催されていた。小倉幼稚園では、「保育講習会　午前九時より出席す」（8月3・4日）との記録があった。1947年度の本荘幼稚園には、「東京女高師へ保姆講習出席のため上京」（7月17日）とあった。

リトミック講習会は、1946年度に小倉幼稚園の園長が「堺町校に於て石井漠先生のリトミック講習会に出席」（5月16日）している。合唱講習会は、1946年度の南山幼稚園に「午後一時本郷第一幼稚園へ合唱の講習に出る。午後四時近く終る」（2月15日）とあった。童話講習会は、1946年度の山梨附属幼稚園

に、「童話講習会」（11月22日・1月21日）とあった。

　講演会は、1946年度には、犬山幼稚園では県保育会総会の時に「医大杉田直樹先生の神経質の幼児に就いての講演の有る為出席す」（7月14日）、「犬山公会堂にて犬山署の司法主事より防犯交通に就いての講演」（7月15日）に出席、小倉幼稚園では、「代議士の御講演会に出席」（11月11日）している。瑞穂幼稚園は、「市立第三幼稚園での大学の堀教授の『数、観念研究』講演会」（1月22日）、常葉幼稚園では、「児童院に於て『就学前の保育に就きて』の講義あり、難波保姆、那須保姆出席す」（1月23日）とあった。南山幼稚園は、「倉橋先生のお話あり」（2月21日）に参加した。

　研究会に関するものは、1946年度には、山梨附属幼稚園では「峡東児童文化研究会発会式」（12月12日）、瑞穂幼稚園では「第一師範にて『愛知県の保育会』講話会あり」（6月28日）、1947年度には、本荘幼稚園では「午後三時より研究会　憲法および教育基本法輪読会」（8月24日）とあった。

　キリスト教の瑞穂幼稚園では、1946年度には「基督教幼稚園連盟の東海支部」に3名の保姆が参加（6月29日）、1947年度にも同様の記述が4回あった。

　見学、参観に関するものは、1946年度では、小倉幼稚園に「香春愛児園へクリスマス参観」（12月21日）という記録があった。高梁幼稚園では「東条保育園ヨリ保姆二名見学」（6月28日）、「保姆四名倉敷幼稚園参観」（7月10日）、「豊野隣保館ヨリ保姆」2名が見学（9月4日）や、その後も11月28日、1月9・16・17日にも見学に来ていた。1947年度には、瑞穂幼稚園の「堅磐信誠幼稚園へ見学」（5月22日）、「赤石先生　第三幼稚園へ見学」（7月10日）、「旭幼稚園」（12月11日）といった参観を行っている。小倉幼稚園の1946年度には、「職員会　七五三　シャシン　最高幹部会の件　講習会　師範附属小学校研究会発表会参観」（10月19日）とある。

第8節　保護者会・講演会等

　多くの園では戦前から「母の会」が結成されており、戦後も引き続いてこの
活動（事業）は行われている。以下、記録のある園を拾ってみる。

　代陽幼稚園では、1945年度の保育再開の日（9月1日）に「保護者会」を開
催した。

　桜花幼稚園では、「母姉会」という名称で1945年度に「雛祭リ遊戯唱歌会」
（3月2日）が開かれている。1946年度には、「端午ノ節句遊戯会及慰霊祭　母
姉会」（5月4日）があり、空襲で亡くなった保育者や園児の慰霊祭も行った。

　初雁幼稚園では、1945・46年度とも戦前と同様に年間2回くらいの割合で、
「役員会」を開催した記述があった（1945年10月と2月、1946年度5月と6月）。

　1946年度には、常葉幼稚園では戦前と同様に仏教行事の日と兼ねて「母の
会」を開催し、5月の「花まつり」行事と12月の「成道会」行事の日には盛大
な遊戯会を行っている。堅磐信誠幼稚園では、「母の会」が5月、6月、9月
の年間3回開催されている。南山幼稚園では、戦中は記述が多かったが1946年
度には記述そのものが減り、「委員会（母の会通知）」（6月26日）や、7月3
日や11月21日に「役員会」を行った程度の記述しか見当たらない。高梁幼稚園
では、遊戯会の日に「ふたば会総会」を開催している（2月22日）。

　京橋朝海幼稚園では、戦前は記述がなかったが、1946年度には「母ノ会結成
ノ為ノ準備会トシテ数名ノ保護者と懇談」（4月30日）、「母ノ会」の打ち合わ
せを行い（7月3日）、7月8日に実施したという記述や、12月には「母ノ会
保育参観」（12月18日）とあった。

　山梨附属幼稚園でも、戦前は記述がなかったが、1946年度には「母ノ会結成
ノ為準備会トシテ数名ノ保護者ト懇談ヲナ」（5月10日）して、その後、会員
名簿の作成や校長からの指示を仰いだりして、2か月後に「役員決定」（7月
18日）をしている。活動内容は「母の会講演会」（10月25日）を開催して「民

主家政ト育児法」の話を聞いたり、「母の会講話会」（3月14日）を開催して「現代の被服生活」をテーマにするなど、戦後の新しい時代の課題に対応するような講演会等を実施して啓蒙活動をしている様子がうかがえる。

瑞穂幼稚園の1946年度には「母の会」と書かれている日が、9回（7月2日、9月27日、10月31日、11月13日、1月23・29日、2月5・12日、3月8日）あり、そのうち9月の会の流れは「一．歌のお稽古（汽車、鈴虫、私たちは小さい子供、お月さま、十羽の雀）、一．講演（子供の絵について）、一．座談、歌（汽車）」で「午后一時半から四時まで」催したと記述されている。感謝祭（11月）のバザーなどに保護者は積極的に参加協力している。1947年度にも、11月のバザー（11月20日）や感謝祭（11月26日）の前には、母の会幹事会が準備を行い、母の会が催しに協力している。

木屋瀬保育園の1947年度は、12月までに「母の会」が2回開催されている。5月31日の「進行」は「10時開会　見学20分、休憩10分、懇談1時間」とし、「母の口から真の意見を出させ」て「立派な子供を育てる協議会として意義あらせ大いに参考として興味多い母の会としたい」と記述されている。12月5日の流れは「九時半　お集り、運動（カケ走）、九時五十分　室内御挨拶、お返事　十時　お話（園長）、十時十分　お唱歌、お遊戯　時間次第で紙芝居、十時半　懇談会、十一時半　散会」で、30名余の母の出席があった。園児達の出し物では、「梅組男女」が「お手々遊び　指切りゲンマン、ドングリ」、「バラ組女」が「焚火、お砂場、子供の朝」、「バラ組男」が「目高、幼稚園行進曲、子供の朝」、「桜組女」が「ニコニコ保育園、アヒルノオセンタク、子供の朝」、「桜組男」が「オ米、鬼ゴッコ、子供の朝」を演じていた。

1947年度には、本荘幼稚園で「バザー開催の相談」（10月15日）をしたとの記述があった。栃木付属幼稚園では、保護者会が「クリスマス会」（12月23日）や「学芸会」（3月6日）の日に「バザー」を催していることが記述されていた。

ところで小倉幼稚園では、1945・46年度に保護者と保姆がともに参加する

「文化会」を行っていたようで、その内容がたくさん記述されていた。1946年度の「文化会総会」（4月1日）では「欧米夫人と日本女性」の講演会を行い、そのほかに多様な活動を行っている。「観音経の読み方」（4月30日）や「俳句会」（5月7・28日、6月4日、7月2日、10月1・8日、11月15日）、「英語会」（5月9日、6月29日、10月5日、12月14日）、「お琴」（10月25日）という記述があり、戦後はこのような文化活動を園を舞台に保護者にも行っていたことがわかり、これも戦後の新しい取り組みと思われる。

1 戦争孤児123,511人の中には、1・2歳児554人、3歳児719人、4～7歳児13,213人が含まれている。この調査には、住所がない浮浪児、養子に出された孤児、沖縄孤児、都会の地下道などで餓死や凍死したりした孤児死亡者等の数は含まれていないので、実際はさらに多くの戦争孤児がいたはずである。（参照：金森茉莉著『かくされてきた戦争孤児』講談社、2020、195頁）。

2 文部省『学制百年史　資料編』、帝国地方行政学会、1972、52頁。

3 伊ケ崎暁生・吉原公一郎編『戦後教育の原点1　新教育指針　1946年5月文部省』現代史出版会、1975，参照。第1分冊1946年5月15日、第2分冊6月30日、第3分冊11月15日、第4分冊1967年2月15日。

4 国際特信社編輯訳『マックアーサー司令部公表　米国教育使節団報告書』、日刊国際特信社、1946、34頁。

5 文部省『幼稚園教育百年史』、ひかりのくに、1979、220-221、312-313頁。

6 岡田正章ほか編『戦後保育史　第1巻』フレーベル館、1980、192-195頁

7 全国保育団体連合会編『戦後の保育運動』、1988、19-30頁および松本園子『証言・戦後改革期の保育運動　民主保育連盟の時代』、新読書社、2013、19-23頁参照。

8 例えば、滋賀県軍政部民間情報教育課に1945年から3年間在籍していたJ.Kカワグチ著の『新教育の設計―戦後における教育民主化の足跡を滋賀県の実情にみる―』（教育タイムス社、1949）によると「学校教育法によって幼稚園及び保育所が、教育教育機関として、教育体系の中に位置づけられるようになつて以来、相互の連絡機関の必要性が強調され、これを具体化するために」「幼稚園と保育所の自主的研究機関」として「滋賀県保育研究会」（96頁）が発足したと記している。このような動きは、占領下の当時の実情に近いと考えられる。

9 友松諦道『戦後私立幼稚園史』、チャイルド社、1985、99頁。

10 目黒区では終戦の日から月日が経過しても、極度の食糧難、電気水道の復旧がおくれ、そこに疎開地からの子どもを引き取ることができず、父母からは早急に子どもを迎え入

れることは不可能だという訴えが東京都民生局に寄せられた。8月27日「命令があるまで待つべし」という電報が疎開地に入り12月まで疎開保育を続けたという。（目黒区『保育のあゆみ』、東京都目黒区厚生部保育課、1993、26頁）。

11 同上書、6-7頁。

12 同上書、27頁。

13 東京都公立保育園研究会編『私たちの保育史・上巻』、東京都公立保育園研究会、1980、273頁。

14 全国保育団体連絡会編『戦後の保育運動』、草土文化、1988、26頁。

15 神戸市保育連盟『神戸の保育園史』、神戸市保育連盟、1977、124-133頁。

16 同上書、134頁。

17 平野恒子著『児童福祉とわが人生』、神奈川新聞厚生文化事業、1982、92-107頁。

18 白峰学園保育センター編『保育の社会史』、筑摩書房、1987、168-169頁。

19 津市立幼稚園長会編『津市立幼稚園史』、津市立幼稚園長会発行、1987、34-35頁。

20 三重県幼稚園協会・三重県国公立幼稚園長会編纂『三重県幼稚園史 幼稚園教育百周年を記念して』、三重県幼稚園協会、1976、99頁。

21 四日市市立教育研究所編集『四日市市教育百年史』、四日市市教育委員会、1982、992頁。

22 三重県総合教育センター編『三重県教育史 第3巻』、三重県教育委員会、1982、229頁。

23 徳島県幼稚園史編さん委員会『徳島県幼稚園史』、徳島県国公立幼稚園長会、1969、39頁。

24 徳島大学学芸学部附属幼稚園『七十年史』1963、6-7頁。

25 倉橋惣三「私信」『幼児の教育』第45巻第1号、1946。

26 附幼100周年記念誌編集委員会編『附幼100年のあゆみ』、富山大学教育学部附属幼稚園、1987、66頁。

27 同上。

28 本田トヨ『私の七十五年』、社会福祉法人婦人生活文化協会・財団法人蘇峰会、および『財団法人婦人生活文化協会の三十年史』より、無頁。

29 岐阜県教育委員会編『岐阜県教育史（通史）第6巻』、岐阜県、1992、207頁。

30 王栄幼稚園創立六十周年記念誌編集委員会編『熊本王栄学園 王栄幼稚園創立六十周年記念誌』、熊本王栄学園王栄幼稚園、1986、34頁。

31 『宇都宮聖ヨハネ教会聖堂聖別80周年 愛隣幼稚園創立100周年記念誌』、日本聖公会北関東教区宇都宮ヨハネ教会 学校法人聖公会北関東学園愛隣幼稚園、2014、16頁

32 東京都台東区立根岸幼稚園編・発行『百年のあゆみ』、1990、20-21頁。

33 岐阜県教育委員会編、前掲書29、208頁（「昭和20年度二葉幼稚園 幼稚園日誌」転載）。

34 神戸保育園長 古賀孝子編『八十年を顧みて』、神戸保育園、1986、112頁。

35 『50周年記念誌』、姫路市立城陽幼稚園、1968、24頁。

36 同上。

37 記念誌編集委員会編『慈愛〔園舎改築落成・創立50周年記念誌〕』、社会福祉法人久慈保育園、1989、32頁。

38 つぼみ保育園創立70周年記念会実行委員会編『すずかけの樹の下で つぼみ保育園創立70周年記念誌』、社会福祉法人つぼみ会、2002, 10頁。

39 『開園100周年記念誌』、東京都港区立中之町幼稚園長　永田博敏、1990、24頁。

40 宗教法人愛真幼稚園内　永田善治編『創立60周年記念誌』、宗教法人愛真幼稚園、1966、32-33頁。

41 『九十年のあゆみ－相愛幼稚園創立九十周年記念誌－』、相愛幼稚園園長　平澤義、1984、41-42頁。

42 東京都港区立中之町幼稚園、前掲書39、24頁。

43 創立百周年記念事業実行委員会編『岡山市立足守幼稚園記念誌　おもいで百年』、岡山市立足守幼稚園　足守父母と先生の会、1994、19頁。

44 『慈光幼稚園百年史』学校法人高松学園　認定こども園慈光幼稚園、2013、42、262-263頁。

45 学校法人愛真幼稚園理事長　三上晃編『愛真90年』、学校法人愛真幼稚園、1996、50頁。

46 創立100周年記念実行委員会『創立100周年記念誌』、学校法人教法寺学園進徳幼稚園、2006、24頁。

47 南町保育園創立80周年記念誌編集委員会『南町保育園創立80周年記念誌』、2007、22頁。

48 『60年のあゆみ』社会福祉法人栴檀福祉会栴檀保育園、1984、28頁。

第5章　戦争と保育について考える
—まとめに代えて

　1945年8月15日、ポツダム宣言を受諾し日本の無条件降伏で、戦争は終わった。保育日誌をはじめとする諸種の同時代記録を読み解き、戦中・戦後にどのような保育が展開されていたのかをみてきた。そこに現れたのは、必ずしも戦争一直線、戦時色一色ではない実態である。行事のところでみたように、「君が代奉唱」「勅語奉読」「宮城遥拝」等が行われていたが、日常的な保育の中では従来からの保育も多くの園で展開されていた。この章では、戦中・戦後の共通点、相違点をもう一度振り返りながら、考察することとする。

　まず行事に関しては、入園式、修了式、学期始業式、学期終了式など園運営上の定番ともいえる行事については多くの園で記録があり、共通して行われていたと言える。しかし、その内容は、戦中と戦後では異なるものがあった。戦中には、これらの園行事の際に、「敬礼」や「君が代」、「勅語奉読」「宮城遥拝」も行われ、さらに1944年度には「最敬礼」や「祈念」を行う園もあり、戦時色が濃くなっている。戦後には、そうしたものがなくなり、代わりに「紙芝居」を読むなど幼児を楽しませる工夫もみられた。

　遠足や運動、遊戯会などの行事は、大きくは変わらない。保護者参加、地域の人も参加して賑わう楽しい行事であったことがわかった。運動会は、戦中・戦後を通じて行われていて、小学校の運動場を借りている園があるところも共通である。だが、戦中には「体錬会」のような時代を反映した名称で行われていた園もあった。卒業生で、遊戯会や運動会でしたことを覚えている人も多い。残されているプログラムや写真も併せて見ると、戦中には、遊戯会・学

芸会で「兵隊さんありがとう」の遊戯や「海ゆかば」の合奏のように、戦争に関わる内容もとりあげられている。運動会でも、戦中は小学校や町の運動会に参加して、「東郷大将」や「白衣の兵隊さん」の遊戯をするというように、戦争関連の内容も行われていた。それと同時に、玉入れや鈴割、だるま運びやリレーのような種目が、戦中にもとりあげられていた。

国家的行事である天長節、明治節、紀元節、元旦拝賀式は、戦中にはどの園でも熱心に行われていた。それらの行事では、天長節の歌や明治節の歌を歌い、君が代を「奉唱」している。海軍記念日や陸軍記念日も行われていて、乃木大将の話や日本の軍隊の強いことが話されていた。「紀元二千六百年」や「教育勅語渙発記念」も行われていた。日本は神の国だと奉安殿・奉斉殿、神棚にお辞儀をし、宮城遥拝や君が代が日常の中に入ってくるという状況で、皇国民を育てる第一歩が始められる。小学校・国民学校に入れば、それがさらに強化されて行く。学校の行事に一緒に参加していた国・公立幼稚園では、戦時色が濃かったようである。これらの国の行事は戦後になると多くの園でとりやめられたが、中には1947年頃まで天長節の行事が行われていた園もあった。

仏教やキリスト教の園では、それぞれの宗教行事が行われていた。仏教では戦中・戦後ともに、行われた行事に違いはみられない。キリスト教では、園によって違いがみられた。戦争が激しくなる1943年以降クリスマスを行わなかった園と、1944年にも祝会を行っていた園とがあった。1944年になっても感謝祭を行っている園もあった。戦中にクリスマス会を行えなかったキリスト教の園では、戦後に再開できた時には大きな喜びを表している。

次に**保育内容**に関してみていく。**遊戯・唱歌**に関しては、戦中・戦後ともに、どの園も一般の唱歌や童謡、キリスト教の園では讃美歌が大半を占めている。「遊戯」に関しては、『写真集　幼児保育百年の歩み』[1]には、ナチスの旗を持ったり、旭日旗を持ったりした写真が紹介されているが、三国同盟の後、三国の旗を持って遊戯をしていた保育所では、同じ時期に着物を着た女児達が踊っている写真も残されていて、戦中といえども戦時色一色ではなかったこと

がわかる。ただ、日誌に多くの題目が記されていた幼稚園で1940年度と1944年度を比較すると、1940年度には戦争関連の題目は1割強であったのが、4割ほどを占めるようになっていて、戦争関連のものは増えていったと思われる。「水兵さん」「兵隊さん」「僕は軍人」「太平洋行進曲」等に加えて1943・44年度になると「小国民進軍歌」「軍艦」「（進め）みくにの子供」等が複数の園で登場している。戦後には、そういった戦争に関連した題目がなくなった。遊戯に出てきた「コツキノフレフレ」は、倉橋惣三の作詞であり、これに関する宣伝が雑誌『幼児の教育』でなされていた。この曲は、国公立の園では繰り返しとりあげている園もあった。その歌詞は「こつきふれふれ　ふれふれこつき　あかいたすきの　へいたいさんが　いつてきますと　げんきなかほで　きよしゆのけいれい　いさましい」という一番で、二番には「かつてかえれと」「みんなでばんざい」、三番には「かつてください　おくにのために　ゆくもかへるも　いさましい」という言葉がでてくる[2]。

「唱歌」でも「僕は軍人（大好きよ）」「軍艦」「兵隊さんよ有難う」「（進め）みくにの子供」「落葉の兵隊」「愛馬進軍歌」「潜水艦」等、複数の園でとりあげられていた。日本保育学会が1970年に行った戦争中の保育状況に関する調査結果が、『日本幼児保育史　第五巻』に紹介されている[3]。「戦時中によく唱われた歌」として、「僕は軍人大好きよ」「兵隊さんよありがとう」の2曲は特に多い。次いで「愛国行進曲」「お山の杉の子」「勝ってくるぞと」「隣組」「兵隊さん」になっている。「見よ東海の空あけて」や「予科練の歌（若鷲の歌）」もそれに続いている。日本保育学会の調査では「当時、園でよく歌っていた歌はどんな歌でしたか。もっともよく歌ったものから順に三つその題名を列挙してください」というものなので、国家的な行事に関する歌は登場しない。日本保育学会の調査では1943年4月から1945年8月15日までのこととして質問しているので、今回の日誌等の分析のうち、その時期に重なる第2章第3節の状況と比較してみると、多くの園で歌われていたのは季節や行事に関わる歌や「大詔奉戴日」「軍艦」「僕は軍人（大好きよ）」等であったので、「僕は軍人大好き

よ」が共通であるほかは、異なっている。日本保育学会の結果は、20年以上たった記憶によるものが中心であること、本研究では対象としている園数が限られていることから、異なる結果となったと思われるが、実際は多様であったことをうかがわせるものとも言えよう。日誌等には記されていなかったが、記念誌にあった、子ども達が「大声で予科練の歌」を歌っていたという保育者の記述から、みんなで一斉に保育の中で歌うことはなくても、覚えた子ども達が歌っていたことがうかがえる。「園でよく歌っていた歌」というだけでは、保育者が伴奏をして皆で歌ったのか、幼児達が自由に遊びながら歌っていたのかはわからない。

唱歌では、「軍人保護院・恩賜財団軍人援護会」が出した「軍人援護教育指針」（1941年）の中に、教科書に掲載されている曲目以外に「芸能科音楽」の補助教材として曲名が例示されている[4]。そこに出てくる「愛馬進軍歌」や「太平洋行進曲」は、いくつかの園であげられていた。「をぢさん有難う」や「海ゆかば」を取り入れていた園もある。「をぢさんありがたう」は、土岐善麿作詞、中山晋平作曲で、「傷痍の勇士に捧ぐ」歌であった。「オクニノターメニオテガラタテテ　テキノトリデニヒノマルヲタテタ　ヲヂサンオキズハイカガヲヂサンヲヂサンアリガタウ」という歌詞で、「傷兵保護院撰定」になっていた。

観察に関しては、全体的に他の項目に比べて記述が少ないことが戦中・戦後ともに共通している。戦中は、草花、身近な生物・小動物が多く取り入れられていた。記述の多かった園でも、戦後になると観察の記録が減っているが、観察とは記述されていなくても、園外保育に出かけた途中や行った先で行われたこともあったと思われる。園児の思い出として、どんぐりを拾ったりタケノコを取ったりしたことが記されていたし、ウサギを囲んで見ている写真が残されていること等から、実際には日誌等に記載されたより多く取り入れられていたのではないかと思われる。戦後は、観察を保育の中で設定することは少なかったが、外遊びが中心だったことや、土団子作り、草摘み、バッタとりをしたこ

と等が語られていて、遊びの中で自然にふれることは行われていたと思われる。

　談話に関しては、多くの園で幼児向けの童話・お話や紙芝居が行われ、経験発表や話し合いが行われている園もあった。紙芝居では「三匹の子豚」や「七匹の子山羊」「桃太郎」「小猿の恩返し」「ハンスの宝」「お山の隣組」「ドカン」等、戦中・戦後ともとりあげられていたものもあれば、「金太郎の落下傘部隊」や「爆撃荒鷲隊」「ソロモンの海戦」のように、戦中のみあげられている戦争関連のものもあった。キリスト教の園では「イエス伝」「ダビデ」のようなキリスト教関連のものは、戦中・戦後ともとりあげられている。紙芝居は戦後に新しいものが出回るまで少し時間がかかり、今回対象としたのは1947年度までだったので、戦前からのものが用いられていた。童話・お話では、「舌切雀」のような昔話は、戦中・戦後ともとりあげられている。戦中には、『系統的保育案の実際』のなかにある「談話通覧表」に出てくる「童話」が多くの園で取り入れられていた。栃木師範学校附属幼稚園や庄原幼稚園のように、とりあげられていた童話の大半がこの「談話通覧表」に出てくるものであった園もある。1944年度には、幼児に向けた戦争に関する話や、靖国神社大祭や大詔奉戴日、天長節、明治節、紀元節、地久節をはじめ陸軍記念日や海軍記念日に関する話は、多くの園でとりあげられていたが、戦後間もない時期には、明治節や教育勅語の話は、一部の園で残っていた。戦中には「教育勅語」「靖国神社」や「兵隊さんへの感謝」「防空演習の話」「日本の強い子」等戦争に関連したものが目立つ。戦後になると、日本古来の武勇伝や戦争に関する内容は一部の園では残っていたが、全体的には姿を消している。新たに、子どもの話し方の指導等が入っている園もみられた。

　手技に関しては、全体的に戦中の方が記述が多く、戦後は減っている。「たたみ紙・折紙」「切紙」「貼紙」「塗り絵」「自由画」は、戦中・戦後ともとりあげられている。その内容の多くは、季節、日常生活、年中行事に関連したものである点も、変わりない。ただし戦中には「軍艦、Ｚ旗、鉄かぶと」のような戦争に関連した題目がしばしば出てくる。江戸川双葉幼稚園には幼児の絵が多

数保管されているが、それをみると戦後にも自由画で軍艦を描く子がいたことがわかる。自由画なので、幼児が描きたいものを描くわけだが、それまで描いていたものをその後も描いていたわけである。戦争が終わったからといって、幼児の絵がすぐに変わるわけではなく、敗戦後に軍艦を描く幼児がいても、突然、「描いてはいけません」と禁止せずに、徐々に変わっていくようにしていたことがうかがわれる。資料編には1946年度の「卒園記念画帳」から載せたが、その後の絵も残されていて、それをみると戦争関連の絵が減っていくことがわかる。1944年以降になると、物がなくなり、糊も小麦粉を煮て作っていた。戦後もすぐの頃は、やはり物不足が続いていて、戦中同様、古ハガキ等の廃物が使われていた。

　戦中・戦後の**自由遊び**の記述は、詳しい園、わずかしか記入されていない園、記入のない園と様々であったが、まとめてみると、ままごとや鬼ごっこ、砂場遊びのような遊びや、ブランコ、すべり台等の遊具による遊びは、時代を問わずよく遊ばれていた。ブランコや砂場、遊動円木に関することを思い出として記した卒業生も多い。幼稚園・保育所に行かなければ遊べない遊具は、楽しいものであったことがうかがわれる。

　鬼ごっこや汽車ごっこのようなごっこ遊びも、戦中・戦後共通であるが、戦中には、戦争ごっこや兵隊ごっこに代表される戦争関連の遊びが、多くの園でなされている。木製の銃を遊具として準備していたことがわかる園（佐倉・南山・龍野等）もある。『写真集　幼児保育百年の歩み』の中にもあるが、特に男児はよく兵隊ごっこをしていたことが、1939年度の佐倉・龍野幼稚園で記述されている。また、収集したアルバム、写真の中にも、木銃を持ってほふく前進のポーズで写っているものが残されていた。

　防空演習ごっこは、既に1938年度になされていた。幼児達が経験した日常が、ごっこ遊びに反映されている。「防空演習ゴッコガ始マリトテモオ上手ニ面白サウ」（佐倉、1944年11月）という記述からは、こうした遊びを肯定的にとらえていたことがうかがわれる。

　ところでままごとであるが、日常生活の反映という点では、ままごとほどその遊び方に影響が出る遊びはないと言ってもよい。「お父さん兵隊さんでお家にいない・・・」というままごとであれば、間接的に戦争に関連した遊びとも言える。また、砂場遊びも、砂場で陣地を作り「突撃！」と言って敵の陣地を崩して遊んでいれば、これも戦争に関連した遊びと言えるが、日誌等の記録には残念ながらそこまで詳しく書かれていない。だが、「椅子の戦車」「積木モオ砂場デモ軍艦」（佐倉、1944年5月）という記述からは、戦争に関連した遊びがなされていたことがうかがわれる。

　日本保育学会が「当時、幼児が好んで遊んだ遊びにはどんなものがありましたか。その種類を、男児・女児別に三つずつ列挙してください」という調査の結果が紹介されている[5]。多い順に男子「戦争ごっこ」「砂場遊び」「兵隊さんごっこ」「陣取り」「鬼ごっこ」、女子「ままごと」「看護婦さんごっこ」「砂場遊び」「人形遊び」「鬼ごっこ、縄飛び（同数）」である。1943年度から敗戦までの日誌等では、「戦争ごっこ」は出てくるが、多くはなかった。また、「看護婦さんごっこ」は見当たらなかった。

　戦後になると、戦争ごっこや兵隊ごっこは出てこないが、幼児達はしなかったのであろうか。敗戦を境に、手のひらを返したようにしなくなったとは思えない。教科書の墨塗りがいち早く行われたように、幼稚園や保育所でも戦争に直接関連するようなもの、例えば木銃のようなものは、すぐに処分されたであろうことは想像に難くない。総社幼稚園に残されていた『キンダーブック』（「ハシ」の話）は、「グンタイ」「グンヨウ」のところが墨塗りされていて、教科書と同じように、戦争関連の言葉を消したものであることがわかる。木屋瀬保育園の「保育案」には、9月に「遊技唱歌（軍歌をはぶく）」と記されていて、すぐに出来る対応をしたことがうかがわれる。だが、9月以降登園して来た幼児達が「先生、鉄砲貸して！」と言わなかったのであろうか。その場合、先生達はどのような対応をしたのであろうか。幼児達は、警報で防空壕に入ることはなくなっても、戦中の日常を引きずりながら生活していたとみる方が自

331

然である。

　ところで、この時期に多くの保姆達が手に取っていたと思われる『幼児の教育』には、どのような記事が掲載されているのであろうか。

　1938年には「時局の保育、時局の影響を各地幼稚園に聞く」という特集があり、1月号に7園、2月号と6月号に各1園の様子が紹介されている。国旗掲揚や神社参拝、慰問をあげた園が多く、時局の認識や資源愛護、体育向上をあげた園もある。遊戯や唱歌で兵隊さんを多くとりあげるところもあった。

　太平洋戦争開始後の1942年には、倉橋惣三の「戦時国民幼稚園」が10回にわたり連載されている。この初回に「この大戦争は決心せられてゐた。必勝完遂も確信せられてゐた。しかし、この戦果の何んたる輝かしさぞ。この進撃の何んたる速かなことぞ。この大勝の何んたる遉しいことぞ。何んたる連勝ぞ。何んたる席巻ぞ。今更に、大稜威の宏大に感激し、皇軍の勇武に感嘆し、たゞたゞ喜び胸に充ち、涙眼に浮びて、万歳々々とのみ、手を挙げて相よばふばかりである」と記し、「万歳をさけばう。子等と共に。子等をして、手を挙げて、万歳をさけばせやう。我等と共に」と結んでいる[6]。この年から始まった「大詔奉戴日」について、東京女子高等師範学校附属幼稚園の第1回の式次第を主事であった倉橋が紹介している[7]。「敬礼」「宮城遥拝」「国歌斉唱」「詔書謹話」「祈願」「祈念」「愛国行進曲合唱」「敬礼」の順であった。「祈願」は「カミサマ　ニツポンノ　クニヲ　オマモリクダサイ　イクサヲ　シテキマス　ニツポンノ　ヘイタイタチヲオマモリクダサイ　エウチエンノ　ミンナデ　オネガヒマウシアゲマス」というもので、「一同の心を代表して」主事が行う。「祈念」は「ニツポンハ　ツヨイ　コノイクサニ　キツト　カツ　ワタクシタチモ　キツト　ヨイコニ　ナリマス」というもので、「一句ヅ、主事ガ先ヅ言ヒ幼児一同ニテ言フ」ようにしていた。これは「たゞ一例として、御参考になればいゝと思ふ。御参考などゝいふよりも実は、私のところでは斯うしますといふこと」を書いただけと記しているが、この「祈念」と同様な文言が、第2章第3節でみてきたように師範学校附属幼稚園で取り入れられていたので、影

響力があったことがわかる。また、この式の間は「幼児一同立つてゐる」とあり、勝川幼稚園で1942年度の天長節で立っていたことにもつながっているのではないかと思われる。

「各地幼稚園だより」[8]の中で、小倉幼稚園では、「集会の折は国民儀礼の後」「一、だいにつぽんはかみさまのおくにです　二、てんのうへいかはかみさまです　三、わたくしどもはにつぽんのよいこどもです」という言葉を「全園児静かに朗誦」するという。郡山幼稚園では、「奉安所前に至り最敬礼」し、自由遊びの後「国旗塔の下に各組別に整列し」輪番で「掲揚」、「会集室に入り朝の挨拶」「時局のお話」「皇軍の御苦労を感謝」して、「誓願の言葉を奉唱」する。「私達は　天皇陛下の御ために生れ　天皇陛下の御ために働き　天皇陛下の御ために死す」という言葉で、「奉唱して後はいつも確固たる信念を握んだ様な魂の輝きを見ますので涙がこぼれます」と記されている。

「大東亜戦争必勝完遂」と掲げられた「幼児の母」の12月号の記事[9]に、「有事多事が、みんな有り難い結果ばかり」「こんなに国のお蔭を有り難いと思ひ、国の力を有り難いと感じたことは滅多に」ないとある。同じ頁の「幼稚園から」には、大東亜戦争下という大きな時代に幼稚園時代を送ることは、一生にとって意義深いこととしたうえで、「幼稚園の記念にお子さんの描かれた戦争画なり、つくられた飛行機なり、その幾つかを今年の分として、大切に御保存になるがいゝ」、休み中に大きなニュースがあったら母が話し、「一月からまた始まる幼稚園の戦争のお話につゞくやうにしていたゞきます。地理がよく分つても分らないでも、こゝ、こゝと地図の上に実感を補つて」と記されている。国の有り難さが強調され、幼稚園でよく戦争の話をするように考えられていたことがわかる。同じ号に「この幼児達を天皇陛下の御楯として、国土防衛の第一の戦士として如何に育つべきか、といふ考は、吾等保育人の頭から片時も離れない」という記述もなされている。倉橋が中心的役割を担っていた『幼児の教育』の論調は、この頃には戦争の一翼を担う姿勢が前面に、全面的に出てきている。

　1943年になると、「保育奉公　大東亜戦争必勝完遂」と書かれた雑誌の巻頭言に、倉橋の「明治天皇御製謹誦」が連載されている。1944年になると、「戦時幼稚園小景」として「子等と共に戦果を聴く」「子等と共に祈り子等と共に誓ふ」等がやはり倉橋によって書かれている。そこからは、ラジオによる戦争報道を聞いていることがうかがわれる。この年度の9〜12月号には倉橋による「陣友音信」が掲載されている。この中には、附属幼稚園の近況報告や本誌編纂、発行を巡る状況も記されている。紙質も悪くなり紙の配給が削減されても「不服などいへたものでない」とし、「一切之れ戦争一本、決勝専念、他を顧るに暇」なく「小さい本誌も亦、必勝のために編輯せられ、発送せられ、そして必勝のために受け取られ、よく読まれ、よく活用せられること以外、今日の使命も存在もない」と結ばれている[10]。この翌月を最後に休刊となる。

　もう一つ保育の現場に大きな影響を与えたと思われるのが『系統的保育案の実際』である。この改訂版が1941年に出されている。この「序」には「時局下に於ける幼稚園保育の深刻なる覚醒と、更に、国民学校の新制に対する就学前教育としての周到の用意とは、到底旧版のまゝに止まることを許さなくなつた」と記され、「解説」にも国民学校との関連で書き加えられている。最後につけられている「唱歌・遊戯通覧表」「談話通覧表」を比較すると、共通している題目の方が多く、改訂版で、戦争や兵隊に関する題目が特に増加しているようにはみえない。「年中行事表」[11]にあげられた行事は増えていて、「神武天皇祭」「天長節」「大正天皇祭」「皇后陛下御誕辰」と天皇に関わることと「勅語」が、増えた分の半分ほどを占めていた。天皇重視の表れとも言えよう。それは、保育者たちの思いにもつながるものであった。

　では、**戦中・戦後の保育者達の思いはどのようなものであったのか**。はしゃいだり、話しすぎるなど幼児の行動面に「困った」気持ちや、保育が環境面で問題があり「困る」気持ちが表されている。出席が少ないのも「困った」という思いである。逆に、保育がうまくいったり、成長ぶりがみられると「嬉しい」「楽しい」という思いが記述されている。日々の幼児達の様子に、感心し

たり、喜んだり、困ったり、自らの保育を反省したりということは、時代を問わずなされている。しかし、そのなかに、戦争の影響が表れている。釘を拾って持ちきれないほどになった時に、献金すれば軍艦になる、大砲もできるという幼児達を小さくても「非常時ノ子供」だとうれしくなったり、鉄砲を持って遊ぶ様子や防空演習ごっこの様子をいかにも「戦時下の子供らしい」と肯定的にとらえたりしている。「充分なる精神を養い育てん」「安らかに国のよい子に成人するやう」と、お国のために子どもを守り育てるのが務めだと思った保育者は多い。

「神様にお礼」を毎朝していた龍野幼稚園では、お早うと喜んで登園してくる幼児に「神様にお礼は」と注意することは心苦しい、大人でも忘れるのだから幼児が忘れるのは無理もないと記されていた（1939年7・9月）のが、丁寧にお辞儀しなおす幼児をみて「観念がはっきり出来た」ようでうれしい（1941年2月）と変化している。皇太子の写真が「御貸下げ」になった時に、「皇国日本に生れた事を喜び力強く感じました」（進徳、1944年9月）という記述も見られた。犬山市では天皇の行幸があった後、行幸記念日が毎年行われていて、犬山幼稚園の日誌に記されていた。この日には、例えば1939年には「遥拝式」とある。

1943年度以降になると、戦争に関する記述はより直接的になる。「決戦下の超非常時」「決戦下の子供」（南山）や、分かったというような簡単なことではなく「そのふんゐきにひたりきらせたい」（栃木師範附属）という記述を、どうとらえればよいのであろうか。1944年度の後半や45年度になると、「戦時下の子ども」「戦時下の保育」という切迫した状況での園児の安全に対する苦悩の思いが表されていた。戦後には、安心して保育できる安堵感、子どもたちが屈託のない園生活ができることの喜びを読み取ることができた。

研究・研修に関しては、戦中・戦後に共通して多くの園で参加した講習は「遊戯」「音楽」であったが、音感教育は戦後にはあまりみられなくなっている。また、公立園では県や市・区の研修会に、仏教の園ではその関連団体の研

修会に、戦中・戦後に共通して参加している。戦中に他園見学という研修の記録がみられたが、戦後にも他園に見学に行ったり、他園から見学に来たりしていた。1944年度になると、研究・研修が少なくなっていたが、戦後は1946年度以降には遊戯をはじめさまざまな講習会の記録が増えていて、講演会や研究会について記入する園も多くなっている。

保護者会（母の会）の活動は、戦中から多くの園で行われていたが、戦後に新たに結成された園もある。行事への協力をはじめ共通する活動も多いが、戦後は小倉幼稚園のように、園で保護者と共に文化活動を行ったところもある。

敗戦の受け止めと戦後すぐの対応はどうであったのか。敗戦の日に、日本人としてこの恨みある日を忘れられないとしたうえで「新しき日本建設をこの日より心がけ、大君の御心にこたへたてまつるより外はなし」（恵那市、二葉幼稚園）[12]と書かれた日誌が残されているが、敗戦の受け止めは様々であったとはいえ、このような天皇への忠誠を誓う精神は生き続けることになる。

戦後の行事をみると、明治節、紀元節が行われ、君が代が歌われ、園によっては宮城遥拝も残っていた。戦争と天皇制は、意識の上で結びついていなかったと言える。天皇制の国体護持を最大の課題ととらえ、敗戦に当り「天皇陛下の御無念いかばかりか」というような精神構造が問われなければならなかったのに、敗戦後もそれは残り続けたのである。

幸ヶ谷幼稚園に保管されていた「連合軍関係通牒綴　昭和二十年起」の中に、1946年から1947年にかけての「御真影奉安殿の撤去について」「国旗掲揚に関する件」「学校に於ける宮城遥拝等について」という通達が残されていた。奉安殿に関しては、何度か通牒が出され、神社様式を持つか否かに関わらず撤去することや、校舎内にあるものも撤去すること、それが困難な場合には「金庫、倉庫等の他の目的に使用することが適当」であるとされていた。学校長宛に、例外なく撤去するよう重ねて通牒されていた。奉安殿の撤去は、滋賀県でも再度早急に行うように通牒[13]しているというように、中々撤去されない状況があった。それほどまでに、意識の中に入り込んでいたと言えよう。

　奉安殿の前でお辞儀をすること自体が「神の国日本」につながり、軍国主義、戦争へつながるとは捉えられていなかった。軍隊のように直接戦争に関わるものは否定されても、教育勅語は否定しないという精神にも通底する。今回収集した日誌等の中では、小倉幼稚園で、奉斉殿の取り外しについての記述が残されていた。

　国旗掲揚に関しては、「厳に差控へられたく念の為通報する」と記されていた。遥拝に関しては「儀式に際して学校が主催し指導して行われた宮城遥拝、天皇陛下万歳は今後やめることとする」（1947年6月）とされ、第4章でも見てきたように、1947年度の明治節になると、大半の園で儀式が行われなくなったことにつながっている。

　1940年には、第1章でみてきたように、紀元2600年や教育勅語50周年が大々的に行われたこともあって、この前後に園によってはかなり多くの戦争関連の題目がとりあげられていた。その後も園により違いがあり、戦争に関わる遊戯や歌、話等はどの幼稚園、保育所でも多くなっていたわけではない。しかし、子ども達が軍歌を歌っている日常、園で教えるとすでに知っている幼児達、勝った、勝ったと旗行列をするのに参加し、次第に演出された熱狂に巻き込まれていく。戦争は軍部のみが独走して拡大したものではなく、国民の支持があったのである。満蒙開拓団に関して、無理やり割り当てられたという話が残されているが、そのはじめには、窮乏した農村地域から、割り当てを増やしてほしいという要望すら出ていた。閉塞状況の打開のため、それが侵略になるとは思わずに、海外進出を志向したのである。

　第3章でみてきたように、1940年の10月以降には、多くの園で「防空演習」が行われていたが、まだこの時期には危機感は強くない。1942年に初空襲があり、1944年には本土空襲が本格化していく。警報が出されると、すぐに帰宅させることが多かったが、頻繁に警報が出されるようになると、状況を判断しながら保育を継続する園も出てくる。警報が出されなくても、用心のため帰宅さ

せたという記述がみられた園もあった。空襲が激しくなっていくにつれ、地域によっては保育が出来なくなっていく。戦争末期になると、大・中都市ばかりでなく、地方の小都市と言えるようなところでも、空襲による直接の被害はなくても警報が出て保育を中断せざるを得なくなる。

　地域による違いは大きく、大都市を中心に休園や園児の減少による保育困難な状況に見舞われるが、富山師範学校附属幼稚園のように1938年度から1944年度の修了生の人数が28名から36名で[14]、戦争末期になっても減少していないところもある。鳥取県の愛真幼稚園では「江戸っ子が大阪弁のおさなごが，鳥取の子供にまじって入園者が増えて」[15]というように、疎開して来た幼児達がいたが、1945年7月には県の命令で休園している。

　そうした中でも、保育を続けようとする努力がなされていた。そうした時代であったからこそ、幼児達には、少しでも楽しい時間を過ごさせたいと思う保育者もいた。どんなに幼児達のことを思い、保育を続けようとしてもできなくなる状況、幼児達に楽しい経験をしてほしいと思っていても、戦争に巻き込まれていく。積極的か、消極的かの違いはあっても、その渦から逃れることは難しかった。個人の気持ちや努力だけでは、幼児達のための保育を貫くことは不可能に近かった。

1　日本保育学会編『写真集　幼児保育百年の歩み』、行政、1981、144、146頁。
2　『幼児の教育』第41巻第1号、日本幼稚園協会、1941、4頁。
3　日本保育学会『日本幼児保育史　第五巻』、フレーベル館、1974、唱歌に関しては125-127頁参照。
4　前田一男編『資料　軍人援護教育』、財団法人野間教育研究所、1999、22頁。
5　日本保育学会、前掲書3、110-112頁。
6　『幼児の教育』第42巻第2号、日本幼稚園協会、1942，1頁。
7　同上書、12-13頁。
8　『幼児の教育』第42巻第4号、日本幼稚園協会、1942、35-41頁。
9　『幼児の教育』第42巻第12号、日本幼稚園協会、1942，45頁。

10 『幼児の教育』第44巻第10号、日本幼稚園協会、1944、15-16頁。

11 『系統的保育案の実際』、1941、33頁。

12 岐阜県教育委員会編『岐阜県教育史（通史）第6巻』、岐阜県、1992、208頁。

13 木全清博『滋賀の教育史―寺子屋・藩校から小学校へ―』、図書出版 文理閣、2015、278頁。

14 附幼100周年記念誌編集委員会編『附幼100年のあゆみ』、富山大学教育学部附属幼稚園、1987、181-184頁。

15 宗教法人愛真幼稚園内　永田善治編『創立60周年記念誌』、宗教法人愛真幼稚園、1966、32頁。

資料を提供してくださった幼稚園・保育所・こども園（順不同）

北海道
　藤幼稚園
　小樽藤幼稚園
岩手県
　久慈保育園
　仁王幼稚園
　睦保育園
宮城県
　東二番丁幼稚園
秋田県
　認定こども園本荘幼稚園
福島県
　幼保連携型認定こども園南町こど
　　も園
栃木県
　宇都宮大学共同教育学部附属幼稚
　　園
　幼稚園型認定こども園愛隣幼稚園
　認定こども園友愛幼稚園
群馬県
　安中こども園
埼玉県
　認定こども園初雁幼稚園
　和光保育園
　若葉保育園

千葉県
　市立佐倉幼稚園
東京都
　区立根岸幼稚園
　区立京橋朝海幼稚園
　区立番町幼稚園
　区立麻布幼稚園
　区立南山幼稚園
　区立中之町幼稚園
　江戸川双葉幼稚園
　お茶の水女子大学附属幼稚園
　興望館保育園
　つぼみ保育園
　双葉の園保育園
　徳田保育園
　本町幼稚園
神奈川県
　八幡橋幼稚園
　幸ヶ谷幼稚園
山梨県
　山梨大学教育学部附属幼稚園
　幼保連携型認定こども園進徳幼稚
　　園
　青藍幼稚園

長野県

幼保連携型認定こども園慈光幼稚園

めぐみ保育園

新潟県

認定こども園みどり幼稚園

あやめこども園

市立沼垂幼稚園

富山県

伏木保育園

静岡県

桜花幼稚園

白道保育園

愛知県

市立犬山幼稚園

市立刈谷幼児園

市立西尾幼稚園

市立新城こども園

堅磐信誠幼稚園

勝川幼稚園

花園幼稚園

栴檀保育園

三重県

常盤幼稚園

滋賀県

市立大津幼稚園

町立必佐幼稚園

京都府

相愛幼稚園

ときわ幼稚園

自然幼稚園

信愛保育園

小川幼稚園（京都市学校歴史博物館）

大阪府

松虫幼稚園

兵庫県

市立山崎幼稚園

市立播陽幼稚園

市立二見こども園

市立城陽幼稚園

市立龍野こども園

仁川幼稚園

すずらん幼稚園

認定こども園愛光幼稚園

ランバス記念幼稚園

認定こども園神戸保育園

幼保連携型認定こども園たきの愛児園

奈良県

親愛幼稚園

岡山県

市立倉敷幼稚園

市立高梁幼稚園

市立総社幼稚園

市立片上認定こども園

市立足守幼稚園

認定こども園竹中幼稚園

岡山博愛会保育園

瀬戸桜保育園

広島県

認定こども園月見幼稚園

庄原幼稚園

うじな保育園

山口県

市立豊浦幼稚園

幼保連携型認定こども園聖母園

認定こども園松崎幼稚園

鳥取県

愛真幼稚園

高知県

花園保育園

福岡県

市立小倉幼稚園

西南学院舞鶴幼稚園

栄美幼稚園

聖母幼稚園

木屋瀬保育園

芦屋保育園

松翠保育園

佐賀県

幼保連携型認定こども園神埼双葉
園

長崎県

進徳幼稚園

熊本県

市立代陽幼稚園

王栄幼稚園

認定こども園神水幼稚園

人吉幼稚園

こがね保育園

宮崎県

ぽっぽ保育所

鹿児島県

敬愛幼稚園

川内隣保館保育園

市立利永保育所

資料編

1．保育日誌・園日誌等の記録

    (1) 戦中
    (2) 戦後

2．写真

    (1) 戦中
    (2) 戦後

3．その他の資料

    (1) 戦中
    (2) 戦後

1．保育日誌・園日誌等の記録

（1）戦中

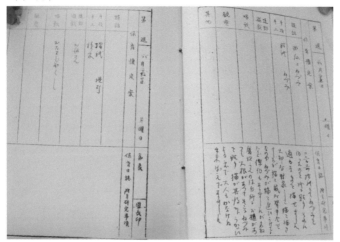

進徳幼稚園（山梨県）　1938年度

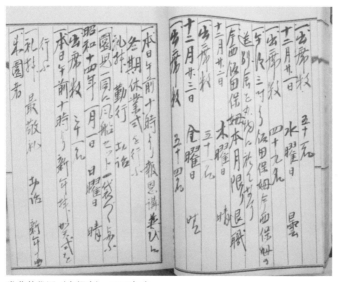

常葉幼稚園（京都府）　1938年度

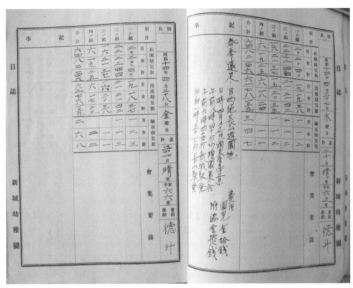

新城幼稚園（愛知県）　1939年度

青藍幼稚園（山梨県）　1939年度

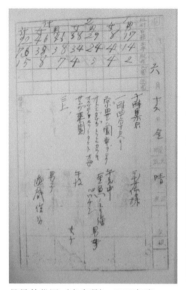

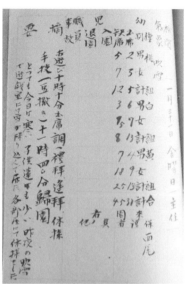

月見幼稚園（広島県）　1939年度　　　庄原幼稚園（広島県）　1940年度

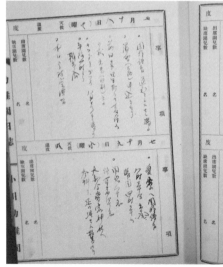

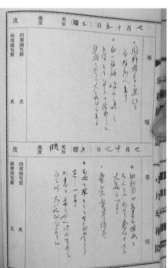

小川幼稚園（京都府）　1939年度

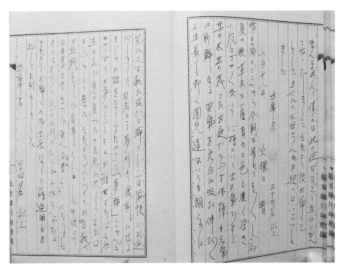

勝川幼稚園（愛知県）　1940年度

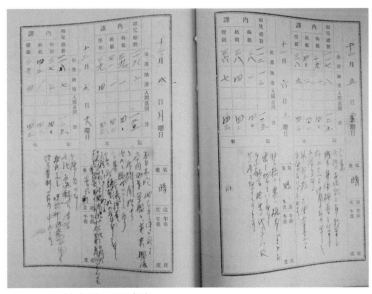

南山幼稚園（東京都）　1941年度

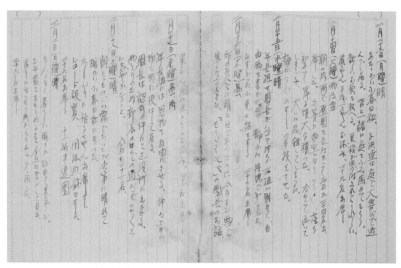

江戸川双葉幼稚園（東京都）　1941年度

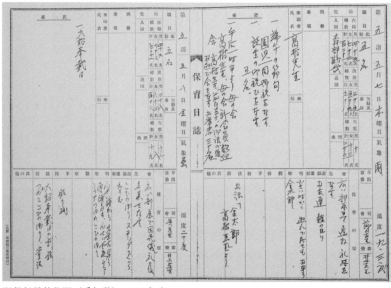

堅磐信誠幼稚園（愛知県）　1942年度

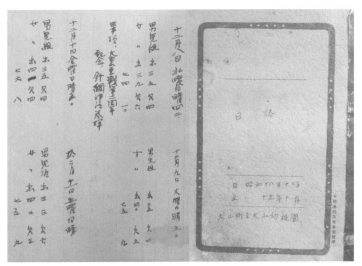

犬山幼稚園（愛知県）　1943年度

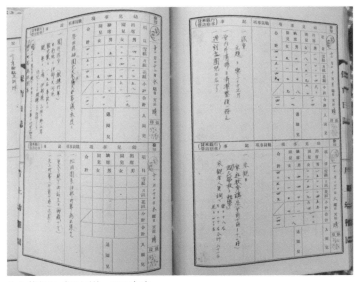

片上幼稚園（岡山県）　1943年度

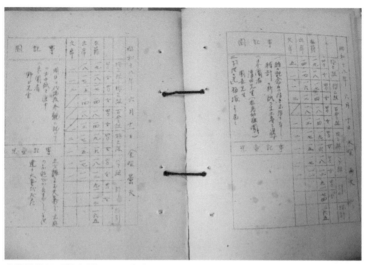

代陽幼稚園（熊本県）　1943年度

木屋瀬保育園（福岡県）　1944年度

第十一週豫定　自六月十二日　至六月十七日

日曜	月 十二日	火 十三日	水 十四日	木 十五日	金 十六日	土 十七日
第一時						
第二時						
第三時						
錬事項						

第十一週實施

日曜	月 十二日	火 十三日	水 十四日	木 十五日	金 十六日	土 十七日
	晴	晴曇	曇	曇晴	晴	曇雨
第一時						休園
第二時						
第三時						
反省						

龍野幼稚園（兵庫県）　1944年度

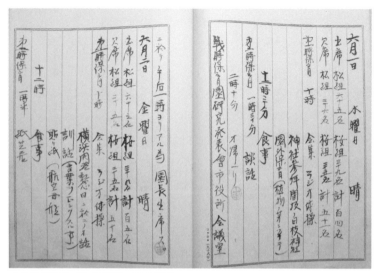

八幡橋幼稚園（神奈川県）　1944年度

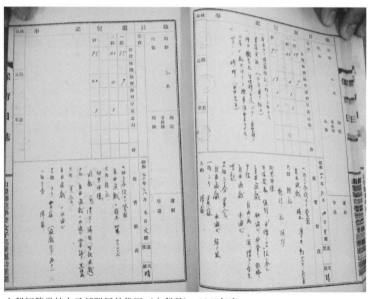

山梨師範学校女子部附属幼稚園（山梨県）　1945年度

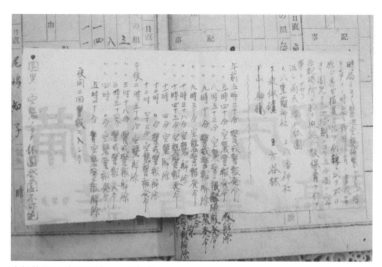

高梁幼稚園（岡山県）　1945年度

（2）戦後

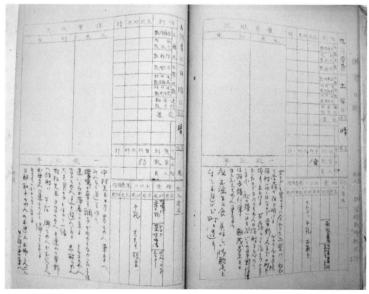

興望館保育園（東京都　長野県に疎開中）　1945年度

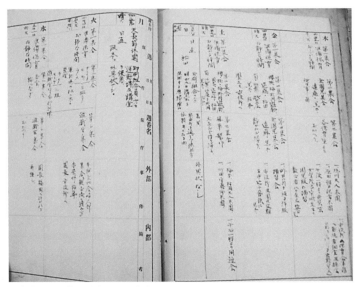

龍野幼稚園（兵庫県）　1946年度

小倉幼稚園（福岡県）　1946年度

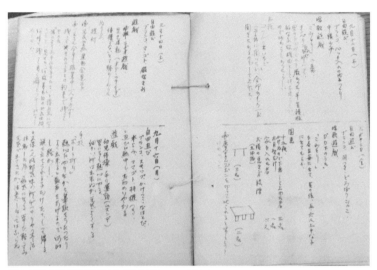

栃木師範学校附属幼稚園（栃木県）　1946年度

京橋朝海幼稚園（東京都）　1947年度

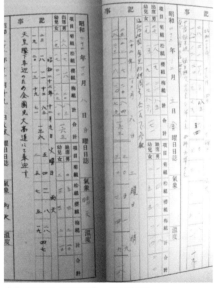

倉敷幼稚園（岡山県）　1947年度

2．写真

（1）戦中

宇品学園（広島県）
1938年度　漢口陥落

京橋朝海幼稚園
1938年度　砂場遊び

松虫幼稚園（大阪府）
1939年度　兎を囲んで

藤幼稚園（北海道）1939年度　海軍記念日

進徳幼稚園（長崎県）　1939年度　昼食

京橋朝海幼稚園（東京都）　1940年度　製作

進徳幼稚園（長崎県）
1941年度　絵

麻布幼稚園（東京都）1941年度　「ガクタイ」

睦保育園（岩手県）
1941年度　運動会と
　クリスマス

花園幼稚園（愛知県）
1941年度
母の会　と豆まき

播陽幼稚園（兵庫県）1941年度　修了式

麻布幼稚園（東京都）　1942年度　「オマイリ」と「コッキケイヨウ」

代陽幼稚園　1942年度

代陽幼稚園（熊本県）　1942年度　建艦献金

山崎幼稚園
（兵庫県）
1942年度
「プールデ
　ジャブジャブ」

沼垂幼稚園（新潟県）　1942年度　運動会

大津幼稚園（滋賀県）　1942年度　遊戯会

親愛幼稚園（奈良県）　1943年度　保育風景

みどり幼稚園（新潟県）　1943年度　クリスマス

神埼双葉園（佐賀県）　1943年度　卒園

安中保育園（群馬県）　1944年3月

人吉幼稚園（熊本県）　1944年度　卒園式

(2) 戦後

藤幼稚園（北海道）　1945年度（1946年3月）　修了式

神埼双葉園（佐賀県）　1945年度　卒園

3．その他資料

（1）戦中

番町幼稚園（東京都）　1939年度　夏休み帖

進徳幼稚園（山梨県）　1939年度　記念帳

総社幼稚園（岡山県）　1941年度　寄附

月見幼稚園（広島県）　1941年度　お遊大会

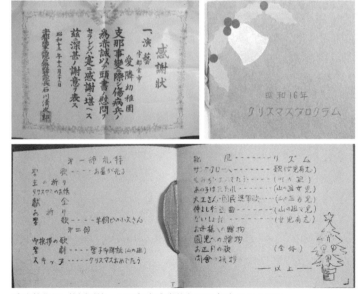

愛隣幼稚園（栃木県）　1938年度感謝状と1941年度クリスマス

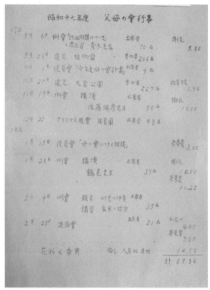

番町幼稚園（東京都）　1942年度
夏の幼稚園

興望館保育園（東京都）　1943年度
父母の会行事報告（上）と講習会案内（下）

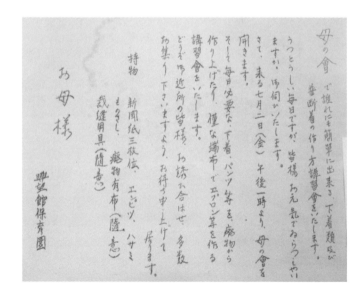

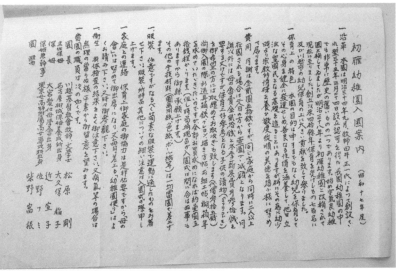

初雁幼稚園（埼玉県）　1942年度　入園案内

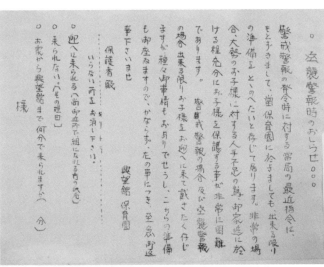

興望館保育園（東京都）　1943年度　おしらせ

常葉幼稚園（京都府）　1943年度
手わさのあと

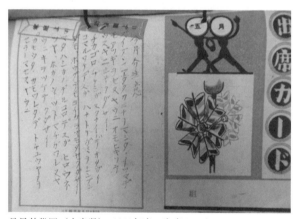

月見幼稚園（広島県）　1943年度　出席カード

親愛幼稚園（奈良県）　1943年度　一年行事

相愛幼稚園（京都府）　1943年度
母の会

松虫幼稚園（大阪府）　1943年度　幼稚園に関する調査書類より

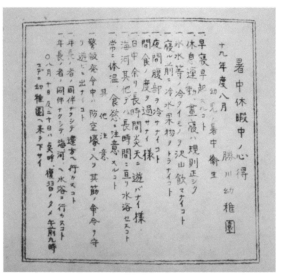

勝川幼稚園（愛知県）　1944年度　夏休み中の心得

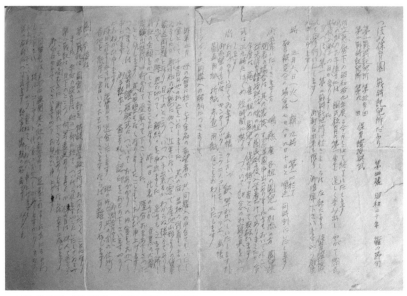

つぼみ保育園（東京都）　1944年度　園便り

愛隣幼稚園（栃木県）　1944年度　感謝状

和光保育園（埼玉県）蔵
紙芝居の寄贈

（2）戦後

総社幼稚園（岡山県）蔵『キンダーブック』の墨塗り

江戸川双葉幼稚園（東京都）　1946年度　卒園記念画帳

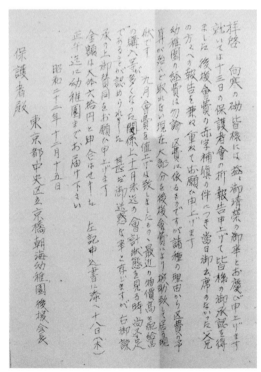

京橋朝海幼稚園（東京都）　1947年度　後援会費の赤字補填

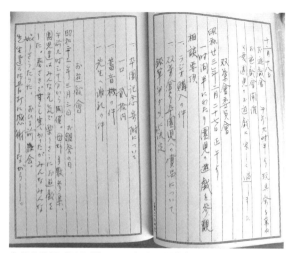

倉敷幼稚園（岡山県）　1947年度　双葉会記録

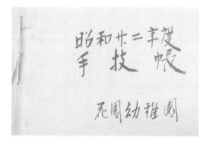

昭和廿二年度
手技帳
花園幼稚園

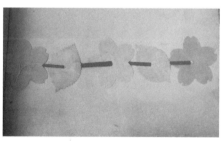

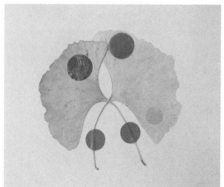

花園幼稚園（高知県）　1947年度

おわりに

　本書では、敗戦を挟んで10年間の保育の実際を実証的に明らかにすることを試みた。収集した資料が膨大であり、資料が古く印刷状態が悪いために判読が難しいものもあり、整理に時間をかけた。それでも分析しきれず残された資料もある。

　アルバム・写真がたくさん残されていたが、資料編には紙数の都合もあり、載せきれなかった。戦中の保育については、『写真集　幼児保育百年の歩み』に、戦争の影響が強いものは多数紹介されているので、ここでは戦中であってもそれ以前と変わらない日常的な保育や行事が残されていたことがわかるものを資料として拾いあげるようにした。昭和10年代に手製の「防毒マスク」をつけた写真や、防空演習の写真も残されていたが、年度が特定でき、なるべく写りが良いもの選んだ。1942年以降になると、「シンガポール陥落」の旗行列や、運動会で「米英撃滅」と書かれた幕に球をぶつける写真も残されている。

　本書に先立つ『戦後保育の実際　昭和30年代はじめまでの名古屋市の幼稚園・保育所』『戦後保育はいかに構築されたか　福岡県における昭和20年代の保育所・幼稚園』（いずれも新読書社）の「資料編」でとりあげた資料と重ならないものを選ぶようにした。

　1981年に名古屋市及びその近郊に在住する者で、グループとして名古屋市の保育の歴史研究に取り組み始めて、途中でメンバーの入れ替わりはあったが、2003年に『戦後保育の実際　昭和30年代はじめまでの名古屋市の幼稚園・保育所』をまとめた。その後、清原が入手していた資料をもとに、科学研究費の助成を受けて福岡の保育史研究に取り組んだ。これは『戦後保育はいかに構築されたか　福岡県における昭和20年代の保育所・幼稚園』として、2018年にまとめることができた。並行して、やはり科学研究費の助成を受けて、「終戦前後

の保育に関する実証的研究」に取り組み、それをもとにしながら更なる資料収集を行って入手した資料も取り入れて、本書をまとめることができた。資料の収集・読み取りには多大な時間がかかり、グループでなければここまで進めることは難しかった。グループで取り組んできた研究であるが、本書をまとめるにあたって、清原が編者になることを快諾してくれたメンバーに感謝したい。これで一つの区切りになると思っている。

　本書をまとめて、歴史の実際を残すことの重要性を改めて感じている。そして、実際を知ったうえで考えることの必要性も強く感じている。倉橋惣三は、戦後の教育刷新委員会の委員であり、『保育要領』作成でも中心的役割を果たしている。戦前にはアメリカに遊学し、『幼児の教育』誌上でアメリカの教育・保育の紹介もしているが、戦中には、「大東亜戦争必勝」「皇国の幼児の育成」を強く打ち出していた。「天皇のために」、「お国のために」という戦前・戦中と戦後はどうつながるのであろうか。戦中の「母の会」をはじめとする保護者会が、物資不足の中でどのように節約や工夫をするか講習会を開き、「銃後」を支えることも「お国のため」であり、間接的には戦争遂行に加担することにつながっていたのではないか。

　いつの間にかすぐ近くに『戦争が立っていた』（暮しの手帖社、2019年）という状況に陥らないために、今なすべきことを考えるうえで、本書が何らかのきっかけになれば幸いである。

　最後になりましたが、本書の出版を快くお引き受けくださった㈱新読書社の伊集院郁夫氏に感謝申し上げる。

編・著者紹介

清原みさ子

お茶の水女子大学大学院人文科学研究科修士課程修了

現在　愛知県立大学名誉教授

主な業績

『手技の歴史　フレーベルの「恩物」と「作業」の受容とその後の理論的、実践的展開』（新読書社、2014年）

『確かな感性と認識を育てる保育〜自分の目で確かめ、みんなで考える〜』（共著、新読書社、2011年）

『保育実践のまなざし　戦後保育実践記録の60年』（共著、かもがわ出版、2010年）

「科学的視点について考える」（『季刊保育問題研究』295号、新読書社、2019年）

豊田和子

広島大学大学院教育学研究科修士課程修了

現在　名古屋柳城女子大学こども学部教授

主な業績

『健やかな育ちを支える乳児保育Ⅰ・Ⅱ』（編著、建帛社、2019年）

『なぜ世界の幼児教育・保育を学ぶのか　子どもの豊かな育ちを保障するために』（共著、ミネルヴァ書房、2017年）

寺部直子

お茶の水女子大学大学院人文科学研究科修士課程修了

現在　愛知学泉短期大学非常勤講師

主な業績

『実践を創造する保育原理』第2版（共著、みらい、2018年）

「昭和初年における愛知県碧海郡安城町の農繁期託児所の研究―その2」（『桜花学園大学保育学部研究紀要』第13号、2015年）

榊原菜々枝

桜花学園大学大学院　人間文化研究科人間科学専攻修士課程修了

現在　名古屋柳城短期大学保育科助教

主な業績

吉見昌弘編『はじめて学ぶ保育原理』新版、（共著、北大路書房、2021年）

豊田和子編『保育実践を創造する　演習保育内容総論』（共著、みらい、2018年）

4名共同の業績

『戦後保育はいかに構築されたか　福岡県における昭和20年代の保育所・幼稚園』（新読書社、2019年）

「昭和20年代の保育カリキュラムづくりに関する実証的研究（2）―神奈川県の場合―」（『名古屋柳城女子大学紀要』創刊号、2021年）

「終戦前後の幼児教育・保育に関する実証的研究―保育所を中心に―」（『名古屋芸術大学研究紀要』第40巻、2019年）

「終戦前後の幼児教育・保育に関する実証的研究―幼稚園を中心に―」（『名古屋芸術大学研究紀要』第39巻、2018年）

執筆分担

第1章　第1～6節　清原みさ子　　第7～8節　榊原菜々枝
第2章　第1～6節　清原みさ子　　第7～8節　榊原菜々枝
第3章　寺部直子
第4章　第1～6節　豊田和子　　　第7～8節　榊原菜々枝
第5章　清原みさ子

戦争と保育～戦中・戦後の幼稚園・保育所の実際

2021年9月10日　初版1刷

編著者　清原みさ子
　　　　豊田和子
　　　　寺部直子
　　　　榊原菜々枝
発行者　伊集院郁夫

発行所　㈱新読書社
東京都文京区本郷5-30-20
電話　03-3814-6791（代）

印刷　㈱Sun Fuerza
ISBN 978-4-7880-2169-3　C0037